PLS 구조모델의 이해

B / A / S / I / C

Joseph F. Hair, Jr. | G. Tomas M. Hult
Christian M. Ringle | Marko Sarstedt 저

김장현 | 심경환 | 이철성 역

pnc publishing and culture
피앤씨 미디어

역자서문

우리는 어떤 현상에 대한 관찰로부터 얻어낸 결과를 일반화시키기 위해 논리적 실증주의로 대변되는 통계기법들을 사용해 왔는데 최근 몇몇 이슈들이 이러한 통계기법의 활용에 큰 의미를 부여하고 있다.

첫째, 통신 환경이 고속화되었다. 1837년 새뮤얼 모스가 전신부호로 특허를 얻어 원거리 통신의 혁명을 시작한 이래로, 알렉산더 그레이엄 벨의 전화기(1876년), 오늘날의 인터넷에 이르기까지 인류는 자신이 보유한 정보를 빠르게 공유할 수단을 지속적으로 발전시켜 왔다.

둘째, 인류는 5,000년 전 최초의 컴퓨터인 주판을 시작으로 진공관, 트랜지스터, IC(집적회로), 고밀도 집적회로를 거쳐 오늘날의 초고밀도 집적회로에 이르기까지 인류의 셈(calculation)을 대신할 기계를 발전시켜 왔다.

셋째, 연구방법론에 있어서도 변화의 시대를 겪고 있다. 우리는 실증적 연구의 시대를 거쳐 실증적 연구의 산물인 이론중심의 연구시대, 컴퓨팅자원 중심의 연구시대를 거쳐 왔는데, 이제는 이미 획득된 수천의 데이터를 이용하여 분석하고, 이로부터 새로운 이론을 산출하는 데이터중심의 연구시대를 맞이하고 있다.

넷째, 별도의 노력이 없어도 수집되는 다양하고 방대한 데이터들이 있다. 우리 생활의 터전 곳곳에는 과속방지카메라와 CCTV 등에 끊임없이 영상정보가, 카드사 및 대형소매점에서는 개인정보와 결합된 구매이력이 끊임없이 축적되고 있다. 또한 보건 및 진료기록, 혹은 교통사고 기록 등이 끊임없이 축적되고 있으며, 심지어는 온라인 공간에서의 검색기록이나 활동기록(로그정보) 역시 체계적으로 수집되고 있다.

흥미로운 점은 이러한 단편적인 현상들이 상호작용하여 전혀 새로운 시대를 예고하고 있다는 것이다. 통신과 교통, 그리고 컴퓨터의 발전은 지리적 경계

뿐 아닌 고유하게 발전되어온 학문 간의 경계를 허물고 있으며, 허물어진 경계 속에서 피어나는 융합의 꽃을 빠르게 전파시키고 있다.

예컨대, 구글(google)은 개별 검색사용자의 키워드를 수집하여 독감의 확산경로를 예측하는 서비스를 선보이고 있으며, 월마트는 웹사이트에서 발생되는 거래 데이터를 이용하여 재고를 예측할 뿐 아니라 고객 선호도 및 수요를 예측하고 있다. 한국석유공사는 유가에 직간접적으로 영향을 미치는 여러 변수를 이용하여 유가정보 예측 서비스를 제공하고 있으며, 이를 통해 국제유가에 민감한 국내 물가 안정에 기여하고 있다.

이러한 상황에서 미래의 경제성장은 데이터의 가공 및 처리, 정보화 능력에 의해 결정될 수 있다고 해도 과언이 아닌 상황에 놓이고 있다. 즉, 우리시대는 가치 있는 데이터를 선별하여 체계적인 수집 및 구조화를 통해 새로운 정보와 지식을 창출하는 인재를 갈망하고 있다. 특히 미국과 영국에서는 이를 컴퓨터식 사고(computational thinking)라 일컫으며 이러한 인재를 양성하기 위하여 힘쓰고 있다.

인류는 지난 수세기에 걸쳐 어떤 현상을 분석(analysis)하고 이로부터 보편적인 원리나 법칙을 획득하는 과학의 시대를 영위해왔다. 어떤 현상에 대한 미시적이고 깊은 이해를 위해 과학의 분야를 세분화시켜 왔으며 이를 통해 자연현상이나 사회현상에 대한 미시적이고 깊은 이해를 획득할 수 있었다. 예컨대 인류는 뉴턴(Newton)이 만유인력의 법칙을 발견한 이래로 자연의 현상을 세분화하기 시작하였고, 꼼트(Comte)가 사회과학을 제창한 이래로 사회의 현상을 세분하여 관찰하기 시작하였다.

구조방정식모델(SEM: Structural Equation Model)은 소비자의 지각과 태도, 혹은 행동의도와 같은 잠재변수, 그리고 이들 잠재변수 간의 관계를 다루는 사회과학 분야에서 가장 진보된 분석방법이다. 이를 위해 사용되는 접근은 CB-SEM과 PLS-SEM의 두 가지로 구분될 수 있다. 이 책은 Joseph F. Hair, Jr., G. Tomas M. Hult, Christian M. Ringle, 그리고 Marko Sarstedt의 *A Primer on*

Partial Least Squares Structural Equation Modeling(PLS-SEM)을 번역한 것으로, PLS-SEM의 분석방법에 대한 것이다. PLS-SEM은 이미 잘 알려진 AMOS나 LISREL, EQS 등과 같은 CB-SEM과는 다른 종류의 구조방정식 모델분석이다. 이 책의 저자들이 서문에서 밝히고 있는 바와 같이 PLS-SEM을 이용한 연구들이 점차 증가하고 있다. 그 이유 역시 저자들이 언급한 대로 PLS-SEM이 CB-SEM에 비교하여 갖는 다양한 장점 때문일 것이다.

이러한 활용의 증가에도 불구하고 PLS-SEM 방법론에 대해 정리된 설명을 찾는 일은 쉬운 일이 아니다. 역자들 또한 이런 갈증을 느끼던 차에, 운 좋게 본서를 소개받게 되었다. 그리고 본서를 읽기 전 느낀 갈증을 다른 누군가도 느끼고 있을 것이라는 생각에 (많은 부족함에도 불구하고) 번역을 시작하게 되었다. 저자들이 이 책을 통해 바라는 대로, 많은 연구자들이 보다 더 손쉽게 PLS-SEM을 접하고 활용할 수 있기를 기대한다.

책의 주요 독자들이 대학생이기보다는 대학원생 이상일 것으로 생각되어, 한글로 번역하여 표현이 애매한 부분은 원문인 영어로 표기하였다. 또한 Key Term은 그 원어적인 의미를 보는 것이 더 이해하기 쉬울 것으로 판단되어 번역하지 않고 영어로 두었다. 각 영어 문장에 대한 한글 번역 내용은 본문에 이미 나타나 있다.

끝으로 게으른 역자들로 인해 계획한 날브다 많이 늦어졌음에도, 단 한 번의 독촉전화조차 하지 않고 기다려 주신, 번격서의 출간에 많은 도움을 주신 PNC미디어의 김중용 부사장님, 심성보 이사님께 감사드린다. 또한 번역과 편집을 위해 바쁜 시간을 쪼개 도움을 준 유정수 선생에게 감사드린다.

2014년 여름

김장현, 심경환, 이철성

Preface

지금의 학계, 산업계, 정부, 그리고 개인 연구자들은 데이터의 폭발적 증가에 직면해 있다. 예컨대 오늘날의 정보(Data)는 웹트래픽, 소셜네트워킹 인터랙션,(포털에서의) 검색행위 등과 같은 다양한 원천으로부터 발생된다. 또한 물류유통과정을 추적하는 센서(sensors)나 GPS 기술은 실시간 물동량 정보를 산출하고 있다. 이러한 데이터 홍수의 트렌드는 흔히 빅데이터의 시대로 대변되기도 하는데, 이러한 빅데이터의 시대는 데이터에 의한 의사결정과 문제해결에 초점을 맞추고 있다.

우리가 논의하고 있는 데이터의 풍요는 학자들과 현업의 실무자들, 그리고 정부관계자들에게 새로운 기회와 도전을 제시하고 있다. 무엇보다도 활용가능한 데이터가 많아질수록 데이터를 다루고 이해할 수 있는 분석능력을 갖춘 인재가 빛을 발하게 될 것이다. 여기서 데이터 분석능력을 갖춘 인재란 통계학, 수학, 논리, 이론과 같이 엄격한 과학적 지식과 함께 복잡한 환경 속에서 유의미한 변수들을 발견해낼 수 있는 풍부한 경험과 통찰력을 갖춘 인재를 뜻한다. 무엇보다도 통계적 분석역량은 낯선 분야의 데이터로부터 특이 패턴을 발견하고 이를 이해할 수 있게 해준다는 점에 있어서 가장 주목받아야 할 역량이다. 또한 이러한 역량은 사용과 활용이 간편한(user-friendly) 통계 소프트웨어의 발전을 통해 시간과 비용의 절약을 성취할 수 있다.

주요한 통계기법들인 기술통계와 회귀분석, 요인분석과 같은 다변량 데이터 분석기술 등을 활용한 발견점들은 오늘날 우리가 세상을 이해하는 틀을 제공해 주고 있다. 또한 막대한 양의 데이터를 다룰 수 있는 컴퓨터의 등장과 함께 통계적 분석에 대한 수용과 이에 대한 신뢰가 증대되었으며, 이는 또다시 보다 진보된 차세대 분석방법을 등장시키는 단초를 제공하였다. 가장 진보된 통계분석도구 중의 하나로서 구조방정식모델(SEM: Structural Equation Model)을 예로 들

수 있다. 요인분석과 회귀분석에 기반을 둔 다변량 분석기법인 SEM은 연구자로 하여금 측정된 변수들(measured variables)과 잠재변수들(latent variables) 간, 혹은 잠재변수들 간의 관계를 동시에 파악할 수 있는 기회를 제공했다.

소비자의 지각, 태도,(행동)의도와 같은 잠재현상, 그리고 이들에 영향을 받는 것으로 알려져 있는 주가와 같은 조직적 성과 척도들에 대한 이해의 중요성이 날로 증대되고 있음을 감안하면, 구조방정식 모델이 가장 지배적인 분석방법 중의 하나로 손꼽히는 현상은 그리 놀랄 만한 일이 못 된다. 구조방정식모델(SEM)을 다루는 많은 방법들이 있지만, 가장 보편적으로 사용되고 있는 방법은 CB-SEM이라 일컫는 공분산(covariance) 기반의 구조방정식모델이다. 이러한 방식은 1973년 Karl Jöreskog에 의해 소개되었는데, CB-SEM은 대부분의 사회과학분야의 실증 연구자들로부터 지대한 관심을 받아왔다. 또한 구조방정식모델에 어느 정도의 소양이 있는 연구자라면 잘 알고 있는 소프트웨어인 LISREL과 AMOS는 모두 공분산에 기반하고 있다. 이들 소프트웨어가 오랜 시간 동안 지배적인 위치를 점유해왔기에, 부분최소자승법(PLS : Partial Least Squares)에 기반한 구조방정식모델(PLS-SEM)이 중요한 연구방법으로 받아들여지고 있음에도 많은 연구자들에게 생소한 현실이다.

〈도표 I.1〉은 마케팅과 전략관리 분야 세계최고수준의 저널인 MIS Quarterly에서 PLS-SEM을 활용한 연구들의 증가추세를 요약하고 있는데, PLS-SEM이 제공하는 CB-SEM과는 차별적인 이점들이 알려지며 그 사용이 다양한 분과에서 기하급수적으로 증가하였다. 보다 구체적으로, PLS-SEM은 사회과학분야 연구에 있어서 직면되는 다양한 상황에서 CB-SEM에 비해 몇 가지 이점들을 가지고 있다. 예컨대, 표본의 크기가 작을 경우, 표본이 정규분포를 따르지 못할 경우, 혹은 다수의 indicators와 모델의 관계가 포함된 복잡한 모델에 있어서 PLS-SEM의 사용이 보다 적합하다.

하지만 우리는 PLS-SEM이 CB-SEM에 비해 단지 덜 엄격하다는 것이 아니라 구조방정식모델에 있어서 하나의 보완적인 모델링 접근법이라는 것에 초점도표 I.1 Marketing Strategic Management와 MIS Quarterly에 실린 PLS-SEM 논문 수

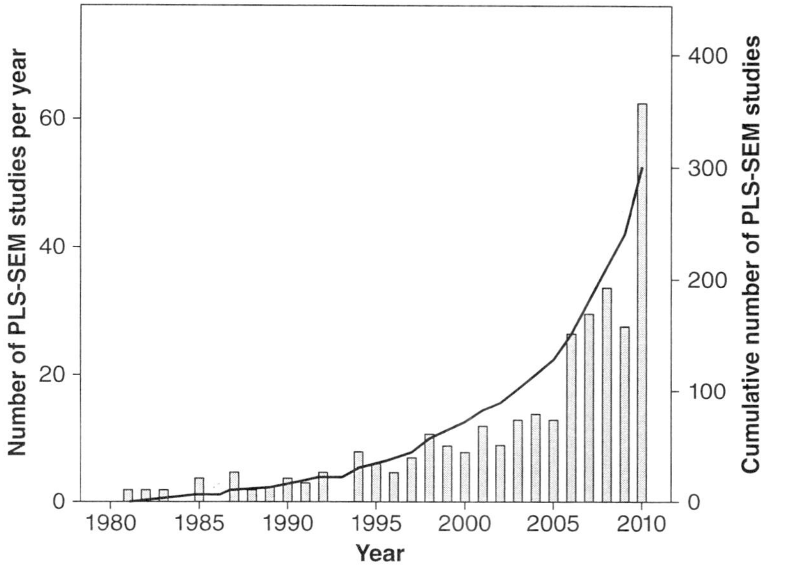

Note: PLS-SEM studies published in *MIS Quarterly* were only considered from 1992 on.

을 맞춰야 한다. PLS-SEM이 적합하게 사용된다면 수많은 연구상황에 있어서 문제해결의 묘책(silver bullet)이 될 수 있다(Hair, Sarstedt, & Ringle, 2011).

PLS-SEM은 통계적 모델기법으로 발전하고 있으며, 이 기법을 활용한 논문들이 다수 발표되고 있는 실정이다. 그럼에도 불구하고 PLS-SEM은 통계학이나 수학적 지식을 습득한 소수 개인에 의해 이해될 수 있었을 뿐, 이 방법론의 본질을 설명하는 총서는 전무한 상황이다. 이러한 상황에서 본서는 PLS-SEM의 본질과 역할을 명확히 설명해 줄 것이다. 그리고 바라건대 본서가 연구자로 하여금 그 본질과 역할을 이해할 수 있게 해준다면, 연구자 스스로 새롭고 차별화된 방식의 연구를 추구할 수 있게 될 것이라 믿는다. 본서는 저자들이 PLS-SEM의 정수에 대해 더욱 많은 연구자들에게 전파하고자 하는 열정으로 수행한 다년간의 조언과 경험에 기반하여 쓰여졌다. 더욱 많은 연구자들에게 PLS-SEM을 전파

하고자 했던 소기의 목적을 완성하기 위해, 본 저자들은 몇몇의 제한적인 방정식과 공식, 그리스 문자, 그리고 대표적인 교재와 논문들에 역점을 두었다. 이러한 제한적인 소개를 극복하기 위해 본 저자들은 본서에 PLS-SEM의 기본원칙들을 상세히 설명하였으며, 이와 함께 경험을 통해 획득한 다양한 지식들을 수록하였다. 우리는 SmartPLS라는 단일의 소프트웨어 패키지를 사용할 것인데, 이 패키지는 http://www.smartpls.de를 통해 무료로 제공된다. 또한 이 패키지는 본서의 예제풀이에 유용하게 사용될 뿐 아니라 연구자 개인의 연구를 수행하는 데도 사용될 수 있는 프리웨어다.

본 저자들은 독자에게 보다 효과적인 학습환경을 제공하기 위해 단일 사례를 활용하여 본서를 구성하였다. 이 사례는 기업평판에 대한 연구로 저명학술지에 발표된 논문의 일부를 발췌한 것인데, 본 저자들은 해당 사례가 다양한 사회과학 분야의 연구자들에게 보편적 지식을 제공하기에 적합할 뿐 아니라 본서에서 제시한 방법론에 대한 이해를 돕기에 적합하다고 판단하였기 때문이다. 본서의 마지막 장에서 제공되는 검토(review)와 생각해볼 문제(critical thinking questions), 그리고 핵심용어(key terms)는 본서에서 제시된 개념들에 대한 보다 명확한 이해를 제공할 것이다. 끝으로, 본서에서 제시된 읽을거리들(readings)과 방대한 참고문헌들(references)은 본서에서 다루어진 주제들을 심도 있게 이해하는 데 큰 도움을 줄 것이다.

본서 각 장의 내용들과 이에 따른 학습 보조도구들은 각 장의 도입부분에 소개된 학습효과를 중심으로 구성되었다. 게다가 본 저자들은 개별 장의 끝부분에 장의 요약을 한꺼번에 제시하기보다는 개별 학습주제마다 요약을 제공하였다. 본 저자들은 이러한 구성이 본서를 교재로 하여 가르치는 교수나 학생들 모두에게 효과적이고 유용할 것이라 믿는다. 아울러 www.pls-sem.com 웹사이트는 본서의 학습을 돕기 위한 목적뿐 아니라 PLS-SEM을 적용하는 데 유용한 다양한 자료들을 제공하고 있다.

본서의 감수를 통해 많은 통찰과 제언을 제공해주신 Central Florida 대학의 Eleanor Witta, Southern Mississippi 대학의 Richard S. Mohn, 그리고 Old Dominion 대학의 Edward Markowski에게 감사의 말씀을 전한다. 그리고 우리에게 도움을 준 많은 동료들과 학생들이 있지만, 그중에서도 특히 Vienna 대학의 Adamantios Diamantopoulos, TNS Intratest의 Markus Eberl, South Florida 대학의 Jeannette A. Mena, Vienna 대학의 Verena Gruber, Hamburg 대학의 Karl-Werner Hansmann, Nijmegen Radboud 대학의 Jörg Henseler Geoffrey Hubona, Virginia Commonwealth 대학의 Henley 비즈니스 스쿨의 Arthur Money, München 연방군대학(Universität der Bundeswehr)의 Christian Nitzl, Ludwig-Maximilians 대학의 Sascha Raithel, Georgia State 대학의 Edward E. Rigdon, Hamburg 대학의 Rainer Schlittgen, Kingston 대학의 Phillip Samouel, Ludwig-Maximilians 대학의 Manfred Schwaiger, Ryerson 대학의 Donna Smith, 그리고 Clayton State 대학의 Anita Whiting은 프로젝트를 통해 본 저자들에게 조언과 조력을 아끼지 않았다. 또한, SAGE 社에서 본서의 출판을 위해 노고를 아까지 않은 Vicki Knight와 Gillian Dickens, Nicole Elliott, Kalie Koscielak, Lyndsi Stephens, 그리고 Laura Barrett에게도 깊은 감사를 표한다. 본 저자들은 본서가 더욱 많은 연구자들과 실무자들에게 PLS-SEM의 능력과 편익에 대한 지식을 확장시킬 수 있을 것이라 기대한다.

끝으로, 본서를 접하게 될 독자들께서도 본서의 발전에 대한 조언이나 제언, 혹은 아이디어가 있다면 주저치 말고 연락해 주시기 바란다. 본 저자들은 본서의 콘셉트나 콘텐츠에 대한 그 어떤 피드백도 감사하게 생각할 것이다.

Joe F. Hair, Jr., Kennesaw State University, USA

G. Tomas M. Hult, Michigan State University, USA

Christian M. Ringle, Hamburg University of Technology(TUHH), Germany

Marko Sarstedt, Otto-von-Guericke University Magdeburg, Germany

요약차례

차 례

Chapter 1

구조방정식 모델링에 대한 소개

Learning Outcome

1. 구조방정식모델(SEM)의 의미와 다변량 데이터 분석과의 관계를 이해한다.
2. 다변량 데이터 분석의 활용을 위한 기본적인 고려사항을 습득한다.
3. PLS-SEM(부분최소자승법 기반의 구조방정식모델)에 대한 기본 개념을 이해한다.
4. CB-SEM(공분산 기반의 구조방정식모델)과 PLS-SEM 사이의 차이점을 이해하고, 적합한 사용처를 소개한다.

Chapter Review

사회과학 연구자들은 연구 결과를 확증하고, 개발하는 능력을 확장시키기 위하여 수년간 통계적인 분석도구를 사용해왔다. 1세대 분석방법의 적용은 1980년대를 거친 연구환경에서 눈에 띄게 나타났다. 그러나 1990년 초반 이래로, 2세대 분석방법이 급속하게 확장되었고, 일부 학계에서 분석도구의 거의 50%가 실증적 연구방법을 사용한 것으로 나타나고 있다. 이번 장에서, 우리는 2세대 분석도구의 핵심을 설명하고, 독자들의 이해를 위한 기초를 잡아줄 것이며 최근에 각광받고 있는 PLS-SEM(부분최소자승법에 기반한 구조방정식모델)이라는 2세대 분석도구를 적용할 것이다.

구조방정식 모델링이란 무엇인가?

통계분석은 사회과학 연구자에게 있어서 한 세기 이상을 필수적인 도구로서 활용되어 왔다. 특히 통계적 방법의 적용은 컴퓨터 하드웨어와 소프트웨어의 출현, 그리고 기술의 진보가 선사한 사용자 친화적인 인터페이스를 통해 그 접근성이 급속도로 개선되었다. 연구자들은 초기단계에서는 데이터와 데이터 간의 관계를 이해하기 위해 단변량, 혹은 이변량 분석기법을 사용해왔다. 더욱이 최근 사회과학 분야에서는 보다 복잡해진 연구개념 간의 관계를 이해하기 위해 더욱 복잡한 다변량 데이터 분석방법 적용의 필요성이 증가하고 있다.

다변량분석(Multivariate analysis)이란 다양한 변수들을 동시에 분석하는 통계적 방법들(Statistical analysis)을 포괄적으로 지칭하는 용어다. 변수들은 일반적으로 개인들, 기업들, 사건들, 활동들, 상황들, 기타 등등에 관련한 것에 대해 측정한 것을 일컫는다. 이러한 측정값들은 보통 1차 자료를 수집하기 위해 이용한 설문조사나 관찰법을 통해 획득할 수 있지만, 2차 자료들로 구성된 데이터베이스를 통해서 획득될 수도 있다. 〈도표 1.1〉은 다변량 데이터 분석에 관련된 통계적 방법의 주요한 유형들의 일부를 나타내고 있다.

사회과학자들에 의해 종종 사용되는 통계적 방법들은 일반적으로 **1세대 기법**(Fornell, 1982, 1987)으로 지칭되고 있다. 〈도표 1.1〉의 윗부분에 나와 있는 이러한 기법들은 회귀분석 기반의 다중회귀분석, 로지스틱 회귀분석, 분산분석, 그리고 탐험적 요인분석, 군집분석, 다차원 척도법과 같은 기법들을 포함하고

도표 1.1 다변량분석의 구성

	주로 탐험적	주로 확인적
1세대 기법	• 군집분석 • 탐험적 요인분석 • 다차원척도	• 분산분석 • 로지스틱 회귀분석 • 다중회귀분석
2세대 기법	• PLS-SEM	• CB-SEM • 확인요인분석

있다. 이러한 방법들을 연구문제에 적용하는 경우 이전에 정립된 이론을 확인하거나 데이터의 패턴과 관계를 식별하는 데 사용될 수 있다. 보다 구체적으로, 기존의 이론이나 개념에 대한 가설을 테스트하는 경우를 **확인적 분석**이라 하고, 변수들 간의 관계에 대해 모르거나 약간의 선행된 지식이 있을 경우에 잠재된 관계를 파악하기 위해 사용하는 방법을 **탐험적 분석**이라 한다.

그러나 우리는 확인적 분석과 탐험적 분석 간의 차이가 항상 확연하게 구분되어 있지 않다는 점을 주의해야 한다. 회귀분석을 예로 들어보면, 연구자는 보통 기존에 정립된 이론이나 개념에 근거하여 종속변수나 독립변수를 선택한다. 회귀분석의 목적은 이러한 이론과 개념을 테스트하는 것이다. 그러나 이 기법은, 추가적인 독립 변수들이 이미 검증된 개념을 확장하는 데 가치가 있는지 아닌지를 검증하는 데 역시 사용될 수도 있다. 회귀분석은 일반적으로 독립변수들이 종속변수에 대해 통계적으로 더욱 유의미한 예측변수인지를 확인하는 것에 초점을 맞추고 있는데, 이러한 경우를 비교적 확인적인 분석이라고 할 수 있다. 반면, 다수의 독립변수들 중 어떤 독립변수가 종속변수를 더욱 잘 예측할 것인지에 초점을 맞춘 경우는 비교적 탐험적인 성격의 분석이라고 할 수 있다.

이러한 사례로 탐험적 요인분석을 들 수 있다. 탐험적 요인분석은 다수의 변수들을 (변수들의 조합을 통해) 보다 작은 수의 요인으로 축약하는 과정이라고 할 수 있는데, 이는 데이터 간의 관계를 탐험적으로 발견하여 그 결과로서 축약된 결과(요인의 구성)를 도출하는 것이라 할 수 있다. 이러한 기법은 본질적으로 탐험적인 성향을 지니고 있음에도 불구하고, 일반적으로 연구자들은 종종 얼마나 많은 요인을 데이터로부터 추출할 것인지를 결정하는 등 기존의 지식을 활용하기도 한다(Mooi & Sarstedt, 2011).

1세대 연구기법들은 사회과학 분야의 연구자들에 의해 널리 적용되어 왔다. 그러나 지난 20년간, 많은 연구자들은 1세대 방법(〈도표 1.1〉)의 취약점을 극복하기 위해 **2세대 기법**을 점차적으로 수용해왔다. **구조방정식모델**(SEM)로 지칭되고 있는 이 방법들은, 연구자가 관찰이 가능한 변수를 통해 관찰이 불가능한 변수(잠재변수)를 간접적으로 측정할 수 있도록 하였다. 구조방정식모델은 또한 관찰된 변수들의 측정오차에 대한 설명을 가능케 했다는 점에서도 그 의의가 크다(Chin, 1998).

앞서 소개하였지만, 구조방정식모델은 2가지로 나뉠 수 있다. **CB-SEM(공변량 기반의 구조방정식모델: Covariance-based SEM)**은 주로 이론(즉, 실증적으로 검증될 수 있는 다중변수들 간의 체계적인 관계)들을 확인(혹은 기각)하는 데 사용된다. CB-SEM은 제안된 이론적 모델이 표본의 공분산으로부터 얼마나 잘 추정될 수 있는지에 초점을 맞춘다. 이와 반대로, **PLS-SEM(PLS path modeling**으로도 불리는)은 탐험적 연구에서의 이론을 발전시키는 데 주로 선택된다. 이는 모델을 검정할 때 종속변수의 분산을 설명하는 데 초점을 맞추고 있다. 우리는 이러한 차이점을 이번 장의 후반부에 더욱 자세히 설명할 것이다.

PLS-SEM은 통계적 모델화 기법으로 발전되어 왔으며 이러한 방법론을 활용한 연구논문들이 다수 발표되어 왔다(Chin, 2010; Haenlein & Kaplan, 2004; Hair, Ringle, & Sarstedt, 2011; Hair et al., 2012a; Henseler, Ringle, & Sarstedt, 2012; Henseler, Ringle, & Sinkovics, 2009; Ringle, Götz, Wetzels, & Wilson, 2009). 그러나 이러한 방법론의 기초적인 측면, 특히 통계분야에 전문적 지식을 습득하지 못한 사람들이 이해할 수 있을 만한 방법에 대한 논의(혹은 교재)는 부족한 상황이다. 본서는 사회과학분야의 연구에서 PLS-SEM의 본질과 역할을 명확히 제공하고, PLS-SEM 분석도구에 대한 연구자의 이해를 돕고자 한다. 연구자는 이러한 이해를 통해 새롭고 차별적인 방법의 연구기회를 습득할 수 있을 것이다.

구조적 방정식 모델링을 사용할 때 고려해야 할 사항들

연구자가 1세대 다변량 분석방법을 사용하거나 2세대 다변량 분석방법을 사용하든 상관없이, 다변량분석을 사용함에 있어서 필수적인 몇 가지 유의점들이 있다. 이러한 유의점들은 특히 구조방정식모델을 활용할 때 중요하게 고려되는데, 가장 중요한 것은 다음의 5가지 요소이다. (1) 변량, (2) 측정, (3) 측정척도, (4) 코딩, (5) 데이터의 분포

변량(variate)

변량(variate)은 다변량분석의 기초적인 구성요소라고 할 수 있다(Hair, Black, Babin & Anderson, 2010). 이러한 변량은 연구 주제에 근거하여 선택된 여러 변수들의 선형적인 결합이라고도 할 수 있는데, 변수들의 결합 과정은 다음과 같다. 첫째, 각 가중치(예: w_1, w_2)들을 계산한다. 둘째, 개별 가중치 각각에 관련된 변수의 관측데이터 값(예: x_1, x_2)을 곱한다. 셋째, 개별 변수와 관련된 가중치와 관측값을 곱한 값들을 합산한다. 다섯 개의 변수를 선형적으로 결합한 사례의 수학적 공식은 다음과 같이 제시될 수 있다(변량값은 어떠한 숫자나 변수로 계산될 수 있음을 주지해야 한다):

$$\text{변량값}(\textit{Variate Value}) = x_1 w_1 + x_2 w_2 + x_3 w_3 + x_4 w_4 + x_5 w_5$$

x는 개별변수들을 뜻하며, w는 가중치(weights)를 나타낸다. 모든 x변수들(예를 들어, 설문에 대한 응답값)은 데이터 행렬로 배열될 수 있는 응답자들로부터 수집된 응답값들이다. 〈도표 1.2〉는 이러한 데이터 행렬(data matrix)을 보여주고 있는데, 여기서 i는 응답(즉, cases: 사례)의 개수를 나타낸다. 변량값은 표본 각각의 i 응답자에 대해 계산한 것이다.

도표 1.2 데이터 행렬

사례	x_1	x_2	···	x_5	변량값
1	x_{11}	x_{21}	···	x_{51}	V_1
···	···	···	···	···	···
i	x_{1i}	x_{2i}	···	x_{5i}	v_i

측정(measurement)

측정(measurement)은 사회과학 분야의 연구를 수행함에 있어서 기초적인 개념이다. 우리가 측정에 대해 생각해봤을 때, 첫 번째로 떠오르는 것은 어떤 것의 높이나 가구 조각의 길이를 재는 데 주로 사용되는 자일 것이다. 그러나 생활 속에서 측정의 많은 예가 있다. 당신이 운전할 때, 당신의 승용차의 속도를 측정하기 위한 속도계를, 엔진의 온도를 측정하기 위한 온도계를, 탱크에 연료가 얼마나 남았는지를 표시하는 연료계를 사용할 것이다. 만약 당신이 아프다면, 당신은 체온을 측정하기 위해 체온계를 사용할 것이고, 당신이 다이어트를 할 때, 당신은 목욕탕에서 체중을 측정할 것이다.

측정이란 일련의 규칙에 근거하여 변수에 수를 부여하는 과정이다(Hair, Wolfinbarger Celsi, Money, Samouel, & Page, 2011). 여기서 규칙들은 변수를 정확하게 표현하기 위한 방법으로써 변수에 수를 할당하는 데 사용된다. 몇몇 변수들에 있어서는 이러한 과정을 따르는 것이 용이한 반면, 다른 몇몇 변수들에 있어서는 이러한 방법을 적용하는 것이 어려운 경우도 있다. 성별이라는 변수를 예로 들어보면, 여자에게는 1이라는 숫자를 부여하고, 남자에게는 0이라는 숫자를 부여하면 그 측정이 용이할 것이다. 이와 유사하게 변수가 나이나 키라면 변수에 수를 할당하는 것이 용이할 것이다. 그러나 만약 변수가 만족감이나 신뢰와 같은 추상적인 개념이라면 어떠할까? 소위 개념이라는 것은 추상적이고 복잡하고, 직접 관찰이 불가능하다는 이유에서 비교적 그 측정이 어렵다고 할 수 있다. 따라서 우리는 **잠재변수**(latent variable: 직접 관찰이 불가능한 변수)나 construct의 측정에 대해 논의한다.

우리는 만족이나 신뢰와 같은 추상적인 개념들을 직접적으로 측정할 수 없다. 그러나 우리는 브랜드나 제품, 기업에 대한 만족도나 신뢰와 같이 그 명칭에 대한 개념을 공유하는 등의 방법을 통해 지표 혹은 현상을 우회적으로 측정할 수 있다. 특히, 연구개념에 대한 측정이 곤란할 경우 고려할 수 있는 한 가지 접근법은, 대리변수(proxy variable)의 역할을 하는 지표들을 활용하여 간접적인 측정을 수행하는 것이다. 크고 추상적인 연구개념을 측정하기 위한 개별측정항목들은 해당 연구개념을 표현하는 다양하고 복합적인 부분 중 독립적인 하나의 특성만을 표현한다. 레스토랑에 대한 만족이라는 연구개념을 측정함에 있어서 사용할 수 있는 대리변수들을 예시로 들면 다음과 같다.

1. 음식의 맛이 훌륭했다.
2. 서비스 속도가 내 기대에 부응했다.
3. 종업원이 메뉴에 대해 풍부한 지식을 보유했다.
4. 레스토랑 내의 배경음악이 즐거웠다.
5. 음식이 가격에 비하여 훌륭한 가치가 있었다.

우리는 여러 측정항목들(items)을 결합함으로써 형성된 척도를 활용하여 레스토랑 만족도에 대한 전반적인 개념을 간접적으로 측정할 수 있다. 앞서 제시된 레스토랑 만족도의 측정에 대한 예시에서와 같이, 일반적으로 연구자들은 추상적인 연구개념을 간접적으로 측정하기 위해 다항목척도로 구성된 적정수의 측정항목들을 사용한다. 각각의 측정값들은 단일의 합성점수(composite score, 예: 변수의 점수) 형태로 결합되기도 하는데, 그 첫 번째 유형은 복수의 측정값들을 단순 합산하여 합성점수를 산출하는 방식이며, 두 번째 유형은 다수의 측정값들을 토대로 선형분석을 수행하고 이를 통해 가중치를 도출하여 합성점수를 도출하는 방식이다. 레스토랑 만족도와 같은 추상적인 개념을 측정함에 있어서, 다수의 변수들을 사용하는 측정의 로직은 더욱 정확해야 한다. 보편적으로 연구개념은 다양한 의미를 내포하고 있는데, 이러한 맥락에서 정확도의 개선을 기대한다는 것은 연구개념을 측정함에 있어서 단일의 측정항목보다 다수의 측정항목을 사용하는 것이 더욱 적합하다는 가정을 전제하고 있다. 또한 이는 측정오차를 줄이는 것과 관련이 되는데, 여기서 측정오차(measurement error)란 변수의 실제 값과 측정을 통해 획득한 값 간의 차이를 의미한다. 측정오차가 발생하는 원인은 다양한데, 설문조사 문구의 모호함, 부적절한 척도의 사용, 통계적 방법론의 부적절한 사용 등을 예로 들 수 있다. 사실 다변량분석에 사용되는 모든 측정값들은 다소의 측정오차를 포함하고 있다. 따라서 다변량분석을 활용할 경우 주요 목표는 가능한 측정오차를 감소시키는 것이라 할 수 있다.

때때로 연구자들은 만족감이나 구매결정과 같은 연구개념을 측정하기 위해 다항목으로 구성된 측정항목이 아닌 단일측정항목을 선택하는 경우가 있다. 앞서 제시되었던 레스토랑 만족도를 측정하기 위한 5가지 측정항목을 예로 들어보면, "전체적으로, 나는 이 레스토랑에 대해 만족한다"와 같은 **단일측정항목**으로 변경하여 사용할 수 있을 것이다. 이러한 선택은 설문지의 양을 줄일 수 있다는 점에서 좋은 방법이라고 할 수 있지만, 측정의 질을 감소시킨다는 점을 간과해서는 안 된다. 우리는 다음 장에서 측정의 기초와 측정의 평가에 대해 소개할 것이다.

측정척도

측정척도는 사전에 결정된 수의 폐쇄형 질문으로 구성된 도구라 할 수 있는데, 이는 설문에 대한 응답을 획득하기 위해 사용된다. 측정척도에는 명목, 서열, 등간, 비율의 4가지의 유형이 있는데 각각을 통해 획득할 수 있는 정보의 수준이 다르다. 명목척도는 획득할 수 있는 정보의 수준이 가장 낮기 때문에, 사용 가능한 분석방법의 범위가 가장 제한적이다. **명목척도**(nominal scale)는 대상을 식별하고 구분하는 것에 숫자를 할당하는데(예: 사람, 기업, 제품 등), 범주형 척도로 언급되기도 한다. 예를 들어서, 설문조사에서 응답자에게 직업의 선택(의사, 변호사, 교사 엔지니어 등)을 요구하는 질문항목이 있다면, 해당 질문항목은 명목척도를 갖게 되는 것이다. 명목척도는 두 개 혹은 그 이상의 범주를 가지게 되는데, 각각의 범주는 상호 간에 중복이 없어야 하며, 모든 가능한 범주가 포함되어야 한다. 명목척도에서 사용되는 숫자는 각각의 범주를 식별하기 위한 할당에 사용될 수 있으며, 각 범주 내의 응답수, 모드응답이나 비율을 계산하는 데 활용될 수 있다.

다음으로, **서열척도**(ordinal scale)는 명목척도보다 조금 더 많은 정보를 획득할 수 있는 척도다. 만약에 우리가 서열척도를 활용하여 측정한 변수를 가지고 있다면, 그 변수의 값이 본래 지니고 있는 의미 있는 정보를 과대평가하거나 과소평가하는 방식으로 왜곡시킬 수 있음을 주지해야 한다. 예를 들어, 만약 우리가 소비자의 제품사용에 대한 정보를 '비고객=0, 일반고객=1, 우량고객=2'와 같은 방식으로 부호화하였고, 이 경우에 만약 사용변수의 값이 증가한다면 그 사용수준 역시 증가함을 안다. 즉, 서열척도를 활용하여 측정된 값은 순서에 대한 정보를 제공한다는 것이다. 그러나 서열 간의 차이가 동일한 간격을 가지는 것은 아니다. 다시 말해서, 우리는 비고객과 일반고객 간의 차이값과 일반고객과 우량고객 간의 차이값이 같은지의 여부에 대해서는 판단할 수 없다는 것이다. 따라서 서열 데이터에 대한 평균값이나 분산값을 계산하는 것은 부적절한 것이다.

만약 어떤 무언가가 **등간척도**(interval acale)를 활용하여 측정된다면, 우리는 측정된 무언가에 대한 정확한 순위정보를 획득할 수 있으며, 이와 더불어 우리는 추가적으로 측정된 값에 대한 크기의 차이를 직접적으로 해석할 수 있다. 예를 들어 우리는 80°F의 온도와, 75°F의 온도 차이가 정확히 5°F라는 것을 안다. 이 5°F의 차이는 80°F에서 85°F로 증가했을 때와 같다. 이 정확한 "간격"을 **등간**(equidistance)이라고 말하는데, 등간척도는 SEM과 같은 특정 분석기법에 필수적이다. 간격척도가 제공하지 않는 것은 절대 0°에 대한 것이다. 만약 온도가 0°F라면 아마 춥게 느껴질 수는 있겠지만, 온도는 더 낮아질 수 있다. 그러므로 0이라는 값은 온도가 전혀 없다는 뜻이 아니다(Mooi & Sarstedt, 2011). 간격척도를 활용하여 획득된 값은 평균이나 표준편차를 포함한 대부분의 수학적 계산에 사용될 수 있다.

비율척도는 가장 많은 정보를 제공한다. 만약 무엇인가가 **비율척도**(interval scale)로 측정된다면, 우리는 0이라는 값이 변수가 존재하지 않음을 위한 특정 특성임을 안다. 예를 들면, 만약 고객이 상품을 구입하지 않았을 때(값=0), 그 고객은 실제로 상품을 구입하지 않은 것이다. 혹은 만약 우리가 새로운 상품에 대한 광고료를 쓰지 않았을 때(값=0), 우리는 실제로 돈을 쓰지 않은 것이다. 그러므로, 비율척도에 의해 측정된 값이 0점이면 변수 본래의 특성 역시 0으로 동일하다. 비율척도를 사용하면, 모든 유형의 수학적 계산이 가능하다.

부호화(Coding)

범주에 숫자를 할당하여 측정을 가능하게 하는 방법을 **부호화**(Coding)라 한다. 조사연구에 있어서 데이터는 보통 사전에 부호화된다. Precoding(선행부호화)은 설문에 대한 응답에 앞서 수를 할당하는 것이다. 예를 들면, 10점 동의/비동의 척도는 보통 10이라는 수를 가장 높은 끝점에 "동의함(agree)"으로, 1을 가장 낮은 끝점에 "동의하지 않음(disagree)"으로 할당하고, 2에서 9까지 지점 사이는 부호화된다. Postcoding(사후부호화)은 데이터가 수집된 이후에 응답된 범주에 숫자를 할당하는 것이다. 여기서 응답들은 아마도 정량조사의 개방형 질문에 대한 것이거나, 정성연구의 인터뷰에 대한 응답결과일 것이다.

부호화는 다변량분석을 실행함에 있어서 매우 중요하다고 할 수 있는데, 이는 다양한 유형의 척도가 언제 어떻게 사용될 것인지가 부호화에 의해 결정되기 때문이다. 예를 들면, 간격척도와 비율척도로 측정된 변수는 언제나 다변량분석에 사용될 수 있다. 그러나, 리커트척도와 같은 서열척도를 사용할 때는, 연구자들은 등거리의 요구 조건을 충족하기 위해 부호화에 특별한 주의를 기울인다.

예를 들면, (1) 매우 동의하지 않음, (2) 동의하지 않음, (3) 보통, (4) 동의함, (5) 매우 동의함의 범주가 있는 5점 리커트척도를 이용할 때, 1과 2 사이 범주의 "거리"는 범주 3과 4의 차이와 같다고 추론할 수 있다. 반대로, 리커트

척도와 유사한 형태이지만, (1) 동의하지 않음, (2) 둘다 아님, (3) 부분적 동의, (4) 동의, (5) 매우 동의의 범주를 사용한 것은 단 한 개의 항목이 중립 범주 "보통" 아래의 순위를 얻을 수 있으므로 등거리가 될 수 없다. 이것은 보다 호의적인 평가를 유도하기 위한 명확한 편향이 될 수 있다. 앞서 제시되었던 리커트척도가 바람직한 형태라고 할 수 있는데, 각각의 범주에 대해 명확히 정의된 언어적인 식별자를 가지는 중립 범주에 대해 리커트 항목의 대칭을 표현할 수 있다. 이러한 대칭 척도화에서 등간속성들이 일반적으로 더욱 명확히 관찰될 수 있으며, 최소한 추론이라도 할 수 있게 된다. 리커트척도가 대칭적이고 등간의 속성을 가졌음을 가정할 수 있다면, 이를 간격척도처럼 사용될 수 있다. 이러한 이유에서 리커트척도가 서열척도임에도 이를 잘 활용할 경우에는 간격척도와 유사한 수준의 정보를 담을 수 있게 되므로, SEM에서 활용이 가능한 변수가 될 수 있다.

데이터 분포

연구자들이 정량적 데이터를 수집할 경우, 설문에 대한 응답값은 사전에 규명된 범주들에 대한 분포로서 보고된다. 예를 들어, 질문에 대해 응답할 수 있는 대안이 10점의 동의-비동의 범주로 제시되었다면, 각 응답은 1부터 10 사이의 가능한 범주 내에서 발생할 것이며 전체 응답에 대한 분포를 계산할 수 있을 뿐 아니라 표나 차트로 제시될 수 있다. 〈도표 1.3〉은 변수 x에 해당하는 빈도에 대한 예를 보여준다. 보이는 것과 같이, 대부분의 응답자들은 5점(9점 범주에서) 선택했으며, 그 뒤를 이어 4와 6, 3과 7점을 선택했다. 전체적으로, 빈도는 대략 종모양으로, 평균값 5의 주위로 대칭곡선으로 나타났다. 이 종형곡선은 많은 분석기술에서 올바른 값을 도출하기 위해 요구되는 일반적 분포이다.

분포의 유형은 다양한데, 구조방정식모델을 사용하기 위해서 연구자는 정규분포와 비정규분포의 차이를 구분해야만 한다. 구조방정식모델에서는 일반적으로 정규분포를 사용하는 것이 권장되고 있으며, 특히 CB-SEM을 사용하기 위해서는 더욱 그러하다. 반면에, PLS-SEM은 일반적으로 데이터 분포에 대한 어떠한 추정도 하지 않는다. 그런데, PLS-SEM을 활용하는 경우에도 분포를 고려하는 것은 가치 있는 일이다(그 이유에 대해서는 이후의 장에서 추가적으로 논의될 것이다). 연구자는 데이터가 정규분포를 따르는지를 확인하기 위해 통계적 검정방법론인 Kolmogorov-Smirnov검정과 Shapiro-Wilk검정(Mooi & Sarstedt, 2011) 등을 활용할 수 있다. 추가로, 연구자는 정규분포로부터 벗어난 정도를 확인하기 위해 분포의 2가지 척도를 검토할 수 있는데, 이는 왜도(skewness)와 첨도(kurtosis)이다(Hair et al., 2010).

도표 1.3 응답분포

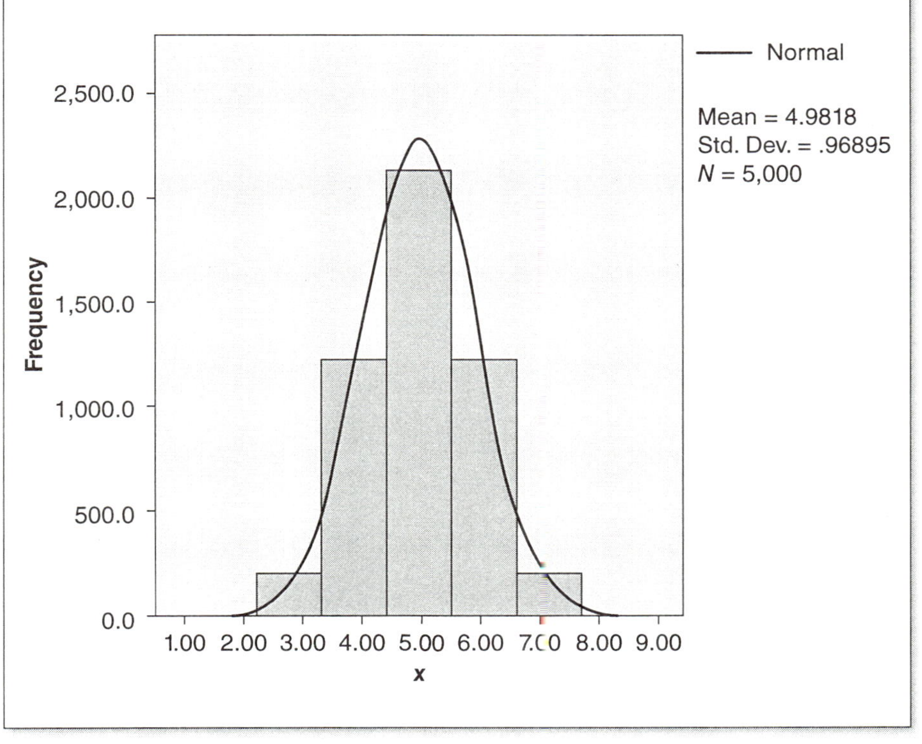

Partial least squares path modeling을 활용한 구조방정식 모델링

잠재변수로 구성된 경로모델

경로모델(Path Model)은 SEM이 적용된 연구를 수행할 경우에 가설과 변수의 관계를 시각적으로 보여주는 데 사용되는 도형들이다(Hair, Ringle, & Sarstedt, 2011; Hair, Wolfinbarger Celsi, et al., 2011). 경로모델의 예를 〈도표 1.4〉에서 볼 수 있다.

경로모델에서 construct(즉, 직접 측정되지 않은 변수들)들은 원이나 타원형(Y_1부터 Y_4)으로 표현된다. **항목**(item)이나 **관측변수**(manifest variables) 등으로 일컬어지기도 하는 indicator들은 가공되지 않은 데이터를 포함한 직접 측정된 대리(proxy)변수들이다. **Indicator**들은 경로모델에서 사각형으로 표현된다(x_1부터 x_{10}). construct들 간의 관계들, 그리고 각 construct에 할당된 indicator들은 화살표로 나타낸다. PLS-SEM에서 화살표는 항상 한쪽을 향하고, 방향적인 관계

도표 1.4 단순경로모델

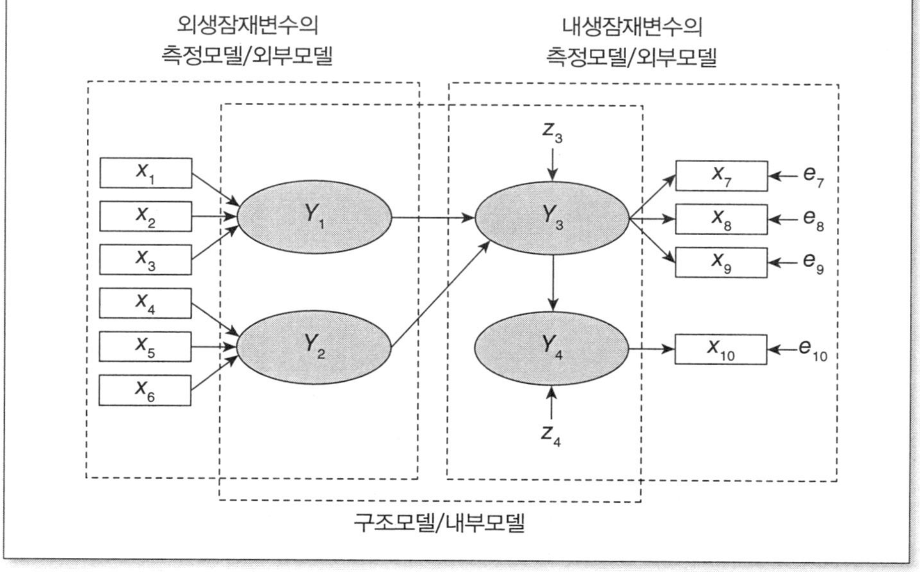

를 표현한다. 한쪽으로 향한 화살표들은 예측 관계로 생각할 수 있고, 이론적으로 뒷받침되는 경우 인과 관계로써 해석할 수 있다.

PLS 경로모델은 두 개의 요소로 구성된다. 첫째는, **구조모델**(structural model, PLS-SEM의 상황에서는 **내부모델: inner model**로도 불린다)이다. 구조모델은 construct(원, 혹은 타원) 혹은 construct들 간의 관계(경로)를 나타낸다. 두 번째는 construct에 대한 **측정모델**(measurement model, PLS-SEM에서는 **외부모델: outer model**로 불린다)이다. 이는 construct와 indicator 변수(사각형) 사이의 관계를 표시한다. 〈도표 1.4〉에서 제시된 바와 같이, 측정모델에는 2개의 유형이 있는데, 이 중 하나는 **외생잠재변수**(exogenous latent variables; 이 construct들은 모델에서 다른 construct를 설명한다)이며, 다른 하나는 **내생잠재변수**(endogenous latent variables; 이 construct들은 모델에 의해 설명된다)이다. 그러나 보편적으로 연구자들은 외생잠재변수와 내생잠재변수의 측정모델이라는 말보다는 잠재변수의 측정모델이라 말한다. 예를 들어 x_1에서 x_3까지는 Y_1의 측정모델에서 사용되는 indicator가 되는 것인 반면, Y_4는 측정모델에서 단지 x_{10} indicator만을 가진다.

오차항(예: e_7 혹은 e_8; 〈도표 1.4〉)들은 construct들과 연결되어 있고, 단방향 화살표에 의해 나타난다. 오차항은 경로모델들이 추산되었을 때 설명되지 않는 분산들을 표현한다. 〈도표 1.4〉에서 오차항 e_7에서 e_{10}들은 construct로부터 indicator로 향하는 관계에 대한 indicator들이다(즉, 반영적으로 측정된 indicator). 이와 반대로, 형성적(formative)으로 측정된 indicator에서 construct로 향하는 관계인 indicator x_1에서 x_6은 오차항을 갖지 않는다. 구조모델 또한 오차항을 포함한다. 〈도표 1.4〉에서 z_3과 z_4는 내생 잠재변수인 Y_3과 Y_4와 관련되어 있다(construct에 대한 오차항들과 측정된 변수들의 이름이 다르게 설정되어야 함을 유의해야 한다). 이와 반대로, 구조모델에서 다른 잠재변수만을 설명하는 외생잠재변수는 오차항을 갖지 않는다.

경로모델들은 이론에 근거하여 구성된다. **이론**(theory)이란 결과를 설명할 수 있고 예측할 수 있는 과학적인 방법에 따라 세운 체계적으로 관련된 가설들의 집합이다. 따라서 가설들은 개별추측들인 반면, 이론은 논리적으로 서로 연결되고 경험적으로 증명된 다중 가설들이다. 경로모델을 구성하기 위해서는 두 가지 유형의 이론이 필요하다; 측정이론과 구조이론. 후자는 construct들이 구조모델에서 어떻게 서로 연결되어 있는지 명시하는 반면, 측정이론은 어떻게 각각의 construct들이 측정되었는지 명시한다.

측정이론

측정이론(measurement theory)은 어떻게 잠재변수(construct)들이 측정되었는지 명시한다. 일반적으로, 관찰 불가능한 변수를 측정하는 2가지 다른 방법이 있다. 한 가지 접근법은 반영적 측정, 다른 하나는 형성적 측정으로 불린다. 〈도표 1.4〉에서의 construct Y_1과 Y_2는 **형성적 측정모델**(formative measurement model)에 근거하여 만들어진다. 방향이 있는 화살표들은 indicator 변수(Y_1에서는 x_1부터 x_3, Y_2에서는 x_4부터 x_6)로부터 construct로 향하고, 그 방향에서의 인과(예측) 관계를 말한다.

이와 반대로, 도표에서의 Y_3과 Y_4는 **반영적 측정모델**(reflective measurement model)에 근거하여 만들어진다. 다양한 반영적 indicator에서, 화살표의 방향은 construct로부터 indicator 변수로 향하고 construct가 indicator 변수의 추정(구체적으로 공변량)에 영향을 미친다는 가정을 나타낸다. 〈도표 1.4〉에서 나타난 바와 같이, 반영적 측정은 각각의 indicator들이 오차항을 가지고 있으나, 형성적 측정에서는 그렇지 않다. 후자는 오차로부터 자유로운 것으로 가정된다(Diamantopoulos, 2011). 마지막으로, Y_4는 다항목 측정보다는 단일항목을 사용하여 측정해야 함을 주의해야 한다.

construct들을 모델링하기 위한 접근방법들(즉, 반영적 vs. 형성적 그리고 다항목 vs. 단일항목)은 경로모델 구성에 있어 중요한 고려사항이다. 이러한 construct들을 모델링하기 위한 접근방법들은 2장에서 더욱 자세히 설명한다.

구조이론(Structural Theory)

구조이론(structural theory)은 잠재변수들이 서로 어떻게 관련되어 있는지 보여준다(즉, 이것은 구조모델 내 construct들과 경로들 간의 관계를 보여준다). construct들의 위치와 순서는 이론이나 연구자들의 경험이나 축적된 지식에 근거한다. 경로모델 구성 시, 순서는 왼쪽에서 오른쪽이다. 경로모델의 왼쪽의 변수들은 독립변수(dependent variables)이고, 오른쪽에 있는 모든 변수들은 종속변수(independent variables)이다. 더 나아가, 왼쪽의 변수들은 오른쪽의 변수들에 연속하여 선행되고 예측되는 것으로 나타난다. 다시 말해서 변수들은 종속변수와 독립변수 모두의 역할을 수행한다.

잠재변수들이 종속변수로서만 사용될 때, 그것들을 외생잠재변수라 한다(Y_1과 Y_2). 반면에 잠재변수들이 독립변수로만 사용되거나(Y_4), 종속변수와 독립변수 모두의 역할을 하게 될 경우(Y_3), 그것들은 내생잠재변수라고 한다. 다시 말해서 화살표를 받지 못 하는 모든 잠재변수는 외생잠재변수에서 제외된다. 이와 반대로, 내생잠재변수는 들어오고 나가는 단방향 화살표(Y_3)와 들어오는 단방향 화살표(Y_4) 모두를 가질 수 있다. 외생잠재변수인 Y_1과 Y_2는 이러한 construct들이 경로모델에서 독립변수로 설명되는 독립체이기 때문에, 오차항을 가지지 않음을 주의해야 한다.

PLS-SEM과 CB-SEM

구조방정식모델에서의 관계를 추정하는 두 가지 접근법이 있다(Hair et al., 2010; Hair, Ringle, & Sarstedt, 2011; Hair et al., 2012a). 이 중 하나는 비교적 광범위하게 적용되는 CB-SEM 접근법이며, 또 다른 하나는 이 책에서 중점으로 다루는 PLS-SEM이다. 각각에 적합한 다른 연구 맥락들이 있고, 연구자들은 적합한 방법을 적용하기 위해 이들 간의 차이점을 이해할 필요가 있다.

PLS-SEM과 CB-SEM을 언제 사용해야 하는지에 대한 질문에 답하기 위하여 연구자들은 두 개의 방법을 구분하는 특성과 목적에 초점을 맞추어야만 한다(Hair et al., 2012b). 이론적 연구들이 부족한 상황이라면 연구자들은 CB-SEM에 대한 대안적 접근법으로 PLS-SEM의 사용을 고려해야만 한다. 만약 구조모델 적용의 주요 목적이 표적 construct에 대한 예측이나 설명일 경우라면 더욱 그러하다.

PLS-SEM의 추정방식은 CB-SEM을 위한 maximum likelihood(ML) 추정방식과는 다르다. PLS-SEM은 ordinary least squares(OLS) 회귀분석에 기반한 방법론이다. PLS-SEM은 모델 내에서 내생 construct에서의 오차항을 최소화할 목적으로, 경로의 관계를 추정하기 위해 가용 데이터를 사용한다. 다르게 말하면, PLS-SEM은 (표적)내생 construct의 R^2값을 최대로 하는 계수들을 추정한다. 이러한 특성으로 인하여 PLS-SEM의 목적인 예측이 가능하다. 따라서 연구의 목적이 이론 개발과 분산에 대한 설명(construct 예측)이라면 PLS-SEM이 더욱 적합하다. 이러한 이유로, PLS-SEM은 SEM의 **변량기반**(Variance-based) 접근법이라고도 불린다.

PLS-SEM은 또 다른 다변량 데이터분석기법인 **PLS 회귀분석**과 유사하지만 같지 않음을 유의해야 한다. PLS 회귀분석은 여러 독립변수와 단일 혹은 다중의 종속변수 사이의 선형적인 관계를 탐구하는 회귀분석이다. 회귀모델의 개발에 있어서 PLS 회귀분석이 일반적인 회귀분석과 구분되는 이유는 주성분 분석을 통해 다중의 종속변수들과 독립변수들 모두로부터 합성요인을 구성한다는 점에 있다. 반면에, PLS-SEM은 construct들간 관계와 더불어 construct들과 척도들 간의 세부적인 관계에 의해 분석된다(PLS-SEM과 PLS 회귀 사이의 더욱 자세한 비교를 위해 Mateos-Aparicio, 2011을 참고하라).

PLS-SEM의 적용 여부를 결정할 때 몇 가지 중요한 고려사항들이 있다. 이러한 고려 사항들은 방법론적 특성으로부터 나타난다. PLS-SEM algorithm의 통계적 특성은 사용되는 데이터와 모델의 특성과 관련하여 중요한 특징들을 가진다. 더 나아가, PLS-SEM 방법의 특성은 결과 평가에도 영향을 미친다. PLS-SEM의 적용에 관련된 4가지 중요한 사안들이 있다(Hair, Ringle, & Sarstedt, 2011; Hair et al., 2012a; Hair et al., 2012b; Ringle, Sarstedt, & Straub, 2012): (1) 데이터, (2) 모델 특성, (3) PLS-SEM algorithm, (4) 모델 평가 사안. 〈도표 1.5〉는 PLS-SEM의 주요한 특성들을 요약한다. 이번 장에서는 이러한 사안들을 전반적으로 살펴보고 본서의 나머지 장에서 세부적으로 설명한다.

PLS-SEM은 표본크기가 작은 경우에도 복잡한 모델을 효율적으로 이용하며, 분석대상 데이터에 대한 어떠한 가정(예를 들면, 데이터 분포의 관점에서)도 하지 않는다(Cassel, Hackyl, & Westlund, 1999를 보라). 추가적으로, PLS-SEM은 반영적 측정모델과 형성적 측정모델뿐만 아니라 식별 문제가 없는 단일항목 construct에서도 쉽게 다룰 수 있다. 그러므로 광범위한 연구 상황에 적용이 용이하다. 또한 연구자들이 PLS-SEM을 이용하면 효율적으로 parameter를 추정할 수 있는데, 이는 CB-SEM보다 더욱 높은 **통계적 검증력**(statistical power)을 가지고 있음을 뜻한다. PLS-SEM이 우수한 통계적 검증력을 가졌다는 것은 모집단에서 특정관계에 대한 유의성이 실제로 높다면 표본에서도 유의성이 확보될 가능성이 높음을 뜻한다.

그러나 PLS-SEM에는 몇몇 한계점이 있다. 이 기술은 구조모델이 잠재변수 사이에 인과루프나 순환적 관계를 포함할 때(즉, 순환모델: nonrecursive model)에는 적용될 수 없다. 또한 PLS-SEM은 측정에 적합한 전반적 적합도(global goodness-of-fit)를 측정할 수 있는 척도가 없다. 이러한 문제로 인해 이론의 검증과 확증에 대한 사용이 제한적이다. 더욱이, 일반적으로 PLS-SEM parameter 추정은 편향(bias)과 일관성 측면에서 부족하다(흔히 PLS-SEM 편향으로 말하는 특성(3장)). CB-SEM은 이러한 한계점을 지나치게 강조하고 있는데, 하지만, 시뮬레이션을 통해 CB-SEM과 PLS-SEM 측정 사이의 차이가 매우 작다는 사실이 확인되었다(예를 들어, Reinartz, Haenlein, & Henseler, 2009). 이러한 이유에서 PLS-SEM 편향을 확대 해석하는 것은 대부분의 경우 부적절하다.

도표 1.5 PLS-SEM의 핵심특성

데이터 특성들	
표본 크기	• 작은 표본 크기에서도 identification에 문제 없음 • 보통 작은 표본 크기에서 높은 수준의 통계적 검증력을 나타냄. • PLS-SEM 측정에서 큰 표본 크기들이 정확성(즉, 일관성)을 증가시킴
분포	• 분포에 대한 추정이 없음; PLS-SEM은 비모수적 방법
결측값	• 적정수준 내에서의 결측값에 대해 강건(robust)함.
측정 척도	• Metric-data, Quasi-metric(ordinal) scaled data, 그리고 이분형 변수들(특정제한이 있는)로 작업 • 내생잠재변수를 측정하기 위해 범주형 데이터를 사용할 경우 다소의 한계를 가짐
모델 특성	
각각의 construct 측정 모델에서의 항목수	• 단일, 다항목척도로 측정된 construct를 다룸
construct와 indicator들 사이의 관계들	• 반영적, 형성적 측정모델의 포함이 용이
모델 복잡성	• 구조적 관계가 복잡한 모델을 다룸 • indicator의 수가 많을수록 PLS-SEM의 편향을 감소시키는 데 유용함
모델 설정	• 구조모델에서 허용되는 인과루프가 없음(순환모델만 허용)
PLS-SEM algorithm 특성들	
목표	• 설명되지 않은 변수들의 양을 최소화(즉, R^2값을 최대화)
효율성	• (심지어 복잡한 모델이나 큰 data set에서의 상황에서도) 적은 반복계산을 통해 최적해법(optimum solution)을 구함; 효율적 algorithm
construct 점수	• indicator들의 선형적 결합으로써 측정됨 • 예측적 목적으로써 사용됨 • 후속 분석에 대한 input으로 사용될 수 있음 • 데이터의 부족에 의한 영향을 받지 않음
모수추정	• 구조모델의 관계는 일반적으로 과소추정됨(PLS-SEM 편향) • 측정모델 관계는 일반적으로 과대추정됨(PLS-SEM 편향) • 일관성을 고려하지 않음(consistency at large) • 통계적 검증력이 높음
모델 평가 문제	
전체적인 모델의 평가	• 전반적인 적합성 기준이 없음
측정모델의 평가	• 반영적 측정모델들 : 신뢰성과 타당성이 다중의 기준에 의해 평가됨 • 형성적 측정모델들: 타당성평가, indicator weights의 유의수준과 타당성, indicator의 공선성

구조모델 평가	• Construct들 간의 공선성, 경로계수의 유의성, 결정계수(R^2), 효과 크기(f^2), 예측적합성(Q^2, q^2효과의 크기)
추가적 분석들	• IP Matrix(중요도-성과 매트릭스)분석 • 매개효과 • 계층적 컴포넌트 모델 • 다집단 분석 • 관찰되지 않는 이질성을 알아내고 다룸 • 측정모델 불변성 • 조절효과

Source: Adapted from *The Journal of Marketing Theory and Practice* 19(2)(Spring 2011), 139~151.

CB-SEM과 PLS-SEM의 결과 차이는 크지 않지만, PLS-SEM 추정은 CB-SEM 결과의 좋은 대안이 될 수 있다. 특히, 구조모델관계나 construct 측정에 대한 약간의 지식이 있을 때, 증명보다 탐구가 더 강조될 때 PLS-SEM은 CB-SEM의 매력적인 대안이다. 또, CB-SEM 추정이 분산, 최소 표본크기, 최대 모델복잡성의 정상상태에서 벗어났을 때, 혹은 모델추정의 과정에서 방법론적인 문제가 발생하는 경우, PLS-SEM은 이론 검증에 대한 좋은 방법론적 대안이다. 그래서, 연구자들은 구조모델평가를 위한 적절한 분석접근법을 결정할 때 CB-SEM과 PLS-SEM 모두를 고려하여야만 한다.

〈도표 1.6〉은 CB-SEM이나 PLS-SEM 어떤 것을 사용할지 결정할 때 적용될 수 있는 기준(rules of thumb: RoT)을 나타낸다. 보이는 것과 같이, PLS-SEM은 CB-SEM의 보편적인 대안으로 추천되지 않는다. 두 방법들은 통계적 시각의 관점이 다르고, 따라서 어떠한 기법이 일반적으로 우월하다고 할 수 없으며, 어떠한 기법도 모든 상황에 대해 적절하다고 할 수 없다. 일반적으로 PLS-SEM의 장점이 CB-SEM의 취약점이 되고, 그 반대도 마찬가지이다. 연구자들이 접근법의 개발목적에 따른 차이를 이해하고 그것들을 상황에 맞게 사용하는 것이 중요하다. 연구자들은 그들의 연구 목적, 데이터 특성, 모델 설정에 가장 부합하는 SEM 기법을 적용할 필요가 있다(더욱 자세한 내용은 Roldán and Sánchez-Franco, 2012를 참고하라).

도표 1.6 PLS-SEM과 CB-SEM간 선택의 Rule of Thumb

PLS-SEM을 사용할 때

- PLS-SEM 사용의 목적은 핵심 표적 construct를 예측하거나, 주요 동인 construct들을 규명하는 것이다.
- 형성적으로 측정된 construct들은 구조모델의 일부이다. 형성적 측정들이 CB-SEM에서 사용될 수 있지만, 이것은 construct specification modification(즉, identification을 위한 기준을 충족시키기 위해 해당 construct가 형성적 지표나 반영적 지표를 포함해야 한다)을 요한다.
- 구조모델이 복잡하다(많은 construct들, 많은 indicator들).
- 표본크기가 작거나 데이터가 비정규분포를 따른다.
- 잠재변수의 점수(latent variable scores)를 후속 분석에 사용할 계획이다.

CB-SEM을 사용할 때

- CB-SEM사용의 주요목적은 이론의 검증 및 확인, 혹은 대안적 이론들에 대한 비교에 있다.
- 오차항은 공변량과 같은 추가적인 specification과정을 요한다.
- 구조모델은 non-recursive 관계를 가진다
- 연구는 global goodness-of-fit 기준을 요한다.

Source: Adapted from *The Journal of Marketing Theory and Practice* 19(2)(Spring 2011), 139~151.

데이터 특성

• 최소 표본크기 요구조건

데이터 특성들 중 최소 표본크기, 비정규(non-normal) 데이터, 척도(즉, 다른 유형의 척도 사용)와 같은 특성은 PLS-SEM 적용에서 가장 빈번하게 사용되는 것들이다(Hair et al., 2012b; Henseler et al., 2009). 몇몇 주장들은 분석방법에 대해 제대로 설명하기도 하지만 아닌 경우도 있다. 예를 들면, 작은 표본크기는 아마도 PLS-SEM의 사용과 관련하여 가장 많이 남용된다(Goodhue, Lewis, & Thompson, 2012; Marcoulides & Saunders, 2006). 이러한 잘못된 설명의 결과로 인하여 일반적으로 PLS-SEM의 이용에 대한 회의적이다.

구조모델의 전반적인 복잡성은 PLS-SEM의 표본크기 요구조건에 약간의 영향을 준다. 그 이유는 algorithm이 구조모델에서의 모든 관계를 동시에 계산하지 못 하기 때문이다. 대신에 모델의 부분적인 회귀 관계들을 추정하기 위해 OLS 회귀를 사용한다. 2개의 기존 연구들에서는 작은 표본크기를 이용한 PLS-SEM의 성과를 체계적으로 평가하여 그 결과가 매우 우수한 것으로 결론지었다(예를 들어, Chin & Newsted, 1999; Hui & Wold, 1982). 최근에 Reinartz et al.(2009)의 시뮬레이션을 이용한 연구에서 표본크기가 작을 때 PLS-SEM이 좋은 선택이라는 것을 제시하였다. 또한, 공분산 기반 분석과 상대적으로 비교했을 때, PLS-SEM은 모델이 복잡하거나 표본크기가 작은 상황에서 높은 수준의 통계적 검증력을 가진다.

불행하게도, 일부 연구자들은 PLS-SEM의 적용에서 표본크기에 대한 고려가 필요없다고 믿는다. 이러한 생각은 종종 인용되고 있는 10배수 법칙(Barclay, Higgins, & Thompson, 1995)에서 발전된 것인데, 10배수 법칙은 표본의 크기가 다음의 경우보다 커야 함을 설명한다.

1. 단일 construct를 측정하는 데 사용하는 형성적 indicator들의 수 중 가장 큰 수의 10배
2. 구조모델에서 특정 construct로 향하는 construct경로의 가장 큰 수의 10배

이러한 기준(rule of thumb)은 최소 표본크기가, PLS 모델경로에 있는 모든 곳의 잠재변수로 향하는 화살표의 최대 수의 10배가 되어야 한다는 것과 같다고 말할 수 있다. 반면에 10배수 법칙은 작은 표본크기 요구조건에 대한 개략적인 지침을 제공하는데, PLS-SEM(어떠한 통계 기법에서든)은 연구자들이 모델의 배경과 데이터 특성에 반하여 표본크기를 고려할 것을 요구한다(Hair, Ringle, & Sarstedt, 2011). 특히, 요구되는 표본크기는 예측변수의 가장 큰 수의 모델의 일부에 근거한 검정력 분석의 평균에 의해 결정된다.

PLS-SEM에서 표본크기에 대한 요구사항은 기본적으로 OLS 회귀의 특성을 바탕으로 하기 때문에, 연구자들은 Cohen(1992)이 다중회귀분석 모델을 위한 통계적 검증력 분석에서 측정모델이 outer loading 측면에서 수용 가능한 수준

인지를 확인하기 위해 제시한 기준 같은 다른 기준을 사용할 수 있다(즉, loading은 0.7의 일반적 한계 이상이어야 한다). 대안으로, 연구자들은 특정 모델에서 검정력 분석을 시행하기 위해 G*Power와 같은 프로그램을 사용할 수 있다(이 프로그램은 http://www.psycho.uni-duesseldorf.de/aap/projects/gpower/에서 무료로 사용할 수 있다).

〈도표 1.7〉은 일반적인 통계적 검증력 수준 80%, 그리고 PLS 경로의 복잡성 수준(즉, construct에 대한 PLS 경로모델내 최대 화살표의 수)을 가정하고 유의수준 1%, 5%, 10%에 대한 구조모델 내 내생 construct들의 최소 R^2값 0.10, 0.25, 0.50, 0.75를 충족시키는 최소표본 크기를 보여준다. 예를 들면, 측정에서 종속변수들의 수가 최대이고, 구조모델이 5개라면, 적어도 0.25의 R^2값을 찾기 위한 80%의 통계적 검증력에 도달하기 위해서는 70개의 관측치가 필요하다(오차 범위 5%).

도표 1.7 통계적 검증력 80% 가정시 PLS-SEM에서 요구되는 표본크기

construct를 향하는 화살표의 최대 수	유의수준											
	1%				5%				10%			
	최소 R^2				최소 R^2				최소 R^2			
	0.10	0.25	0.50	0.75	0.10	0.25	0.50	0.75	0.10	0.25	0.50	0.75
2	158	75	47	38	110	52	33	26	88	41	26	21
3	176	84	53	42	124	59	38	30	100	48	30	25
4	191	91	58	46	137	65	42	33	111	53	34	27
5	205	98	62	50	147	70	45	36	120	58	37	30
6	217	103	66	53	157	75	48	39	128	62	40	32
7	228	109	69	56	166	80	51	41	136	66	42	35
8	238	114	73	59	174	84	54	44	143	69	45	37
9	247	119	76	62	181	88	57	46	150	73	47	39
10	256	123	79	64	189	91	59	48	156	76	49	41

Source: Cohen, J. A power primer. *Psychological Bulletin*, 112, 155~519.

• 데이터 분포와 측정 척도

여타 통계적 분석에서와 마찬가지로, PLS-SEM을 사용함에 있어서도 결측값 문제를 다루어야 한다. 수용가능 한계는 indicator별 5% 미만의 결측값이며, 결측값 대체 방법으로는 평균 대체(mean replacement), EM 알고리즘 대치법(Expection-Maximization algorithm), 최근접 이웃 대치법(nearest neighbor) 등이 있는데(예: Hair et al., 2010), 이러한 방법들은 PLS-SEM 추정의 결과에서 다소간의 차이를 낳는다. 때문에 이에 대한 대안으로, 연구자들은 결측값을 갖는 모든 관측을 삭제할 수도 있지만, 이것은 데이터에서의 변량을 감소시키고 특정 관측 집단이 조직적으로 삭제되었을 때 편향을 야기할 수 있다.

PLS-SEM의 사용은 데이터 특성과 관련된 2개의 다른 주요한 원인(즉, 분포와 척도)의 영향을 받지 않는다. 따라서 상황에 따라 많은 전통적 다변량 기법의 엄격한 요구조건들을 충족시키기 어렵거나 불가능할 때(예를 들어, 데이터의 정규 분포), PLS-SEM이 선호되는 방법이다. PLS-SEM의 훌륭한 유연성은 이 방법을 발전시킨 Wold(1982)가 쓴 "soft modeling"에서 설명된다. 그러나 참고적으로 "soft"는 개념, 모델, 혹은 측정 기법이 아닌 분포상의 추정에 대한 것으로 볼 수 있다(Lohmöller, 1989). PLS-SEM의 통계적 특성은 정규분포이거나 극히 비정규분포 특성(즉, 왜도 그리고/혹은 첨도)을 가진 데이터에서 매우 강건한 모델추정을 제공한다(Reinartz et al., 2009; Ringle et al., 2009). 그러나 기억해야 하는 것은, 영향력이 큰 이상치(influential outlier)와 공선성은 PLS-SEM에서 OLS 회귀에 영향을 미치기 때문에, 연구자들은 이러한 주제에 대한 데이터나 결과를 평가해야만 한다(Hair et al., 2010).

PLS-SEM algorithm은 일반적으로 측정모델의 indicator로 계량(metric)데이터를 요구한다. 그러나 이 방법도 등간 척도로 측정된 데이터(즉, quasi-metric scales; Mooi & Sarstedt, 2011)와 이변량 데이터가 있는 서열척도에서 잘 적용된다. 이변량 데이터의 이용은 PLS-SEM 모델에서 범주적 통제변수나 조절변수를 포함

도표 1.8 PLS-SEM 적용시 데이터 고려사항

- 간단한 지침사항으로써, PLS-SEM분석에서의 최소 표본크기는 다음의 10배수 규칙보다 더 커야 한다 (1) 하나의 construct를 측정하기 위해 형성적 indicator에서의 가장 큰 수의 10배가 사용되어야 한다. (2) 구조모델에서의 특정 construct에서 구조경로의 가장 큰 수의 10배가 사용되어야 한다. 그러나 연구자들은 통계적 검증력과 효과 크기를 고려하는, Cohen(1992)에 의해 제공된 것과 같은 더욱 많은 정교한 기준들을 따라야 한다. 대안으로, 연구자들은 G*Power와 같은 프로그램을 사용하여 개개의 power분석을 시행해야만 한다.
- 많은 수의 data set(N=250+)를 사용하는 경우, CB-SEM과 PLS-SEM의 결과들은 적정수의 indicator 변수(4+)들이 각각의 construct를 측정하기 위해 사용되었을 때 매우 유사하다.
- PLS-SEM은 극도로 비정상적인 데이터(예를 들어, 높은 수준의 왜도)를 다룰 수 있다.
- 대부분의 결측값을 다루는 절차들(예: 한 쌍 목록대치, 평균 대치, EM알고리즘 대치, 최근접 이웃 대치법)은 분석 결과들에서 제한된 효과가 있는, 결측 데이터의 합리적인 수준(indicator별 5% 이하의 결측)으로 사용될 수 있다.
- PLS-SEM은 특정한 제한들이 있더라도 계량적, 유사계량적(quasi-metric), 범주적(즉, dummy-coded) 척도의 데이터를 활용할 수 있다.

하는 것을 의미한다. 간단히 말하면, PLS-SEM 모델에서 더미(dummy) indicator들이 포함될 수 있지만, 특별한 주의를 요한다(Hair et al., 2012b에서 몇몇 주의점을 참고하라). 계량변수와 더미변수 모두를 사용할 때, 연구자들은 모델에서의 여분 코드변수들에 대한 규칙을 고려하여야만 한다(Hair, Wolfinbarger Celsi, et al., 2011). 〈도표 1.8〉은 데이터 특성과 관련된 주요한 고려사항들을 요약하고 있다.

모델 특성

PLS-SEM은 모델링 특성에 있어서 매우 유연하다. PLS-SEM algorithm은 모든 모델이 순환(recursive, 역자 주_구조모델에서는 비순환적 형태를 recursive로 표현하는 반면, 순환적 형태를 non-recursive로 표현)형태를 취할 것을 요구한다. 즉, 잠재변수 사이에서의 순환 관계나 관계의 고리들은 구조모델에서 허용되지 않는다. Non-recursive 모델은 경영학 분야에서 종종 사용되고 있는데, PLS-SEM은 non-recursive 모델의 적용을 제한하고 있다. 그러나 PLS-SEM은 분산에 대한 가정과 같은 CB-SEM이 지닌 특정요구조건에 대해서는 자유롭다.

도표 1.9 PLS-SEM 선택시 모델 고려사항들

- 측정모델 사용조건은 매우 유연하다. PLS-SEM은 반영적이고 형성적인 측정모델들뿐만 아니라 추가적 요구사항이나 제한들이 없는 단일항목 척도들을 다룰 수 있다.
- 모델 복잡성은 보통 PLS-SEM에서 문제가 되지 않는다. 적절한 데이터가 최소 표본크기 요구조건을 충족하는 한, 구조모델의 복잡성은 사실상 제한 받지 않는다.

CB-SEM을 사용함에 있어서, 측정모델의 까다로움을 충족하는 것은 큰 장애로 작용된다. 예를 들면, 많은 잠재변수들과 indicator가 포함된 복잡한 모델에서의 추정은 보통 CB-SEM으로는 불가능하다. 대조적으로, PLS-SEM은 identification이나 다른 기술적 문제에 의해 제한되지 않으므로, 이러한 상황에서도 사용될 수 있다. 반영적 측정과 형성적 측정모델의 고려사항은 SEM 적용의 핵심 문제이다. PLS-SEM은 반영적 측정과 형성적 측정모델 모두에서 쉽게 다룰 수 있고, 형성적 측정과 결합된 가설 측정모델일 때 주요한 접근법으로 고려된다. CB-SEM은 형성적 indicator를 사용할 수 있지만, 모델 식별이 보장되어야 하고, 이것들은 엄격한 특정 규칙을 따라야만 한다(Diamantopoulos & Riefler, 2011). 사실상, 요구조건들은 본래 계획한 분석에 반한다. 반대로 PLS-SEM은 이러한 요구조건을 갖지 않고, 형성적 측정과 반영적 측정 모두에서 동등하게 잘 다뤄진다. 문제가 발생하는 경우는 오로지, 형성적 측정모델에서 지시변수 사이에 높은 수준의 공선성이 존재할 때이다.

결국, PLS-SEM은 매우 복잡한 모델을 추정할 수 있다. 예를 들면, 이론적이거나 개념적인 가설이 많은 모델과 충분한 데이터를 수반하는 경우(즉, 최소 표본크기를 충족한다면), PLS-SEM은 다수의 construct와 100개의 indicator 변수를 포함한 어떠한 크기의 모델이든 다룰 수 있다. Wold(1985)에 의하면, PLS-SEM은 사실상 구조적 관계에서 복잡한 잠재변수가 있는(3장), 경로모델(Path Model)일 때 경쟁상대가 없다. 〈도표 1.9〉는 PLS-SEM 모델 특성에서의 rules of thumb를 요약한 것이다.

이후 장의 구성

이후 장들에서는 PLS-SEM에 대한 상세한 정보를 제공할 것이다. 예컨대, 간단하고 복잡한 경로모델 예시를 통해 PLS 경로모델을 추정하기 위한 소프트웨어를 어떻게 사용하는지에 대한 구체적인 방안을 제공할 것이다. 이러한 과정을 따라, 본서의 장들은 PLS-SEM분석을 시행할 때 청사진으로써 사용되어야 하는 단계적인 절차를 따른다 (〈도표 1.10〉).

특히, 그 과정은 데이터의 수집과 조사에 따른 구조적인 측정모델의 특성으로부터 시작한다(2장). 다음으로, 우리는 PLS-SEM algorithm에 대해 논의해 볼 것이고, 분석을 진행할 때 중요한 고려사항들에 대한 개요를 알아볼 것이다(3장). 계산의 결과에 근거하여, 연구자들은 결과를 평가한다. 그렇게 하기 위해, 연구자들은 반영적 측정모델과 형성적 측정모델 모두에서 어떻게 접근할 것인지 알고 있어야만 한다(4장과 5장). 측정들에 대한 데이터가 신뢰할 수 있고 타당할 때(설정된 기준에 근거하여), 연구자들은 구조모델을 평가할 수 있다(6장). 끝으로, 7장과 8장에서는 매개변수와 조절변수, 계층적 성분모델(hierarchical component models), 표본데이터의 비관측 이질성에 대한 검증(testing for unobserved heterogeneity in sample data), 동일성(invariance), 다중 집단 모델링 등과 같은 PLS-SEM에 대한 고급 주제를 다룬다. 6~8장의 결과들에 근거하여, 연구자들은 그들의 연구결과를 해석하고, 최종 결론을 이끌어낸다.

도표 1.10 PLS-SEM 적용을 위한 단계별 절차

Stage 1	구조모델 구체화	Chapter 2
Stage 2	측정모델 구체화	Chapter 2
Stage 3	데이터 수집 및 확인	Chapter 2
Stage 4	PLS 경로모델 추정	Chapter 3
Stage 5a	반영적 측정모델의 PLS-SEM 결과 평가	Chapter 4
Stage 5b	형성적 측정모델의 PLS-SEM 결과 평가	Chapter 5
Stage 6	구조모델의 PLS-SEM 결과 평가	Chapter 6
Stage 7	고급 PLS-SEM분석	Chapter 7~8
Stage 8	결과 해석 및 결론도출	Chapter 6~8

Summary

SEM은 사회과학연구에서의 관계들을 식별할 수 있는 강력한 통계적 방법론이다. 이번 장에서는 이러한 방법론의 사용이 왜 증가하고 있는지에 대해 논의했으며, 독자 여러분들은 다음의 관점에서 도움을 얻었을 것이다.

- **구조방정식 모델링(SEM)의 의미와, 다변량 데이터 분석의 관계를 이해한다.** SEM은 2세대 다변량 데이터 분석방법이다. 다변량 데이터 분석은 개인, 회사, 업무, 활동, 상황 기타 등과 관련된 측정을 대표하는 다중 변수들을 동시에 분석하는 통계적 방법의 적용을 의미한다. SEM은 이론을 탐구하거나 확인하는 데 모두 사용된다. 확인적 모델링이 이론을 검증하는 것에 사용된다면, 탐색적 모델링은 이론을 발전시키는 것에 사용된다. SEM에는 2가지 유형이 있다—하나는 공변량 기반이며, 다른 하나는 변량 기반이다. CB-SEM은 이론을 확인(혹은 반론)하는 데 사용된다. Variance 기반의 구조방정식 모델링(즉, PLS-SEM)은 주로 이론을 발전시키는 데 사용된다.
- **다변량 데이터 분석을 적용하기 위해서는 다음의 사항을 고려해야 하는데, 다음의 5가지는 다변량분석을 적용함에 있어서 필수의 고려사항들이다.** (1) 변량, (2) 측정, (3) 측정 척도, (4) 부호화, (5) 데이터 분포. 이것은 다변량 분석에서의 기초라고 할 수 있다. 변량은 연구 과제에 기반하여 선택된 몇몇 변수들의 선형적인 결합이다. 측정은 일련의 규칙에 근거하여 변수들에 수를 할당하는 과정이다. **다변량 측정**은 측정의 정확도를 향상시키기 위해 간접적으로 개념을 측정하기 위한 다수의 변수를 사용하는 것을 말한다. 여러 변수들(indicators)을 사용하여 단일의 연구개념을 측정하면 그 개념의 다양한 측면을 여러 변수들이 각각 설명하게 되므로 그 개념의 측정은 더욱 타당하게 되고, 이를 통해 측정의 정확도 향상을 기대할 수 있다. 다변수 측정을 사용하여 측정 오류를 식별하는 능력은 또한 연구자들이 더욱 정확한 측정치를 얻을 수 있도록 도와준다. 측정 오류는 변수의 실제 값과 측정에 의해 얻어지는 값의 차이이다. 측정 척도는 질문에 대한 답을 얻을 때 사용되어지는, 이미 정해진 수의 폐쇄적 응답을 사용하는 도구이다.

측정 범위에는 4가지 유형이 있다(명목, 서열, 등간, 비율). 연구자들이 범위를 사용해 양적인 데이터를 수집할 때, 질문에 대한 답은 가능한(이미 정해진) 응답 범주에 대한 분포로써 나타난다. SEM으로 작업할 때 분포의 유형이 반드시 고려되어야 한다.

- **Partial least squares SEM**(PLS-SEM)**에 대한 기본적인 개념을 이해한다.** 경로모델(Path Model)은 구조방정식 모델링이 적용되었을 때 설명되는 가설과 변수의 관계를 시각적으로 나타내는 데 사용하는 diagram이다. 경로모델을 개발하기 위해서는 4개의 기본적인 요소들을 반드시 이해해야 한다. (1) construct, (2) 측정된 변수들, (3) 관계들, (4) 오차항. construct들은 직접적으로 측정되지 않는 잠재변수인데, 때때로 비관측변수라고 부른다. Construct는 경로모델에서 원이나 타원형으로 나타난다. 측정된 변수들은 직접 측정되는 관측들(가공되지 않은 데이터)이고, 일반적으로 indicator나 명확한 변수로 언급되며, 경로모델에서 사각형으로 표현된다. 경로모델에서 관계들은 가설들을 표현하고, 예측적인/인과관계를 표현하는 단방향 화살표로써 나타난다. 오차항은 경로모델들이 측정되었을 때 설명되지 않는 변수들을 표현하고, (내생)construct들에 연결된 원과 단방향 화살표에 의한 (반영) 측정 변수로 표현된다. 경로모델들은 또한 구조적(내부) 모델과 측정(외부) 모델로 구별된다. 구조적 모델을 발전시킬 때 이론의 규칙은 중요하다. 이론은, 과학적인 방법에 따라 발전된, 설명 가능하고 결과를 예측하는 데 사용될 수 있는 구조적으로 관련된 가설들의 구성이다. 측정이론은 잠재된 측정 불가능한 변수들(construct들)이 어떻게 모델링되었는지를 명시한다. 잠재변수들은 반영적이나 형성적으로 모델링될 수 있다. construct 이론은 어떻게 잠재된 측정 불가능한 변수들이 서로 관련되어 있는지 보여준다. 잠재변수들은 내생, 외생으로 분류된다.
- **Covariance 기반의 SEM**(CB-SEM)**과 PLS-SEM사이의 차이점, 그리고 각자가 언제 사용되는지 설명한다.** CB-SEM에 대한 대안으로, PLS-SEM은 데이터와 관계의 특성과 관련된 요구 사항을 동시에 완화하는 반면, 예측적 목적에 초점을 맞춘다. PLS-SEM은 OLS회귀의 반복적 연속에서 부분적 모델 관

계들을 측정함으로써 내생잠재변수로 설명된 변수를 최대화할 수 있다. 이와 반대로, CB-SEM은 측정값과 표본 공분산행렬들 사이의 차이를 최소화하기 위해 모델의 모수를 추정한다. PLS-SEM은 만약 모델이 복잡하더라도 —CB-SEM 사용이 전형적으로 제한되는 상황—식별 문제에 대해 제한되지 않고, 대부분 분포상의 추정 계산을 요구하지 않는다. 또, PLS-SEM은 형성적 측정모델을 더 잘 다룰 수 있고, 표본크기가 상대적으로 작을 때 이점이 있다. 연구자들은 상호 보완적인 2가지 SEM 측정법을 고려해야 하고, 각각의 연구 목적, 데이터 특성, model setup에 가장 잘 맞는 SEM기법을 사용해야 한다.

Review Questions

1. 다변량 분석이란 무엇인가?
2. 1세대와 2세대 다변량 방법 사이의 차이점을 설명하여라.
3. 구조방정식모델이란 무엇인가?
4. 변수들 사이의 관계를 이해하는데 구조방정식 모델링의 값은 무엇인가?

Critical Thinking Questions

1. SEM 방법이 변수들 사이의 관계를 이해하는 데 언제 더욱 유리한가?
2. CB-SEM과 PLS-SEM 둘 중 어느 것을 사용할지에 대한 결정에서 가장 중요한 고려 사항은 무엇인가?
3. 어떠한 환경에서 PLS-SEM이 CB-SEM보다 더 선호되는가?

4. PLS-SEM이나 CB-SEM 중 어느 것을 사용할지에 대한 결정에서 왜 이론에 대한 이해가 중요한가?
5. 왜 사회과학 연구자들은 다중회귀 대신 SEM을 사용하는 것을 고려해야 하는가?

Key Terms

CB-SEM: see *Covariance-based structural equation modeling.*

Coding(부호화): is the assignment of numbers to scales in a manner that facilitates measurement.

Confirmatory(확인적): see *Confirmatory applications.*

Confirmatory applications(확인적 적용): aim at empirically testing theoretically developed models.

Constructs(also called latent variables): measure concepts that are abstract, complex, and cannot be directly observed by means of(multiple) items. Constructs are represented in path models as circles or ovals.

Covariance-based structural equation modeling(공분산 기반 구조방정식 모델링): is used to confirm(or reject) theories. It does this by determining how well a proposed theoretical model can estimate the covariance matrix for a sample data set.

Endogenous latent variables(내생잠재변수): serve only as dependent variables, or as both independent and dependent variables in a structural model.

Equidistance(등간): is given when the distance between data points of a scale is identical.

Error terms(오차항): capture the unexplained variance in constructs and indicators when path models are estimated.

Exogenous latent variables(외생잠재변수): are latent variables that serve only as independent variables in a structural model.

Exploratory(탐험적): see *Exploratory applications.*

Exploratory applications(탐험적 적용): focus on exploring data patterns and identifying relationships.

First-generation techniques(1세대 기법): are statistical methods traditionally used by researchers, such as regression and analysis of variance.

Formative measurement model(형성적 측정모델): is a type of measurement model setup in which the direction of the arrows is from the indicator variables to the construct, indicating the assumption that the indicator variables cause the measurement of the construct.

Indicators: are directly measured observations(raw data), generally referred to as either *items or manifest variables*, represented in path models as rectangles.

Inner model(내부 모델): see *Structural model.*

Interval scale(등간척도): can be used to provide a rating of objects and has a constant unit of measurement so the distance between the scale points is equal.

Items(항목): see *Indicators.*

Latent variable(잠재변수): see *Constructs.*

Manifest variables(관측변수): see *Indicators.*

Measurement(측정): is the process of assigning numbers to a variable based on a set of rules.

Measurement error(측정오차): is the difference between the true value of a variable and the value obtained by a measurement.

Measurement model(측정모델): is an element of a path model that contains the indicators and their relationships with the constructs and is also called the *outer model* in PLS-SEM.

Measurement scale(측정척도): is a tool with a predetermined number of closedended responses that can be used to obtain an answer to a question.

Measurement theory(측정이론): specifies how the latent variables are measured.

Multivariate analyses(다변량분석): are statistical methods that simultaneously analyze multiple variables.

Multivariate measurement(다변량측정)**:** involves using several variables to indirectly measure a concept.

Nominal scale(명목척도)**:** is a measurement scale where numbers are assigned that can be used to identify and classify objects(e.g., people, companies, products, etc.).

Ordinal scale(서열척도)**:** is a measurement scale where numbers are assigned that indicate relative positions of objects in an ordered series.

Outer models(외부모델)**:** see *Measurement model.*

Partial least squares path modeling: see *Partial least squares structural equation modeling.*

Partial least squares structural equation modeling: is a variancebased method to estimate structural equation models. The goal is to maximize the explained variance of the endogenous latent variables.

Path models(경로모델)**:** are diagrams that visually display the hypotheses and variable relationships that are examined when structural equation modeling is applied.

PLS regression: is an analysis technique that explores the linear relationships between multiple independent variables and a single or multiple dependent variable(s). In developing the regression model, it constructs composites from both the multiple independent variables and the dependent variable(s) by means of principal component analysis.

PLS-SEM: see *Partial least squares structural equation modeling.*

Ratio scales(비율척도)**:** are the highest level of measurement because they have a constant unit of measurement and an absolute zero point; a ratio can be calculated using the scale points.

Recursive model(비순환모델)**:** is a PLS path model that does not have a causal loop of relationships between latent variables in the structural model(i.e., no circular relationships).

Reflective measurement model(반영적 측정모델)**:** is a type of measurement model setup in which the direction of the arrows is from the construct to the indicator variables, indicating the assumption that the construct causes the measurement(more precisely, the covariation) of the indicator variables.

Second-generation techniques(2세대 기법)**:** overcome the limitations of first-generation techniques, for example, in terms of accounting for measurement error. SEM is the most prominent second-generation data analysis technique.

SEM: see *Structural equation modeling.*

Single-item constructs(단일항목 constructs)**:** have only a single item to measure the construct. Statistical power: the probability to detect a significant relationship significant when it is in fact significant in the population.

Statistical power(통계적 검증력)**:** the probability to detect a significant relationship significant when it is in fact significant in the population.

Structural equation modeling(구조방정식 모델링)**:** is used to measure relationships between latent variables.

Structural model(구조모델)**:** is an element of a PLS path model that contains the constructs as well as the relationships between them. It is also called the *inner model* in PLS-SEM.

Structural theory(구조이론)**:** specifies how the latent variables are related to each other. That is, it shows the constructs and the paths between them.

Theory(이론)**:** is a set of systematically related hypotheses developed following the scientific method that can be used to explain and predict outcomes and can be tested empirically.

Variance-based SEM: see *Partial least squares structural equation modeling.*

Variate(변량)**:** is a linear combination of several variables.

Suggested Readings

Esposito Vinzi, V., Trinchera, L., & Amato, S.(2010). PLS path modeling: From foundations to recent developments and open issues for model assessment and improvement. In V. Esposito Vinzi, W. W. Chin, J. Henseler & H. Wang(Eds.), *Handbook of partial least squares: Concepts, methods and applications*(Springer Handbooks of Computational Statistics Series, vol. II)(pp. 47~82). New York: Springer.

Gefen, D., Straub, D. W., & Boudreau, M. C.(2000). Structural equation modeling techniques and regression: Guidelines for research practice. *Communications of the AIS*, 1(7), 1~78

Hair, J. F., Black, W. C., Babin, B. J., & Anderson, R. E.(2010). *Multivariate data analysis*. Englewood Cliffs, NJ: Prentice Hall.

Hair, J. F., Ringle, C. M., & Sarstedt, M.(2011). PLS-SEM: Indeed a silver bullet. *Journal of Marketing Theory and Practice*, 19, 139~151.

Hair, J. F., Wolfinbarger Celsi, M., Money, A. H., Samouel, P., & Page, M. J.(2011). *Essentials of business research methods*. Armonk, NY: Sharpe.

Henseler, J., Ringle, C. M., & Sarstedt, M.(2012). Using partial least squares path modeling in international advertising research: Basic concepts and recent issues. In S. Okazaki(Ed.), *Handbook of research in international advertising*(pp. 252~276). Cheltenham, UK: Edward Elgar.

Jöreskog, K. G., & Wold, H.(1982). The ML and PLS techniques for modeling with latent variables: Historical and comparative aspects. In H. Wold & K. G. Jöreskog(Eds.), *Systems under indirect observation*, Part I(pp. 263~270). Amsterdam: North-Holland.

Lohmöller, J. B.(1989). *Latent variable path modeling with partial least squares*. Heidelberg: Physica.

Mateos-Aparicio, G.(2011). Partial Least Squares(PLS) methods: Origins, evolution, and application to social sciences. *Communications in Statistics: Theory and Methods*, 40(13), 2305~2317.

Rigdon, E. E.(2012). Rethinking partial least squares path modeling: In praise of simple methods. *Long Range Planning*, 45(5/6), 341~358.

Chapter 2

경로모델과 데이터 수집

Learning Outcome

1. 매개변수, 조절변수, 그리고 higher-order model을 포함한 구조모델 구체화의 기초적 개념을 이해한다.
2. 반영적 척도와 형성적 척도의 차이를 설명하고, 적절한 측정모델(measurement model)을 구체화할 수 있다.
3. 다항목(multi-item)과 단일항목(single-item) 측정의 차이를 설명하고 각 측정유형의 평가방법을 알아본다.
4. PLS-SEM 적용에 필수적인 데이터 수집과 조사 고려사항들을 설명한다.
5. SmartPLS 소프트웨어를 사용하여 PLS 경로모델을 어떻게 구성하는지 학습한다.

Chapter Review

2장에서는 PLS-SEM에서의 구조모델과 측정모델에 대한 기초개념을 설명한다. 이러한 기초개념은 1장에서 설명한 3단계를 PLS-SEM 적용에서의 처음의 세 단계와 관련된다. 1단계는 구조모델을 구체화하는 것이고, 2단계는 측정모델을 선택하고 구체화하는 것이다. 3단계에서는 PLS-SEM 적용 시 데이터 수집을 위한 주요 지침(guidelines)을 설명하고, 수집된 데이터의 신뢰성과 타당성 평가에 대해 설명한다. 이러한 3가지 주제에 대해 이해하는 것은 3장에서 중점적으로 다룰, 4단계: 모델 추정을 위한 준비 과정이라 할 수 있다.

Stage 1 구조모델의 구체화

SEM을 적용한 연구 프로젝트의 첫 번째 단계에서 중요한 것은, 연구 가설들을 이용하여 검증할 변수들 간의 관계를 표시하는 다이어그램(diagram)을 준비하는 것이다. 이 다이어그램은 일반적으로 경로모델이라 불린다. **경로모델**(path model)이 이론(theory)과 논리(logic)에 근거하여 변수/construct들을 연결해 가설을 검정하고 시각적으로 표시하는 다이어그램임을 떠올려보자(1장). 초기 연구단계에서 경로모델은 연구자의 생각을 조직화할 수 있도록 하고, 주요 변수들 사이의 관계를 시각적으로 고려할 수 있도록 한다. 경로모델은 또한 연구 과제를 진행 중이거나 검토하고 있는 연구자들 사이에서 생각을 공유하는 효과적인 수단이다.

경로모델들은 잠재변수들 사이의 관계를 설명하는 **구조모델**(structural model)(PLS-SEM에서 **내부 모델**(inner model)로 불리는)과 잠재변수와 척도(즉, indicator)사이의 관계를 설명하는 측정모델(measurement models), 2개의 요소로 구성되어 있다. 우선, 1단계에서의 구조모델에 대해 논의한 다음, 2단계인 측정모델을 다룰 것이다.

구조모델을 그리기 위해서는 2가지 주요한 사안이 고려되어야 한다: construct들의 배열(sequence)과 construct들 간의 관계. 두 가지 사안은 검증된 이론에서의 가설과 관계를 나타내기 때문에 모델링에 있어 매우 중요하다.

구조모델에서 construct들에 대한 배열은 연구자들에 의해 관찰된 이론, 논리, 실증 경험에 근거한다. 일반적으로 독립(예측) construct를 왼쪽, 종속(결과) 변수를 오른쪽으로, 왼쪽에서 오른쪽으로 나타난다. 즉, 왼쪽의 construct는 오른쪽의 construct를 선행하고 예측할 것으로 가정한다. 독립변수(dependent variables)로써만 작용하는 construct들은 일반적으로 **외생 잠재변수**(**exogenous latent variables**)라 하고, 구조모델의 가장 왼편에 위치한다. 외생 잠재변수들은 밖을 향하는 화살표만을 가지며, 외생변수로 향하는 화살표는 갖지 않는다. 구

도표 2.1 경로모델과 constract 유형 예시

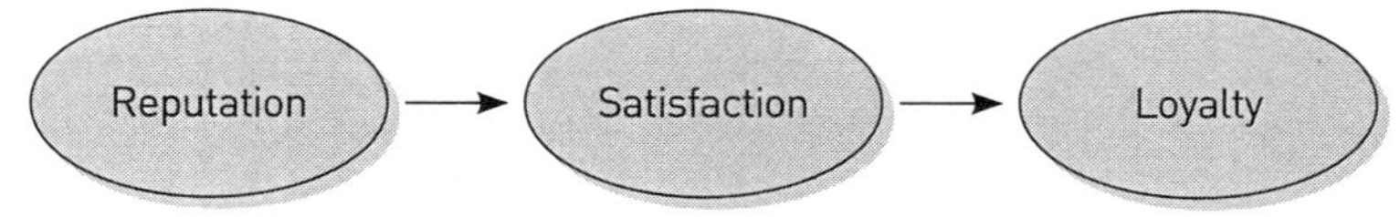

조모델에서 종속으로 여겨지는 construct들은(즉, 화살표를 받는 것들) 보통 **내생잠재변수**(endogenous latent variables)로 불리며, 구조모델의 오른편에 위치한다. 종속변수, 독립변수 모두로 작용하는 construct가 모델에 포함되어 있고, 다이어그램 중간에 나타난다면 이 또한 내생construct로 간주된다.

〈도표 2.1〉의 구조모델은 3개 유형의 construct들의 관계를 나타낸다. 가장 왼편에 있는 construct인 "Reputation" 은 독립(외생)변수이다. 이것은 "Satisfaction" construct를 예측하도록 모델링되었다. "Satisfaction" construct는 독립과 종속, 2가지 관계를 모두 갖는 내생변수다. 이것은 "Reputation"에 의해 예측되었으므로 종속 construct이다. 그러나 이것은 "Loyalty"를 예측하므로 독립 construct이기도 하다. 가장 오른편의 "Loyalty" construct는 "Satisfaction"에 의해 예측된 종속(내생)잠재변수다.

construct의 배열에 대한 결정은 상반된 이론적 관점들로 인해 잠재변수의 다른 배열을 가져올 수 있으므로 결코 쉬운 작업이 아니다. 예를 들면 몇몇 연구자들이 "Satisfaction"이 "Reputation"에 선행한다고 주장하는 반면(예: Walsh, Mitchell, Jackson, & Beatty, 2009), 다른 연구자들은 "Reputation"이 "Satisfaction"에 선행한다고 주장한다(Eberl, 2010; Sarstedt, Wilczynski, & Melewar, in press). 이론과 논리는 항상 개념적 모델(conceptual model)에서의 구조적 순서를 결정해야만 하지만, 문헌이 모순되거나 정확하지 않을 때, 연구자들은 construct의 배열을 결정하기 위해 심사숙고 해야만 한다. 일반적으로, 크고 복잡한 모델에서 연구자들은 이론적 개념을 정확하게 나타내기 위해 여러 번 construct의

배열을 조정할 것이다. 이처럼, 다른 배열을 가진 대안적 경쟁모델(competing model)과의 테스트가 가능하다(Sattler, Völckner, Riediger, & Ringle, 2010; Wilson, Callaghan, Ringle, & Henseler, 2007). 그러나 여러 경쟁대안들 사이에 최고의 순서를 선택하는 것은 모험이 될 수 있다.

construct의 배열이 결정되면, construct 사이의 관계는 화살표를 그림으로써 설정된다. 화살표들은 오른쪽으로 향하도록 삽입된다. 이것은 왼쪽의 construct가 오른쪽의 construct를 예측한다는 것을 가리킨다. 만약 **구조이론**(structural theory)이 인과 관계를 수반한다면 예측적 관계들은 **인과고리**(causal links)로 일컬어진다. construct 사이의 화살표를 그릴 때, 연구자들은 이론적 강건성(soundness)(즉, 거의 이론에 근거한 관계를 포함)과 모델의 간결성(model parsimony)(즉, 적은 관계 사용) 사이의 trade-off에 직면한다. 후자는 "모든 것은 다른 모든 것의 예측이다"라는 가장 순환적인 말 또한 정보를 제공하지 못함을 고려해야 한다. Falk & Miller(1992)가 지적했듯이 "이론적 특성에 대한 간결한 접근은 광범위한 적용보다 더욱 강력하다".

대부분 연구자들은 경로모델에서의 두 개, 또는 그 이상의 construct 사이의 선형적 종속-독립 관계를 연구한다. 그러나 모델은 더욱 복잡한 매개(mediation), 조절(moderation) 관계들을 포함한다. 다음에서 이러한 관계의 유형들을 간단히 소개할 것이다. 이후, 7장과 8장에서 PLS-SEM을 사용하여 추정하고 해석하는 방법에 대해 소개한다.

매개(Mediation)

매개효과(Mediation effect)는 〈도표 2.2〉에서 볼 수 있듯이, 두 개의 construct 사이에 세 번째 변수나 construct가 개입되었을 때 발생한다. 어떻게 매개효과가 작용하는지 이해하기 위해, 직접효과, 간접효과(direct and indirect effect)의 관점에서 경로모델을 생각해보자. **직접효과**(direct effect)는 1개의 화살표로 2개의 construct를 이어주는 관계이다; **간접효과**(indirect effect)는 적어도 하나의 개입된 construct가 포함되어 있는 관계들의 순서를 포함한 관계이다. 그래서, 간접효과는 많은 화살표들에 의해 시각적으로 표현되는 2개 혹은 더 많은 직접 효과(복합 경로)를 포함한다. 이때의 간접효과는 매개 효과로 볼 수 있다. 〈도표 2.2〉에서 "Satisfaction"은 "Reputation"과 "Loyalty" 사이의 매개변수이다.

이론적 관점에서, 매개의 가장 일반적인 적용은 외생construct, 내생 construct 사이의 관계의 이유를 "설명"하는 것이다. 예를 들어, 연구자가 2개의 construct 사이의 관계를 관찰했지만, "왜"라는 부분에 확신이 없거나 만약 발견된 관계가 2개의 construct 사이의 단순한 관계일 경우를 보자. 이러한 상황에서, 연구자들은 아마 외생 construct로부터 "투입"을 받는 것과 이를 "산출", 즉 내생 construct로 변환하는 것으로 작용하는 개입변수의 관점으로 설명할 것이다. 매개변수의 역할은 2개의 construct 사이의 관계를 확실히 하거나 설명하기 위한 것이다.

〈도표 2.2〉의 사례를 보자, 여기에서 우리는 "Loyalty"에 대한 "Reputation"의 효과를 설명하려고 한다. 이론과 논리에 근거하여, 우리는 "Reputation"과 "Loyalty" 사이에 관계가 존재함을 알지만, 어떻게 그 관계가 작용하는지 확신하지 못한다. 연구자들은 어떻게 기업의 "Reputation"이 기업에 대한 고객의 "Loyalty"를 높일 수 있는지 설명하기를 원한다. 우리는 간혹 기업의 평판에 대

도표 2.2 매개효과 예시

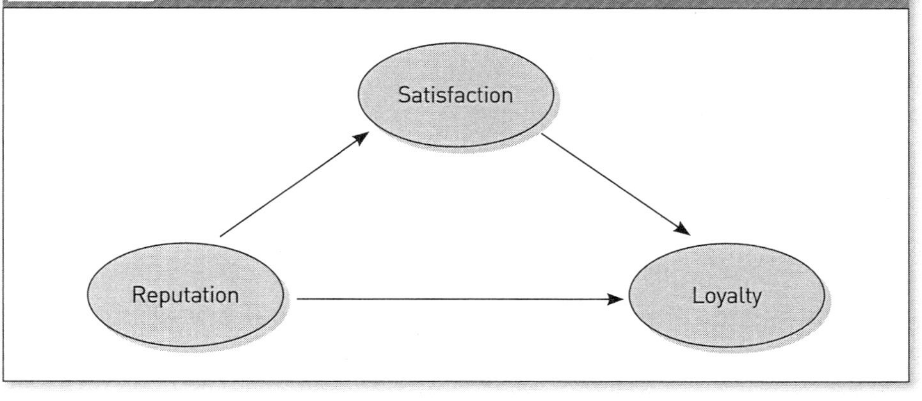

해 높게 지각한 고객이지만, 높은 수준의 "Loyalty"로 나타나지 않는 것을 발견할 수 있다. 이와 다르게, "Reputation"을 낮게 평가한 일부 고객에게서 "Loyalty"가 높음이 관찰된다. 이러한 결과는 혼란을 가중시키며, "Reputation"이 "Loyalty"에 영향을 미치는데 어떠한 다른 과정이 있을 것이라는 의문을 이끌어낸다.

다이어그램에서, 개입 과정(매개효과)은 "Satisfaction"에 의해 만들어진다. 만약 응답자가 기업의 "Reputation"을 높게 인지하면, 이것이 "Satisfaction"의 수준을 높이고 궁극적으로 "Loyalty"를 높일 것이다. 이 경우, "Reputation"과 "Loyalty"의 관계는 Reputation → Loyalty 혹은 Reputation → Satisfaction → Loyalty, 또는 두 관계들을 모두 포함하는 관계(〈도표 2.2〉)에 의해 설명될 것이다. Reputation → Loyalty는 직접적 관계의 예이다. 이와 반대로, Reputation → Satisfaction → Loyalty는 간접적 관계의 예이다. 이러한 관계들을 실증적으로 검증한 후, 연구자들은 Reputation, Loyalty의 관계와 Satisfaction의 매개효과에 대해 설명할 수 있다. 7장은 매개를 심층적으로 살펴보고, PLS-SEM에서 매개효과 검증에 대해 설명한다.

조절(moderation)

매개와 함께 조절효과를 살펴보자. **조절**(moderation) construct는 외생, 내생잠재변수 사이의 관계에 직접적으로 영향을 미치지만, 그 방식이 다르다. **조절효과**(moderation effect)는 조절변수(독립변수나 construct)가 모델의 두 개 construct간의 강도나 관계의 방향을 변하게 하는 것을 말한다.

예를 들면, 소득(income)은 만족(satisfaction)과 애호도(loyalty)의 관계 강도에 중대한 영향을 끼친다(Homburg & Giering, 2001). 이러한 맥락에서, 소득은 〈도표 2.3〉의 만족 → 애호도 관계에서 조절변수의 역할을 한다. 특히, 만족과 애호도 사이의 관계는 소득이 낮은 사람들에 비해 소득이 높은 사람들에서 약하게 나타난다. 즉, 고소득자의 만족과 애호도 사이에는 약한 관계가 존재하

도표 2.3 연속형 조절 효과의 개념적 모델

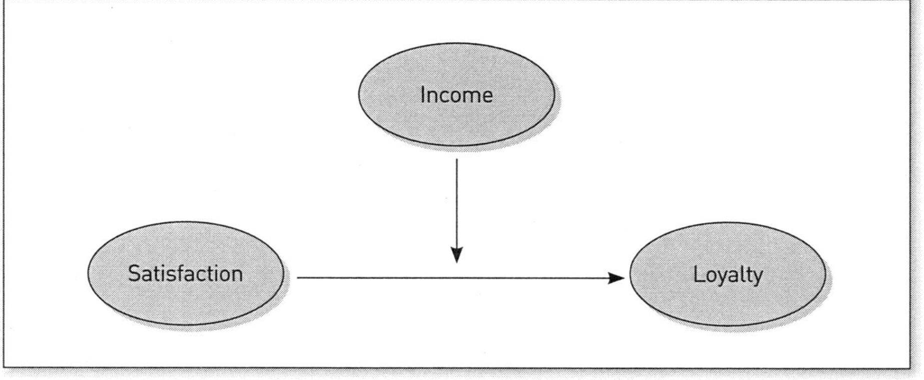

거나 전혀 관계가 없다. 반대로 저소득자의 만족과 애호도 사이에 강한 관계가 나타난다. 이와 같이 매개변수와 조절변수는 두 개의 잠재변수 사이에서 관계의 강도에 영향을 미친다. 조절과 매개의 중요한 차이는 조절변수(조절변수 예에서의 수입)가 예측변수(조절변수 예에서의 만족도)에 의존하지 않는 것이다.

조절 관계에는 2가지 유형이 있다. 하나는 연속형(continuous), 다른 하나는 집단형(categorical)으로 불려진다. 연속형 조절효과는 조절변수를 계량적으로 측정했을 때(〈도표 2.3〉의 소득), 집단형 조절효과는 성별과 같은 조절변수가 집단형인 것을 말한다.

조절효과가 집단형일 때, 조절변수는 데이터를 subsample로 나누어 사용한다. 동일한 이론적 모델을 대상으로 집단화된 subsample을 이용해 모델을 추정한다. 일반적으로 연구자들은 모델을 비교하는 데 관심이 있고, subsample에 따른 유의미한 차이를 알고자 하며, 이 경우 8장에 소개할 **다집단 분석**(multi-group analysis)을 사용할 수 있다. 특히, 다집단 분석은 동일한 모델을 대상으로 각기 다른 응답자 집단으로 모델을 추정하는 것이 가능하다. 이를 통해 각 집단에 따른 모델 간의 통계적인 차이가 있는지를 알 수 있다. 이것은 같은 응답 표본으로 다른 이론적 모델을 검증하는 것과 다르다. 다집단 분석에서는 다른 응답자 표본으로 같은 모델을 비교한다. 예를 들어, 애호도에 있어 만족의

도표 2.4 범주형 조절효과의 예시

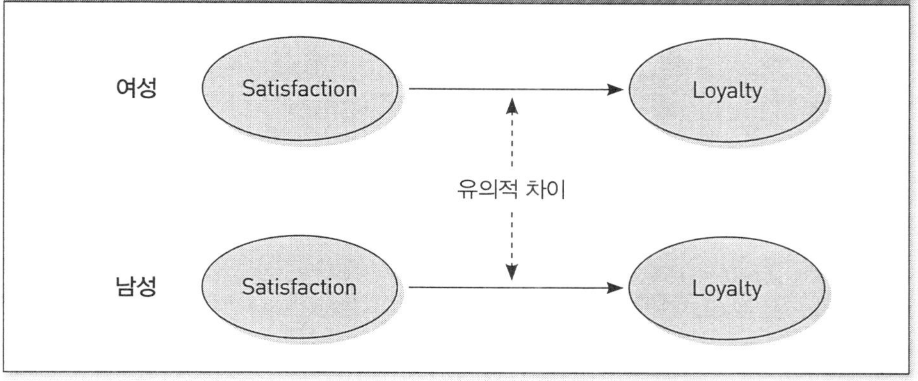

효과가 성별에 따라 다른지에 대해 평가하는 데 관심을 가질 수 있을 것이다(〈도표 2.4〉). 특히 연구자들은 성별에 따라 이러한 관계가 통계적으로 유의미한지, 관계의 강도가 유사한지 다른지 분석하고자 할 것이다.

조절변수가 연속형인 경우 연속형으로 관계에 미치는 영향을 모델링하는 대신, 연속형 변수를 범주형으로 바꾸고 이를 바탕으로 다집단분석을 실행할 수 있다. 이러한 방법은 평균값과 중앙값을 기준으로 연속형 변수를 집단형으로 변환한다. 이러한 접근법(approach)은 8장에서 더욱 자세하게 논하기로 한다.

Higher-order 혹은 hierarchical component models

연구자들이 조사하고자 하는 construct들은 꽤 복잡하다. 이제까지 construct의 관계가 한 계층으로 이루어진 first-order component를 살펴보았다. 그러나 construct는 고차원의 추상적 개념으로 조작화(operationalized) 될 수 있다. **Higher-order models** 혹은 **hierarchical component models**(HCM)은 주로 2단계 구성요소를 포함한 2차 construct들에 대한 추정을 포함한다(예: Ringle et al., 2012; Wetzels, Odekerken-Schroder, & van Oppen, 2009). 예를 들면, 만족도는 다른 수준의 추상적 개념으로 정의될 수 있다. 이때, 만족은 만족의 개별 속성을 담아낸 다수의 first-order component로 표현된다. 서비스의 맥락에서, 만족

도표 2.5 Hierarchical Component Model의 예시

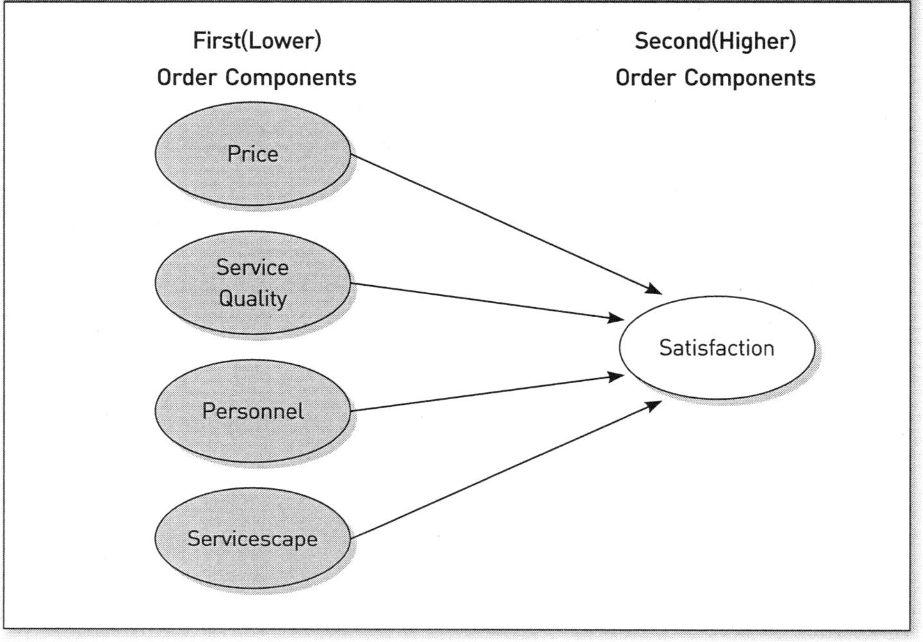

은 서비스 품질, 서비스 직원, 가격, 서비스 스케이프를 포함할 것이다. 이러한 first-order component는 〈도표 2.5〉에 보이는 것과 같이 아마도 더욱 추상적인 2단계 요소 만족도를 형성할 것이다.

응답자의 전반적인 만족에 대한 동인으로서 만족의 속성을 단일 construct 층으로 모델링하는 대신, Higher-order 모델링은 하나의 다차원적인 Higher-order construct(HOC)에 대해 lower-order components(LOCs)로 요약하는 것과 관련된다. 이 모델링은 이론적인 간결성(parsimony)을 갖게 하며, 모델의 복잡성을 감소시킨다. 이론적으로 이 과정은 다양한 단계로 확장될 수 있지만, 연구자들은 보통 2단계로만 모델링을 제한한다. 7장에서 PLS-SEM을 사용한 hierarchical component models의 적용을 논의한다.

Stage 2 측정모델의 구체화

구조모델은 잠재변수들(construct들) 사이의 관계를 나타낸다. 대조적으로, **측정모델**(measurement model)은 construct들과 그에 해당하는 indicator(일반적으로 PLS-SEM에서 **외부모델**(outer model)로 불리는) 사이의 관계를 나타낸다. 이 관계를 결정하는 바탕은 **측정이론**(measurement theory)이다. 우수한 측정이론은 PLS-SEM으로부터 유용한 결과를 얻는 데 있어 필수조건이다. construct 간의 구조적인 관계에서 가설을 검증하는 것은, 이러한 construct들이 어떻게 측정되었는지 설명하는 측정모델의 수준에서 신뢰성 있고 타당한 것으로 받아들여질 때 가능하다.

연구자들은 일반적으로, 기존에 개발된 척도를 차용해 약간 변형한 척도를 사용한다. 사실상, 오늘날의 거의 모든 사회과학 연구는 이미 검증된(Ramirez, David, & Brusco, in press) 선험적 연구나 scale handbook(예: Bearden, Netemeyer, & Haws, 2011; Bruner, James, & Hensel, 2001)의 척도를 사용한다. 그러나 기존에 정립된 측정법(measurement approaches)이 없는 경우, 새로운 척도(혹은 존재하는 접근법을 상당히 수정한)를 개발해야 한다. construct를 측정하기 위한 indicator를 개발하는 일반적인 과정에 대한 설명은 길고 자세하다. Hair et al.(2010)은 이 과정에 대한 본질을 설명하고 있다. 유사하게, Diamantopoulos and Winklhofer(2001), DeVellis(2011), 그리고 MacKenzie, Podsakoff, and Podsakoff(2011)도 척도개발을 위한 접근법에 대한 논의를 제공한다. 각 경우, 연구자가 특정 construct를 측정하기 위한 indicator의 선택은 이후 분석의 기초가 된다.

〈도표 2.6〉은 본서의 예로써 사용한 경로모델을 보여준다. 모델은 2개의 외생(exogenous) construct들-corporate social responsibility(CSOR), attractiveness(AITR)- 그리고 하나의 내생(endogenous) construct인 competence(COMP)를 가진다. 개별 construct는 다수의 indicator들의 평균에 의해 측정된다. 예를

들면, 내생 construct COMP는 comp_1부터 comp_3까지의 3개의 indicator를 가진다. 7점 척도를 사용하여(1: 동의하지 않음부터 7: 매우 동의함까지), 응답자들은 다음의 진술들을 평가한다. “[회사]는 시장의 경쟁자 중 1위이다”, “내가 아는 바로는, [회사]는 세계적으로 알려져 있다,” 그리고 “나는 그[회사]가 프리미엄 레벨이라고 믿는다,” 이러한 3가지 질문들에 대한 답은 이 construct에 대한 측정을 나타낸다. construct는 이러한 3개의 indicator에 의해 간접적으로 측정되고, 그러한 이유로 잠재변수라 말한다.

모델에서 다른 2개의 construct들, CSOR과 ATTR은 유사한 방법으로 설명될 수 있다. 즉, 2개의 외생 construct는 특정 질문에 대한 응답에 의해 직접적으로 측정된 indicator에 의해 측정된다. indicator와 construct의 관계는 COMP와 비교하여 CSOR, ATTR가 다르다는 것을 주의해야 한다. COMP construct의 화살표 방향은 construct에서 indicator로 향해있다. 이러한 경우의 측정모델은 반영적이라 할 수 있다. 1장에서 논의했듯이, PLS-SEM의 중요한 특성은 보다 쉽게 반영적, 형성적 측정을 포함한다는 것이다. 마찬가지로, PLS-SEM은 con-

도표 2.6 3개의 construct로 구성된 경로모델의 예시

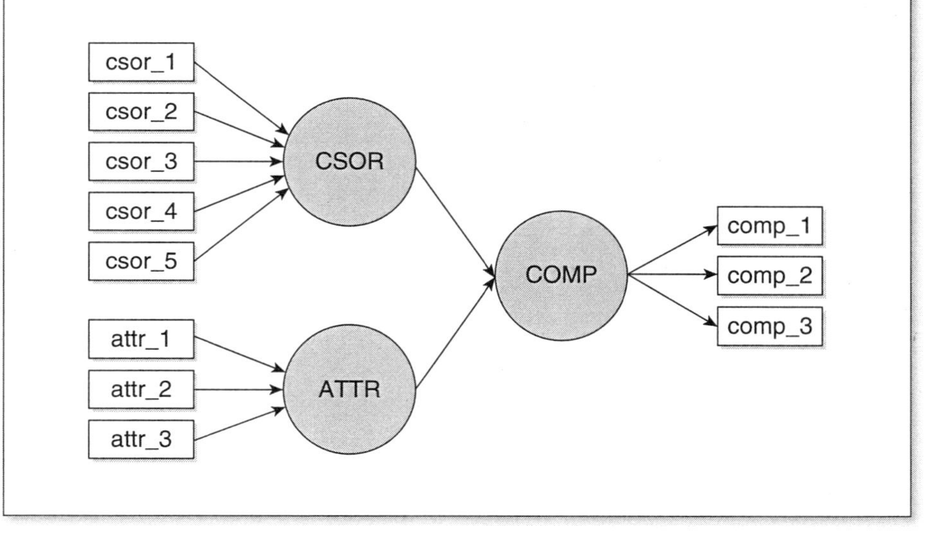

struct가 1개의 항목으로 측정될 때(다항목일 때보다) 쉽게 사용할 수 있다. 이는 다음에서 자세히 논의한다.

반영적, 형성적 측정모델

Construct를 측정할 때, 연구자들은 반드시 반영적, 형성적 측정모델에 대해 고려해야 한다. **반영적 측정모델**(PLS-SEM에서 Mode A 측정으로 언급되는)은 사회과학에서 오랜 전통을 가지고 있고, 고전검사 이론(classical test theory)에 근거한다. 이 이론에 따르면, 측정은 잠재적인 construct의 효과들을 나타낸다. 그러므로 인과관계는 construct에서부터 척도까지이다(〈도표 2.6〉에서의 COMP). 반영적 indicator는 construct의 개념적 범위 내에서 모든 가능한 항목의 대표적인 표본의 관점으로 볼 수 있다. 그러므로, 반영적 측정이 같은 construct(즉, 같은 영역으로부터 발생된)에 의해 발생된 모든 indicator 항목들에 영향을 주기 때문에, 특정 construct와 관련된 indicator들은, 서로가 매우 밀접한 연관이 있어야 한다. 추가적으로, 개별 항목들은 교체할 수 있으며, 어떠한 항목이라도 신뢰성의 확보를 위해 제거할 수 있다. construct에서 indicator로 향하는 관계는, 만약 잠재특성에 대한 평가가 변형될 때(예를 들어, 비교 기준의 변화로 인해), 모든 indicator가 동시에 변화할 수 있다. 반영적 척도의 집합은 일반적으로 **scale**이라 불린다.

반대로, **형성적 측정모델**(PLS-SEM에서 Mode B 측정으로 언급되는)은 indicator가 construct를 구성한다는 가정에 근거한다. 그래서, 연구자들은 일반적으로 이러한 측정모델을 **형성적 지표**(formative index)로 나타낸다. 형성적 indicator의 중요한 특성은 반영적 indicator와 같이 교체될 수 없다는 것이다. 반영적 construct에서 각각의 indicator는 construct의 특정 측면을 나타내고 있다. 반영적 척도에서의 각 항목은 construct의 의미를 결정하며, indicator의 제거는 construct의 속성 변화를 야기한다는 것을 의미한다. 결과적으로 construct가 커버하는 폭은 표적 construct에 대해 충분하게 나타내는 영역을 확증하기 위하여 매우 중요하다(Diamantopoulos & Winklhofer, 2001).

〈도표 2.7〉은 반영적, 형성적 측정의 차이를 나타낸다. 검정색 원은 측정하려는 construct domain을 의미하며 construct를 나타낸다. 회색 원은 각각의 indicator가 포함하는 범위를 표현한다. 반영적 측정이 교체 가능한 indicator 사이의 공통부분을 최대로 하는 것이 목적인 반면, 형성적 측정은 construct domain(검정색 원)을 다른 형성적 indicator(회색 원)로 채워 작은 공통부분을 갖게 한다.

많은 저자들은 construct가 형성적으로 측정되는 경우 indicator들에 대한 표본조사보다 전수조사가 필요함을 지적하였다(예: Bollen & Lennox, 1991). 특히 오차항이 없는 형성적 construct 측정을 제한하는 PLS-SEM에서 그렇다(Diamantopoulos, 2011). 실제로, 이러한 환경에서는 연구자들이 형성적 측정 잠재변수와 관련된 모든 가능한 원인들이 indicator로 설명되는지 확신할 수 없기 때문에 확신하기 힘들다. 즉, 형성적 척도를 포함한 PLS-SEM 분석에 있어, 구조 관계의 분석 이전에 적절한 수준의 척도의 타당성 평가 기준의 확립이 필요

도표 2.7 반영적 측정과 형성적 측정의 차이

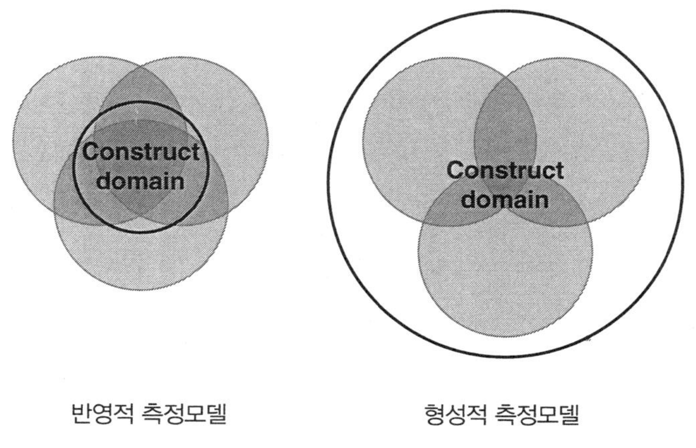

하다. 특히, 연구자들은 indicator들이 내용의 전체적인 부분(혹은 적어도 그 주된 측면)을 얼마나 잘 대표하는지 판단하는 것을 통해 척도의 내용타당성(content validity)에 대해 특별한 주의를 기울여야 한다.

교체 가능한 indicator들의 공통부분을 최대화하는 반영적 측정과 달리, 형성적 indicator들 사이에는 상관관계를 기대할 수 없다(Diamantopoulos, Riefler, & Roth, 2008). construct내 항목들에 대한 "공통의 의미(common casue)"가 없으므로 항목들 간의 상관관계가 요구되지 않으며 따라서 각 indicator 항목은 서로 완벽히 독립적이다. 사실, construct와 형성적 indicator를 잇는 영향력이 불안정하고 비유적이기 때문에 형성적 indicator들 사이의 공선성(collinearity)은 중요한 문제라 할 수 있다. 더욱이, 형성적 indicator들은 개별 측정오차항을 갖지 않는다. 즉, 그것들은 통념적으로 오차가 없다고 추정된다. 이러한 특성들은 형성적 측정모델에 근거한 construct 평가(evaluation)에서 넓은 영향력을 가진다. 예를 들면, 항목 상관관계(내적 일관성)에 근거한 신뢰성 분석(Reliability analysis)은 중요한 항목을 제거할 수 있고, indicator의 타당성을 감소시킬 수 있다(Diamantopoulos & Siguaw, 2006). 그러므로 형성적 construct를 평가할 때 다른 척도를 고려해야만 하고, 이는 5장에서 논의한다.

그러나 언제 construct를 반영적으로 또는 형성적으로 측정해야 하는가? construct가 본질적으로 반영적이거나 형성적이지 않기 때문에 이 질문에 대한 명확한 답변은 없다. 대신에, construct 개념화와 연구 목적에 따른다. 〈도표 2.8〉을 보면, "호텔에 대한 만족(satisfaction with hotels)" construct는 두 가지 방법 모두로 조작가능하다(operationalized) (Albers, 2010).

〈도표 2.8〉의 왼편은 반영적 측정모델의 구성을 보여준다. 이 유형의 모델 설정은 연구자가 만족에 대한 이론을 검증하는 경우에 더욱 적절할 것이다. 그러나 많은 실무적 관점의 경영학 연구에서, 궁극적으로 고객 애호도로 이어지는 가장 중요한 동인을 발견하고자 한다. 이 경우 연구자들은 〈도표 2.8〉의 오른편에 나타난 서비스나 서비스 종업원에 대한 만족과 같은 만족의 다른 측면

도표 2.8 형성적·반영적 construct로 측정된 만족

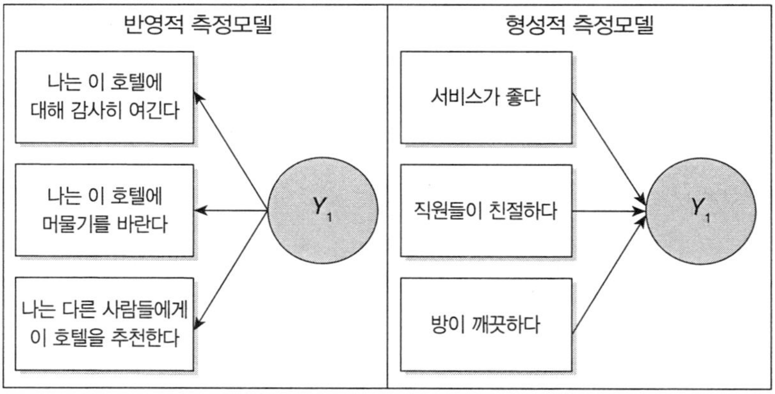

Source: Albers, S. (2010). PLS and Success Factor Studies in Marketing. In: Esposito Vinzi V, Chin WW, Henseler J, et al. (eds) *Handbook of Partial Least Squares: Concepts, Methods and Applications in Marketing and Related Fields*. Berlin et al.: Springer, 409~425.

들을 고려해야만 한다. 명백하게, construct가 담아내고자 하는 내용의 특성에 따라 측정 관점의 지침이 된다.

Construct를 측정할 때 반영적 측정을 사용할지, 형성적 측정을 사용할지에 대한 결정은 명확하지 않다. 사실상, 어떤 측정모델이 적절한지에 대한 결정은 다양한 분야에서 논란이 있어왔고, 완전히 해결되지 않았다. 〈도표 2.9〉에서, 연구자가 construct를 측정할 때, 반영적 측정을 사용하든, 형성적 측정을 사용하든 결정을 참조하는 데 사용할 수 있는 지침을 제시했다. 또 측정의 관점을 결정하기 위해 경험적 수단 또한 고려할 수 있다. Gudergan, Ringle, Wende, and Will (2008)은 construct 척도가 반영적인 본질을 갖는지에 대해 귀무가설을 검증하는 **confirmatory tetrad analysis**(CTA-PLS)를 제안했다. tetrad test에서 귀무가설이 기각되면, 형성적 척도를 사용해야 한다. 순수 data 지향적인 관점에 더하여 〈도표 2.9〉에서의 요약된 가이드라인에 근거한 이론적 고려사항을 고려할 필요가 있다

도표 2.9 측정모델 모드 선택에 대한 지침

기 준	결 과	참 고
indicator와 construct 사이의 인과적 우선순위	• construct로부터 indicator들로: 반영적 • indicator들로부터 construct로: 형성적	Diamantopoulos and Winklhofer(2001)
construct가 indicator 혹은 다수의 indicator들의 결합을 설명하는 특성인가?	• 만약 특성이라면: 반영적 • 만약 결합이라면: 형성적	Fornell and Bookstein(1982)
indicator들이 construct에 대한 결과들이나 원인을 표현하는가?	• 만약 결과라면: 반영적 • 만약 원인이라: 형성적	Rossiter (2002)
특성 변화들이 확인되고, 모든 항목들이 유사하게 변화하는 것이 필연적으로 사실이라면?	• 만약 맞다면: 반영적 • 만약 아니라면: 형성적	Chin(1998)
항목들은 서로 상호 교환가능한가?	• 만약 맞다면: 반영적 • 만약 아니라면: 형성적	Jarvis, MacKenzie, and Podsakoff(2003)

단일항목 측정

연구자들은 때때로 construct를 측정하기 위해 많은 항목을 사용하기보다는 단일항목 사용을 선택한다. 단일항목들은 적용의 용이함, 간결성, 적은 비용과 같은 실제적 이점이 있다. 보통 응답자에게 이해의 부족과 정신적 피로를 낳는 길고 복잡한 척도와 다르게, 단일항목들은 응답자가 질문에 쉽고 빠르게 답변함으로써 높은 응답률을 이끌어낸다(Fuchs & Diamantopoulos, 2009; Sarstedt & Wilczynski, 2009). 그러나 단일항목 척도는 더 많은 것을 제공할 수 없다. 예를 들어 하부집단으로 데이터를 구분하는 경우 단일항목으로 인하여 연구자들은 낮은 자유도를 갖게 되며, 이는 단일변수로부터 획득한 값만을 각 집단에 할당할 수 있기 때문이다. 유사하게, 결측값들을 다루기 위해 대체법을 사용할 때 이용가능한 정보가 거의 없다. 결국, 심리학적 관점으로부터(psychometric perspective) 단일항목 측정은 (다항목의 경우에서처럼) 측정오차의 수정을 허용하지 않으며 일반적으로 신뢰성을 감소시킨다. 주의해야 할 것은, 일반적으로 알려진 바와 달리 단일항목의 신뢰도는 추정될 수 있다(예: Loo, 2002; Wanous, Reichers, & Hudy, 1997).

타당성의 측면에서 가장 중요한 것은, 대부분의 실증적 상황 하에서 단일항목척도를 선택하는 것은 예측 타당성 고려의 관점에서 위험한 결정이다. 특히 다항목보다 단일항목 척도 사용이 선호되는 환경은 실제에서 거의 접할 수 없다. 이러한 결과는 construct측정을 위해 적은 수의 항목을 사용하는 것은 PLS-SEM의 편향적인 추정(즉, 측정모델 관계의 과대평가와 구조모델 관계의 과소평가)을 감소시키려는 의도에 반하는 것이기 때문에, PLS-SEM과 관계이 있다. PLS-SEM을 다시 생각해보면, 이러한 편향은 indicator의 수나 observation의 수가 증가할 때 감소된다. Diamantopoulos, Sarstedt, Fuchs, Kaiser, and Wilczynski(2012)에 따르면, 단일항목 측정은 (1) 작은 표본크기인 경우(즉, N<50), (2) 경로계수가 0.03보다 작을 것으로 예상되는 경우, (3) 본래의 다항목 척도가 동질성이 높은 경우(즉, Cronbach's alpha>0.90), (4) 항목들이 의미상으로 불필요할 때(〈도표 2.10〉)의 상황에서만 고려되어야 한다.

그럼에도 측정모델을 설정할 때 실증적 관점은 실질적인 사항들을 고려해야 한다. 일부 연구 상황에서는 단일항목의 사용이 요구되거나 필요로 한다. 응답자들은 지나치게 설문을 요구 받는다고 느끼는 경우 낮은 응답률의 원인이 된다. 서베이에서 큰 표본 크기를 얻는 것이 어려운 이유는 응답자가 질문지를 완료하기 위해 갖는 의지 부족이 원인일 경우가 많기 때문이며, 따라서 construct 측정 시 길이를 줄이는 것도 고려할 필요가 있다. 그래서 만약 조사자의 수가 적거나 혹은 표본 크기가 제한적일 때(예: 예산 부족, 응답자 채용의 여러움, 양자적 자료), 단일항목 측정의 사용은 실용적인 해결책이다. 만약 단일항목 측정을 사용하면, 연구자들은 보통 낮은 예측타당성의 결과를 받아들여야만 한다. 마지막으로, 인식(perception)이나 태도(attitude)와 같은 관찰되지 않는 현상에 대한 관측을 고려할 때, 위에서의 문제들을 주의하는 것이 중요하다. 그러나 단일항목 측정은 매출(sales), 수량(quota), 이익(profit) 등과 같은 관찰 가능한

도표 2.10 단일항목 사용시 지침

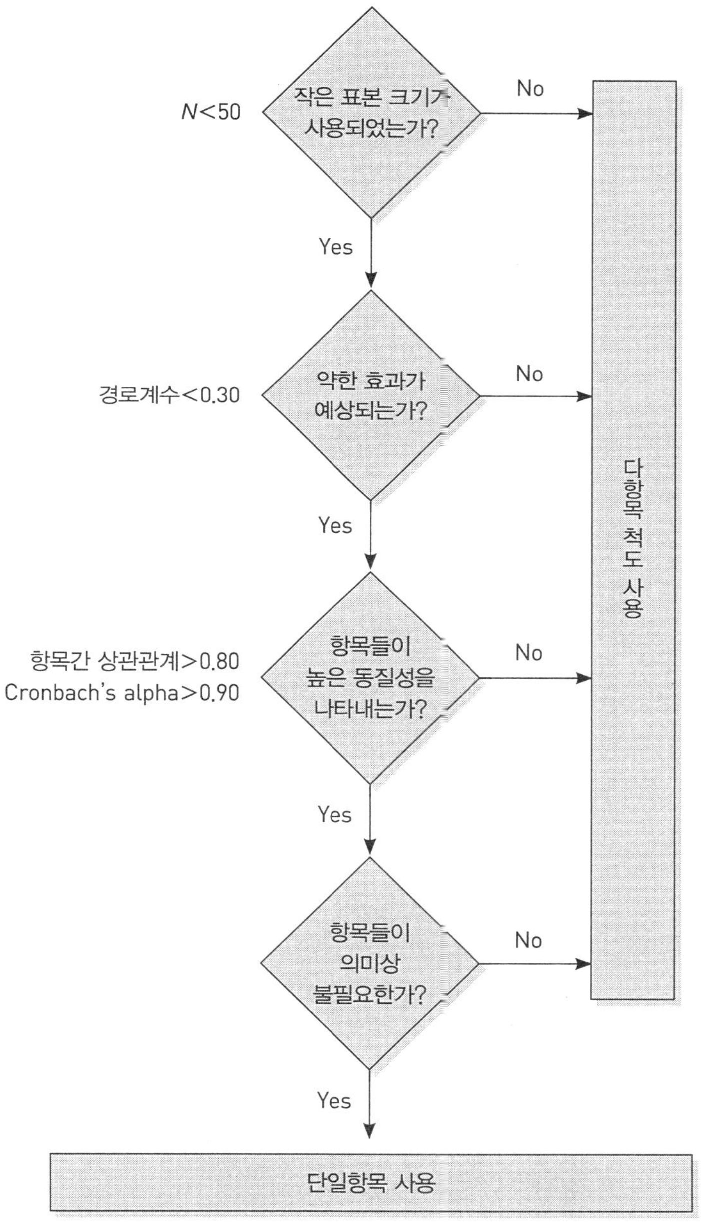

도표 2.11 PLS 경로모델 준비를 위한 가이드라인

- 연구에 사용되는 변수/construct들에 대한 적절성은 반드시 명확하게 식별되고 정의되어야 한다.
- construct들이 서로 어떠한 연관관계에 있는지에 대하여 다시 말해, 어느 construct들이 종속(내생) 또는 독립(외생)인지에 대하여 측정에서 논의한다.
- 만약 가능하다면 가설의 방향성과 함께 관계의 속성(긍정적이거나 부정적이거나) 또한 이론, 논리, 선행연구 또는 연구자의 판단에 의해 세워져야 한다.
- 당신이 그러한 관계를 기대하는 이유에 대하여 명확히 설명한다. 이론, 질적 연구, 실제 사례 또는 다른 신뢰할 만한 원천을 제시해야 한다.
- 개념적 모델이나 framework는 가설화된 관계를 명확히 나타내도록 해야 한다.
- construct들이 first- 또는 second-order construct들인지에 대하여 기술되어야 한다.
- 측정의 유형(즉, 반영적 vs. 형성적)은 명확히 기술되어야 한다. 하나의 construct에 대한 개념화와 연구의 목적은 이러한 의사결정에 대한 지침이다.
- 단일항목 측정은 Diamantopoulos et al.(2012)의 지침을 따르거나 현실적인 문제가 있는 경우에만 사용되어야 한다.

특성들을 측정하기 위해 사용할 때 적절하다.

이러한 관점에서 경로모델을 만들 준비를 해야만 한다. 〈도표 2.11〉은 당신이 경로모델을 준비할 때에 고려해야만 할 몇몇 주요한 지침들을 요약한다. 다음에서는 PLS 경로모델을 경험적으로 검증하기 위해 필요한 데이터 수집에 대해 논한다.

Stage 3 데이터 수집과 검토

데이터 수집과 검토(examination) 단계는 SEM의 적용에서 매우 중요하다. 이 단계는 모든 유형의 연구에서 중요하지만, 연구자가 SEM의 사용할 때는 특히 중요하다. 1세대 통계적 방법(first-generation statistical methods)에서, 일반적 추정은 데이터의 오차(error)로부터 자유롭다. 2세대 통계적 방법(second-generation statistical methods)에서는, 측정모델 단계가 데이터의 오차(error)를 식별하고, 분석에서 제거한다. 결과적으로, 사회과학 연구에서 연구디자인은 매우 주의 깊게 설계하고 실행해야 하며, 신뢰성, 타당성에 대답할 수 있어야 한다.

SEM방법은 정량적인 자료를 이용할 수 있다. 많은 연구에서 1차 자료를 수반하지만, 2차 자료를 사용하는 것도 가능하다. 사회과학 연구자들은 SEM 분석 시 구조화 된 설문지로부터 얻어진 1차 자료를 주로 사용해왔다. 그동안 CB-SEM과 PLS-SEM, 특히 학문적 연구에서 사용해왔다.

설문지를 사용하여 경험적 자료들이 수집되었을 때, 자료가 수집된 후에 문제가 발생한다. 주요한 문제들은 결측값, 의심스러운 응답 형태(직선 형태 혹은 답의 불일치), 이상치(outlier), 자료 분포(data distribution)를 포함하여 조사할 필요가 있다. 각각에 대하여 다음에서 간단히 다룬다. Hair et al.(2010)에서 이러한 문제들에 대한 더욱 포괄적인 논의를 참고하길 바란다.

결측값(Missing data)

많은 연구들이 서베이를 통해 데이터를 얻기 때문에 결측값은 사회과학 연구에서 문제가 된다. 결측값은 응답자가 의도적이든 부주의로든 하나, 그 이상의 문제에 대한 답을 하지 않았을 때 발생한다. 설문지에서 결측값의 양이 15%를 초과할 때, 그 관측은 일반적으로 데이터 파일에서 제거한다. 실제로 설문지에서 결측값이 15%를 초과하지 않을지라도 그 관측은 데이터 파일에서 제거될 수 있다. 예를 들면, 1개 construct의 응답이 많은 비율로 누락되었다면, 그 전체적인 관측은 제거해야 할 것이다. 만약, construct가 인종차별, 성적 취향, 기업의 성과와 같은 민감한 주제일 경우, 해당 construct에서 다수의 결측값이 발생할 것이다.

미국에서 온라인 데이터 수집(online data collection)을 통해 수집된 조사 데이터는 60%를 넘고, 대부분의 선진국에서는 50% 이상이다. 온라인 데이터 수집의 증가는 응답자들이 특정 질문에 응답하지 않고 다음 질문으로 넘어가는 것을 예방할 수 있어 결측치를 감소시키기 때문이다. 강제적으로 답변을 하도록 하는 이 방법은 경우에 따라서는 응답자가 서베이를 중단하게 한다. 그러나 대개 결측치가 생기는 이유는 응답자의 부주의므로 응답을 중단하는 일은 자주 일어나지 않는다.

본서에서 사용한 소프트웨어인 SmartPLS 2.0(Ringle, Wende, & Will, 2005)은 결측값을 다루는 2가지 방법을 제공한다. **평균값 대체**(mean value replacement)로, indicator의 결측값은 indicator의 유효한 값의 평균값으로 대체된다. 분석을 실행하기에 쉬운 반면, 데이터의 가변성을 감소시키고 의미 있는 관계에 대한 발견의 가능성을 감소시킨다. 그래서 이것은 누락 데이터의 정도가 극히 낮은 데이터일 때만 사용되어야 한다. 경험에 의하면, indicator별로 결측치가 5%보다 작을 때 이 방법을 사용하길 추천한다.

대안으로, SmartPLS는 모델에 사용된 indicator가 결측값을 포함한 경우 분석에서 제거할 수 있는 선택권(option)을 제공한다. **사례별 제거**(Casewise deletion)를 사용할 때 2개의 부분에서 주의해야 한다. 첫째, 구조적(systematically)으로 특정 응답자 집단을 삭제하지 않음을 보장할 필요가 있다. 예를 들면, 시장 연구자(market research)들은 부유한 응답자들이 소득에 관한 질문에 응답을 거절할 가능성이 높다. 사례별 제거를 시행하는 것은 구조적(systematically)으로 이 응답자 집단을 제외하는 것이고, 편향된 산출(yield biased) 결과를 얻는다. 두 번째로, 사례별 제거를 사용하는 것은 data set의 관측 수(number of observation)가 극히 줄어들 수 있다. 따라서 이러한 방법으로 결측값을 처리하는 경우, 최종 모델 추정에 사용되는 관측의 수를 주의 깊게 확인하는 것이 중요하다.

추가적으로, 보다 복잡한 결측값의 처리는 데이터를 분석하기 전, SmartPLS로 시행할 수 있다. 결측값 처리의 가장 좋은 방법은 결측값과 관련한 응답자의 통계학적 특성(profile)을 결정지은 다음 하위집단의 표본의 평균을 계산하는 것이다. 예를 들면, 만약 결측값과 관련한 응답자가 25～34세 사이의 14년의 교육을 받은 남성 응답자라면, 결측값과 관련한 집단의 질문의 평균을 계산한다. 다음으로 결측값에 대한 질문이 다항목의 construct와 관련이 있는지 결정한다. 만약 그렇다면, construct와 관련된 모든 항목의 응답의 평균을 계산한다. 마지막으로 어떠한 값이 결측값으로 삽입되어야 하는지 결정하기 위해 앞의 두 단계에서의 평균값들을 사용한다. 이러한 방법은 반응의 변동성 감소를 최소화하고, 연구자들이 데이터의 결측값 문제를 해결하기 위해 무엇을 해야 하는지를 제시한다. 마지막으로, 회귀 접근법에 기반한 수많은 복잡한 통계적 절차나 expectation maximization algorithm을 통해 결측값을 처리할 수 있다(Little & Rubin, 2002; Schafer & Graham, 2002). 그러나 PLS-SEM 맥락에서 적합성이 부족하고, PLS-SEM 분석에서 결측값을 다룰 때에는 위에서 설명한 방법을 사용하는 것을 추천한다.

의심스러운 응답패턴들(suspicious response patterns)

데이터를 분석하기 전에, 연구자들은 응답패턴들을 조사해야만 한다. 이 경우 보통 한 줄로 그려지는 패턴을 찾는다. **Straight lining**은 응답자들이 질문에 대해 높은 비율으로 같은 응답을 표시했을 때이다. 예를 들어, 설문에 7점 척도를 사용했고, 응답패턴은 모두 4(중간 응답)라면, 이 응답자는 data set에서 삭제된다. 이와 유사하게, 응답자의 선택이 1이나 7이라면, 그 응답자는 대개 삭제될 것이다.

데이터 분석에 앞서, 응답의 일관성에 대해 생각해 볼 필요가 있다. 대다수의 설문은 선별질문(screening question)으로 시작한다. 선별질문의 목적은 응답자들이 설문에 적합한 대상인지를 확인하는 것이다. 예를 들어, 애플의 아이폰을 사용하는 개인을 대상으로 하는 휴대폰 사용자들에 대한 연구일 경우, 설문지 후반부에서 선별질문을 통해 그/그녀가 안드로이드 사용자임이 밝혀진다면 결국 해당 응답자는 data set에서 제거하게 된다. 반영적 지표를 사용한 조사에서는, 약간의 변화를 준 유사한 질문을 한다. 만약 이때에 응답자가 매우 다른 답을 했다면, 이것은 응답에 문제가 있음을 나타내는 신호이며, 응답자가 질문을 면밀히 읽지 않았거나 최대한 빨리 간단히 응답했음을 의미한다.

이상치(outlier)

이상치(outlier)는 특정 질문 혹은 모든 질문에 대한 극단적인 응답을 말한다. 이상치를 다루는 첫 번째 단계는 그것을 식별하는 것이다. 많은 통계 소프트웨어 패키지는 이상치를 식별하는데 도움이 되는 옵션을 제공한다. 예를 들어, IBM SPSS Statistics는 응답자 수로부터 이상치들의 식별을 가능하게 하는 상자그림(box plot)과 줄기 잎 그림(stem-and-leaf plot)을 만드는 Explorer라 불리는 옵션을 가진다.

응답자가 식별되면, 연구자는 어떻게 할지 결정해야만 한다. 만약 이상치가 소수일 때의 일반적인 접근법은 data set에서 제거하는 것이다. 반면에 이상치의 수가 증가할 경우, 연구자는 이상치 집단이 뚜렷하게 구분되고 독특한 하위집단으로 표현되는지 살펴봐야 한다.

고유한 하위 집단이 존재하는지 결정할 때 2가지 방법을 사용할 수 있다. 첫 번째로, 선험연구를 통해 하위집단을 확인할 수 있다. 연구자가 대학생의 폭음에 대해 조사한다면, 연구자는 폭음의 정의뿐만 아니라, 폭음하는 학생의 비율에 대한 지식(이전의 연구에 근거한)이 있어야만 한다. 이 때, 몇몇 응답자들의 술 소비가 알려진 패턴보다 훨씬 높을 경우 data set로부터 삭제되어야만 한다. 그러나 해당 정보가 없을 때, 연구자들은 명확한 하위 집단을 식별하기 위해 데이터를 기반으로 처리하는 방법을 사용할 수 있다. PLS-SEM에서, 응답자의 (잠재적)하위 집단을 식별하는데 finite mixture PLS(FIMIX-PLS) 접근법을 사용할 수 있다. FIMIX-PLS 접근법(Ringle, Wende, & Will, 2010; Sarstedt & Ringle, 2010)을 통한 데이터의 관찰되지 않은 이질성(unobserved heterogeneity)에 대해서는 8장에서 자세하게 다룬다.

데이터 분포

PLS-SEM은 비모수적 통계방법이다. CB-SEM을 기반으로 한 maximum

likelihood(ML)와는 다르고, 정규분포를 따르지 않는다. 그럼에도 데이터가 극단적인 비정규자료(non-normal data)로 나타나 parameter의 유의성 검증에 있어 문제가 되지 않도록, 정규분포에서 지나치게 벗어나지 않았다는 것을 확인하는 것이 중요하다. 특히, 극단적인 비정규자료(non-normal data)는 bootstrapping(5장에서 더욱 자세히 설명한다)으로 얻어진 표준오차를 부풀려 예측하고자 하는 관계에 대한 유의성을 감소시킨다.

Kolmogorov-Smirnov test와 Shapiro-Wilks test는 표본으로부터 동일한 평균과 표준편차를 갖는 정규분포 데이터와 비교함으로써 정규성(normality)을 검증하기 위해 설계되었다(Mooi & Sarstedt, 2011). 그러나, 두 검증은 단지 정규분포 데이터의 귀무가설의 기각 여부에 대해서만 표시한다. bootstrapping 절차는 비정규자료일 때 강건하게(robustly) 수행되고, 이는 데이터가 정규분포와 차이 결정에 있어 제한된 가이드만을 제공한다. 따라서 연구자는 분포의 왜도(skewness)와 첨도(kurtosis)를 고려해야 한다.

왜도(**skewness**)는 변수의 분포의 대칭 정도를 평가한다. 만약 변수에 대한 응답의 분포가 오른쪽이나 왼쪽 끝으로 향해 뻗어 있다면, 비대칭되었다고(skewed) 한다. **첨도**(**kurtosis**)는 분포가 뾰족한지 아닌지(중앙에서 대부분의 응답이 매우 좁은 분포일 때)에 대한 측정이다. 왜도와 첨도 모두가 0에 근접하는 경우(연구자들이 접하기 매우 힘든 상황), 응답의 패턴이 정규분포를 따른다고 볼 수 있다. 왜도의 값이 +1보다 크거나 −1보다 작다면, 상당히 비대칭적이라는 뜻이다. 첨도의 값이 +1보다 크다면, 분포는 매우 뾰족하다는 뜻이며, −1보다 작으면 분포가 매우 평평함을 나타낸다. 이 기준을 넘어서는 왜도나 첨도가 나타나는 분포는 비정규분포로 고려된다.

다변량 기법을 실행하기 위해 필요한 데이터를 수집하고 분석할 때 상당한 노력, 시간, 높은 수준의 주의가 필요하다. 쓰레기를 넣으면 쓰레기가 나온다는(garbage in, garbage out)것을 항상 기억하라. 모든 분석은 데이터가 부적절할 때에는 의미가 없다. 〈도표 2.12〉는 데이터를 검증(examining)하고 PLS-SEM

도표 2.12 PLS-SEM에 사용하는 데이터 검증 지침

- 결측값은 반드시 확인해야 한다. 조사결과 결측값이 15%를 초과한다면, data set에서 제거해야 한다. 그 외 결측값 또한 PLS-SEM 분석을 수행하기 전에 다루어져야 한다. 결측값이 indicator별 5% 미만일 때, 평균값대체(mean value replacement)나 사례별 제거(casewise deletion)를 사용한다. 다만, 너무 많이 삭제하지 않도록 주의해야 한다. 추가적으로 보다 복잡한 대체 절차의 사용을 고려한다.
- 한 줄로 그려지거나 일관성 없는 응답패턴은 data set에서 응답을 삭제해도 무방하다.
- 이상치는 PLS-SEM을 시행하기 전에 반드시 확인하고, 문제가 되는 응답은 data set에서 제거해야 한다. 만약 이상치의 하위집단이 존재한다면 선행연구와 통계적 방법을 통해 확인한다.
- 결과를 왜곡할 수 있는 변수의 분포를 고려해야 한다. PLS-SEM에서는 심각한 문제가 되지 않을지라도, 정규분포로부터 지나치게 벗어날 경우 주의 깊게 살펴봐야 한다. 극단적으로 비대칭도가 나타나거나 첨도 값이 1보다 큰 것들은 지나치게 비정규적인 데이터임을 나타낸다.

분석을 할 때 고려해야 할 주요한 지침 사항들을 요약한다. 데이터 검증에 대한 더욱 자세한 정보는 Hair et al.(2010)의 2장을 보라.

사례연구 PLS-SEM 모델의 구체화

통계적 기법의 사용에 대해 배우는 가장 효과적인 방법은 실제 데이터를 다루어보는 것이다. 본 서에서는 하나의 예를 사용할 것이다. 단순한 모델(simple model)을 우선 다루어 보고, 5장에서 같은 모델을 더 광범위하고 복잡한 모델로 확장할 것이다. 초기 모델에서, 기업의 평판, 고객만족, 고객애호도 사이의 관계를 측정하기 위한 경로모델에 대해 가설을 세울 것이다. 예를 통해 (1) 어떻게 구조적 모델이 표현하는 잠재적인 개념과 이론이 발전하는지, (2) 잠재변수에 의한 측정모델의 설정, (3) 경험적 데이터가 사용의 구조(structure)에 대한 이해를 제공한다. 그 다음으로 PLS-SEM을 위한 SmartPLS 소프트웨어 설정을 살펴볼 것이다.

적용 1단계: 구조모델의 특성

구조모델을 구체화하기 위해 우리는 개념적/이론적 모델에 대한 설명으로 시작한다. Eberl(2010)에 의한 기업 평판 모델이 앞으로 그려볼 모델의 바탕이다. 기업 평판 모델의 목표는 고객만족(CUSA)과 고객애호도(CUSL)에 있어 기업 평판의 효과를 설명하는 것이다. 기업의 평판은 이해관계자에 의한(Helm, Eggert, & Garnefeld, 2010) 기업의 전반적인 평가를 말하며, 2개의 차원(dimension)으로 측정한다. 하나의 차원은 기업에 대한 인지적 평가이고, 기업의 역량(competence) construct이다(COMP). 두 번째 차원은 기업의 호감도(likability)(LIKE)를 결정하는 정서적 판단을 담아낸다. 평판을 측정하기 위한 이 2가지 측면의 접근은 Schwaiger(2004)에 의해 제안되었고 여러 연구에 적용되어 왔으며(예: Eberl & Schwaiger, 2005; Raithel, Wilczynski, Schloderer, & Schwaiger, 2010; Sarstedt & Schloderer, 2010; Sarstedt & Ringle, 2010; Schwaiger, Raithel, & Schloderer, 2009), 여러 국가에서 확인되었다(예: Eberl, 2010; Zhang & Schwaiger, 2005). 최근의 연구에 따르면 다른 평판 척도와 비교했을 때보다 좋은 성과(집중 타당성과 예측 타당성 측면에서)를 보이는 것으로 나타났다(Sarstedt et al., 2013).

기업의 평판을 정의하기 위해 Schwaiger(2004)는 평판의 질(quality), 성과(performance), 매력도(attractiveness), 기업의 사회적 책임(corporate social responsibility)의 4개 선행차원으로 나누고, 21개의 형성적 indicator로 측정했다. 이러한 기업 평판에 대한 동인 construct들은 5장에서 더욱 자세히 살펴볼 것이다. 본 장에서는 higher-order 모델, 매개, 조절효과와 같은 보다 복잡한 모델 설정은 고려하지 않는다. 이상은 7장과 8장에서 다룬다.

요약하면, 간단한 기업평판모델은 2개의 주요한 개념적이고/이론적인 구성요소들을 가진다: (1) 표적 construct인 CUSA와 CUSL(종속변수들), 그리고 (2) 2개의 기업 평판 차원인 COMP와 LIKE(독립 변수들). 〈도표 2.13〉은 PLS-SEM 사례분석의 구조모델을 보여준다.

도표 2.13 개념적/이론적 모델

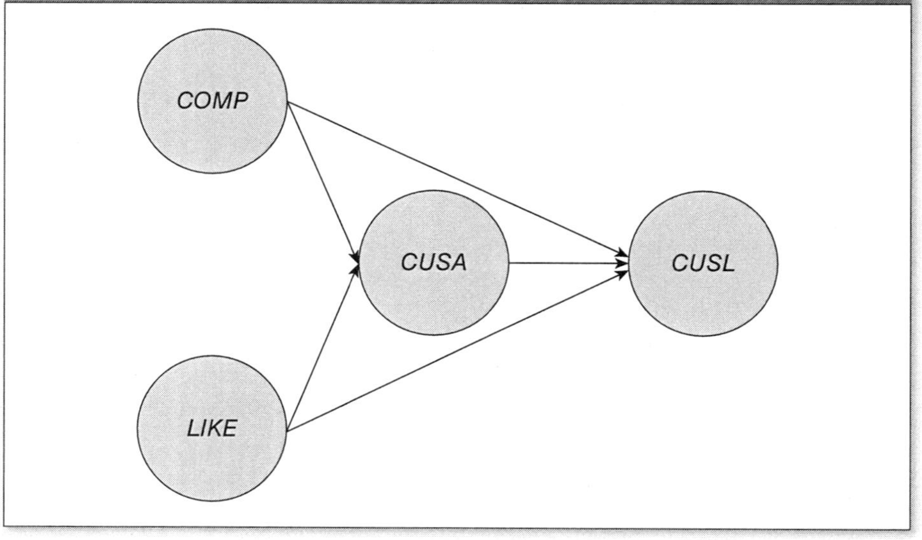

이론/개념(concept)의 제안을 위해 연구자들은 선험적 연구를 바탕으로 한다. PLS-SEM이 적용에 있어, 구조모델은 개념/이론 핵심 요소(즉, construct)와 인과관계(causal-effect relationships, 즉, 경로)를 보여준다. 연구자는 구조모델의 construct와 경로 관계를 가설로 설정한다. 예를 들면, 가설 1(H_1)을 고려해보자: 고객만족은 고객애호도에 정(+)의 효과를 가진다. PLS-SEM은 가정된 관계(6장)의 유의성을 통계적으로 검증할 수 있도록 한다. 이론적 construct와 PLS-SEM을 통해 가정된 관계를 개념화 할 때, 모델이 순환적인 관계(즉, causal loop)를 갖지 않도록 확인해야 한다. 순환적 관계가 발생하면 COMP와 CUSL 사이의 관계가 반대가 되며, COMP → CUSA → CUSL → COMP의 causal loop가 나타나게 된다.

적용 2단계: 측정모델의 구체화

construct는 직접 관찰할 수 없기 때문에 개별 construct의 측정모델을 구체화할 필요가 있다. 측정모델의 구체화(즉, 다항목 대 단일항목, 반영적 대 형성

도표 2.14 PLS-SEM 예제에서 측정모델의 유형

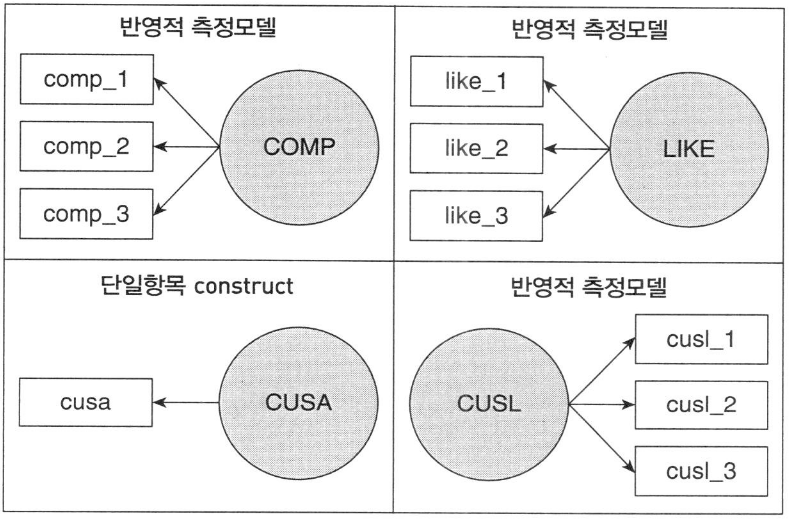

적 척도)는 Schwaiger(2004)와 Eberl (2010)의 선행 연구에 따른다. PLS-SEM 예에서 다항목(<도표 2.14>)으로 측정된 3개 construct가 존재한다(COMP, CUSL, LIKE). 3개 construct는 construct에서 indicator로 향하는 화살표로 그려진 반영적 측정모델을 가진다. COMP는 다음의 설문 항목에 따라 comp_1, comp_2, comp_3, 3개의 반영적 항목의 평균으로 측정된다. "[회사]는 시장의 경쟁자 중 1위이다", "내가 아는 바로는, [회사]는 세계적으로 알려져 있다," 그리고 "나는 그[회사]가 프리미엄 레벨이라고 믿는다." 응답자들은 각각의 진술에 대해 동의(동의하지 않는) 정도를 '1 = 매우 동의하지 않음', '7 = 매우 동의함'의 7점 척도로 답하였다.

COMP, CUSL, LIKE와 다르게, 고객만족 construct(CUSA)는 다음의 단일 항목으로 측정되었다. "만약 당신의 [회사]에서의 경험을 고려할 때, 당신은 [회사]에 얼마나 만족하는가?" 이 단일 indicator는 응답자의 만족의 정도(1 = 매우 불만족, 7 = 매우 만족)를 표시하는 7점 척도로 측정된다. 단일항목은 설문지의

도표 2.15 반영적 측정모델 construct들의 indicator

능숙함(*COMP*)	
Comp_1	[회사]는 시장의 경쟁자 중 1위이다.
Comp_2	내가 아는 바로는, [회사]는 세계적으로 알려져 있다.
Comp_3	나는 그[회사]가 프리미엄 레벨이라고 믿는다.
호감도(*LIKE*)	
Like_1	[회사]는 다른 회사들보다 더 잘 알아볼 수 있다.
Like_2	[회사]는 다른 회사에 비해 더 이상 존재하지 않는다면 더욱 후회하게 될 것이다.
Like_3	나는 [회사]가 호감가는 회사라 여긴다.
고객 애호도(*CUSL*)	
Cusl_1	나는 [회사]를 친구들과 친척들에게 추천한다.
Cusl_2	만약 다시 선택해야 한다면, 나는 [회사]를 나의 핸드폰 서비스 제공자로 선택할 것이다.
Cusl_3	나는 미래에 [회사]의 고객으로 남을 것이다.

Note: For data collection, the actual name of the company was inserted in the bracketed space that indicates company.

전체 항목의 수를 감소시키기 위한, 현실적 고려사항의 일환으로 사용하였다. 고객만족 항목이 대개 매우 동질적이므로, 다항목 측정과 비교했을 때의 예측 타당성에 손상을 입지 않을 것으로 고려한다. cusa가 고객만족을 측정하는 단일항목일 때, construct와 항목은 동등하다(실제로 PLS-SEM에서 construct와 단일항목 척도의 관계는 하나로 표시된다). 따라서 측정 관점의 선택(즉, 반영적 대 형성적)은 고려하지 않아도 된다. 관습적으로, 단일항목 측정은 PLS 경로모델에서 반영적으로 포함된다(〈도표 2.15〉).

적용 3단계: 데이터 수집과 검토

PLS-SEM 추정을 위해, 전화 인터뷰(Mooi & Sarstedt, 2011)를 사용해 수집된 독일의 이동통신 시장에서 4개의 주요 핸드폰 네트워크 제공자에 대한 응답자들의 인식과 만족을 조사한 데이터를 사용한다. 설문은 7점 리커트 척도로 측정되었다. cusa의 경우 높은 점수는 높은 수준의 만족을 의미한다. 응답자가 사용하고 있는 서비스 제공자에 대한 만족과 애호도에 대해 조사하였다. data set는 344개의 응답(표본 크기)을 가진다.

〈도표 2.16〉은 모델의 데이터 행렬(data matrix)을 보여준다. 10개의 행은 변수들을 표현하고(즉, 이전에서 설명했던 설문의 개별 질문), 344개의 열(즉, cases)은 개별 응답자의 응답이 담겨 있다. 예를 들어, 마지막 열이 응답자 334의 응답을 담고 있고, 1열은 응답자 1의 응답을 담고 있다. 행은 10개의 조사 질문들에 대한 응답을 보여준다. 처음부터 9행까지는 3개 construct와 관련된 indicator들이며, 10번째 행은 CUSA의 단일 indicator의 데이터이다.

만약 이상치가 있는 data set를 사용한다면, 이상치를 표시하기 위해 응답에서 나타나지 않는 수를 삽입할 필요가 있다. 연구자는 보통 이상치를 표시하기 위해 −99를 사용하지만, data set에서 일반적으로 발생하지 않는 다른 값을 사용할 수 있다. 여기에서는 이상치를 표시하기 위해 −99를 사용할 것이다. 만약, camp_1의 첫 번째 응답이 이상치일 경우, 〈도표 2.16〉에서의 4 대신에 −99가 이상치로 삽입된다. 이전에서 다룬 결측값의 처리(예: 평균값대체)는 이러한 데이터에 적용할 수 있다(예: Hair et al., 2010). 만약 data set에서 indicator별로 결측값의 수가 상대적으로 적을 때(즉, 누락이 indicator별로 5%보다 적을 때), PLS-SEM을 사용할 때 결측값을 다루기 위해 삭제하는 방법 대신에 평균값대체(mean value replacement)를 추천한다. 더욱이 관찰(observation)에 따른 결

도표 2.16 indicator변수에 대한 데이터 행렬

사례수	변수명									
	1	2	3	4	5	6	7	8	9	10
	comp_1	comp_2	comp_3	like_1	like_2	like_3	cusl_1	cusl_2	cusl_3	cusa
1	4	5	5	3	1	2	5	3	3	5
2	6	7	6	6	6	6	7	7	7	7
...	...	...	...	...	...	...	...	...	...	...
344	6	5	6	6	7	5	7	7	7	7

측값의 수가 15%를 초과하지 않도록 확인할 필요가 있다. 만약 15%를 초과하면 해당 관찰은 data set에서 제거해야 한다.

〈도표 2.16〉에 나타난 데이터의 예는 극소수의 결측값을 가진다. 더욱 정확하게, CUSA는 1개의 결측값을 가지며(0.29%), cusl_1과 cusl_3은 3개의 결측값을 가지고(0.87%), cusl_2는 4개의 결측값을 가진다(1.16%). 따라서 평균값대체를 사용할 수 있다. 어떠한 관찰도 15% 이상의 결측값을 갖지 않으므로 344개의 응답자 모두에 대해 분석을 진행한다.

IBM SPSS Statistics를 사용한 상자그림이나 줄기-잎 그림 등에 의한 이상치 진단에서 이상치가 아닌 영향력 있는 관찰을 보여준다. 또 왜도와 첨도와 관련한 데이터의 비정규성은 문제가 되지 않는다. 또한 왜도와 첨도는 문제되지 않는다. indicator의 첨도와 왜도 값은 −1과 +1 이내의 허용 가능한 범위이다. 단 예외적으로 cusl_2 indicator가 −1.3의 왜도를 갖는다. 그러나, 비대칭의 정도가 심하지 않고, cusl_2가 (반영적) CUSL construct의 3개 indicator 중 하나이기 때문에 정규성(normality)으로부터의 편차는 문제가 되지 않고, indicator는 유지된다.

마지막으로 data set은 2개 유형의 고객들을 포함한다. 휴대폰 서비스 사용과 관련한 plan(〈도표 2.16〉에 나타나지 않은)에 따라 prepaid plan(plan=2; $n^{(2)}=125$), contract plan(plan=1; $n^{(1)}=219$)으로 고객을 구분한다. 이 집단은 이후에, 다집단 비교(multigroup comparison: 8장)에 의한 PLS-SEM 분석에서 다룬다.

SmartPLS 소프트웨어를 이용한 경로모델 생성

SmartPLS 소프트웨어(Ringle et al., 2005)는 본서의 모든 PLS-SEM 분석을 실행하는 데 사용된다. 이 소프트웨어는 http://www.smartpls.de에서 무료로

사용 가능하다. SmartPLS는 사용자가 PLS 경로모델 측정을 가능하게 하는 그래픽 유저 인터페이스(graphical user interface)를 가진다. 본 장에서는 소프트웨어의 기능에 대한 개요를 포함한다. 웹사이트의 SmartPLS를 다운받는 곳에 소프트웨어 사용을 설명하는(tutorial) 동영상이 있고, SmartPLS 토론 포럼에서는 자주 묻는 질문에 대한 답을 제공한다.

〈도표 2.17〉은 앞에서 그린 단순한 모델에 대한 SmartPLS 소프트웨어의 그래픽적 인터페이스를 보여준다. 다음에서, SmartPLS 프로그램을 사용해 이 모델을 어떻게 설정했는지 설명할 것이다. 모델을 그리기 전에 데이터가 필요하다. 분석에 사용할 평판 모델에 대한 데이터는 다음 URL: http://www.pls-sem.com의 download 부분에서 콤마로 분리된 값(.csv)이나 텍스트(.txt) data set로 내려 받을 수 있다. SmartPLS는 두 개의 데이터 파일 모두 사용할 수 있다(즉, .csv 혹은 .txt). 화면의 지시사항을 따라 하드 드라이브(hard drive)에 2개의 파일 중 하나를 저장하라. 하드 드라이브의 폴더에 데이터를 저장하기 위해 **Save Target As…** 를 클릭(click)하고 **닫는다**(close). 이전에 컴퓨터에 내려 받고 저장했던 SmartPLS 소프트웨어가 있는 폴더로 들어간다. SmartPLS 파일을 실행(smartpls)하고, **Run** 탭으로 소프트웨어를 시작한다.

SmartPLS를 처음 실행하면, 제품 키 입력을 요청할 것이다. 제품 키는 계정이 활성화되었을 때 SmartPLS 사이트(http://www.smartpls.de)에서 무료로 이용 가능하다. 사용자 이름과 비밀번호로 http://www.smartpls.de에 들어간(log on) 다음, 웹페이지(web page)의 상단 오른쪽 메뉴에 있는 **My Key**를 클릭한다. key를 SmartPLS에 있는 product key 메뉴(menu)에 복사 붙여넣기한 다음 **OK**를 클릭한다. SmartPLS는 환영의 화면을 보여주고(주의 깊게 읽은 다음), 이 화면은 간단하게 닫기 탭(tab)으로 닫을 수 있다. 이제 SmartPLS 소프트웨어 사용을 시작할 준비가 되었다.

New project를 만들기 위해, **File → New → Create New Project**를 클릭한다. 첫 프로젝트의 이름을 **Project name** box에 입력한다(예: Corporate Reputation); 그런 다음 **Next**를 클릭한다. 프로젝트에 data set를 할당할 필요가 있고, 이 경우에는 **full data.csv**(혹은 다운받은 데이터에 지정한 어떤 이름)이다. 그렇게 한 다음 창(window)의 오른편에 있는 dots tab(…)을 클릭하여, 데이터 폴더를 찾아 표시한 다음 **Open**을 클릭한다. data set이 할당되었으면, **Next**를 클릭한다. 다음의 화면에서, 결측값을 처리할 필요가 있다. **The indicator data contains missing values** box를 체크한 다음, 아래의 영역에 −99를 입력하고, **Finish**를 클릭한다.

만약 SmartPLS 소프트웨어를 사용하기 위해 자신의 data set를 사용한다면, 데이터에 어떠한 문자열(string element)(예: 개방형 질문에 대한 응답자의 응답)도 포함하지 않아야만 한다. 예를 들면, SmartPLS는 (예를 들어 IBM SPSS Statistics에 의한 결측값 처리할 때 나타나는) 한 개의 점(single dot)을 문자열로 해석한다. 본 장에서 다루는 예제의 data set에는 문자열이 없으므로 고려의 대상이 되지 않는다. IBM SPSS Statistics와 같은 여타 통계 프로그램과 달리, SmartPLS에서는 모든 결측값에 대한 한 개의 값만을 입력할 수 있음을 주의해야 한다. 따라서 모든 결측값이 원 data set과 동일하게 코딩(예: −99)되었는지 확인해야만 한다. 즉, 결측값 유형(사용자 정의 누락 혹은 시스템 누락)과 누락의 원인(응답자가 응답을 거절한 것이라면, 응답자들은 응답을 알지 못하므로, 해당되지 않음)에 관계없이 모든 결측값을 동일하게 코딩할 필요가 있다.

data set과 결측값을 처리한 후, 새 프로젝트는 메뉴 바 아래의 왼쪽 상단에 있는 **Projects** window에 만들어지고 보여질 것이다. 이전에 만들었던 모든 SmartPLS 프로젝트도 이 창에 보일 것이다. 각각의 프로젝트는 하나, 그 이상의 경로모델(즉, .splsm 파일들)과 data set(즉, .csv 혹은 .txt 파일들)를 가진다. 새로운 프로젝트를 설정할 때, SmartPLS는 프로젝트와 같은 이름을 가진 모델을 자동으로 추가할 것이다(본서의 예제에서는 **Corporate Reputation.splsp**를 사용한다). 우 클릭으로 모델의 이름을 바꿀 수 있다. 우 클릭으로 열리는 메뉴에서, **Rename Resource**를 클릭하고 모델에 대한 새로운 이름을 입력한다. 나중에

만들 모델과 소개용 모델을 구분하기 위해, **Simple Model**으로 이름을 변경하고 OK를 클릭한다.

오른쪽에 있는 그래픽 모델링 창(graphical modeling window)은 사용자가 경로모델을 만들 수 있는 곳이다. (저장된 프로젝트에 작업하는 것이 아니라) 새로운 프로젝트로 시작하였기 때문에, modeling window는 비어 있고 〈도표 2.17〉과 같이 경로모델 생성을 시작할 수 있다. 경로모델 생성을 위해 우선, 새로운 모델을 더블클릭해 화면의 위쪽에 모델링 메뉴 바(modeling menu bar)가 나오게 한다. 상단의 메뉴 바에 보이는 옵션 (즉,)을 사용할 수 있다. **Switch Insertion Mode** option()을 클릭해서, modeling window에 새로운 construct를 생성한다. modeling window에서 좌 클릭을 할 때마다, 빨간 원으로 표현되

도표 2.17 초기 기업평판 예제

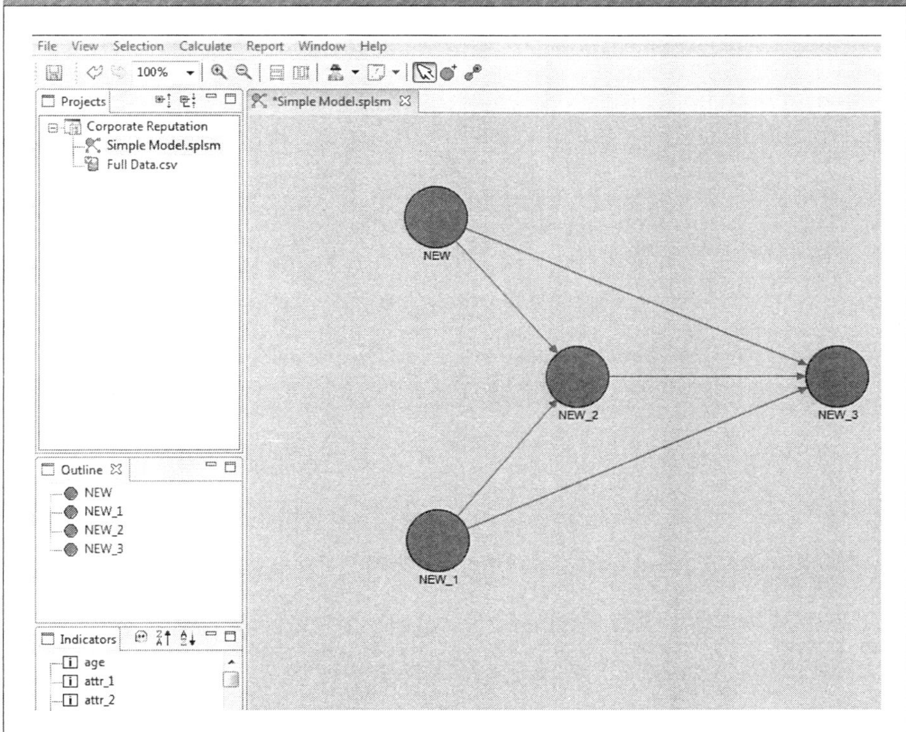

는 새로운 construct가 나타난다. 모든 construct를 만들었으면, **Switch Selection Mode**( )를 좌 클릭하여 modeling window의 잠재변수(latent variable)를 선택하고, 크기를 조정하고, 움직일 수 있다. 잠재변수를 서로 이어주기 위해(즉, 경로 화살표를 그리기 위해) **Switch to Connection Mode** option( )을 좌 클릭한다. 외생(독립) construct를 좌 클릭하여 상단의 target 내생(종속) construct로 커서를 움직인다. 내생 construct를 좌 클릭하면 경로 관계(방향 화살표)가 2개의 construct 사이에 삽입될 것이다. 같은 과정을 반복하고, 가설에 맞게 모든 construct를 연결한다. 이 과정을 잘 마쳤다면, 〈도표 2.17〉과 같이 그려질 것이다.

다음 단계는 construct명을 정하는 것이다. 먼저 마우스 포인터(mouse pointer)를 왼쪽 상단 코너에 있는 construct 위로 옮겨 좌 클릭하여 Selection Mode( )인지 확인한다. 그리고 나서, 선택된 construct에 우 클릭을 하여 다른 옵션(option)이 있는 메뉴(menu)를 열고, **Rename object**를 좌 클릭을 한다. **Rename Object** box window에 construct의 이름을 입력하고(즉, COMP) **OK**를 클릭한다. COMP라는 이름이 construct 아래에 나타날 것이다. 이러한 과정을 따라 모든 construct명을 정한다. 다음, 각각의 construct에 indicator를 할당해야 한다. 화면의 왼쪽에, data set에서의 모든 indicator를 보여주는 **indicators** window가 있다. **Indicators** window로부터 camp의 첫 번째 indicator인 camp_1를 드래그(dradding)하고, 이것을 construct 위에 끌어다 놓는다(즉, 마우스 왼쪽 클릭 후에, construct의 상단으로 버튼을 누른 채로 움직였다 뗀다). construct에 indicator를 할당하면, construct에 노란색 사각형(yellow rectangle)이 붙어(반영적으로써) graphical modeling window에 나타난다. indicator를 주위로 이동할 수 있지만, construct에 붙어 있게 해야 한다(삭제하지 않는 한). construct에서 우 클릭해, 메뉴 하단의 option 중 하나를 선택한다(예: **Align Top**). Align Top을 통해 indicator를 정렬할 수 있다. 이상을 완료하면 〈도표 2.18〉의 COMP construct와 indicator와 같게 나타난다. indicator를 construct에 할당하면 construct의 색상이 빨간색에서 파란색으로 바뀐다.

〈도표 2.18〉과 같이 construct에 모든 indicator를 할당할 때까지 계속한다. **File → Save**로 모델을 저장한다. 모델은 원 이름으로 저장될 것이다(당신이 지정했던).

graphical modeling window에서 마우스 버튼을 우 클릭하면 몇몇 modeling option이 있는 메뉴를 열게 된다. 만약 마우스를 construct 위에 놓고 우 클릭을 한다면, **Rename Object** option으로 construct의 이름을 바꾸거나, 선택된 잠재변수의 측정모델을 반영적에서 형성적 측정으로, 또 그 반대로도 바꿀 수

도표 2.18 각 명칭과 데이터가 할당된 기업평판 예제

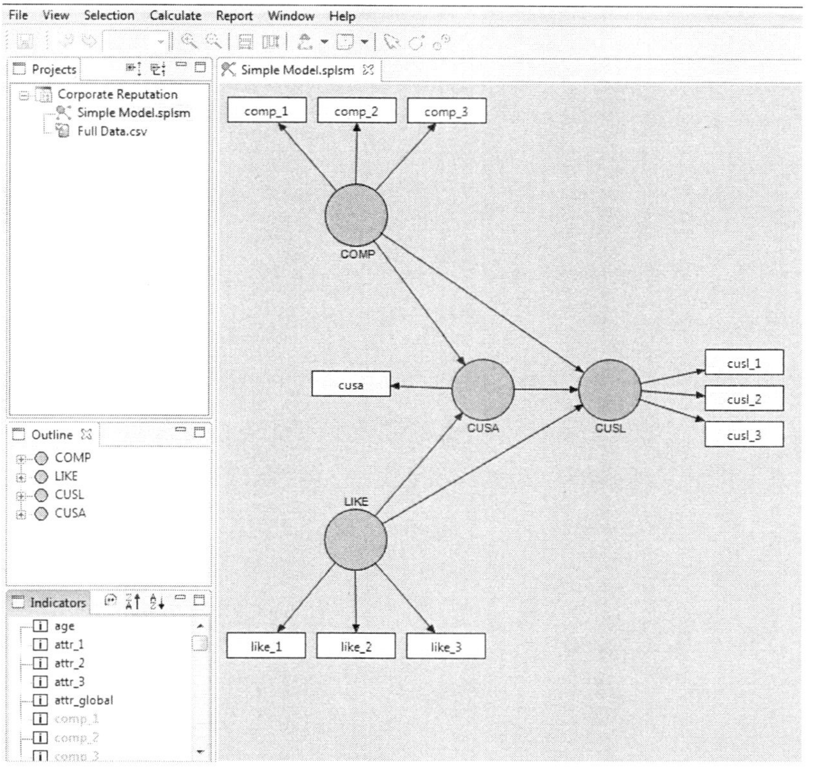

있다(Invert measurement model).

커서(cursor)가 다른 요소의 위에 위치했을 때 마우스 버튼을 우 클릭하면 추가적인 기능들의 메뉴가 열린다. **Project window**에 커서를 놓고 우 클릭하면, 새로운 모델을 생성하거나(**Create New Model**), 새로운 프로젝트(**Create New Project**)를 만들거나, **Import indicator data**를 할 수 있다. 또한 **Project** window나타난 프로젝트와 모델에 대해 **Copy**, **Move**, **Rename**, **Remove Resource** option을 선택할 수 있다. 이 중 **Remove Resource** option은 PLS 경로 모델을 수정하고 싶지만 초기 모델 설정을 유지하기를 원할 때 유용하다. 만약 Project window에 존재하는 모델을 사용하고 싶을 경우, **Project** window에 보이는 경로모델에 왼쪽 마우스 버튼을 더블클릭하면, Modeling window 오른쪽 화면에 그래픽 표현이 나타난다.

기업의 평판에, PLS-SEM의 예제를 포함한 바로 사용할 수 있는 project를 직접적으로 삽입할 수 있다. 파일 이름은 **Corporate_Reputation.splsp**이다. 이 프로젝트는 다음 URL: http://www.pls-sem.com의 다운로드에서 내려 받을 수 있다. 이 파일을 내려 받고, 컴퓨터 시스템에 저장하자(어떤 운영체제는 원본 파일 이름에 ".zip"를 추가해야 함을 주의하자. 만약 컴퓨터 시스템이 이러하다면, 이것을 다운받은 후에 파일 이름의 끝에서 ".zip"를 삭제해야 한다). 그 다음 **Project** window에서 마우스 버튼을 우 클릭하고, **Import** option을 선택한다. SmartPLS를 통해 **Corporate_Reputation.splsp**를 컴퓨터에서 찾고 선택한다. 성공적으로 삽입한 후, 이 프로젝트에서 모델을 더블클릭하면, 새로운 modeling window에 〈도표 2.18〉에 보이는 것과 같이 경로모델이 나타날 것이다.

Summary

- **조절, 그리고 high-order 모델을 포함한 구조모델 기초 개념을 이해하는 것이다.** 이 장에서는 PLS-SEM 적용의 3단계를 설명한다. 선험적 연구를 바탕으로 이론/개념을 정립할 때, 구조모델로 모델을 상세화하는 것으로 시작한다(1단계). 이론/개념의 각각의 요소(element)는 PLS 경로모델에서 구조모델의 construct를 나타낸다. 또한 각 요소의 인과관계의 추정을 고려해야 한다. 일반적으로 연구자는 이론/개념에 따라 구조모델의 construct 사이의 관계에 대한 가설을 설정한다. 이는 구조모델의 주요 요소(즉, construct들과 가설의 관계)이며, 매개나 조절과 같은 관계를 포함해 매우 복잡해질 수 있다. PLS-SEM 분석의 목표는 이론/개념을 경험적으로 검증하기 위함이다.
- **반영적, 형성적 척도의 차이를 설명하고 적절한 측정모델로 구체화할 수 있어야 한다.** 2단계는 신뢰성, 타당성을 확보하기 위해 이론적/개념적인 construct의 측정모델 선택에 초점을 맞춘다. 측정모델에는 2가지 유형이 있다: 반영적, 형성적. 반영적 형태는 측정모델에서 construct로부터 indicator로 향하는 화살표(관계)를 가진다. 만약 construct가 바뀜과 동시에 측정모델의 모든 항목은 변화할 것이다. 따라서 모든 indicator는 매우 밀접한 연관성이 있다. 반대로, 형성적 형태는 측정모델의 indicator로부터 construct로 향하는 화살표를 가진다. 이 경우 모든 indicator가 construct를 형성하고, construct는 이때의 indicator로 대표된다. 형성적 indicator가 construct 내용의 독립적인 원천을 나타내기 때문에, indicator간에 관계가 높을 필요가 없다(사실상, 그것들은 거의 연관되지 않는다). 측정모델의 형태와 indicator의 선택은 반드시 데이터 수집되기 전에 이론적/개념적인 원인에 근거해야 한다. 동일한 construct라도 반영적 측정과 형성적 측정은 다른 indicator를 사용할 것이다. 반영적 construct는 대개 PLS 경로모델의 이론적/개념적 확립의 표적 construct로 사용하는 반면, 형성적 construct는 target construct의 driver나 설명적 원천(독립변수)으로써의 가치를 가진다. 데이터 분석이 진행되는 동안, 측정모델의 이론적/개념적 형태는 PLS-SEM의 confirmatory

tetrad 분석을 통해 경험적으로 검증할 수 있다.

- **다항목과 단일항목 측정 사이의 차이와 언제 각각의 측정 유형을 사용할 때 평가가 가능한지 설명한다.** construct를 측정하기 위해 다항목을 사용하기보다, 연구자들은 때때로 단일항목 사용을 선택한다. 단일항목들은 적용의 쉬움, 간결성, 이용과 관련하여 저예산과 같은 현실적인 이점을 갖는다. 그러나 단일항목 측정들은 적은 것으로 더 많은 것을 제공하지는 않는다. 심리측정의 관점에서, 단일항목 측정은 신뢰성이 떨어지고, 타당성의 관점에서 위험성을 갖는다. 그럼에도, 예를 들면, 모집단의 크기가 한정된다거나 무응답이 주된 문제인 경우와 같은 몇몇 연구 상황들은 단일항목의 사용을 요구하거나 필요로 한다. 인식이나 태도 같은 관찰되지 않는 현상을 측정할 때, 위의 문제들은 중요한 고려사항들이다. 그러나 단일항목 측정들은 매출, 수량, 이익, 기타 등등과 같은 관찰 가능한 특성들을 측정하기 위해 사용할 때 확실히 적절하다.
- **PLS-SEM을 적용하는 데 필요한 데이터 수집과 검토 고려사항들을 설명한다.** 3단계는 방법 적용으로의 결과가 유효하고 신뢰할 수 있는지 보장하기 위해, 데이터가 수집된 후에 조사할 필요성을 강조한다. 이 단계는 모든 유형의 연구에서 중요하지만, 연구가가 SEM 사용을 예상했을 때는 특히 중요하다. 경험적 데이터가 설문지를 사용해 수집되었을 때, 보통 데이터가 수집된 후에 데이터 수집 문제들은 반드시 다뤄져야 한다. 조사될 필요가 있는 주요한 문제들은 결측값, 의심스러운 반응패턴(일직선 혹은 일관성 없는 답들), 이상치들을 포함한다. 분포적 추정들은 PLS-SEM의 비모수적 성격 때문에 덜 우려된다. 그러나, 지나치게 비대칭적인 데이터는 유의수준의 측정에서 문제를 발생시킬 수 있어서, 연구자들은 데이터가 정상과 가깝다는 것을 보장해야만 한다. 일반적인 rule of thumb로써, 항상 쓰레기가 투입되면 쓰레기가 나온다는 규칙을 기억해야 한다. 모든 당신의 분석들은 데이터가 부적절하다면 의미가 없다.
- **SmartPLS 소프트웨어를 사용해 PLS 경로모델이 어떻게 발전하는지 배웠다.** PLS-SEM 분석을 시행하는 처음 3개의 단계들은 실제적 예를 시행함으

로써 설명된다. 우리는 기업의 평판과 고객 만족도와 애호도에 관한 관계에 초점을 맞추어 어떻게 이론적이고/개념적인 PLS 경로모델을 설계하는지 논의했다. 우리는 또한 SmartPLS 소프트웨어에서 가능한 여러 옵션들을 설명했다. 실행의 결과는 측정될 준비가 된, SmartPLS 소프트웨어를 사용하여 그려진 PLS 경로모델이다

Review Questions

1. 구조적 모델이란 무엇인가?
2. 반영적 측정모델이란 무엇인가?
3. 형성적 측정모델이란 무엇인가?
4. 단일항목 측정이란 무엇인가?
5. PLS-SEM 분석에서 언제 "지나치게 비정상적"이 된 데이터를 고려하여야 하는가?

Critical Thinking Questions

1. construct를 반영적으로 측정할지 혹은 형성적으로 측정할지 어떻게 결정할 수 있는가?
2. 어떠한 연구 상황에서 반영적/형성적 측정의 사용이 선호되는가?
3. 단일항목 측정의 장단점에 대해 논의해보자.
4. PLS-SEM에서의 당신만의 예를 만들어 보아라(잠재변수들과 측정이 있는 구조적 모델을 포함하여).

5. 왜 분석에 선행하여 신중한 데이터 분석이 필요한가? data set가 indicator별로 상대적으로 많은 양의 결측값을 가질 때에 직면했을 때(예: indicator별 누락 데이터가 5% 이상일 때) 특정 문제들은 무엇인가?

Key Terms

Casewise deletion(사례별 제거): an entire observation(i.e., a case or respondent) is removed from the data set because of missing data. It should be used when indicators have more than 5% missing values.

Causal links(인과고리): are predictive relationships in which the constructs on the left predict the constructs to the right.

Confirmatory tetrad analysis for PLS-SEM(CTA-PLS): is a statistical procedure that allows for empirically testing the measurement model setup(i.e., whether the measures should be specified reflectively or formatively).

Direct effect(직접효과): is a relationship linking two constructs with a single arrow.

Endogenous latent variables(내생잠재변수): are constructs considered as dependent in a structural model.

Exogenous latent variables(외생잠재변수): are constructs that only act as independent variables in a structural model.

Formative measurement(형성적 측정): is a type of measurement model setup in which the indicators cause the construct, and arrows point from the indicators to the construct. Also referred to as *Mode B* in PLS-SEM.

HCM: see *Hierarchical component models(HCM)*.

Hierarchical component models(HCM): are higher-order structures(mostly second-order) that contain several layers of constructs and involve a higher level of abstraction.

Higher-order models: see *Hierarchical component models(HCM)*.

Index: is a set of formative indicators used to measure a construct.

Indicators: are the measured items of a construct.

Indirect effect(간접효과): is a relationship that involves a sequence of relationships with at least one intervening construct involved.

Inner model(내부모델): see *Structural model.*

Kurtosis(첨도): is a measure of whether the distribution is too peaked(a very narrow distribution with most of the responses in the center).

Mean value replacement(평균값 대체): inserts the sample mean for the missing data. Should only be used when indicators have less than 5% missing values.

Measurement models(측정모델): describe the relationships between the latent variables and their measures. Also referred to as *outer models* in PLS-SEM.

Measurement theory(측정이론): specifies how constructs should be measured with(a set of) indicators. It determines which indicators to use for construct measurement and the directional relationship between construct and indicators.

Mediating effect(매개효과): occurs when a third variable or construct intervenes between two other related constructs.

Mode A: see *Reflective measurement.*

Mode B: see *Formative measurement.*

Moderation(조절): see *Moderator effect.*

Moderator effect(조절효과): occurs when a(latent) variable directly affects the relationship between the exogenous and endogenous latent constructs in the model.

Multigroup analysis(다집단분석): a class of techniques that allows testing for differences between identical models estimated for different groups of data.

Outer models(외부모델): see *Measurement models.*

Outlier(이상치): is an extreme response to a particular question or extreme responses to all questions.

Path model(경로모델): is a diagram that connects variables/constructs based on theory and logic to visually display the hypotheses that will be tested.

Reflective measurement(반영적 측정)**:** is a type of measurement model set-up in which measures represent the effects(or manifestations) of an underlying construct. Causality is from the construct to its measures(indicators). Also referred to as *Mode A* in PLS-SEM.

Scale(척도)**:** is a set of reflective indicators used to measure a construct.

Skewness(왜도)**:** is the extent to which a variable's distribution is symmetrical around its mean value.

Straight lining: describes a situation in which a respondent marks the same response for a high proportion of the questions.

Structural model(구조모델)**:** describes the relationships between latent variables. Also referred to as *inner model* in PLS-SEM.

Structural theory(구조이론) **:** shows how the latent variables are related to each other.

Suggested Readings

Chin, W. W.(2010). How to write up and report PLS analyses. In V. Esposito Vinzi, W. W. Chin, J. Henseler, & H. Wang(Eds.), *Handbook of partial least squares: Concepts, methods and applications in marketing and related fields*(pp. 655~690). Berlin: Springer.

Esposito Vinzi, V., Chin, W. W., Henseler, J., & Wang, H.(2010). *Handbook of partial least squares: Concepts, methods and applications*(Springer handbooks of computational statistics series, vol. II). Heidelberg, Dordrecht, London, New York: Springer.

Falk, R. F., & Miller, N. B.(1992). *A primer for soft modeling*. Akron, OH: University of Akron Press.

Garson, G. D.(2012). *Partial least squares*. Asheboro: Statistical Associates.

Haenlein, M., & Kaplan, A. M.(2004). *A beginner's guide to partial least squares analysis*. Understanding Statistics, 3(4), 283~297.

Hair, J. F., Black, W. C., Babin, B. J., & Anderson, R. E.(2010). *Multivariate data analysis*. Englewood Cliffs, NJ: Prentice Hall.

Hair, J. F., Ringle, C. M., & Sarstedt, M.(2011). PLS-SEM: Indeed a silver bullet. *Journal of Marketing Theory and Practice*, 19, 139~151.

Hair, J. F., Wolfinbarger Celsi, M., Money, A. H., Samouel, P., & Page, M. J.(2011). *Essentials of business research methods*. Armonk, NY: Sharpe.

Henseler, J., Ringle, C. M., & Sarstedt, M.(2012). Using partial least squares path modeling in international advertising research: Basic concepts and recent issues. In S. Okazaki(Ed.), *Handbook of research in international advertising*(pp. 252~276). Cheltenham, UK: Edward Elgar.

Lohmöller, J.-B.(1989). *Latent variable path modeling with partial least squares*. Heidelberg: Physica.

Mooi, E. A., & Sarstedt, M.(2011). *A concise guide to market research: The process, data, and methods using IBM SPSS Statistics*. Berlin: Springer.

Roldán, J. L., and Sánchez-Franco, M. J.(2012). Variance-based structural equation modeling: Guidelines for using partial least squares in information systems research. In *Research methodologies, innovations and philosophies in software systems engineering and information systems*(pp. 193~221). Hershey, PA: IGI Global.

Temme, D., Kreis, H., & Hildebrandt, L.(2010). A comparison of current PLS path modeling software: Features, ease-of-use, and performance. In V. Esposito Vinzi, W. W. Chin, J. Henseler & H. Wang(Eds.), *Handbook of partial least squares: Concepts, methods and applications*(Springer handbooks of computational statistics series, vol. II)(pp. 737~756). Heidelberg, Dordrecht, London, New York: Springer.

Tenenhaus, M., Esposito Vinzi, V., Chatelin, Y.-M., & Lauro, C.(2005). PLS path modeling. *Computational Statistics & Data Analysis*, 48(1), 159~205.

Chapter 3

경로모델평가

Learning Outcome

1. PLS-SEM의 기능과 실행 algorithm에 대하여 학습한다.
2. PLS-SEM 모델의 통계적 특성에 대하여 이해한다.
3. algorithm을 실행하기 위한 옵션과 parameter 설정에 대하여 이해한다.
4. 결과해석에 대하여 설명한다.
5. SmartPLS 소프트웨어를 이용하여 PLS-SEM algorithm을 적용시켜 본다.

Chapter Review

본 장은 PLS-SEM을 적용하기 위한 4번째 단계를 다룬다. 구체적으로 우리는 PLS-SEM algorithm과 통계적 특성을 중심으로 살펴본다. PLS-SEM의 장·단점뿐만 아니라 올바른 방법론 적용을 위해서는 PLS-SEM이 실행되는 "메커니즘"에 대한 이해가 필요하다(예를 들어, 소프트웨어 옵션에 대한 의사결정을 해야 하는 경우). 이러한 이해를 바탕으로 당신은 PLS-SEM algorithm을 실행하기 위한 옵션과 parameter 설정에 대해 선택할 수 있을 것이다. PLS 모델이 어떻게 평가되는지를 설명한 후, 결과물을 어떻게 해석하는지에 대해 정리한다. 이러한 과정은 4장부터 6장에 걸쳐 상세히 살펴본다. 본 장에서는 기업평판예제를 SmartPLS 소프트웨어를 이용하여 살펴보고, 결과평가를 위해 PLS-SEM algorithm을 적용시키는 것으로 마무리한다.

Stage 4 모델 추정과 PLS-SEM algorithm

algorithm 원리

분산기반 PLS-SEM algorithm은 Wold(1975)에 의해 개발되었으며, Lohmöller(1989)에 의해 확장되었다. algorithm은 종속 **construct**의 분산을 최대한 설명할 수 있는 경로계수(path coefficients)와 다른 모델 parameter들을 추정한다(즉, 설명되지 않는 분산을 최소화한다). 이번 장에서는 **PLS-SEM algorithm**의 작동원리를 살펴본다.

이에 앞서, algorithm을 이용하기 위해서는 데이터에 대한 이해가 필요하다. 〈도표 3.1〉은 〈도표 3.2〉에 보여지는 PLS 경로모델에서 indicator변수(행)와 관측치(observations)(열)로 구성된 data set를 나타내는 행렬이다. 측정된 (x)변수(〈도표 3.2〉의 상단부분 사각형)는 행렬의 상단에 열로 표시되어 있다. (Y) constructs(〈도표 3.2〉에서 원)는 행렬의 오른편에 표시되어 있다. 예를 들어, PLS-SEM 예제에서 7개의 측정된 indicator가 있으며, 이들은 x_1부터 x_7으로 표시하였고 나머지 3개의 constructs는 Y_1, Y_2, Y_3로 표시하였다. 여기서 Y construct들은 측정된 변수가 아니다. 본 예제에서 측정된 x변수들은, Y_1, Y_2, Y_3 **construct scores**를 평가하기 위한 원자료로 사용되었으며(예를 들어, construct Y_1 을 측정하기 위하여 사용하는 scores는 $Y_{1,1}$에서 $Y_{1,89}$까지를 의미한다), PLS-SEM algorithm을 풀어가는 과정의 일부이다.

데이터 행렬(data matrix)은 〈도표 3.1〉에 보여지는 것과 같으며 가설검증을 위한 PLS 경로모델(〈도표 3.2〉)에서 **indicator**들의 입력을 위해 사용된다. 측정모델을 위한 데이터는 기업데이터베이스(예를 들어, 광고예산, 직원 수, 이익 등)나 설문지를 통해 획득해야 한다. 관측치를 입력하기 위한 ID는 사례번호 아래, 왼편 첫 행에 입력된다. 예를 들어, 만약 표본이 89명의 응답자(샘플크기)를 포함한다면 1번부터 89번까지 ID가 부여된다(ID는 각 응답자/대상(object)별로 하나씩 주어진다는 가정하에).

도표 3.1 PLS-SEM 예시의 데이터 행렬

Case	x_1	x_2	x_3	x_4	x_5	x_6	x_7	Y_1	Y_2	Y_3
1	$x_{1,1}$	$x_{1,2}$	$x_{1,3}$	$x_{1,4}$	$x_{1,5}$	$x_{1,6}$	$x_{1,7}$	$Y_{1,1}$	$Y_{1,2}$	$Y_{1,3}$
...	...	...	...	...	...	...	...	...	...	...
89	$x_{1,89}$	$x_{2,89}$	$x_{3,89}$	$x_{4,89}$	$x_{5,89}$	$x_{6,89}$	$x_{7,89}$	$Y_{1,89}$	$Y_{2,89}$	$Y_{3,89}$

도표 3.2 가상 PLS-SEM 예제의 경로모델과 데이터

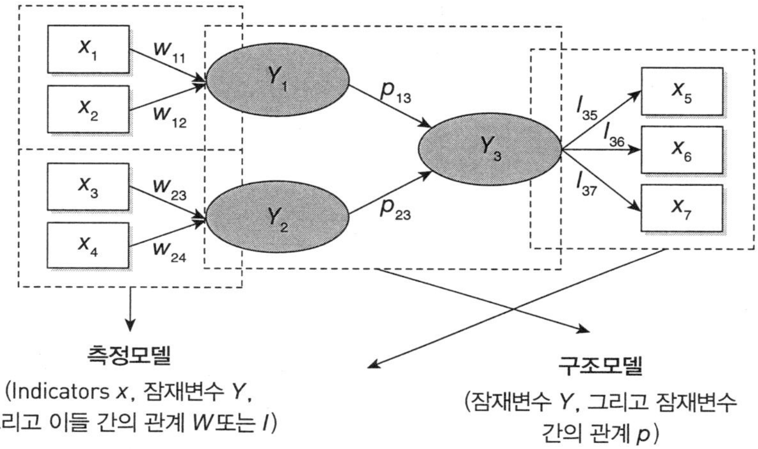

	Y_1	Y_2	Y_3
x_1	W_{11}		
x_2	W_{12}		
x_3		W_{23}	
x_4		W_{24}	
x_5			l_{35}
x_6			l_{36}
x_7			l_{37}

	Y_1	Y_2	Y_3
Y_1			p_{13}
Y_2			p_{23}
Y_3			

Source: Henseler, J., Ringle, C. M., and Sarstedt, M. (2012). Using Partial Least Squares Path Modeling in International Advertising Research: Basic Concepts and Recent Issues. In Okazaki, S. (Ed.), *Handbook of Research in International Advertising*. Cheltenham: Edward Elgar Publishing, 252~276.

PLS 경로모델을 위한 **최소 샘플크기**(minimum sample size)는 **10배수 법칙**(10 times rule: 1장)에 따라야 한다. 하지만, 연구자들은 다중 OLS회귀분석에서 사용되는 Cohen(1992)의 지침과 같은 좀 더 강건한 지침을 따르는 것이 좋다(1장).

본 예제에서 2개의 형성적으로 측정된(formatively measured) 외생 construct들은 각각 Y_1에 대한 indicator인 x_1과 x_2를, 그리고 Y_1에 대한 indicator인 x_3와 x_4를 가지고 있다. 또한 구조모델은 하나의 독립 construct인 Y_3를 설명하기 위한 두 개의 외생(종속) construct들을 가지고 있다. 특정 잠재변수(particular latent variable)로 향하는 화살표의 최대 개수는 두 개이다. 따라서 10배의 법칙에 따라 〈도표 3.2〉에서 PLS 경로모델(PLS path model) 추정을 위한 최소 관찰개수는 2×10=20개가 필요하다. 다른 방법으로는 다중 OLS회귀분석 또는 G*Power 프로그램을 사용하는 power analysis를 위한 Cohen(1992)의 지침을 따르면 유의수준 5%, 통계적 검증력(statistical power) 80%를 가정하는 경우 R^2 변화량 0.25당 52개의 관측치를 필요로 한다(1장).

PLS-SEM algorithm은 PLS 경로모델에서 알지 못하는 요소들을 추정한다. 〈도표 3.2〉의 상단은 3개의 **잠재변수**(latent variable)들과 7개의 측정된 indicator 변수로 구성된 PLS 경로모델(PLS path model)을 나타낸다. 2개의 **외생**(exogenous) construct들(Y_1과 Y_2)에 대한 4개의 indicator 변수(x_1, x_2, x_3, 그리고 x_4)는 **형성적 척도**(formative measure; 즉, indicator로부터 잠재변수로 화살표가 향하는 관계)들로 구성되어 있다. 반면에 **내생**(endogenous) construct(Y_3)에 대한 3개의 indicator 변수(x_5, x_6, 그리고 x_7)는 **반영적 척도**(reflective measure; 즉, 잠재변수로부터 indicator로 화살표가 향하는 관계)들로 구성되어 있다. 이러한 **측정모델**(measurement models)의 형태는 단지 예시일 뿐이다. 연구자들은 모든 construct에 대하여 **반영적**(reflective)과 **형성적**(formative) 측정모델 중 선택이 가능하다. 예를 들면 앞선 예시의 대안으로 Y_1은 형성적으로 설정하고 Y_2와 Y_3은 반영적으로도 설정할 수 있다(물론 이러한 설정에 대한 이론적 뒷받침이 필요하며 설문설계상에서 이미 고려되었어야 한다). 〈도표 3.2〉에서 형성적 construct인 Y_1과 Y_2(즉, outer weights)를 측정한 indicator 간의 관계는 w_{11}, w_{12}, w_{23}, w_{24}(첫 번째 숫자는 측정된 indicator가 나타내는 construct를 의미하며 두 번째 숫자는 측정된 indicator를 나타낸다; w는 weight를 의미)로 나타냈다. 유사하게 반영적 construct인 Y_3(즉, outer loadings)를 측정한 indicator 간의 관계는 l_{35}, l_{36}, l_{37}(l은 loading을 의미)로 나타냈다. 형성적 construct에서 construct들과 indicator 변수 간의 관계는 weight로 설명되는 반면 반영적 construct에서 construct들과 indicator 변수 간의 관계는 loading으로 설명된다. Weight와 loading은 분석시작 단계에서는 알 수 없으며 PLS-SEM algorithm에 의해 추정된다. 이와 유사하게 구조모델 내 잠재변수(즉, 경로계수; path coefficients)의 관계는 p로 나타냈으며(〈도표 3.2〉) 이 또한 분석시작 단계에서는 알 수 없으며 PLS-SEM algorithm에 의해 추정된다. 계수 p_{13}은 Y_1와 Y_3의 관계를 나타내며 계수 p_{23}은 Y_2와 Y_3의 관계를 나타낸다.

PLS-SEM algorithm은 모델에서 알려지지 않은 요소를 추정하기 위하여 알려진 요소를 사용한다. 이러한 분석을 위하여 algorithm은 경로모델 내(단순 그리고 다중) 편회귀모델(partial regression model)에 입력값(input)으로 사용하기 위해 constructs Y의 scores를 필요로 한다. 〈도표 3.1〉에서 행렬의 오른 편에 있는 construct scores는 Y열임을 떠올려보자.

Algorithm이 산출한 construct scores는 경로모델에서 개별 편회귀모델을 평가하는 데 사용된다. 결과적으로 우리는 측정모델(즉, loadings, weights)과 구조모델(즉, 경로계수) 내 모든 관계에 대한 추정측정치를 획득하게 된다. 편회귀모델에 대한 설정은 construct가 반영적과 형성적 측정 중 어느 모델로 고려되었는가에 따라 결정된다. 좀더 구체적으로 살펴보면 construct를 형성적 측정모델로 가정하는 경우(예를 들어, 〈도표 3.2〉에서 잠재변수인 Y_1와 Y_2) w계수(즉, outer weights)는 잠재 Y construct(예를 들어, Y_1)가 종속변수 그리고 이와 연관된 indicator 변수 x(Y_1의 경우, x_1, 그리고 x_2)는 독립변수인 편다중회귀분석에 의해 추정된다. 이와 반대로 construct에 대하여 반영적 측정모델로 가정되는 경우(예를 들어, 〈도표 3.2〉에서 잠재변수 Y_3), l계수(즉, **outer loadings**)는 construct에 대해 이와 관련된 각각의 indicator에 의한 단순회귀로 측정된다.

구조모델 측정은 다음과 같이 이루어진다. 구조모델(structural model)에 대한 편회귀분석은 하나의 construct를 종속변수로 설정한다(예를 들어, 〈도표 3.2〉에서 Y_3). 이렇게 설정된 종속변수의 직접적인 선행요인(predecessors; 즉, 표적 construct 에 직접적인 영향을 미치는 잠재변수들로 여기서는 Y_1과 Y_2)은 경로계수 추정을 위해 사용되는, 회귀분석에서는 독립 construct들이다. 따라서 구조모델에서 편회귀모델은 잠재변수들에 대한 모든 경로계수를 추정한다.

모든 편회귀모델(partial regression model)들은 2단계 과정을 포함하는 PLS-SEM algorithm의 반복절차에 의해 추정된다. 먼저 첫 번째 단계에서 construct scores가 추정된다. 다음 두 번째 단계에서 outer weights와 loadings에 대한 최종 추정치가 산출되며 구조모델의 **경로계수**(path coefficients)와 함께 내생잠재변수에 대한 R^2값이 추정된다. PLS-SEM algorithm 단계에 대한 좀 더 자세한 설명을 원하는 독자들은 Henseler et al.(2012)의 연구를 참조하기 바란다.

통계적 특성(Statistical Properties)

PLS-SEM은 통계적 특성을 OLS 회귀분석에 기반하는 추정 기법이다. OLS 회귀분석모델과 마찬가지로 이 방법은 종속변수의 설명되는 분산을 최대화하는, 인과관계를 갖는 것으로 가설화된 독립변수 집단의 **예측**(prediction)에 초점을 맞춘다. 따라서 PLS-SEM의 초점은 설명보다는 예측에 초점이 맞추어져 있으며, 이러한 특성으로 인하여 PLS-SEM이 부분적으로 경쟁 우위의 원천에 대한 연구나 성공적인 동인(driver)에 대한 연구에서 유용하게 쓰인다(Hair, Ringle, & Sarstedt, 2011). CB-SEM과 달리 PLS-SEM은 하나의 통일된 평가기준(unique global scalar function)이 없다. 이러한 통일된 평가기준의 부재와 그로 인한 global goodness-of-fit 척도의 부재는 PLS-SEM의 가장 큰 문제점으로 꼽힌다. PLS-SEM을 사용하는 데 있어 적합도(*fit*)이라는 용어가 CB-SEM과 PLS-SEM에서 서로 다른 의미로 사용됨을 아는 것이 중요하다. CB-SEM에 대한 적합도 통계량지수(fit statistic)는 실제와 제안된 모델의 공분산행렬(covariance matrix) 간 차이로 인하여 발생하는 반면, PLS-SEM은 종속변수의 관측치(관측변수인 경우) 또는 근사치(잠재변수인 경우)와 모델에 의해 예측된 값과의 차이에 의하여 발생한다(Hair et al., 2012a). PLS-SEM에 대한 global goodness-of-fit 척도가 제안되기는 하였으나(Tenenhaus, Amato, & Esposito Vinzi, 2004) 적합하지 않은 것으로 나타났다(Henseler & Sarstedt, 2012; 6장 참조). 따라서 연구자들은 연구모델의 질을 판단하기 위하여 연구모델의 예측력을 나타내는 척도를 바탕으로 PLS-SEM을 사용한다. 이에 대하여는 4장부터 6장의 측정모델 평가와 구조모델에서 소개할 것이다.

PLS-SEM의 가장 중요한 특징 중 하나는 construct scores의 속성과 관련 있다. CB-SEM은 초기단계에서 잠재변수 scores 값을 사용하지 않고, 모델 parameters를 측정한다. 반면, PLS-SEM algorithm은 직·간접적으로 construct scores(〈도표 3.2〉에서 Y_1, Y_2, Y_3에 대한 score)를 계산한다. PLS-SEM algorithm은 이러한 scores를 indicator 변수의 완벽한 대체물로 가정하며 따라서 PLS-SEM algorithm은 내생 construct들을 설명하기 위하여 indicator들의 모든 분산을 이용한다. 이는 PLS-SEM 접근방식이 모델 내 indicator 변수들에 대한 측정된 모든 분산이 유용하다는 가정의 근거가 되며 되며, construct scores를 측정과정이 PLS-SEM 분석과정에 포함되는 이유이다. 따라서 PLS-SEM은 불확정성 문제(indeterminacy problem: 안정적인 factor scores에 대한 추정의 어려움)에서 자유로우며 CB-SEM에 비하여 좀 더 정확하게 construct scores를 추정한다. 정리하자면 algorithm은 연관되어 관찰된 indicator 변수들의 정밀한 선형조합으로 construct scores를 계산한다.—예를 들어 〈도표 3.2〉에서 Y_3의 construct score는 indicator 변수 x_5, x_6, x_7의 선형조합과 같다.

PLS-SEM에서 잠재변수는 관찰된 indicator변수들의 집합이라는 사실은 근본적인 문제를 야기한다. Indicator 변수들은 항상 어느 정도의 측정오차(measurement error)를 포함한다. 이러한 오차는 잠재변수 scores로 표현되며 이러한 scores를 사용하여 측정된 경로계수에 결국 영향을 미친다. 따라서 잠재변수 scores의 오차는 모델평가에 있어서 편향을 야기한다. 그 결과 실제 경로모델 관계는 자주 저평가되는 반면 측정모델에 대한 parameter(즉, loadings, weights)들은 일반적으로 고평가된다. 이러한 특징(구조모델 관계는 저평가되고 측정모델 관계는 고평가되는)을 **PLS-SEM 편향**(**PLS-SEM** bias)이라 한다. 잠재변수당 관찰 수와 indicator의 수가 무한대로 수렴하는 경우에만 잠재변수 case values는 실제값에 근접하게 되고 PLS-SEM 편향은 사라지게 된다. 이러한 특징을 가리켜 일반적으로 **consistency at large**(Lohmöller, 1989)라 일컫는다. 무한성(Infinity)은 엄청나게 큰 숫자를 의미하며, 따라서 이러한 편향은 사라질 수 없음을 나타낸다. 그러나 시뮬레이션을 이용한 연구들은 PLS-SEM 편향이 일반적으로 매우 낮은 수준으로 나타난다는 것을 보여주며(Reinartz et al., 2009; Ringle et al., 2009), 따라서 대부분의 실증분석 상황에서는 한정적인 타당성을 나타낸다고 밝히고 있다. 특히 이러한 현상은 construct, indicator 그리고 관계의 수(즉, **모델 복잡성: model complexity**)가 많고 표본크기가 작은 경우 CB-SEM에 의한 편향이 자주 발생하게 되며 부분적으로는 분포에 대한 가정(distributional assumptions)이 위반되는 경우에 주로 발생한다. Rigdon(2012, p.346)은 요인모델을 기반으로 모집단을 시뮬레이션하여 construct data set들을 구성하고, 서로 다른 방법론(즉, PLS-SEM 그리고 CB-SEM)을 사용하는 것은 예상하는 바와 같이 다른 결과를 도출한다. "하지만 실행상에서 관찰된 차이가 사실상 중요한 것은 아니다"라고 지적하였다.

PLS-SEM에 의한 측정은 편향되지만 평균적으로 살펴보면 CB-SEM의 결과물에 비하여 더 높은 **통계적 검증력**(**statistical power**)을 제공한다(Hair, Ringle, & Sarstedt, 2011; Reinartz et al., 2009). 따라서 PLS-SEM은 모집단의 관계를 확인하는 데 더 우수하며 탐험적 연구 목적에 좀 더 적합하다—모델 설정, 모델 복잡성, 그리고 데이터 특성의 측면에서 PLS-SEM은 제약요인이 적기 때문에 이러한 특징이 발생한다(1장).

Algorithm 실행을 위한 Algorithmic Option과 Parameter 설정

구체적인 PLS 경로모델을 정확하게 추정하기 위하여 **algorithmic option**과 **parameter setting**이 선택되어야만 한다. algorithmic option과 parameter setting은 구조모델 경로 가중방법(structural model path weighting method), 데이터 행렬(data metric), PLS-SEM 분석을 위한 초기값 설정, 반복 정지 기준(stop criterion), 그리고 최대 반복횟수(maximum number of iterations)에 대한 선택을 포함한다. PLS-SEM은 사용자들에게 3가지 구조모델 **weighting scheme**들을 제공한다: (1) 중심가중법(centroid weighting scheme), (2) 요인가중법(factor weighting scheme), (3) 경로가중법(path weighting scheme). 필요한 접근방법에 따라 결과값이 약간의 차이를 보이나 경로가중법(path weighting scheme)을 일반적으로 권한다. 경로가중법(path weighting scheme)은 내생잠재변수에 대한 가장 우수한 R^2값을 얻을 수 있으며 일반적으로 모든 유형의 PLS 경로모델 설계와 평가에 적용될 수 있다. 더욱이 경로모델이 higher-order construct들을 포함하는 경우(6장), 연구자들은 중심가중법(centroid weighting scheme)을 사용하면 안 된다. PLS-SEM에서 사용가능한 세 가지 가중법에 대하여 좀 더 자세한 내용은 Henseler et al.(2009)에서 살펴볼 수 있다.

PLS-SEM algorithm은 표준화된 latent variable score들을 이용하여 실행된다. 따라서 PLS-SEM을 활용하기 위해서는 반드시 입력값으로 indicator(좀 더 구체적으로, 표준화(*z*-standardization): 평균 0, 표준편차 1)들에 대한 **표준화된 데이터**(standardized data)를 사용하여야 한다. 이러한 **원데이터**(raw data) 변환은 PLS-SEM algorithm을 실행하는 데 있어 기본적으로 요구되는 사항이다(SmartPLS와 같은 사용가능한 소프트웨어 패키지에 의해 자동적으로 지원된다; Ringle et al., 2005). PLS-SEM 방법을 실행하면 소프트웨어 패키지는 원데이터의 indicator들과 latent variable score를 표준화시킨다. algorithm은 구조모델과 측정모델에서 모든 관계에 대하여 −1과 +1 사이의 표준화된 계수를 계산한다. 예를 들어 경로계수가 +1에 가까워진다는 것은 강한 정(+)의 관계가 있다는 것을 의미한다(반대인 경우 부정적(−) 관계). 측정된 경로계수가 0에 가까워진다는 것은 약한 관계에 있다는 것을 의미한다. 그리고 0에 매우 가까워진 값은 일반적으로 통계적 유의성이 없음을 의미한다. 4장부터 6장을 통해 관계의 유의성을 확인하기 위해 결과를 평가하고 해석하는 과정을 살펴볼 수 있다.

PLS-SEM algorithm을 시작하기 위해서는 측정모델의 관계에 대한 **초기값**(initial values)을 설정해야 한다. 첫 번째 반복과정에서 indicator들의 모든 선형조합인 latent variable score가 산출된다. 실행에 있어 동일한 가중치(equal weights)를 선택하는 것은 PLS-SEM algorithm의 초기 설정(initialization)에서 현명한 선택이다. 따라서 +1의 초기 설정치는 첫 번째 반복단계 동안 측정모델에 있어 모든 관계를 구체적으로 나타낸다. Algorithm의 다음 반복 단계에서 이러한 초기 설정값들은 측정모델의 관계를 평가하기 위해 경로계수에 따라 바뀌게 된다. 만약 모든 indicator들이 동일한 방향이고 PLS 경로모델내 모든 관계가 정(+)의 관계로 가정되는 경우, 결과는 정(+)의 계수로 나타날 것이다.

다른 설정법으로는 LVPLS(Lohmöller, 1987)와 PLS Graph(Chin, 2003) 소프트웨어에서 사용하는 방법이 있으며, 측정모델 내 마지막 하나의 관계만 그 값을 −1로 설정하고 나머지 관계는 +1로 설정하는 방법이다. 기존 문헌들에서 왜 하나의 부호만을 다르게 설정하는지에 대한 설명이 없으며, 모델 추정 결과는 최종모델에서 예상치 못한 부호변화가 나타날 수 있으며 이로 인하여 잘못된 결과해석을 초래할 수 있다.

parameter 설정의 마지막 사항은 algorithm의 반복정지 기준(stop criterion)이다. PLS-SEM algorithm은 결과가 안정적으로 바뀔 때까지 계속해서 실행하도록 설계되어 있다. 2단계 반복 내에서 변화하는 outer weight의 총합이 충분히 낮아지게 되면 안정화(stabilization) 단계에 도달하게 되며 이는 사전 정의된 한

도표 3.3 PLS-SEM Algorithm 초기설정 규칙

- 가중방법으로 경로가중법(path weighting scheme)을 선택
- Z-분포로 구성된 데이터 행렬을 사용하여 PLS-SEM indicator 변수에 대한 입력값으로 이용(즉, 평균=0, 표준편차=1).
- 모든 outer weights의 초기설정값(initial values)으로 +1 설정
- 반복정지 기준(stop criterion) = $1 \cdot 10^{-5}$ (즉, 0.00001).
- 최대 반복횟수(maximum number of iterations) 300 이상 설정

계(predefined limit) 밑으로 총합이 내려간 것을 의미한다. latent variable score들이 수용 가능한 낮은 수준의 반복변화로 PLS-SEM algorithm이 수렴하도록 하는 한계값으로 $1 \cdot 10^{-5}$(즉, **stop criterion**)가 요구된다. 그러나 한 가지 확실히 해야 하는 것은 algorithm은 앞서 설정한 정지기준(stop criterion)에서 정지한다는 것이다. 따라서 충분한 수준의 최대반복수(maximum number of iterations)를 선택해야 한다. 그 이유는 algorithm이 매우 효율적이며(즉, 복잡한 모델임에도 비교적 낮은 수의 반복 후 수렴), 최대반복수를 300으로 설정하는 경우 **수렴기준(convergence)**은 1×10^{-5}(즉, 0.00001)의 정지기준을 포함해야만 한다. 기존 연구들은 PLS-SEM algorithm이 대부분 수렴함을 보여주고 있다(Henseler, 2010). 실제로 관찰하기 힘든 매우 극단적이거나 인위적인 조건에서만 algorithm이 수렴하지 않을 수 있으므로, 실제로는 아무런 문제가 되지 않는다. 〈도표 3.3〉은 PLS-SEM algorithm 초기설정을 위한 가이드라인을 요약한 것이다.

결과(Results)

PLS-SEM algorithm이 수렴하게 되면 latent variable score들을 계산하기 위하여 최종 outer weight들이 사용된다. 이러한 score들은 구조모델 내 경로관계를 평가하기 위한 PLS 회귀분석을 실행하는 데 사용된다. PLS-SEM은 측정모델 설정과 상관없이 항상 outer loading과 outer weight를 제공한다. 반영적으로 측정된 construct들의 경우, outer loading은 측정모델 내 특정 indicator를 종속

변수(예를 들어, 〈도표 3.2〉에서 x_5)로 construct는 독립변수(예를 들어, 〈도표 3.2〉에서 Y_3)로 구성된 단순회귀분석을 통해 산출된다. 반면에 형성적으로 측정된 construct들의 경우, outer weight는 construct를 종속변수(예를 들어, 〈도표 3.2〉에서 Y_1)로 indicator들을 독립변수(예를 들어, 〈도표 3.2〉에서 x_1과 x_2)로 구성한 다중회귀분석의 계수값이다. outer loading이나 outer weight는 PLS 경로모델에서 모든 측정모델 construct들에 대하여 추정된다. 그러나 outer loading은 반영적 측정모델(reflective measurement model)에서의 관계와 관련되며, outer weight는 형성적 측정모델(formative measurement model)에서의 관계와 관련이 있다.

구조모델에서 잠재변수 사이의 경로 추정치는 표준화된 계수로 나타난다. 구조모델의 편회귀모델(partial regression models)에서 내생잠재변수(예를 들어, 〈도표 3.2〉에서 Y_3)는 종속변수로 주어지는 반면 내생잠재변수의 직접적인 선행요인(direct predecessors)은 독립변수로 주어진다(예를 들어, 〈도표 3.2〉에서 Y_1과 Y_2). 구조모델에서 편회귀모델(partial regression models)의 추정에서 산출되는 계수(각 내생잠재변수에 대한 값)에 더하여 결과물은 구조모델에서 각 내생잠재변수의 R^2값을 포함한다. R^2값은 0과 +1 사이에서 형성되며 construct에 있어 설명되는 분산의 양을 나타낸다. 예를 들어, 〈도표 3.2〉에서 construct Y_3에 대한 R^2값이 0.70이 의미하는 것은 이 construct 분산의 70%가 외생잠재변수인 Y_1과 Y_2에 의해 설명된다는 것이다. PLS-SEM algorithm의 목적은 내생잠재변수의 R^2값을 최대화하여 예측력을 높이는 것이다. 추가적인 고려사항으로는 PLS-SEM algorithm의 결과에 대한 충분한 이해를 바탕으로 평가되어야 한다는 점이다. 이러한 추가적인 고려사항에 대해서는 4장부터 6장을 통해 좀 더 자세히 설명한다.

사례연구 PLS 경로모델 추정(단계 4)

PLS-SEM을 이용하고 설명하기 위하여, 우리는 본서 전반에 걸쳐 하나의 data set와 SmartPLS 소프트웨어(Ringle et al., 2005)를 이용한다. data set는 기업평판과 궁극적으로는 고객 애호도를 예측하기 위한 연구자료이며 2장에서 소개한 바 있다. 이 사례분석을 위한 data set(즉, **Full data.csv** 파일 참조)와 SmartPLS project를 위해 준비해야 하는 것(즉, the Corporate Reputation.splsp file)는 Corporate_Reputation.zip(http://www.plssem.com) 파일에 있다. 이 파일을 다운로드하여 컴퓨터의 하드드라이브에 압축을 풀면 준비가 끝난다(예를 들어, C:\SmartPLS\folder 경로에 저장한다).

모델 추정(Model Estimation)

SmartPLS를 통해 기업 평판 모델을 추정하기 위하여, SmartPLS상에서 새로운 프로젝트(new project)를 만들고, indicator data(즉, **Full data.csv**)를 불러오고 2장의 사례연구에 있는 모델을 프로그램상에서 그려야 한다. 다른 방법으로는 이번 장에 대한 SmartPLS project 파일(즉, **Corporate Reputation.splsp**)을 불러오면 된다. SmartPLS 소프트웨어상으로 프로젝트를 불러오는 절차는 이미 2장을 통해 설명하였다. 이 과정을 실행한 후 당신은 SmartPLS 화면의 상단에 위치한 **Calculate** 버튼을 찾을 수 있으며 이를 클릭한다. 보여지는 메뉴는 선택방법에 따라 여러 개의 algorithm들을 제공한다. PLS 경로모델을 평가하기 위하여, **PLS Algorithm**을 하나 선택한다. 다른 방법으로는 툴바에 있는 휠모양의 아이콘을 클릭하여 선택할 수 있다. 콤보박스를 열면 〈도표 3.4〉에서 보여지는 바와 같이 4개의 algorithm(즉, **PLS Algorithm, FIMIX-PLS, Bootstrapping,** 그리고 **Blindfolding**) 중 **PLS Algorithm**을 선택할 수 있다. 나머지 다른 algorithm들은 다른 분석에 유용하며 이것에 대해서는 책 후반부에서 설명한다.

PLS algorithm 기능을 선택한 후 〈도표 3.5〉에서 보여지는 대화창이 나타

도표 3.4 PLS-SEM Algorithm을 실행하는 방법

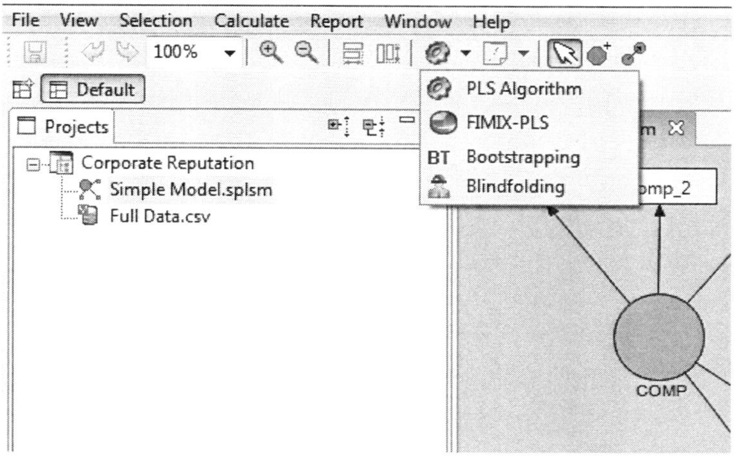

난다. 간단한 기업 평판 모델에서 모든 indicator 변수들이 결측비율 5%를 넘지 않았으며(세부적으로 결측비율 최대치[4개 결측비율; 1.16%]는 *cusl*_2이며 이와 관련하여 2장을 참조하라). 따라서 평균값 대체(mean value replacement)를 사용할 수 있다. **Missing Value Algorithm**에서 이에 해당하는 옵션을 선택하고 **Apply Missing Value Algorithm**에 체크표시한다(〈도표 3.5〉).

PLS-SEM algorithm을 실행하기 위해서는 4개의 parameter setting이 필요하다. **경로가중법**(Path Weighting Scheme)은 inner weight 추정을 위해 선택되며, 표준화된 데이터는 데이터 행렬을 위해 선택된다(**평균=0, 분산=1**). PLS-SEM algorithm은 최대 300회 반복(iterations)에 도달하거나 반복 정지(stop criterion) 기준인 **1.0E−5**(즉, 0.00001)에 도달하게 되면 멈춘다. 마지막 parameter 설정은 **초기가중치**(Initial Weights)에 관한 것이다. 초기값으로 SmartPLS는 PLS-SEM algorithm 초기설정을 위한 모든 측정모델 관계에 대하여 1.0의 값을 사용한다. **Finish** 버튼을 클릭한 후 PLS-SEM algorithm이 실행되며 결과모델 추정치를 산출한다(〈도표 3.6〉).

도표 3.5 PLS-SEM Algorithm 설정

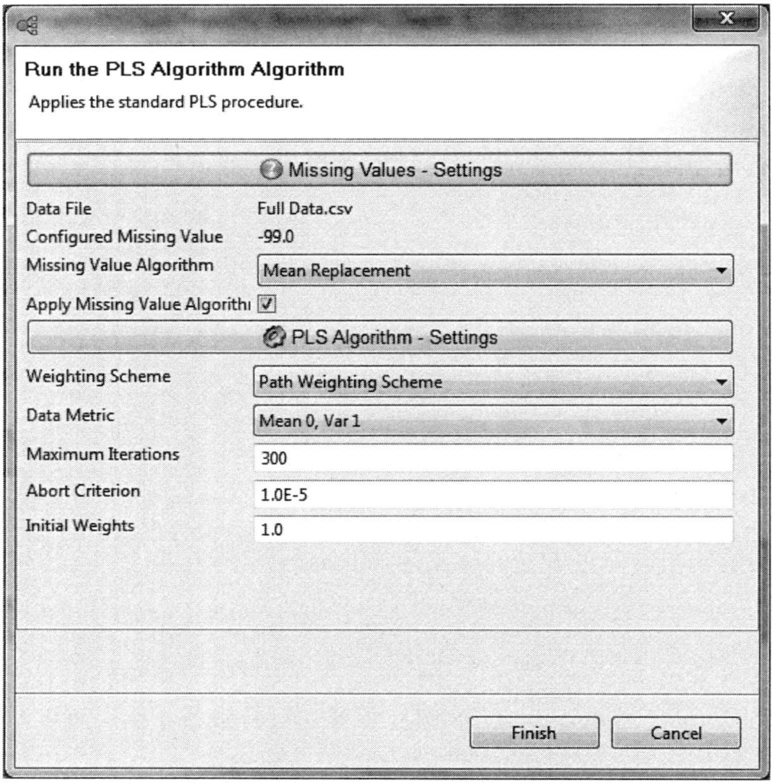

간혹, algorithm이 실행되지 않거나 단일 데이터 행렬(singular data matrix)을 나타내는 메시지가 나타나기도 한다. 이러한 경우 두 가지 잠재적 원인이 있다. 첫 번째는 하나의 indicator가 변하지 않는 상수인 경우로 0의 분산을 가지므로 발생하게 된다. 두 번째는 indicator가 두 번 입력되거나 다른 indicator와 선형조합인 경우이다(예를 들어, 단위당 매출 그리고 천 단위당 매출과 같이, 하나의 indicator가 다른 indicator와 중복인 경우). 이러한 조건하에서 PLS-SEM는 모델을 평가할 수 없으며 연구자들은 문제를 지니고 있는 indicator(들)를 제외하여 모델을 수정해야 한다.

추정결과(Estimation Results)

모델 추정 후, SmartPLS는 모델링 화면에서 3가지 중요한 결과를 제시하며 다음과 같다. (1) 측정모델에 대한 outer loadings 그리고/또는 outer weights (현재 모델에서는 outer loadings만 존재하며 outer weights는 없다. 그 이유는 현재 모델이 반영적으로 측정된 construct들로 구성되어 있기 때문이다), (2) 구조모델 관계에 대한 경로계수(path coefficients), (3) 잠재내생변수인 *CUSA*와 *CUSL*의 R^2값 (〈도표 3.6〉).

구조모델의 분석결과를 통해 우리는 모델에 대한 평가를 할 수 있으

도표 3.6 PLS-SEM 결과

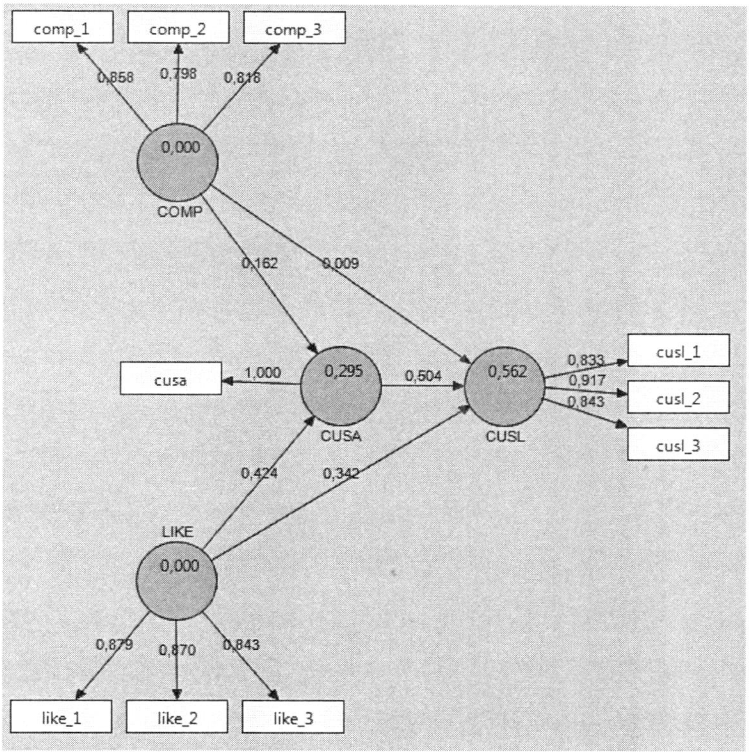

며 예를 들어, *CUSA*는 *CUSL*에 미치는 영향이 가장 크며(0.504) 다음으로 *LIKE*(0.342), *COMP*(0.009)의 영향력이 큰 것으로 나타났다. 더불어 3개의 construct들이 내생 construct *CUSL*의 총분산 중 56.2%를 설명하며 이는 *CUSL*에 해당하는 원에 나타나 있다(R^2=0.562). 또한 *COMP*와 *LIKE*를 모두 합쳐 *CUSA*의 총분산 중 29.5%를 설명한다. 추가적으로 경로계수의 크기를 확인하기 위하여 우리는 통계적 유의성을 검증해야 한다. 경로계수 크기를 바탕으로 살펴보면 *CUSA* → *CUSL*와 *LIKE* → *CUSL*의 관계가 통계적으로 유의적이다. 그러나 불행히도 가설로 설정한 경로인 *COMP* → *CUSL*(0.009)는 비유의적이다. PLS 설정 규칙에 따라 표본의 수가 1,000이 넘고 *z*-분포로 정규화한 경우 경로계수의 값은 0.20 이상인 경우 일반적으로 유의적이며 반대로 0.10 이하인 경우에는 비유의적이다. 일반적으로 그렇기는 하지만 경로 계수에 대한 좀 더 확실한 설명이 필요한 경우 경로측정에 대한 표준오차를 살펴봐야 하며 이에 대하여서는 5장과 6장을 통하여 구조모델의 결과 평가에 대하여 좀 더 자세하게 다룰 것이다.

추정된 경로계수와 그에 대한 유의성을 바탕으로 연구자들은 개념적 모델/이론적 가설이 실증적으로 입증될 수 있는지 아닌지에 대하여 판단할 수 있다. 더불어 유의적인 경로관계의 상대적 크기를 통해 내생잠재변수에 대한 예측에서 있어 외생잠재변수의 상대적 중요성에 대하여 설명할 수 있다. 예시에서 *CUSA*와 *LIKE*는 모두 *CUSL* 예측에 있어 중요한 역할을 하는 반면 *COMP*는 그렇지 않다.

모델 화면에서 나타나는 결과 외에도(〈도표 3.6〉), SmartPLS는 PLS-SEM 결과를 다른 형태로 제시할 수 있다. 화면 상단에서 task bar 옵션 중 **Report**를 클릭하면 당신은 분석된 결과를 **HTML**과 **LaTeX** 포맷 파일로 변환할 수 있으며 이를 이용하여 당신의 컴퓨터에 저장할 수 있다. 다른 방법으로 당신은 **Report → Default Report**를 클릭하여 **Default Report**를 열 수 있다(default report는 저장이 되지 않음을 밝힌다). default report 버튼에서 좌 클릭하게 되면

(〈도표 3.7〉), **Outer Loadings**와 **Outer Weights** tables(default report에서 메뉴 **PLS → Calculation Results**)와 같은 결과표들을 선택할 수 있다. 모든 측정모델의 outer loadings와 outer weights에 대한 결과값을 소프트웨어에서 기본적으로 제시되도록 하는 것이 중요하며 이는 반영적(reflective)이든 형성적(formative)이든지 상관없이 중요하다. 만약 당신이 반영적 측정모델을 설정한 경우 당신은 outer loadings 결과를 해석하며 반대로 형성적 측정모델을 설정한 경우 당신은 우선적으로 outer weights 결과를 해석해야 한다(주의할 것은 형성적 측정모델인 경우 outer weights와 더불어 loadings가 함께 산출된다; 5장 참조). default report는 **Stop Criterion Changes**의 다양한 다른 결과값들에 대한 메뉴를 제공하고 있으며 이 메뉴를 통해 우리는 PLS-SEM algorithm 실행에 대한 반복횟수를 살펴볼 수 있다. 우리는 다음 장을 통하여 이러한 메뉴들에 대해 논하고 default report의 다양한 메뉴를 살펴볼 것이다.

〈도표 3.7〉은 경로계수에 대한 default report를 보여준다. 그 결과는 〈도표 3.6〉에서의 결과값과 동일하다(그러나 소수점 넷째 자리까지 한 자리를 더 보여준다). SmartPLS에서 default report의 task bar 내에 S 모양의 버튼은 **Toggle Zero Values**를 나타내며 이는 결과표의 가독성을 높여준다.

표는 행(가로줄)으로부터 열(세로줄)로 읽는다. 예를 들어 *CUSL* 행과 *CUSA*

도표 3.7 SmartPLS에서 Default Report

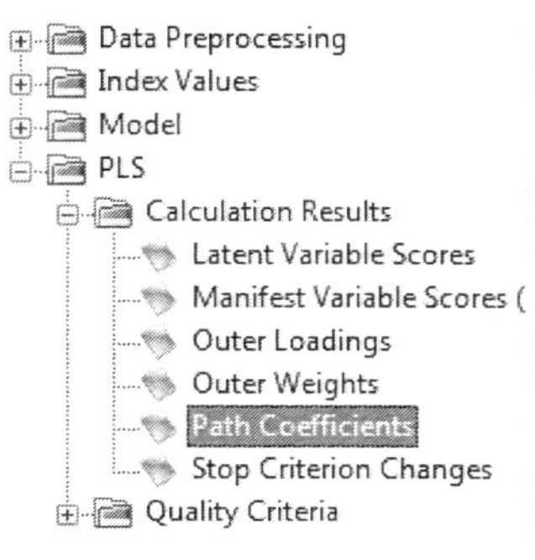

	COMP	CUSA	CUSL	LIKE
COMP		0,1621	0,0092	
CUSA			0,5045	
CUSL				
LIKE		0,4239	0,3421	

열의 값인 0.5045는 *CUSA*로부터 *CUSL*까지의 관계에 대한 표준화된 경로계수이다. 오른편에 있는 결과값 위에서 마우스를 클릭한 후에 당신은 키보드에 "CTRL"와 "A"를 동시에 눌러 모든 결과표를 선택할 수 있다. 이렇게 선택된 후에 당신은 키보드의 "CTRL"과 "C"를 동시에 눌러 선택한 결과표를 복사할 수 있다. 마지막으로 마이크로소프트 엑셀이나 오픈오피스인 CALC 등과 같은 스프레드시트 프로그램을 열고 키보드의 "CTRL"과 "V"를 동시에 눌러 복사한 결과표를 붙여넣기 할 수 있다. 이러한 과정을 통해 당신은 선택한 SmartPLS 결과를 복사할 수 있으며 당신의 최종 보고서에 설명하기 위하여 스프레드시트 프로그램을 통해 저장할 수 있다.

Summary

- **PLS-SEM function들과 실제 algorithm을 어떻게 실행하는지 학습한다.** PLS-SEM algorithm은 indicator들에 대한 실증데이터를 사용하여 construct scores, 경로계수(path coefficients), indicator loadings와 weights, 그리고 R^2값을 반복적으로 측정한다. 좀 더 구체적으로 모든 construct에 대하여 scores를 평가한 후 이를 바탕으로 algorithm은 PLS 경로모델상에서 밝혀지지 않은 나머지 관계들을 추정한다. algorithm은 construct들과 이에 연관된 indicator 변수 간의 관계를 나타내는 측정모델 결과를 가장 먼저 산출한다. 그 다음 구조모델 내 construct들 간의 관계에 대한 경로계수를 산출하며 이와 함께 내생 construc들의 R^2값도 산출한다. 모든 결과는 표준화되었으며 예를 들어, 경로계수들간 비교가 가능하다는 것을 의미한다.
- **PLS-SEM 방법의 통계적 특성을 이해한다.** PLS-SEM은 OLS 회귀분석을 기반으로 하며 따라서 OLS의 통계적 특성을 PLS-SEM에 적용할 수 있다. PLS-SEM은 종속변수를 설명할 수 있는 분산을 최대화를 통해 이론적 세부적인 관계를 예측하는 데 초점을 맞춘다. PLS 경로모델 평가의 초기 핵심결과물은 construct scores이다. 이러한 scores는 측정모델에 있어 indicator 변수에 대하여 완벽한 대체물로 다루어지며 따라서 모든 분산을 이용하여 내생 construct들을 설명할 수 있게 한다. 또한 이러한 scores는 PLS 경로모델에서 모든 관계들의 추정을 가능하게 한다. 그러나 이러한 관계에 대한 추정에 있어 PLS-SEM 편향의 문제가 발생하며 이는 측정모델 결과물이 과대추정되거나 구조모델 결과가 일반적으로 과소추정되는 현상을 말한다. 하지만 실제 연구상황에서는 이러한 문제를 거의 발생하지 않기 때문에 이러한 편향을 우려하지 않아도 된다. 더구나 PLS-SEM의 parameter 추정의 효율성으로 인하여 CB-SEM에 비하여 더 높은 수준의 통계적 검증이 가능하다. 따라서 PLS-SEM은 모집단내 관계를 잘 나타내며, 탐험적 연구에 좀 더 적합하다—이는 모델 설정, 모델 복잡성, 데이터 특성의 측면에서 이러한 방법을 사용하는 데 있어 제약조건이 더 적기 때문이다.

- **Algorithm 실행을 위한 옵션과 parameter 설정에 대해 이해한다.** PLS-SEM algorithm을 적용하기 위하여 연구자들은 세부적인 몇 가지 parameter 설정을 해야 한다. 이러한 과정은 구조모델 가중법(structural model weighting scheme), 데이터 행렬, PLS-SEM algorithm 실행을 위한 초기값 설정(initial values), 정지횟수(stop criterion), 그리고 최대반복횟수(maximum number of iterations)에 대한 선택을 포함하는 의사결정이다. 구조모델 경로 가중방법(structural model weighting scheme)은 내생 construct들의 R^2값을 최대화하기 위한 것으로, 이를 위한 옵션을 선택한다. 데이터 행렬은 일반적으로 z-분포로 정규화(각 indicator의 평균=0, 분산=1)된 데이터가 좋으며 이는 정규화된 PLS-SEM 결과가 연구자입장에서 해석하기 손쉽기 때문이다. 대다수의 소프트웨어들은 입력데이터를 자동으로 정규화하는 옵션을 제공한다. 마지막으로 측정모델에서 indicator들의 관계에 대한 초기설정값(즉, +1), 정지기준(최소요구횟수는 $1 \cdot 10^{-5}$), 충분한 최대반복수(즉, 300)가 선택되어야 한다.

  PLS-SEM algorithm은 정지횟수에 도달하거나 최대반복수에 도달하게 될 때까지 실행한다. 결과물로 construct scores가 산출된 후에 이 값들은 최종모델 추정을 위하여 구조모델과 측정모델에서 모든 편회귀(partial regression) 모델 측정에 사용된다.

- **결과해석방법에 대한 설명한다.** PLS-SEM법은 정규화된 outer loadings, outer weights, 그리고 구조모델 경로계수를 측정한다. indicator loadings와 indicator weights는 PLS 경로모델상 어떠한 측정모델인지에 따라 평가된다. 반영적 측정모델이 사용되는 경우 연구자들은 outer loadings을 해석하는 반면, 형성적 측정모델인 경우에는 outer weights가 주요한 판단 기준이다(주의할 점은 형성적 측정모델 평가에 있어 loadings 또한 역할이 있다). 구조모델에서 constructs 간의 관계에 대한 정규화된 계수는 물론 내생 construct들에 대한 R^2값이 제공된다. 결과해석에 있어 상위의 PLS-SEM 평가 특성의 사용법에 대해서는 4장에서 6장을 통해 설명한다.

- **SmartPLS 소프트웨어를 사용하여 PLS-SEM algorithm을 적용한다.** 실제 PLS-SEM algorithm을 적용하여 SmartPLS 소프트웨어를 사용해볼 수 있도록

이 책에서는 기업평판 예시와 실증 분석 데이터를 제공한다. 사용자는PLS-SEM algorithm이 실행되는 데 요구되는 algorithm 옵션과 parameter 설정을 선택함에 있어 선택메뉴 옵션에 따르면 된다. SmartPLS 결과 보고서는 사용자가 algorithm 수렴기준(즉, 정지기준에 도달하고 최대반복횟수에는 못 미치는 경우), outer weights, outer loadings, 구조모델 경로계수 그리고 R^2값에 대한 초기 추정값을 평가하기 위한 사항들을 체크하여 선택할 수 있다. 고급 분석에 대한 추가적인 진단적 측정법은 다음 장에서 논의한다.

Review Questions

1. PLS-SEM을 이용하기 위한 parameter 설정과 algorithm 옵션을 어떻게 설정해야 하는가(예를 들어, weighting scheme)?
2. PLS-SEM algorithm function들에 대하여 설명하시오.
3. PLS-SEM algorithm의 유의미한 정지기준은 무엇인가?
4. PLS-SEM algorithm이 수렴하여 산출된 핵심결과값은 무엇인가?

Critical Thinking Questions

1. PLS-SEM algorithm을 구동하기 위하여 필요한 초기설정은 무엇인가(즉, initial values)?
2. PLS-SEM을 적용하는 데 있어 PLS-SEM 편향이 중요한가? 그렇다면 이유에 대하여 설명하시오.
3. CB-SEM과 비교하여 PLS-SEM algorithm의 장점과 단점은 무엇인가
4. PLS-SEM분석의 어떠한 특징으로 인하여 탐험적 연구에서 특히 유용하게 사용할 수 있는가?

Key Terms

Algorithmic options: offer different ways to run the PLS-SEM algorithm by, for example, selecting between alternative starting values, stop values, weighting schemes, and maximum number of iterations.

Consistency at large: describes an improvement of precision of PLS-SEM results when both the number of indicators per measurement model and the number of observations increase.

Construct scores: are columns of data(vectors) for each latent variable that represent a key result of the PLS-SEM algorithm. The length of every vector equals the number of observations in the data set used.

Constructs: see *Latent variables*.

Convergence(수렴기준): is reached when the results of the PLS-SEM algorithm do not change much. In that case, the PLS-SEM algorithm stops when a prespecified stop criterion(i.e., a small number such as 0.00001) that indicates the minimal changes of PLS-SEM computations has been reached. Thus, convergence has been accomplished when the PLS-SEM algorithm stops because the prespecified stop criterion has been reached and not the maximum number of iterations.

Data matrix(데이터 행렬): includes the empirical data that are needed to estimate the PLS path model. The data matrix must have one column for every indicator in the PLS path model. The rows represent the observations with their responses to every indicator on the PLS path model.

Endogenous(내생): see *Latent variables*.

Exogenous(외생): see *Latent variables*.

Formative measures(형성적 측정): see *Measurement models*.

Indicators: are available data(e.g., responses to survey questions or collected from company databases) that are used in measurement models to measure the latent variables; in SEM, indicators are often called manifest variables.

Initial values(초기 설정값): are the values for the relationships between the latent variables and the indicators in the first iteration of the PLS-SEM algorithm. Since the user usually has no idea which indicators are more important and which indicators are less important per measurement model, an equal weight for every indicator in the PLS path model usually serves well for the initialization of the PLS-SEM algorithm. In accordance, all relationships in the measurement models have an initial value of +1.

Latent variables(endogenous, exogenous, 잠재변수 외생, 내생)**:** are the(un-observed) theoretical or conceptual elements in the structural model. A latent variable that only explains other latent variables(only outgoing relationships in the structural model) is called exogenous, while latent variables with at least one incoming relationship in the structural model are called endogenous.

Maximum number of iterations(최대반복횟수)**:** is needed to ensure that the algorithm stops. The goal is to reach convergence(*convergence*). But if convergence cannot be reached, the algorithm should stop after a certain number of iterations. This maximum number of iterations(e.g., 300) should be sufficiently high to allow the PLS-SEM algorithm to converge.

Measurement models(formative, reflective, 측정모델 형성적, 반영적)**:** are used to establish latent variables by certain indicator variables. Measurement models are also called outer models in PLS-SEM. A reflective measurement model has relationships from the latent variable to its indicators. In contrast, formative measurement models have relationships from the indicators to the latent variable.

Minimum sample size(최소 표본크기)**:** see *Ten times rule*.

Model complexity(모델 복잡성)**:** indicates how many latent variables, structural model relationships, and indicators in reflective and formative measurement models exist in a PLS path model. Even though PLS-SEM virtually has no limits of model complexity, knowledge about the most complex OLS regression is needed to determine the minimum sample size(*ten times rule*).

Outer loadings: are the results of single regressions of each indicator variable on their corresponding construct. Loadings are of primary interest in the evaluation of reflective measurement models but are also interpreted when formative measures are involved.

Outer weights: are the results of a multiple regression of a construct on its set of indicators. Weights are the primary criterion to assess each indicator's relative importance in formative measurement models.

Parameter settings: see *Algorithmic options*.

Path coefficients(경로계수)**:** are the relationships between the latent variables in the structural model.

PLS-SEM algorithm: is the heart of the method. Based on the PLS path model and the indicator data available, the algorithm estimates the scores of all latent variables in the model, which in turn serve for estimating all path model relationships.

PLS-SEM bias(PLS–SEM 편향)**:** refers to PLS-SEM's property that structural model relationships are slightly underestimated and relationships in the measurement models are slightly overestimated. While researchers must accept that their results are affected to some extent by the PLS-SEM bias, this bias is negligible in most settings encountered in empirical research.

Prediction(예측)**:** is the primary goal of the PLS-SEM method. The higher the R^2 value(*R^2 values*) of endogenous constructs(*latent variables*), the better their prediction by the PLS path model.

R^2 values(R^2 값)**:** are the amount of explained variance of endogenous *latent variables in the structural model*. The higher the R^2 values, the better the construct is explained by the latent variables in the structural model that point at it via structural model path relationships. High R^2 values also indicate that the values of the construct can be well predicted via the PLS path model.

Raw data(원데이터)**:** are the unstandardized observations in the *data matrix* that is used for the PLS path model estimation.

Reflective measure(반영적 측정)**:** see *Measurement models*.

Standardized data(표준화된 데이터)**:** have a mean value of 0 and a standard deviation of 1(*z*-standardization). The PLS-SEM method usually uses standardized *raw data*. Most software tools automatically standardize the raw data when running the PLS-SEM algorithm.

Statistical power(통계적 검증력)**:** is the ability of the SEM method to identify significant relationships that in fact exist.

Stop criterion(반복정지기준): see *Convergence*.

Structural model(구조모델): represents the theoretical or conceptual element of the path model. The structural model(also called inner model in PLS-SEM) includes the latent variables and their path relationships.

Ten times rule(10배수 법칙): One way to determine the minimum sample size specific to the PLS path model that one needs for model estimation (i.e., 10 times the number of independent variables of the most complex OLS regression in the structural or formative measurement model). The 10 times rule should be seen only as a rough estimate of the m inimum sample size. Rather, researchers should revert to recommendations such as those presented by Cohen(1992) in his "Power Primer" article or run a power analysis specific to the model at hand.

Weighting scheme: describes a particular method to determine the relationships in the structural model when running the *PLS-SEM algorithm*. Standard options are the centroid, factor, and path weighting scheme. The final results do not differ much, and one should use the path weighting scheme as a default option since it maximizes the R^2 *values* of the PLS path model estimation.

Suggested Readings

Dijkstra, T. K.(2010). Latent variables and indices: Herman Wold's basic design and partial least squares. In V. Esposito Vinzi, W. W. Chin, J. Henseler & H. Wang(Eds.), *Handbook of partial least squares: Concepts, methods and applications*(Springer handbooks of computational statistics series, vol. II)(pp. 23~46). Heidelberg, Dordrecht, London, New York: Springer.

Hair, J. F., Ringle, C. M., & Sarstedt, M.(2011). PLS-SEM: Indeed a silver bullet. *Journal of Marketing Theory and Practice*, 19, 139~151.

Henseler, J., Ringle, C. M., & Sarstedt, M.(2012). Using partial least squares path modeling in international advertising research: Basic concepts and recent issues. In S. Okazaki(Ed.), *Handbook of research in international advertising*(pp. 252~276). Cheltenham, UK: Edward Elgar.

Henseler, J., Ringle, C. M., & Sinkovics, R. R.(2009). The use of partial least squares path modeling in international marketing. *Advances in International Marketing*, 20, 277~320.

Jöreskog, K. G., & Wold, H.(1982). The ML and PLS techniques for modeling with latent variables: Historical and comparative aspects. In H. Wold & K. G. Jöreskog(Eds.), *Systems under indirect observation, Part I*(pp. 263~270). Amsterdam: North-Holland.

Lohmöller, J. B.(1989). *Latent variable path modeling with partial least squares*. Heidelberg: Physica.

Reinartz, W., Haenlein, M., & Henseler, J.(2009). An empirical comparison of the efficacy of covariance-based and variance-based SEM. *International Journal of Research in Marketing*, 26(4), 332~344.

Rigdon, E. E.(2005). Structural equation modeling: Nontraditional alternatives. In B. Everitt & D. Howell(Eds.), *Encyclopedia of statistics in behavioral science*(Vol. 4, pp. 1934~1941). New York: Wiley.

Vilares, M. J., Almeida, M. H., & Coelho, P. S.(2010). Comparison of likelihood and PLS estimators for structural equation modeling: A simulation with customer satisfaction data. In V. Esposito Vinzi, W. W. Chin, J. Henseler & H. Wang(Eds.), *Handbook of partial least squares: concepts, methods and applications*(Springer handbooks of computational statistics series, vol. II)(pp. 289~305). Heidelberg, Dordrecht, London, New York: Springer.

Chapter 4

PLS-SEM 결과 평가 Part I

반영적(Reflective) 측정모델 평가

Learning Outcome

1. 측정모델의 평가를 위한 PLS-SEM 사용 프로세스 5단계에 대해 알아본다.
2. 5a 단계를 설명한다: 반영적으로 측정된 construct들의 평가
3. 기업 평판 예제를 SmartPLS 소프트웨어를 이용하여 반영적으로 측정된 construct들에 대한 평가과정을 실습한다.

Chapter Review

이전 장에서 우리는 PLS 경로모델을 어떻게 구성하고 추정하는지 학습하였다. 이제는 결과의 질을 어떻게 확인하는가에 초점을 맞춘다. 우선 우리는 PLS 경로모델 평가를 위한 주요 기준과 체계적인 적용방법을 살펴본다. 다음으로 우리는 **반영적 측정모델**(reflective measurement models)의 평가에 초점을 맞춘다. 당신이 지금까지 이 책에서 배운 것을 응용하여 기업 평판의 PLS 경로모델 예제를 바탕으로 반영적 측정모델 평가 기준과 결과물의 해석을 실제로 실행해본다. 이러한 실습은 5장에서 **형성적 측정모델**(formative measurement models)의 전체적인 윤곽을 잡고, 6장에서의 **구조모델** 결과평가방법에 대한 토대가 된다.

5단계의 개관 측정모델의 평가

모델추정은 construct들 간의 관계(구조모델)뿐 아니라 indicator들과 construct들 간의 관계(측정모델)의 실증적인 평가를 포함한다. 우리는 이러한 실증적인 평가를 이용하여 이론적으로 설정한 측정과 표본 데이터에 의해 나타나는 현실인 구조모델간 비교를 할 수 있다. 다시 말해, 우리는 이론이 실제 데이터와 얼마나 적합한지에 대해 추정할 수 있다.

CB-SEM과 달리, PLS-SEM에서는 하나의 goodness-of-fit에 대한 기준이 없다. 이러한 상황에서 CB-SEM과 PLS-SEM에서 적합도(*fit*)라는 용어가 서로 다르게 쓰이는 사실을 인식해야만 한다. CB-SEM에서 의미하는 fit 통계량은 실제와 모델에 적용된(이론적인) 공분산 행렬(covariance matrix) 간의 차이에 의해 발생하는 반면, PLS-SEM은 독립변수의 관측치(관측변수의 경우) 혹은 근사치(잠재변수의 경우)와 연구모델에 의한 예측치간 차이에 의해 발생한다. 결과적으로 PLS-SEM을 사용하는 연구자들은 모델의 질을 판단하기 위하여 모델의 예측력을 검정하기 위한 방안이 필요하다. 좀 더 정확하게는 PLS-SEM상에서 척도(measurement)와 구조모델 결과에 대한 평가는 **비모수적인 평가기준(nonparametric evaluation criteria)**을 바탕으로 이루어지며 bootstrapping, blindfolding과 같은 절차를 사용한다.

이러한 기준을 체계적으로 적용하는 방법은 2단계 과정에 따라 이루어지는데, 〈도표 4.1〉에서는 전체 단계를 요약하고 있다. 이러한 과정은 측정모델의 독립적인 평가(PLS-SEM을 사용하기 위한 절차−5단계)와 구조모델(6단계)로 구분된다.

모델 평가의 초기 단계에서는 측정모델의 평가에 초점을 맞춘다. PLS-SEM 평가에 대한 검증을 통해 연구자들은 construct 측정의 **신뢰성(reliability)**과 **타당성(validity)** 평가를 할 수 있다. 세부적으로 다변량 측정(multivariate measurement)은 몇 개의 변수를 이용하여 개념을 간접적으로 측정하는데, 예를 들면 2

도표 4.1 PLS-SEM의 단계적 평가

5단계: 측정모델의 평가	
5a 단계: 반영적 측정모델 (Reflective Measurement Models)	5b 단계: 형성적 측정모델 (Formative Measurement Models)
• 내적일관성(internal consistency)/구성개념 신뢰성(composite reliability) • Indicator 신뢰성(reliability) • 집중타당성(convergent validity: average variance extracted) • 판별타당성(discriminant validity)	• 집중타당성(convergent validity) • indicator들 간의 공선성(collinearity) • 유의성(significance) 및 outer weight 타당성(relevance)
6단계: 구조모델의 평가	
• 결정계수(coefficients of determination: R^2) • 예측적합성(predictive relevance: Q^2) • 경로계수의 크기와 유의도 • f^2 효과크기(effect sizes) • q^2 효과크기(effect sizes)	

장에서 살펴본 기업 평판에 대한 PLS-SEM 예시에서 고객 애호도(CUSL)의 경우이다.

개념 측정을 위해 여러 변수를 사용하는 방법은 좀 더 정확한 측정을 가능케 한다. 이러한 측정방법 사용으로 인하여 정확성 향상을 예상하는 이유는 하나의 개념을 측정하기 위하여 여러 개의 indicator들을 사용하여 하나의 개념이 지닌 다양한 측면을 고려한다는 가정을 기반으로 한다. 더욱이 개념의 대표성에 대한 정확성을 높이기 위해 여러 개의 변수를 사용하는 것은 개념 측정에 대한 타당성도 함께 높여준다. 다변량 분석의 기본적인 특성은 연구에 있어 다변량 측정항목(multivariate measurements) 사용을 촉진하며, 따라서 연구결과의 정확성을 향상시킨다.

사회과학연구에는 많은 측정 오류가 존재하며, 설문법을 이용하는 경우에는 잘못된 질문, 이해도를 떨어뜨리는 문항사용, 그리고 잘못 적용된 통계적 방법 등의 문제가 발생하며 이로 인하여 체계적 그리고/또는 비체계적 오류가 발생하게 된다. 사실 다변량분석에 사용되는 모든 측정도구들은 측정오류를 내포하고 있다. 따라서 우리의 목적은 가능한 한 이러한 오류를 최소화하는 것이다. 다변량 측정은 연구자들로 하여금 세부적인 측정오류를 좀 더 세세히 살펴보도록 하여, 연구결과에서 이러한 오류에 대하여 설명할 수 있도록 한다.

측정 오류는 변수의 실제치와 측정에 의한 산출치 간의 차이를 의미한다. 좀더 구체적으로는 측정치인 x_m은 실제치인 x_t에 측정오류를 합한 값인 $e=\varepsilon_r+\varepsilon_s$이며 이러한 오류는 신뢰성에 영향을 미치는 오류를 의미하는 무작위 오류(random error ε_r) 또는 타당성에 영향을 미치는 체계적 오류(systematic error ε_s)이다. 이러한 관계는 다음과 같이 설명될 수 있다:

$$x_m=x_t+\varepsilon_r+\varepsilon_s$$

〈도표 4.2〉에서 우리는 3개의 과녁을 비교한 그림을 통하여 신뢰성(reliability)과 타당성(validity)의 차이를 설명한다. 비유하자면 우리가 설문지를 통하여 반복적으로 측정한 측정치(예를 들어, 특정 서비스에 대한 소비자의 만족도)는 과녁에 꽂힌 화살에 비유할 수 있다. 우리는 각각의 실제 점수를 측정하기 위해서 5개의 측정항목을 사용하였다(〈도표 4.2〉에서 검정색 점으로 표현). 이 5개 측정항목의 평균을 ✕로 표현하였다. 타당성은 평균값이 과녁의 중심부에 가까울수록 바람직하다. 평균치(〈도표 4.2〉에서 ✕표시)가 실제 값에 근접할수록 타당성은 높아진다. 만약 몇 개의 화살을 쏜 경우, 과녁에 꽂혀 있는 화살들 간의 간격은 신뢰성을 의미한다. 그리고 화살들 간의 간격이 가깝다면 그러한 척도는 비록 화살들을 이어 만든 원이 과녁 정중앙에서 떨어져 있더라도 신뢰할 수 있다. 이것은 〈도표 4.2〉에서 2사분면에 해당하는 것으로 신뢰성은 있으나 타당성은 없는 경우이다. 1사분면을 살펴보면 신뢰성과 타당성 모두 확보한 경우이며, 3사분면의 경우 신뢰성과 타당성 모두를 확보하지 못한 경우이다. 즉 반복측정치(화살들을 이어 만든 원)가 산발적으로 넓게 퍼져 있으며 평균치(✕표시)는 과녁 중앙과 가깝지 않다. 그러나 만약 평균치가 과녁의 중앙에 근접하더라도(만약 ✕가 과녁 정중앙에 위치하여도) 우리는 여전히 측정타당성을 가질 수 없

다. 왜냐하면 신뢰할 수 없는 척도는 절대 타당성을 가질 수 없으며, 그 이유는 우리가 무작위 오류(random error)로부터 체계적 오류(systematic error)를 구분할 수 없기 때문이다(Mooi & Sarstedt, 2011). 만약 우리가 5번 이상의 반복 측정을 하게 되면 무작위 오류로 인하여 평균값은 다른 위치로 옮겨질 것이다. 이처럼 신뢰성은 타당성을 위한 필수요건이다. 또한 이것은 4사분면에 해당하는 신뢰성 없이 타당성을 가질 수 없는지에 대한 이유이다.

측정모델 평가 시, 우리는 반드시 반영적으로 측정된(reflectively measured) construct들과 형성적으로 측정된(formatively measured) construct들을 구분해야 한다(2장). 이러한 두 가지 측정방법은 서로 다른 개념을 기초로 하며 따라서 이

도표 4.2 신뢰도와 타당성 비교(Mooi & Sarstedt, 2011)

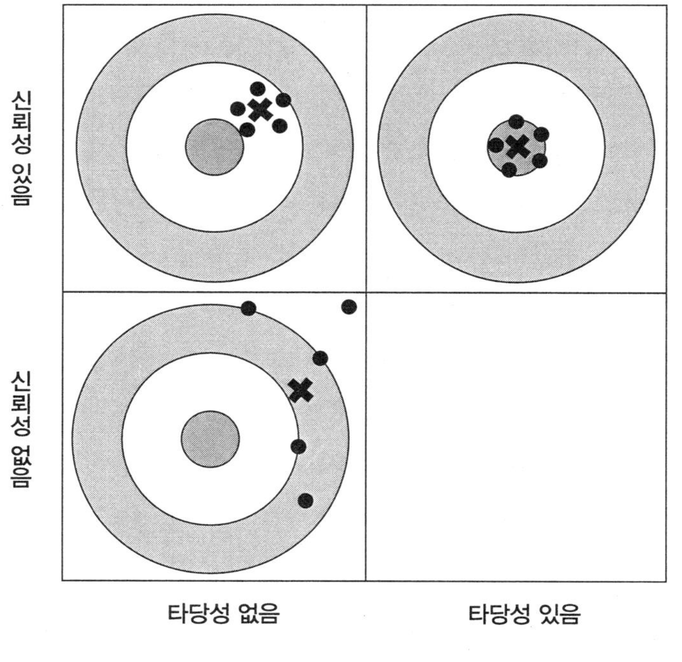

Source: Mooi, E., and Sarstedt, M. (2011). *A concise guide to market research*(p.35). New York: Springer.

에 대한 고려가 필요하다. 반영적 측정모델(Reflective measurement models)은 모델의 내적 일관성 신뢰도(internal consistency reliability)와 타당성(validity)을 평가한다. 구체적으로 CR(composite reliability; 내적 일관성 신뢰도 평가를 의미), 집중타당성(convergent validity), 판별타당성(discriminant validity)을 포함한다. 반영적 측정모델의 기준으로 형성적 측정모델에 일반적으로 적용하는 기준을 사용할 수 없다. 형성적 측정의 경우, 첫 번째 단계는 자료 수집 및 PLS 경로모델 평가에 앞서 **내용타당성**(**content validity**)을 확보하는 것이다. 모델 평가 이후 형성적 측정은 집중타당성(convergent validity)을 확인하고 indicator들 간의 유의성(significance), 적합성(relevance)과 함께 **공선성**(**collinearity**) 유무를 확인해야 한다.

명칭에서 나타나는 바와 같이 **단일항목**(single-item) **construct**(2장)는 다항목척도 모델(multi-item measurement model)로 나타낼 수 없다. 이와 같이 측정모델 평가를 위한 기준을 단일항목 construct들에서는 적용할 수 없다. 단일항목척도의 신뢰성과 타당성을 평가하기 위해서 연구자들은 대리지표(proxies) 또는 다른 유형의 타당성 측정방법에 의존해야 한다. 예를 들어 연구자들은 기준타당성(criterion validity)을 이용하여 단일항목변수를 평가할 수 있다. 이 방법은 설정된 기준변수와 단일항목척도 간 상관관계를 분석하고, 이를 다항목척도로 측정된 경우의 상관관계와 비교하여 평가할 수 있다(예를 들어, Diamantopoulos et al., 2012). 신뢰성 측면에서 연구자들은 단일항목 신뢰성의 대리지표(proxy)를 끌어내기 위한 축소화교정공식(correction for attenuation formula)을 사용할 수 있다(예를 들어, Sarstedt & Wilczynski, 2009). 이러한 과정은 동일한 설문지상에 다항목 척도와 단일항목 척도가 모두 포함되어야 가능하다. 이러한 분석은 연구자들이 사전테스트를 통해 실제 연구에 앞서 동일한 construct에서 다항목 척도를 단일측정지표로 대체될 수 있는지를 알고 싶은 경우 주로 사용한다.

구조모델의 추정은 constructs들의 신뢰성과 타당성이 확보되기 전에는 실행할 수 없다. 반영적(5a단계)과 형성적(5b단계) 측정모델의 평가를 통하여 측정의 질을 판단하며 6단계에서는 구조모델을 평가한다(〈도표 4.1〉; 6장). 구조모델의 PLS-SEM 평가는 모델의 예측력을 포함한다. 따라서 신뢰성과 타당성이 확보된 후 PLS-SEM에 대한 주요 평가기준은 **결정계수**(coefficients of determination; R^2 values)이며 **경로계수**(path coefficients)의 유의수준, 유의성만큼 중요하다.

PLS-SEM 분석 결과는 고급방법에까지 이용될 수 있다(예를 들어, 매개효과 그리고/또는 조절효과, [관찰되지 않은] 이질성(heterogeneity) 검증, 다집단 검정(multigroup testing), 동일방법편의(common method variance) 등). 이러한 추가적인 방법들은 기본적인 PLS 경로모델 평가와는 별개로 설명할 것이다(7장과 8장). 이러한 고급방법들 중 몇몇 방법은 PLS-SEM에 대한 완벽한 이해를 필요로 하는 경우(예를 들어, 관찰되지 않은 이질성 유무를 확인하고 하위집단간 통계적인 차이성을 검증하는 경우)도 있지만 다른 방법들은 선택적이다.

PLS-SEM 결과를 어떻게 평가하는지에 대한 가장 중요한 규칙은 〈도표 4.3〉에 설명하였다. 다음 장들을 통하여 우리는 반영적 측정모델을 평가하기 위한 과정을 설명한다(5a단계). 5장은 형성적 측정모델의 평가를 설명하는 반면, 6장에서는 구조모델 평가를 다룬다.

Stage 5a 반영적 측정모델의 분석 결과의 평가

반영적 측정모델(reflective measurement models)의 평가는 내적 일관성(internal consistency), 개별 indicator의 신뢰도를 평가하는 composite reliability (CR)를 포함하며, 집중타당성(convergent validity)을 평가하는 average variance extracted(AVE)를 포함한다. 더불어 Fornell-Larcker 기준과 cross loading들이 판별타당성(discriminant validity) 검증에 사용된다. 다음 장을 통해 우리는 반영적 측정모델의 평가를 위한 각 기준들을 확인한다.

도표 4.3 PLS-SEM 결과 평가를 위한 기본 규칙

- 하나의 기준(criterion)으로 PLS-SEM 평가할 수 없다. 대신 bootstrapping과 blindfolding을 기반으로 하는 비모수적 평가 기준(nonparametric evaluation criteria)이 사용된다.
- 반영적 그리고 형성적 측정모델의 질을 확인하고 평가과정을 진행한다(좀 더 구체적인 규칙은 이 장에서 반영적 측정모델에 대한 규칙을 다루고 5장을 통해 형성적 측정모델에 대한 규칙을 다룰 것이다).
- Constructs의 평가 결과가 수용할 수 있는 수준이라면 구조모델 결과의 평가과정을 진행한다. 경로추정치(path estimate)는 통계적 유의성을 가져야 하며 의미가 있어야 한다. 뿐만 아니라, 구조모델 내 내생 construct들은 분산의 많은 부분이 설명되어야 한다—R^2(6장에서 좀 더 구체적인 지침을 제시한다).
- 기본 PLS-SEM 결과에서 확장되는 고급방법론들은 결과에 대한 정확하고 올바른 이해를 필요로 한다(7장과 8장을 통해 살펴본다).

내적 일관성 신뢰도(Internal Consistency Reliability)

평가를 위한 첫 번째 기준은 일반적으로 사용되는 **내적 일관성 신뢰도**(internal consistency reliability)이다. 내적 일관성에 대한 전통적인 기준은 **Cronbach's alpha**이며 이것은 관찰된 indicator 변수간 상관관계(intercorrelations)를 기반으로 신뢰도를 평가한다. Cronbach's alpha의 기본 가정은 모든 indicator들은 동일하게 신뢰할 수 있다는 것이다(즉, 모든 indicator들은 construct에 대하여 모두 동일한 outer loadings를 갖는다). 그러나 PLS-SEM은 개별 신뢰도에 따라 indicator들을 우선적으로 처리한다. 더욱이 Cronbach's alpha는 척도에 속하는 항목의 수에 민감하게 반응하며 일반적으로 내적 일관성 신뢰도가 저평가되는 경향이 있다. 따라서 Cronbach's alpha는 보수적인 내적 일관성 신뢰도 측정법으로 사용할 수도 있다. 모집단에 대한 Cronbach's alpha의 한계점으로 인하여 내적 일관성 신뢰도 평가에 좀 더 적합한 다른 평가방법인 **구성개념 신뢰도**(composite reliability-CR(ρ_c))를 사용한다. 이러한 유형의 신뢰성은 indicator 변수의 다른 **outer loadings**를 고려하며 다음과 같은 식을 이용하여 계산한다:

$$\rho_c = \frac{\left(\sum_i l_i\right)^2}{\left(\sum_i l_i\right)^2 + \sum_i \mathrm{var}(e_i)}$$

여기서 l_i는 특정 construct의 indicator 변수 i에 대한 표준화된 outer loading을 의미하며, e_i는 indicator 변수 i의 측정오류를 나타낸다. 그리고 $var(e_i)$는 측정오류의 분산을 가르키며 $1-l_i^2$로 정의된다.

구성개념 신뢰성(composite reliability)은 0과 1 사이의 분산을 가지며 값이 높을수록 높은 신뢰도를 나타낸다. 따라서 Cronbach's alpha의 일반적인 해석 방법과 동일하게 해석한다. 구체적으로 탐험적 연구에서 구성개념 신뢰성의 값이 0.60과 0.70 사이에 있다면 수용가능하며 좀 더 보수적인 기준으로 0.70과 0.90 사이인 경우 수용가능하다(Nunally & Bernstein, 1994). 이 값이 0.90 이상(그리고 0.95 이상)이면 바람직하지 않다. 그 이유는 0.90 이상의 값은 모든 indicator 변수들이 동일한 항목으로 측정되었다는 것을 의미하기 때문이며 따라서 construct의 타당성을 측정할 수 없다. 이러한 구성개념 신뢰성 값이 발생하는 경우는 하나의 항목을 의미상으로 불필요한 유사한 항목들로 사용하는 경우이다. 이처럼 불필요한 항목들을 사용하게 되면 척도의 내용타당성(content validity) 측면에서 부정적인 결과가 도출되고(예: Rossiter, 2002), 오차항의 상관관계를 높이므로(Drolet & Morrison, 2001; Hayduk and Littvay, 2001) 연구자들은 이러한 방법을 사용하지 않길 바란다. 마지막으로 구성개념 신뢰성 값이 0.60 이하로 나타나는 경우는 내적 일관성 신뢰도(internal consistency reliability)를 확보하지 못한 것이다.

집중타당성(Convergent Validity)

집중타당성(Convergent validity)은 동일한 construct의 대안 척도와 하나의 척도간의 관계가 정(+)의 방향인지를 알려준다. 영역 표본추출 모델(domain sampling model)을 사용하는 경우, 하나의 반영적(reflective) construct를 측정하기 위하여 여러 개의 indicator들은 사용한다. 따라서 특정 construct의 indicator들은 서로 높은 분산비율을 갖게 된다. 집중타당성(convergent validity)을 확보하기 위하여 연구자들은 indicator들의 outer loadings를 average variance extracted(AVE)만큼 중요하게 고려한다.

하나의 construct에 대한 높은 outer loadings는 construct에 속하는 indicator들이 서로 중복됨을 의미한다. 이러한 특성을 일반적으로 **indicator reliability**라 부른다. 적어도 모든 indicator들의 outer loadings는 통계적 유의성을 가져야 한다. 왜냐하면 통계적으로 유의적이어도 outer loading이 상당히 낮을 수 있으며, 일반적인 기준의(표준화된) outer loadings는 0.708 이상이면 된다. 이러한 값은 표준화된 indicator의 outer loading을 제곱한 것으로 항목의 **공통성**(communality)으로 나타난다. 표준화된 indicator의 outer loading 제곱값은 한 항목에서 얼마나 많은 분산이 construct에 의해 설명되는지를 나타내며 항목으로부터 추출된 분산으로 표현된다. 경험적인 기준에 의하면 잠재변수가 각 indicator 분산의 상당부분을 설명해야 하며, 일반적으로 최소한 50%는 되어야 한다. 또한 이는 construct와 이에 해당하는 indicator간 공유분산이 측정오류 분산보다 큼을 의미한다. 이것은 indicator의 outer loading이 적어도 0.708 이상되어야 함을 의미하여 그 이유는 이 값을 제곱한 값(0.708^2)이 0.50과 같기 때문이다. 대개의 경우 0.70은 0.708에 근접하다고 보고 수용가능한 수준으로 본다.

사회과학 연구에 있어 연구자들은 약한 수준의 outer loadings를 흔히 접하며 특히 새롭게 척도를 개발하는 경우에 자주 발생한다(Hulland, 1999). 연구자들은 outer loading이 0.70 이하로 떨어지면 indicator들을 무조건 제거하기보다 항목제거로 인해 construct의 내용타당성(content validity)에 미치는 영향과 더불어 구성개념 신뢰성(composite reliability)에 미치는 영향을 조심스럽게 살펴보아야 한다. 일반적으로 outer loading이 0.40에서 0.70 사이로 나타나는 indicator들은 제거대상으로 고려해야 하며 indicator의 제거로 인하여 구성개념 신뢰성

(혹은 average variance extracted(AVE); 다음 장 참조)이 임계치 이상으로 증가하는 경우에만 제거한다. Indicator를 제거할 것인지에 대한 다른 고려사항은 내용타당성(content validity)에 영향을 미치는지에 대한 것이다. 약한 outer loadings를 갖는 indicator들은 내용타당성에 영향을 미치기 때문에 종종 남기기도 한다. 그러나 매우 낮은 수준의 outer loadings(0.40 이하)는 척도에서 제거되어야만 한다(Hair, Ringle, & Sarstedt, 2011). 〈도표 4.4〉는 outer loading들을 기반으로 indicator 제거방법을 설명한다.

Construct 수준에서 집중타당성(convergent validity)을 측정하기 위한 일

도표 4.4 Outer Loading 타당성테스트(relevance testing)

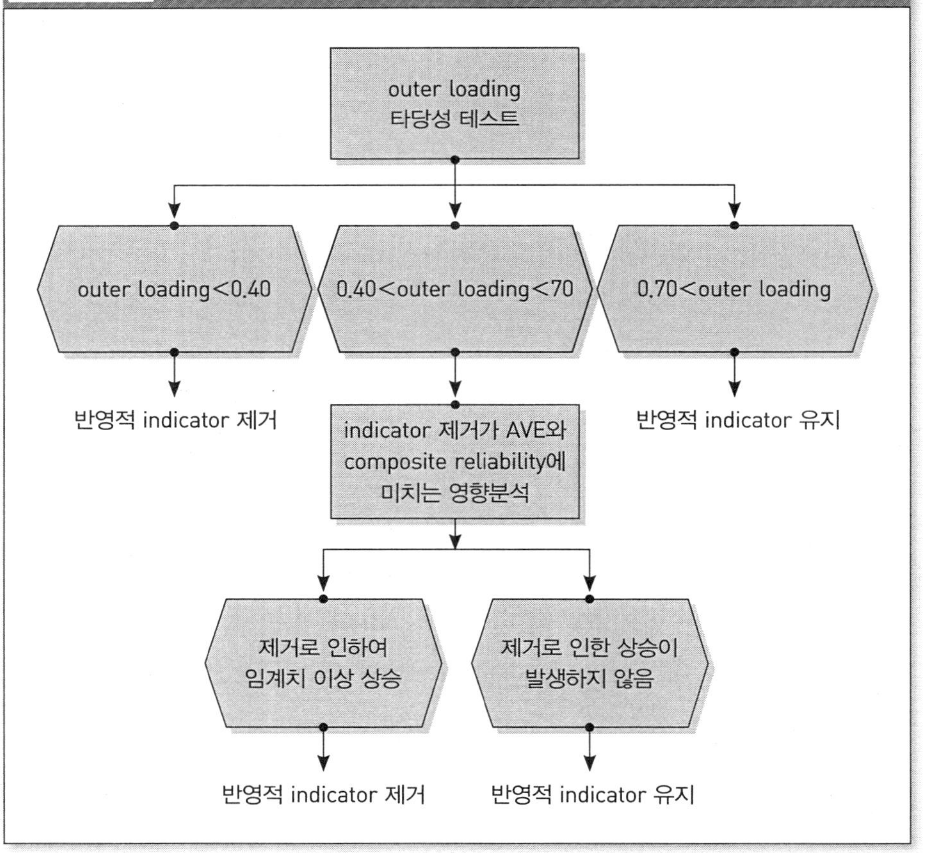

반적인 방법은 **평균분산팽창**(average variance extracted(AVE))이다. 이 기준은 construct에 해당하는 indicator들의 loading 제곱의 전체평균을 의미한다(즉, loading 제곱값의 총합을 indicator들의 개수로 나눈 것). 그러므로 AVE는 construct의 **공통성**(communality)과 동일하다. 개별 indicator들에 사용된 기준값과 동일하게 사용하여 평균적으로 AVE값이 0.50 이상이면 construct는 indicator들의 분산의 반을 설명한다. 반대로 AVE가 0.50 이하이면 construct에 의해 설명되는 분산보다 개별 항목들이 더 많은 오류를 갖게 된다.

반영적으로 측정된 각 construct의 AVE는 측정되어야 한다. 2장에서 소개한 예시에서 constructs *COMP*, *CUSL*, 그리고 *LIKE*에만 AVE 측정이 요구된다. 단일항목 construct인 CUSA에 대하여 AVE는 적절하지 않으며 이는 indicator의 outer loading이 1.00으로 고정되어 있기 때문이다.

판별타당성(Discriminant Validity)

판별타당성(Discriminant validity)은 경험적 기준에 의하여 하나의 construct가 다른 construct들과 진정으로 구분되는지에 관한 것이다. 따라서 판별타당성이 충족되었다는 것은 하나의 construct가 모델 내에서 다른 construct들과 독립적이며 따라서 다른 construct들에 의해 설명되지 않음을 의미한다. 판별타당성은 두 가지 방법으로 측정된다.

판별타당성을 측정하기 위한 첫 번째 방법은 indicator들의 **cross loading**들을 평가하는 것이다. 구체적으로 construct와 연관된 한 indicator의 outer loading은 다른 construct들과 연관된 모든 loading들(즉, cross loadings)보다 커야 한다. indicator의 outer loading보다 큰 cross loading들이 존재한다는 것은 판별타당성 문제를 의미한다. 이러한 기준은 일반적으로 판별타당성 검증 측면에서 덜 보수적인 방법으로 고려된다(Hair, Ringle, & Sarstedt, 2011). 다시 말해, 두 개 이상의 construct들에 대하여 판별타당성의 문제가 나타날 가능성이 있다.

두 번째 방법은 **Fornell-Larcker 기준**(criterion)으로 판별타당성을 검증하는 데 좀 더 보수적인 방법이다. 이 방법은 각 construct AVE값의 제곱근과 잠재변수 상관관계를 비교하는 방법이다. 구체적으로 각 construct AVE값의 제곱근은 다른 construct와의 가장 높은 상관관계보다 커야만 한다(주의: 이 기준은 또한 AVE가 다른 construct와 상관관계제곱보다 큰 경우에도 가능하다). 이러한 방법의 논리는 하나의 construct는 다른 construct보다 해당 construct에 속하는 indicator들과 더 많은 분산을 공유한다는 개념을 바탕으로 한다.

〈도표 4.5〉는 이러한 개념을 시각적으로 보여준다. 예시에서 construct Y_1과 Y_2의 AVE값은 각각 0.55 와 0.65이다. AVE값은 각 outer loading의 제곱값을 모두 합한 후 평균을 계산한 것이다. 예를 들면, construct Y_1에 해당하는 0.60, 0.70, 0.90을 제곱하면 0.36, 0.49, 0.81이 된다. 세 숫자의 합은 1.66이고 이를 평균하면 0.55가 된다(즉, 1.66/3). construct Y_1과 Y_2의 상관관계(예시상에서 Y_1과 Y_2를 이어주는 선)는 0.80이다. 0.80의 상관관계를 제곱하게 되면 다른 construct에 의해 설명되는 분산은 64%가 된다(즉, $0.80^2=0.64$). 그러므로 Y_1은 Y_2와 공유하는 분산보다 해당 indicator인 x_1부터 x_3에 의해 설명되는 분산이 더 적으며 이는 두 개의 construct(Y_1과 Y_2)가 개념적으로 검증하는 데 있어 경험적 기준 측면에서 차이가 없음을 의미한다. 따라서 예시에서는 판별타당성을 충족하지 못한다.

Fornell-Larcker 기준에 의한 분석 및 설명은 〈도표 4.6〉에 나타나 있다

도표 4.5 판별타당성(discriminant validity)의 시각적 표현

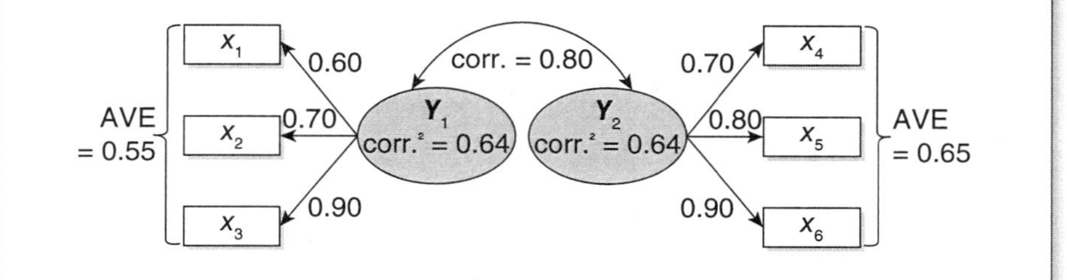

도표 4.6 Fornell-Larcker 기준에 의한 분석

	Y_1	Y_2	Y_3	Y_4
Y_1	$\sqrt{AVE_{Y_1}}$			
Y_2	$CORR_{Y_1Y_2}$	$\sqrt{AVE_{Y_2}}$		
Y_3	$CORR_{Y_1Y_3}$	$CORR_{Y_2Y_3}$	형성적 측정모델	
Y_4	$CORR_{Y_1Y_4}$	$CORR_{Y_2Y_4}$	$CORR_{Y_3Y_4}$	단일항목 construct

—PLS 경로모델은 2개의 반영적 construct들(즉, Y_1과 Y_2), 하나의 형성적 construct(즉, Y3), 그리고 단일항목 construct(즉, Y_4)로 구성되어 있다. 첫 번째 고려사항은 Fornell-Larcker 기준에 따라 오직 반영적 construct들만을 평가하는 것이다. 따라서 construct Y_3와 Y_4는 이번 분석에서 제외하며 이는 AVE값이 형성적 그리고 단일항목 척도에 있어서 의미있는 기준이 아니기 때문이다. construct Y_1 과 Y_2만을 살펴보면, 각 construct의 AVE 제곱근은 대각선에 나타나 있다. 대각선 구간을 제외한 나머지는 잠재변수들 간의 상관관계를 나타낸다. 판별타당성의 검증을 위하여 각 construct의 AVE 제곱근은 다른 construct

도표 4.7 반영적 측정모델 평가의 경험적 기준

- 내적 일관성 신뢰도(internal consistency reliability): 구성개념 신뢰성(composite reliability)은 0.708 이상(탐험적 연구의 경우 0.60에서 0.70 사이인 경우 수용가능)이어야 한다. Cronbach's alpha가 내적 일관성 신뢰도의 대리지표로 고려될 수 있다.
- Indicator 신뢰도(reliability): indicator의 outer loadings는 0.708 이상. outer loadings가 0.40에서 0.70 사이인 경우 제거대상이며, 이때 Indicator 제거로 구성개념 신뢰성과 AVE가 임계치 이상 상승하는 경우에만 해당 indicator를 삭제한다.
- 집중타당성(convergent validity): AVE가 0.50 이상.
- 판별타당성(discriminant validity):
  - construct에 해당하는 indicator의 outer loading이 다른 construct들과의 cross loading보다 커야 한다.
  - 각 construct의 AVE 제곱근은 나머지 construct들과 상관관계 중 가장 높은 값보다 커야 한다(Fornell-Larcker 기준).

들의 상관관계보다 반드시 커야 한다. 〈도표 4.6〉에서 반영적 construct인 Y_2를 평가하기 위하여 Y_2의 행에서 모든 상관관계와 Y_2의 열에서 AVE의 제곱근을 비교한다. 이 장 후반부에서는 이러한 분석을 위하여 기업평판 사례의 실제 측정치를 이용하여 실습한다.

〈도표 4.7〉에서 우리는 반영적 construct 측정의 신뢰성과 타당성 검증에 사용되는 기준을 정리하였다. 만약 기준이 충족되지 않는 경우 연구자들은 기준을 충족시키기 위하여 특정 construct로부터 단일 indicator들에 대한 제거 여부를 결정한다. 그러나 indicator들의 제거는 조심스럽게 접근해야 하며 이는 하나 이상의 indicator 제거가 신뢰성(reliability) 또는 판별타당성(discriminant validity)을 높일 수는 있으나 동시에 측정의 내용타당성(content validity)을 감소시킬 수도 있기 때문이다.

사례연구 예시 반영적 측정모델

PLS-SEM algorithm 실행

기업평판 사례를 바탕으로 PLS-SEM 실행과정을 진행해보자. 3장에서 우리는 SmartPLS 소프트웨어를 이용하여 PLS 경로모델을 어떻게 측정하는지와 default report에 표시되는 결과를 어떻게 해석하는지에 대하여 설명하였다. 이러한 과정을 다시 상기하여 기업 평판의 단순모델을 먼저 불러오기 한 후에 모델을 실행하기 위하여 상단의 아이콘을 클릭하거나 pull-down 메뉴에서 **Calculate → PLS Algorithm**를 선택하면 된다. 결과출력을 위하여 화면 상단의 **Report** pull-down 메뉴를 클릭하여 **Default Report**를 선택한다. 〈도표 4.8〉에서는 default report의 개요를 나타낸다.

결과분석에 앞서 당신은 algorithm이 수렴했는지를 확인할 필요가 있다 (즉, algorithm의 정지기준(stop criterion) 충족 여부 그리고 최대반복횟수 미도달 여

도표 4.8 SmartPLS에서 Default Report

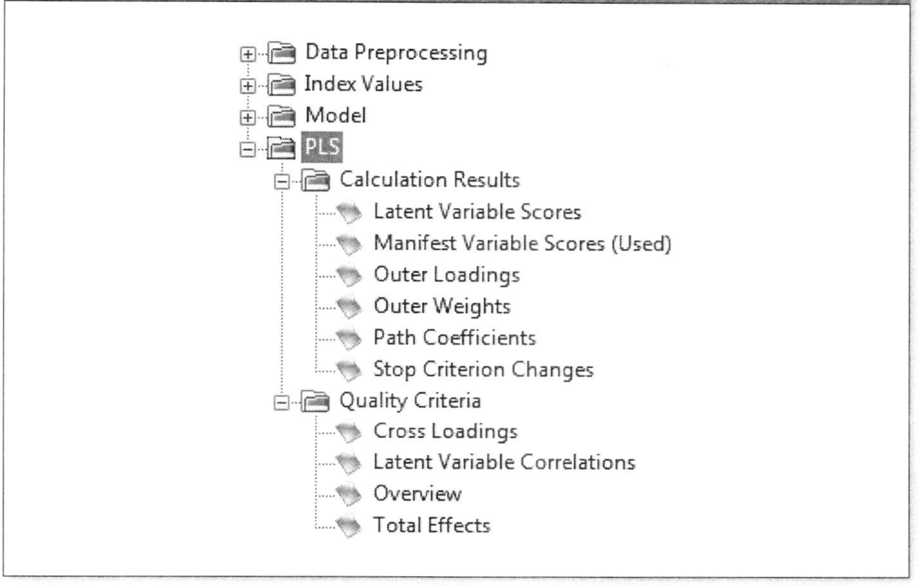

부). 이를 위하여 **PLS → Calculation Results → Stop Criterion Changes**의 순서로 클릭하면 된다. 당신은 이러한 과정을 통해 〈도표 4.9〉에서 보이는 표를 보게 될 것이며 이 표는 PLS-SEM algorithm의 반복횟수를 보여주고 있다. 반복횟수는 당신이 PLS-SEM algorithm parameter settings에서 설정한 최대반복횟수(즉, 300)보다 작아야 한다(2장). 표의 좌측하단을 살펴보면 반복횟수 4회(Iteration 4) 이후에 algorithm이 수렴한 것을 볼 수 있다.

만약 PLS-SEM algorithm이 300회 반복 이내에서 수렴하지 않는 경우(소프트웨어상의 설정값), algorithm은 안정화된 결과를 도출할 수 없다. 이러한 상황은 대부분의 경우 절대 발생하지 않는다. 그러나 만약 그런 일이 발생하게 되면 이러한 문제를 야기할 수 있는 두 가지 원인이 있다: (1) 선택된 정지기준(stop criterion)이 너무 낮은 수준인 경우(즉, 1.0E-25)로 이 경우 측정모델의 계수가 너무 적게 변화하여 PLS-SEM algorithm이 정지되는 것을 막는다. 또는 (2) 자료가 비정상적이며 세부적으로 확인할 필요가 있는 경우로 예를 들어 만약 표본크

도표 4.9 SmartPLS에서 정지기준 결과표

	comp_1	comp_2	comp_3	cusa	cusl_1	cusl_2	cusl_3	like_1	like_2	like_3
Iteration 0	1,0000	1,0000	1,0000	1,0000	1,0000	1,0000	1,0000	1,0000	1,0000	1,0000
Iteration 1	0,5357	0,3407	0,3284	1,0000	0,3680	0,4207	0,3651	0,4190	0,3775	0,3594
Iteration 2	0,5361	0,3404	0,3282	1,0000	0,3687	0,4202	0,3649	0,4184	0,3779	0,3597
Iteration 3	0,5361	0,3404	0,3282	1,0000	0,3687	0,4202	0,3649	0,4184	0,3779	0,3597
Iteration 4	0,5361	0,3404	0,3282	1,0000	0,3687	0,4202	0,3649	0,4184	0,3779	0,3597

기가 너무 작거나 하나의 indicator가 너무 많은 동일값(identical values)을 갖는 경우에 자료 문제가 발생한다(즉, 동일 자료값은 불충분한 변동성을 초래한다).

당신의 모델이 수렴하게 되면 **Default Report**로부터 반영적 측정모델 평가를 위하여 PLS-SEM 계산 결과표를 따라 검토해야 한다: (**PLS → Calculation Results**에서) **Outer Loadings**과 **Latent Variable Correlations**, 그리고 **PLS → Quality Criteria**에서 **Overview**(〈도표 4.8〉 참조). 단순 경로모델에 형성적 측정이 포함되고 구조모델 결과를 확인하는 경우, Report 메뉴의 다른 정보를 확인하는 방법에 대해서는 5장과 6장을 통해 설명한다.

반영적 측정모델 평가(Reflective Measurement Model Evaluation)

간단한 기업 평판모델은 단일항목 construct(*CUSA*)와 더불어 반영적 측정모델로 구성된 3개의 잠재변수를 가지고 있다(*COMP*, *CUSL*, 그리고 *LIKE*). 반영적 측정모델을 평가하기 위하여 우리는 반영적 잠재변수와 그들의 indicator들 간의 관계(즉, outer loadings)를 평가해야 한다. 〈도표 4.10〉을 통해 SmartPLS의 **Default Report**와 함께 outer loadings결과가 제시되어 있다. SmartPLS에서 default report의 작업표시줄(화면의 좌측상단)에 있는 “toggle zeros” 버튼 **S** 은 결과표의 가독성을 높여 준다. 반영적 construct인 *COMP*, *CUSL*, 그리고 *LIKE*의 모든 outer loading은 임계치 0.708 이상이다. indicator *comp_2*(outer loading: 0.7985)가 indicator 신뢰도가 가장 낮은 0.638(0.7985^2)인 반면, *cusl_2*(outer loading: 0.9173)는 indicator 신뢰도가 가장 높은 0.841(0.9173^2)이다. 이처럼 세 개의 반영적 construct들에 대한 모든 indicator들은 최소요구 수준 이상의 outer

도표 4.10 Outer Loadings

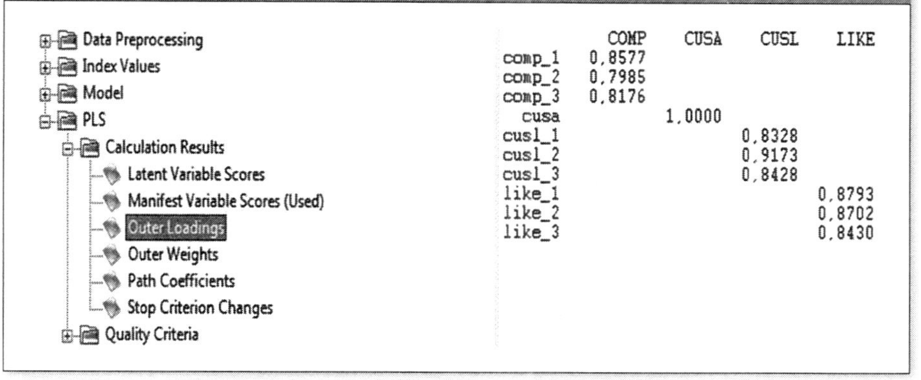

	COMP	CUSA	CUSL	LIKE
comp_1	0,8577			
comp_2	0,7985			
comp_3	0,8176			
cusa		1,0000		
cusl_1			0,8328	
cusl_2			0,9173	
cusl_3			0,8428	
like_1				0,8793
like_2				0,8702
like_3				0,8430

도표 4.11 모델 평가기준 검증

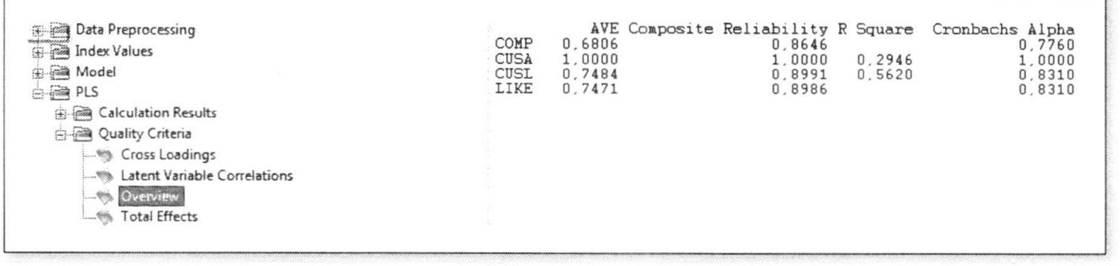

	AVE	Composite Reliability	R Square	Cronbachs Alpha
COMP	0,6806	0,8646		0,7760
CUSA	1,0000	1,0000	0,2946	1,0000
CUSL	0,7484	0,8991	0,5620	0,8310
LIKE	0,7471	0,8986		0,8310

loading를 충족한다.

척도의 구성개념 신뢰성(composite reliability) 값을 측정하기 위하여 **PLS → Quality Criteria** 메뉴의 **Overview** 탭을 클릭한다(〈도표 4.11〉). 각각의 구성개념 신뢰성 값은 0.8646(*COMP*), 0.8991(*CUSL*), 그리고 0.8986(*LIKE*)를 나타내며 세 개의 반영적 construct들이 모두 높은 수준의 내적 일관성 신뢰도(internal consistency reliability)를 나타낸다. 단일항목 변수인 *CUSA*의 구성개념 신뢰성 값은 1.00이다. 그러나 이 값을 통해 construct가 완벽한 신뢰성을 확보했다고 해석할 수는 없다.

집중타당성(convergent validity) 평가는 평가기준에 따라 AVE값을 바탕으로 이루어진다. 본 예시에서 각 AVE값은 *COMP*(0.6806), *CUSL*(0.7484), 그리고 *LIKE*(0.7471)이며, 최소 요구수준인 0.50을 충족시킨다. 따라서 세 개의 반영적

construct들은 높은 수준의 집중타당성을 나타낸다.

마지막으로 Fornell-Larcker 기준과 cross loading를 이용하여 판별타당성(discriminant validity)을 검증하는 방법이 있다. Fornell-Larcker 기준에 따라 각 construct의 AVE 제곱근은 모델 내 나머지 construct들과의 상관관계 중 가장 높은 것보다 커야 한다(이러한 개념은 construct들 간의 상관관계 제곱과 AVE의 비교를 바탕으로 한다). **Default Report**의 **PLS → Quality Criteria**에서 **Latent Variable Correlations**를 발견할 수 있다. 당신은 이제 마이크로소프트 엑셀과 같은 스프레드시트 프로그램에 분석결과를 옮긴다. 다음으로 표에서 대각선 위에 있는 값을 가져와 AVE값의 제곱근으로 대체한다. 그리고 엑셀에서 SQRT 함수를 이용하여 제곱근의 평균을 계산할 수 있다. 예를 들어 *COMP*의 경우 단순하게 엑셀창에 "=SQRT(0.6806)"를 아무 셀에나 입력한 후 엔터키를 누르면 된다.

〈도표 4.12〉는 표에서 대각선상에 있는 반영적 construct의 AVE 제곱근과 함께 왼쪽 아래있는 construct들간의 상관관계에 대하여 Fornell-Larcker 기준에 의해 검증한 결과를 나타낸다. 예를 들어 반영적 construct *COMP*는 AVE 제곱근으로 0.825의 값을 가지며 이 값과 *COMP* 열에 있는 모든 상관관계와 비교하여야 한다. *CUSL*에 대하여 당신은 행과 열 모두에 있는 상관관계를 고려해야 함을 밝힌다. 전반적으로 반영적 construct인 *COMP*(0.825), *CUSL*(0.865), 그리고 *LIKE*(0.864)의 AVE 제곱근은 경로모델 내 다른 잠재변수와의 상관관계보다 더 높게 나타난다.

도표 4.12 Fornell-Larcker 기준

	COMP	*CUSA*	*CUSL*	*LIKE*
COMP	0.825			
CUSA	0.436	단일항목 construct		
CUSL	0.450	0.689	0.865	
LIKE	0.645	0.528	0.615	0.864

다른 방법으로는 cross loading(**Default Report** 의 **PLS** → **Quality Criteria** 에서 **Cross Loadings**)을 이용할 수 있다. 판별타당성(Discriminant validity)은 construct에 대한 indicator의 loading이 다른 construct들에 대한 모든 cross loading 보다 높은 경우에 충족된다. 〈도표 4.13〉은 모든 indicator에 대한 loading들과 cross loading들을 보여준다. 예를 들어 construct *COMP*에 속하는 indicator *comp_1*은 가장 큰 loading 값(0.8577)을 갖는 반면, 다른 construct에 대해서는 이보다 작은 loading 값을 갖는다(예를 들어, *CUSA*에 대한 *comp_1*의 loading 값: 0.4643). 이러한 결과는 *COMP*에 해당하는 다른 indicator들인 *CUSL*와 *LIKE*에서도 동일하게 나타난다. Fornell-Larcker기준과 더불어 전반적으로, cross load-

도표 4.13 Cross Loadings

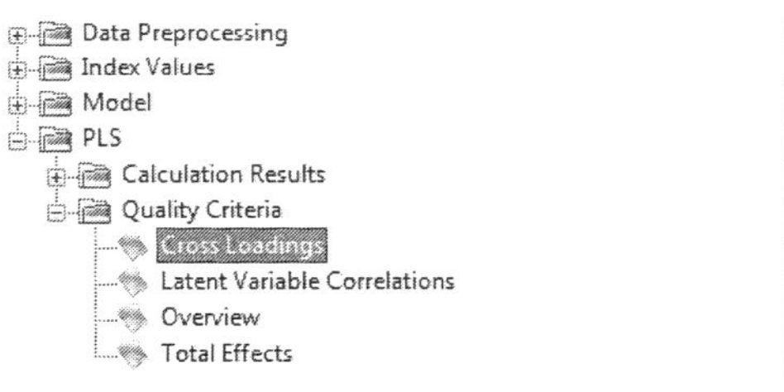

	COMP	CUSA	CUSL	LIKE
comp_1	0.8577	0.4643	0.4645	0.6071
comp_2	0.7985	0.2856	0.3038	0.4601
comp_3	0.8176	0.2724	0.2959	0.4971
cusa	0.4356	1.0000	0.6892	0.5284
cusl_1	0.4304	0.5362	0.8328	0.5570
cusl_2	0.3960	0.6546	0.9173	0.5734
cusl_3	0.3413	0.5933	0.8428	0.4612
like_1	0.6022	0.5104	0.5612	0.8793
like_2	0.5227	0.4336	0.5303	0.8702
like_3	0.5443	0.4199	0.4987	0.8430

도표 4.14 반영적 측정모델 결과(Reflective Measurement Models) 요약

잠재 변수	Indicators	Loadings	Indicator 신뢰도	Composite Reliability	AVE	판별성 충족 여부
COMP	*comp_1*	0.858	0.736	0.865	0.681	충족
	comp_2	0.796	0.634			
	comp_3	0.818	0.669			
CUSL	*cusl_1*	0.833	0.694	0.899	0.748	충족
	cusl_2	0.917	0.841			
	cusl_3	0.843	0.711			
LIKE	*like_1*	0.880	0.774	0.899	0.747	충족
	like_2	0.870	0.755			
	like_3	0.843	0.712			

ing들은 construct들의 판별타당성(discriminant validity)을 충족시키는 것으로 나타난다.

〈도표 4.14〉는 반영적 측정모델 평가 결과를 요약하였다(소수점 셋째 자리까지 반올림하여 나타냄). 보여지는 바와 같이 모든 모델 평가기준이 충족되었으며 따라서 측정에 대한 신뢰성과 타당성을 충족시킨다.

Summary

- **측정모델의 평가를 위하여 PLS-SEM을 사용하는 5단계 과정에 대한 절차를 알아본다.** CB-SEM과 달리, 연구자들은 전반적인 모델의 질(fit)을 평가하기 위한 통일된 goodness-of-fit measure를 PLS-SEM에 적용할 수 없다. 실질적으로 "fit"의 개념은 예측에 초점이 맞춰지는 PLS-SEM에 완벽하게 적용될 수 없다. PLS-SEM결과의 평가에 있어서 2단계 접근법(5, 6단계)은 우선적으로 측정모델의 질을 평가하는 과정을 필요로 한다(5단계). 각 유형별 측정모델(반영적 또는 형성적)은 특정한 평가 기준을 가진다. 반영적 측정모델(reflective measurement models)의 경우 신뢰성과 타당성이 검증되어야 한다(단계 5a). 이와 대조적으로 형성적 측정모델(formative measurement models)의 경우 척도의 집중타당성(convergent validity)과 유의성(significance), 그리고 indicator들 간의 공선성(collinearity)과 더불어 적합성(relevance)에 대한 검증을 포함한다(단계 5b). 측정모델을 통해 만족스러운 결과값을 얻기 위해서는 구조모델 내 관계들을 평가하기 위한 전제조건이 필요하며(6단계), 이러한 전제조건은 경로계수(path coefficients)와 결정계수(coefficient of determination)의 유의성 검증이다(R^2값). 연구에서 사용되는 모델과 연구 목표에 따라 연구자들은 추가적인 고급방법론을 필요로 할 수도 있다(예: 매개효과(mediating effects), 조절효과(moderating effects), 다집단분석(multigroup analysis), [관찰되지 않은] 이질성(heterogeneity) 검증, 다집단 검증(multigroup testing), 동일방법편의(common method variance) 등).
- **5a단계 설명: 반영적으로 측정된 construct들을 평가한다.** 반영적 측정모델 평가의 목적은 construct 측정의 신뢰성(reliability)과 타당성(validity)을 확인하기 위함이며 따라서 경로모델 내 포함된 indicator들의 적합성(relevance)을 확인해준다. 주요 기준으로는 indicator 신뢰성(reliability), 구성개념 신뢰성(composite reliability), 그리고 집중타당성(convergent validity)이 있다. 추가적으로 판별타당성(discriminant validity)은 반드시 충족되어야 하며 이는 모든 반영적 construct들에 해당하는 indicator들이 경로모델 내 다른 construct

들과 공유하는 분산보다 더 많은 분산을 공유하고 있음을 의미한다. 반영적 construct들은 이러한 요건들이 충족된다면 PLS-SEM분석에 적합하다.

- **기업 평판예시에서 반영적 측정 construct들의 평가를 위하여 SmartPLS 소프트웨어를 사용한다.** 앞선 2장을 통해 기업 평판에 대한 경로모델을 사례연구로 보여주었으며 관련 자료들을 소개하였다. SmartPLS 소프트웨어는 측정모델 평가와 관련된 모든 결과들을 제공한다. 예시와 관련된 모든 표와 그림들은 PLS-SEM 결과값을 해석하고 보고서상에 정확히 기술하기 위해 어떻게 해야 하는지에 대하여 설명한다. 이러한 실습예제는 개념을 소개하기 전 대략적으로 머릿속에 그릴 수 있도록 도와주며 또한 실질적인 적용에 대한 추가적인 통찰력(insights)을 제공한다.

Review Questions

1. indicator 신뢰도(reliability)란 무엇이며, 이에 대한 판단기준치(critical value)는 무엇인가?
2. 구성개념 신뢰성(composite reliability)이란 무엇이며 이에 대한 판단기준치(critical value)는 무엇인가?
3. 평균분산팽창(average variance extracted-AVE)이란 무엇이며 이에 대한 판단기준치(critical value)는 무엇인가?
4. 판별타당성(discriminant validity)의 개념에 대하여 설명하고 검증기준에 대하여 설명하시오.

Critical Thinking Questions

1. 반영적 측정모델(reflective measurement model)의 평가 기준을 형성적 척도(formative measures)에 사용할 수 없는 이유에 대하여 설명하시오.
2. 단일항목 construct들을 어떻게 평가하는가? 그리고 단일항목 construct들을 평가하는 데 있어 내적 일관성 신뢰도(internal consistency reliability)가 왜 의미없는 기준이 되는가?
3. 연구자들은 경로모델에서 연구에 사용하고자 하는 indicator들의 최종선정을 위하여 통계적 검증기준에 전적으로 의존해야만 하는가? 통계적 분석과 내용타당성(content validity) 사이의 상충관계(trade-off)에 대하여 논하시오.

Key Terms

AVE: see *Average variance extracted.*

Average variance extracted(평균분산팽창)**:** a measure of convergent validity. It is the degree to which a latent construct explains the variance of its indicators; see *communality(construct)*.

Coefficient of determination(결정계수)**:** a measure of the proportion of an endogenous construct's variance that is explained by its predictor constructs.

Collinearity(공선성)**:** arises when two indicators are highly correlated. When more than two indicators are involved, it is called multicollinearity.

Communality(construct- 공통성)**:** see *Average variance extracted.*

Communality(item- 공통성)**:** see *Indicator reliability.*

Composite reliability(구성개념 신뢰성)**:** a measure of internal consistency reliability, which, unlike Cronbach's alpha, does not assume equal indicator loadings. Should be above 0.70(in exploratory research, 0.60 to 0.70 is considered acceptable).

Content validity(내용타당성)**:** is a subjective but systematic evaluation of how well the domain content of a construct is captured by its indicators.

Convergent validity(집중타당성): is the extent to which a measure correlates positively with alternative measures of the same construct.

Cronbach's alpha: a measure of internal consistency reliability that assumes equal indicator loadings. In the context of PLSSEM, composite reliability is considered a more suitable criterion of reliability. However, Cronbach's alpha still represents a conservative measure of internal consistency reliability.

Cross loadings: an indicator's correlation with other constructs in the model.

Discriminant validity(판별타당성): extent to which a construct is truly distinct from other constructs, in terms of how much it correlates with other constructs, as well as how much indicators represent only a single construct.

Evaluation criteria(평가기준): are used to evaluate the quality of the measurement models and the structural model results in PLS-SEM based on a set of nonparametric evaluation criteria and procedures such as bootstrapping and blindfolding.

Formative measurement model(형성적 측정모델): a measurement model specification in which it is assumed that the construct is caused by the assigned indicators.

Fornell-Larcker criterion: a measure of discriminant validity that compares the square root of each construct's average variance extracted with its correlations with all other constructs in the model.

Indicator reliability: is the square of a standardized indicator's outer loading. It represents how much of the variation in an item is explained by the construct and is referred to as the variance extracted from the item; see *Communality(item)*.

Internal consistency reliability(내적 일관성 신뢰도): is a form of reliability used to judge the consistency of results across items on the same test. It determines whether the items measuring a construct are similar in their scores(i.e., if the correlations between the items are large).

Outer loadings: are the estimated relationships in reflective measurement models(i.e., arrows from the latent variable to its indicators). They determine an item's absolute contribution to its assigned construct.

Path coefficients(경로계수): are estimated path relationships in the structural model(i.e., between the constructs in the model). They correspond to standardized betas in a regression analysis.

R^2 value(R^2값): see *Coefficient of determination*.

Reflective measurement model(반영적 측정모델): a measurement model specification in which it is assumed that the indicators are caused by the underlying construct.

Reliability(신뢰성): is the consistency of a measure. A measure is reliable(in the sense of test-retest reliability) when it produces consistent outcomes under consistent conditions. The most commonly used measure of reliability is the *internal consistency reliability*.

ρ_c value(ρ_c 값): see *Composite reliability*.

Single-item construct(단일항목 construct): a construct that has only a single item measuring it. Since the construct is equal to its measure, the indicator loading is 1.00, making conventional reliability and convergent validity assessments inappropriate.

Structural model(구조모델): describes the relationships between latent variables. Also referred to as inner model in PLS-SEM.

Validity(타당성): is the extent to which a construct's indicators jointly measure what they are supposed to measure.

Suggested Readings

Boudreau, M.-C., Gefen, D., & Straub, D. W.(2001). Validation in information systems research: A state-of-the-art assessment. *MIS Quarterly*, 25(1), 1~16.

Chin, W. W.(2010). How to write up and report PLS analyses. In V. Esposito Vinzi, W. W. Chin, J. Henseler, & H. Wang(Eds.), *Handbook of partial least squares: Concepts, methods and applications in marketing and related fields*(pp. 655~690). Berlin: Springer.

Chin, W. W.(1998). The partial least squares approach to structural equation modeling. In G. A. Marcoulides(Ed.), *Modern Methods for Business Research*(pp. 295~358). Mahwah: Erlbaum.

Gefen, D., Rigdon, E. E., & Straub, D. W.(2011). Editor's comment: An update and extension to SEM guidelines for administrative and social science research. *MIS Quarterly*, 35(2), iii~xiv.

Götz, O., Liehr-Gobbers, K., & Krafft, M.(2010). Evaluation of structural equation models using the partial least squares(PLS) approach. In V. Esposito Vinzi, W. W. Chin, J. Henseler & H. Wang(Eds.), *Handbook of partial least squares: Concepts, methods and applications*(Springer handbooks of computational statistics series, vol. II)(pp. 691~711). Heidelberg, Dordrecht, London, New York: Springer.

Hair, J. F., Ringle, C. M., & Sarstedt, M.(2011). PLS-SEM: Indeed a silver bullet. *Journal of Marketing Theory and Practice*, 19, 139~151.

Hair, J. F., Ringle, C. M., & Sarstedt, M.(2013). Partial least squares structural equation modeling: Rigorous applications, better results and higher acceptance. *Long Range Planning*, 46(1/2), forthcoming.

Hair, J. F., Sarstedt, M., Ringle, C. M., & Mena, J. A.(2012). An assessment of the use of partial least squares structural equation modeling in marketing research. *Journal of the Academy of Marketing Science*, 40, 414~433.

Hulland, J.(1999). Use of partial least squares(PLS) in strategic management research: a review of four recent studies. *Strategic Management Journal*, 20(2), 195~204.

Henseler, J., Ringle, C. M., & Sinkovics, R. R.(2009). The use of partial least squares path modeling in international marketing. *Advances in International Marketing*, 20, 277~320.

Ringle, C. M., Sarstedt, M., & Straub, D. W.(2012). A critical look at the use of PLS-SEM in *MIS Quarterly*. *MIS Quarterly*, 36, iii~xiv.

Straub, D., Boudreau, M. C., & Gefen, D.(2004). Validation guidelines for IS positivist research. *Communications of the Association for Information Systems*, 13, 380~427.

Tenenhaus, M., Esposito Vinzi, V., Chatelin, Y. M., & Lauro, C.(2005). PLS path modeling. *Computational Statistics & Data Analysis*, 48(1), 159~205.

Chapter 5

PLS-SEM 결과 평가 Part II

형성적(Formative) 측정모델의 평가

Learning Outcome

1. 형성적 측정모델(formative measurement models)의 평가를 위한 기준을 설명한다.
2. PLS-SEM에서 유의성 평가를 위한 bootstrapping의 기본 개념을 이해하고 적용해 본다.
3. SmartPLS 소프트웨어를 통해 형성적 측정모델 평가 기준을 적용해보고 기업 평판 예시를 이용하여 예제의 결과 보고에 필요한 내용에 대하여 알아본다.

Chapter Review

반영적 측정모델을 어떻게 평가하는지에 대하여서는 지난 장을 통해 배웠으며(5a 단계를 PLS-SEM에 적용), 이제는 형성적 측정모델의 평가를 배운다(5b 단계를 PLS-SEM에 적용). 반영적 측정모델 평가의 기반이 되는 내적 일관성(internal consistency) 측면은 형성적 모델에 적용될 수 없으며 이는 형성적 척도는 분산을 공유할 필요가 없기 때문이다. 따라서 상관관계 패턴을 바탕으로 형성적 indicator들을 정제하려고 시도하는 것은 어떻게든 construct의 내용타당성(content validity)에 부정적인 영향을 미치게 된다. 이는 PLS-SEM에 해당하는 것으로 PLS-SEM은 연구자들이 설정한 형성적 indicator들이 construct의 내용을 모두 설명한다고 가정하기 때문에 발생한다. 그러므로 구성개념 신뢰성(composite reliability) 또는 AVE와 같은 측정지표를 이용하는 대신에 연구자들은 형성적 측정모델(formative measurement models)의 질을 평가하기 위한 다른 기준을 세워야 한다.

이번 장에서는 형성적 척도(formative measures)를 평가하는 데 필요한 기준을 소개하는 것으로 시작한다. 이 과정은 PLS-SEM 평가의 유의성을 확인하는 bootstrapping routine에 대한 논의를 포함하여 형성적 indicator의 weights에 대한 논의 또한 포함된다. 그 다음 앞서 살펴본 기업평판모델을 바탕으로 형성적 척도(formative measures)를 평가과정을 설명한다. 앞서 살펴본 기업평판모델이 단일항목 construct와 세 개의 반영적으로 측정된 construct들로 구성된 단순한 모델인 반면, 본 장에서 사용하는 확장 모델은 기업 평판에 영향을 미치는 construct들이 형성적 indicator들로 측정된다. 본 장에서는 측정모델의 평가에 대하여 논한다. 그리고 6장에서는 구조모델의 평가에 대하여 논의한다.

Stage 5b 형성적 측정모델 분석 결과의 평가

많은 연구자들이 PLS-SEM에서 형성적 척도(formative measures)의 질을 평가하기 위한 **반영적 측정모델**(reflective measurement model)의 평가기준을 잘못 사용한다—이러한 현실은 Hair et al.(2012a, 2012b)의 연구들을 통해 전략경영(strategic management)과 마케팅 분야(marketing disciplines)에서 이루어진 PLS-SEM 관련 연구들에 대한 검토를 통해 밝혀졌다. 그러나 반영적으로 측정된 척도(reflective measurement scales)에 대한 통계적 평가 기준을 **형성적 측정모델**(formative measurement models)에 적용할 수 없다. 이는 형성적 측정모델에서 indicator들은 construct의 선행요인(independent causes)에 해당하며 따라서 높은 상관관계가 필수적이지 않기 때문이다. 더불어 형성적 indicator들은 오차로부터 자유로우며 따라서 내적 일관성 신뢰도(internal consistency reliability)의 개념은 적절하지 않다(Diamantopoulos, 2006; Edwards & Bagozzi, 2000). 더욱이 형성적 indicator들과 가중치가 포함되는 경우에 반영적 측정모델에서 사용하는 집중타당성과 판별타당성(convergent and discriminant validity)에 대한 평가 기준을 적용하는 것은 적합하지 않다(Chin, 1998). 대신에 연구자들은 형성적으로 측정된 construct들을 실증분석하기에 앞서, **내용타당성**(content validity)의 확인에 집중해야 한다. 이러한 요구사항은 형성적인(formative) indicator들이 construct의 모든(적어도 가장 중요한) 측면을 정확히 나타내는 데 필요하다. 형성적 construct들을 구성하는 데 있어 내용타당성에 관한 사항은 연구자들이 측정하려는 indicator들에 대한 내용의 범위를 구체화하는 **내용구체화**(content specification) 과정을 통해 확인된다. 연구자들은 형성적 construct의 범위를 충분히 설명할 수 있는 indicator들을 포괄하여 구성해야 한다. Construct의 모든 측면을 고려(즉, 적절한 형성적 indicators)하지 못하면, construct 자체의 중요한 부분을 제외하는 결과를 초래한다. 이러한 맥락에서 전문가들의 의견은 형성적 indicator들을 적절하게 사용하기 위한 가이드라인이 된다. 연구자들은 형성적

construct들을 사용하여 모델을 설계하는 것(2장)과 더불어 척도를 개발하는 데 있어 철저한 문헌연구와 타당한 이론적 근거를 제시해야 한다(Diamantopoulos & Winklhofer, 2001; Jarvis et al., 2003). PLS-SEM의 결과 평가는 이러한 측면에 대한 고려를 포함한다.

본 장에서 우리는 〈도표 5.1〉에 제시된 절차에 따라, 형성적 측정모델(formative measurement models)의 PLS-SEM의 실증적 분석 결과 평가에 초점을 둔다. 첫 번째 단계는 형성적으로 측정된 construct와 동일한 construct에 대해 반영적으로 측정한 경우의 상관관계분석을 통해 형성적 측정모델의 집중타당성을 확인하는 것과 관련된다(1단계). indicator 수준에서 발생되는 문제는 각 indicator의 의도된 의미가 정말로 형성적 지표(formative index)로 전달되는지에 관한 것이다. 이러한 상황에서 연구자들은 두 가지 선택지를 가지게 되는데 특정한 indicator를 construct에 포함시킬 것인지 또는 제외시킬 것인지에 대하여 검토해야 한다: 먼저 동일한 construct의 다른 indicator들과 높은 상관관계를 보이는 경우 해당 indicator의 정보는 불필요하다. 이러한 경우 indicator들 간의 공선성(collinearity)을 확인한다(2단계). 두 번째로 하나의 indicator가 construct에 대하여 상대적으로 그리고 절대적으로 유의적인 영향을 미치지 않을지도 모

도표 5.1 형성적 측정모델의 평가 절차

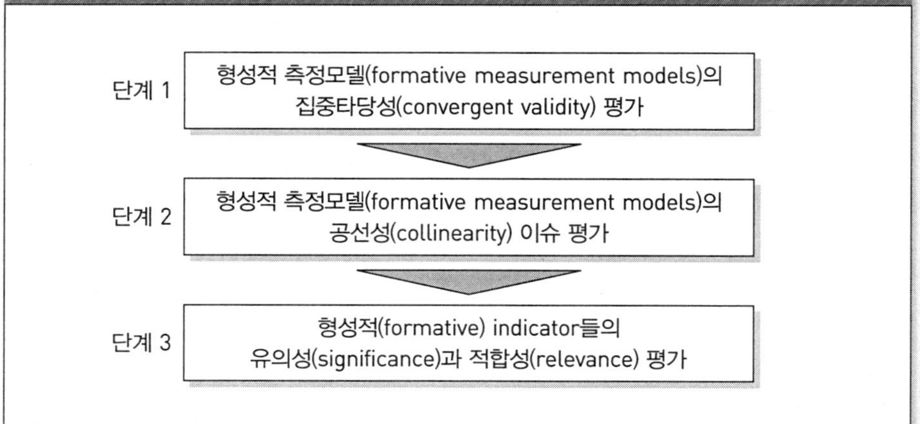

른다. 이는 형성적 indicator들에 대한 (통계적) 유의성(significance)과 적합성(relevance)을 확인함으로써 평가할 수 있다(단계 3).

이를 위하여, 우리는 형성적 측정모델의 집중타당성(convergent validity)을 고려해야 하며, 이는 선택된 indicator들에 의해 형성적 construct의 모든 범위와 연관된 측면을 포괄할 수 있는지를 확인하는 과정이다. 다음으로 개별 indicator 타당성(validity)의 평가에는 indicator들간 잠재적인 공선성(collinearity)에 대한 이슈가 포함된다. 마지막으로 우리는 각 indicator가 절대적인 그리고 상대적인 지표(index)로 구성될 수 있는지에 대한 의문에 답하는 과정이며, 이를 위하여 indicator들의 유의성(significance)과 적합성(relevance)을 확인한다. 〈도표 5.1〉에는 핵심요소들이 제시되어 있으며 각 분석에 대한 결과평가를 위한 핵심값들을 제시하였다. 더불어 우리는 실증분석에 적합하지 않은 상황에 대한 대안적 접근방법을 제안한다.

단계 1: 집중타당성(Convergent Validity) 평가

집중타당성(**Convergent validity**)은 동일한 construct에 대하여 하나의 척도가 다른 척도(indicators)와 정(+)의 상관관계인지를 확인하는 과정이다. 형성적 측정모델(formative measurement models)을 평가하는 과정에서 우리는 형성적으로 측정된 construct가 동일한 construct에 대한 반영적 지표와 높은 상관관계를 갖는지 확인해야 한다. 이러한 유형의 분석은 **redundancy analysis**로 알려져 있다(Chin, 1998). *redundancy analysis*란 용어는 모델 내 정보를 형성적 construct에 그리고 다시 반영적(reflective) construct에 포함시키는 관점에서 불필요해지는 정보로부터 파생된 것이다. 세부적으로 살펴보면 하나 혹은 그 이상의 반영적(reflective) indicator들로 조작화된 내생잠재변수(endogenous latent variable), 그리고 이를 예측하기 위한, 형성적으로 측정된(formatively measured) construct인 외생잠재변수(exogenous latent variable)를 보자(〈도표 5.2〉). 두 개의 construct간 연결된 경로계수의 크기(strength of the path co-

도표 5.2 집중타당성 평가를 위한 Redundancy Analysis

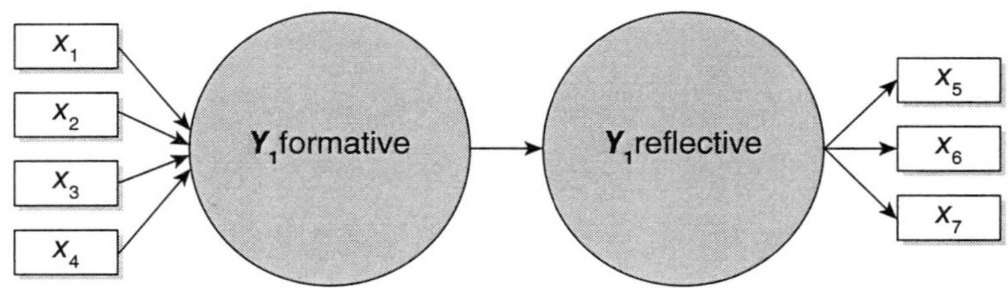

efficient)는 설계된 형성적(formative) indicator들의 타당성(validity)을 가리킨다. 이상적으로는 0.90 또는 최소 0.80 이상의 값을 가져야만(Chin, 1998) $Y_l^{\text{formative}}$와 $Y_l^{\text{reflective}}$ 간의 경로에서 R^2값이 0.81 또는 최소 0.64 이상의 값을 나타낼 수 있다. 만약 이러한 분석에서 집중타당성(convergent validity)을 확보하지 못하는 경우에는(즉, $Y_l^{\text{reflective}}$의 R^2값<0.64), construct $Y_l^{\text{formative}}$의 형성적 indicator들은 construct에 대한 내용적 의미를 제대로 전달하지 못한다. 이러한 경우 형성적(formative) construct들은 indicator들을 대체 그리고/또는 추가하여 이론적으로 혹은 개념적으로 재정의되어야 한다. 이러한 접근방법을 사용하는데 있어 반영적 잠재변수(reflective latent variable)는 연구설계 시 구체화되어야 하며 연구를 위한 자료수집 과정에서도 반드시 포함되어야 한다.

Construct에 적합한 반영적 척도(reflective measures)인지를 확인하기 위하여 연구자들은 기존 문헌들에서 사용된 척도를 이용할 수 있으며, 대다수의 척도들은 scale handbook들을 통해 찾을 수 있다(예: Bearden, Netemeyer, & Haws, 2011; Bruner, James, & Hensel, 2001). 그러나 반영적 다항목 척도(reflective multi-item measures)를 포함하는 것이 항상 바람직한 것은 아니다. 그 이유는 이로 인하여 설문지의 길이가 길어질 수 있기 때문이다. 긴 설문지는 응답자의 피로를 유발하며 응답률을 감소시키며 또한 결측값을 증가시킨다. 더군다나 이미 검증된 반영적 측정도구(reflective measurement instruments)가 없을 수도 있으며 새로운 척도를 개발하는 것은 어렵고도 많은 시간이 소요되는 과정이다.

대안으로 단일 global item을 사용하는 방법이 있으며 global item이란 형성적(formative) indicator들을 측정하기 적합하게 construct를 요약한 것이다(Sarstedt et al., in press). 3장의 기업 평판을 이용한 PLS-SEM 예시에 추가적으로 "[그 기업이] 사회적 책임 활동을 얼마나 하고 있는지 평가해주세요"라는 설문항목을 0(전혀 그렇지 않다)에서 10(매우 그렇다)까지의 10점 척도를 개발하여 측정하였다. 이 항목은 기업의 사회적 책임(corporate social responsibility-*CSOR*)에 대한 형성적 척도(formative measurement)의 타당성을 확인하기 위하여 내생 단일항목(endogenous single-item) construct로 사용할 수 있다. 이 장의 후반부에서 우리는 기업 평판에 대한 PLS-SEM 예시에서 전체 자료를 어떻게 평가하는지, 그리고 이러한 평가 과정이 어떻게 이루어지는지에 대하여 설명할 것이다. 연구에서 단일항목 척도를 포함하는 것은 그렇게 드문 일이 아니며(2장 참조), 타당성 검증을 목적으로 단일항목척도(single-item measures)를 사용하는 것은 설문지 길이에 대한 문제점과 형성적(formative) construct들에 대한 타당성 평가의 필요성 측면을 모두 고려할 수 있는 절충안이다.

단계 2: 형성적 측정모델(Formative Measurement Models)의 다중공성선 문제(Collinearity Issues) 확인

항목간 대체 가능한 반영적(reflective) indicator들과 달리 형성적 측정모델(formative measurement models)에서 항목간 높은 상관성(correlations)을 기대할 수 없다. 사실, 두 개의 형성적 indicator들 간의 높은 상관성은 **공선성(collinearity)**이라고도 불리며, 방법론적으로 그리고 해석기준 측면의 많은 문제점을 의미할 수 있다. 2개 이상의 indicator들이 포함되는 상황을 다중공선성(multicollinearity)이라 한다. 다음의 논의에서 우리는 간단하게 공선성(collinearity)으로 다룬다.

공선성(collinearity)이 발생하는 가장 심각한 상황은 동일한 정보를 나타내는 2개(혹은 그 이상)의 형성적(formative) indicator들이 동일한 indicator 집단에 속하는 경우에 발생한다(즉, 완벽한 상관관계를 가지는 경우). 이러한 상황은 동일한 indicator가 두 번 입력되거나 하나의 indicator가 다른 indicator의 선형조합인 경우에도 발생할 수도 있다(예: 하나의 indicator가 다른 indicator의 배수인 경우를 말하며, 단위당 매출액과 1,000단위당 매출액이 동시에 입력되는 경우를 의미). 이러한 상황에서 PLS-SEM은 두 개의 계수(coefficients) 중 하나를 추정할 수 없다(기술적으로 모델평가 과정에서 하나의 행렬이 발생한다; 3장 참조). 공선성 문제는 또한 구조모델에서도 나타나며(6장), 예를 들어 두 개(혹은 그 이상)의 construct들을 측정하기 위하여 불필요한 indicator들로 하나의 항목을 측정하는 경우가 있다. 이러한 문제가 발생하면 연구자들은 불필요한 indicator들을 제거해야만 한다. 완벽한 공선성(collinearity)이 나타나는 경우는 극히 드물며 높은 공선성이 나타나는 경우가 일반적이다.

공선성은 weights 추정과 통계적 유의성에 영향을 미치므로 형성적(formative) indicator들 간의 높은 공선성 발생은 매우 중요한 문제이다. 좀 더 구체적으로 살펴보면 실제적으로 높은 공선성은 두 가지 측면에서 분석 결과에 영향을 미친다. 첫 번째로 공선성은 표준오차(standard errors)를 증가시키며 따라서 추정된 weights와 0이 통계적으로 유의적인 차이를 보이는지에 대한 설명력을 감소시킨다. 이러한 문제는 PLS-SEM 분석이 표본오차(sampling error)에 의해 표준오차(standard errors)가 커지는, 작은 표본 크기를 이용한 분석상황에서 발생한다. 두 번째로 높은 공선성은 weights가 잘못 추정되는 경우와 부호가 반대로 설정된 경우이다. 다음의 예시(〈도표 5.3〉)를 살펴보면 두 개의 형성적 indicator들은 높은 공선성으로 인하여 부호가 반대로 나타났다.

〈도표 5.3〉의 상관관계 행렬(correlation matrix)을 살펴보면 indicator인 x_1와 x_2는 모두 construct Y_1에 대하여 정(+)의 상관관계를 나타내지만(각각 0.38과 0.14) 더 높은 상호간 상관(intercorrelation)을 나타낸다(0.68). indicator들의 이변량 상관관계(bivariate correlations) 모두 construct Y_1과 정(+)의 상관관계를

도표 5.3 공선성(Collinearity)을 설명하는 상관행렬(Correlation Matrix)

형성적 측정모델
(Formative Measurement Model)

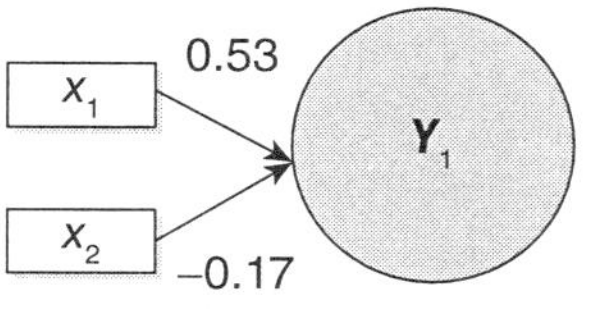

상관행렬
(Correlation Matrix)

	Y_1	x_1	x_2
Y_1	1.00		
x_1	0.38	1.00	
x_2	0.14	0.68	1.00

나타내며 또한 두 개의 indicator들은 정(+)의 상호간 상관(intercorrelated)을 나타낸다. 반면 algorithm의 마지막 단계를 거쳐 얻은 parameter의 최종 결과물(3장)에서 x_1의 outer weight는 정(+)의 방향(0.53)을 나타내는 반면, x_2의 outer weight는 부(−)의 방향(−0.17)을 나타낸다. 이는 높은 공선성으로 인하여 약한 설명력을 지닌 indicator들의 부호가 반대로 변하는(즉, indicator가 construct와 덜 관련되는) 상황을 나타낸다.

- 공선성의 평가방법과 임계치(Critical Levels)

공선성(collinearity)의 수준을 평가하기 위하여 연구자들은 **공차**(tolerance)를 계산해야 한다. 공차(tolerance)란 동일한 indicator 집단 내에서 다른 indicator들에 의해 설명되지 않는 하나의 형성적(formative) indicator의 분산량을 나타낸다. 예를 들어 하나의 형성적 indicator 집단 내에서 첫 번째 indicator인 x_1의 공차는 두 단계를 통해 얻을 수 있다:

1. 첫 번째 형성적 indicator x_1을 동일 집단 내 나머지 indicator들과 회귀분석한다. 다른 indicator들과 연관된 x_1의 분산을 계산한다($R^2_{x_1}$).
2. 식 $1-R^2_{x_1}$을 이용하여 indicator x_1 (TOL_{x_1})의 공차를 계산한다. 예를 들어 다른 indicator들이 첫 번째 indicator 분산의 75%를 설명하는 경우($R^2_{x_1}=0.75$), x_1의 공차는 0.25이다($TOL_{x_1}=1.00-0.75=0.25$).

공선성과 연관된 척도로는 **분산팽창요인**(variance inflation factor, VIF)이 있으며 이는 공차의 역수이다(즉, $VIF_{x_1}=1/TOL_{x_1}$). 따라서 x_1의 공차값(TOL_{x_1}) 0.25를 VIF값(VIF_{x_1})으로 환산하면 1/0.25=4.00이 된다. VIF는 공선성에 의한 표준오차(standard error) 증가량을 의미하는 VIF($\sqrt{VIF}$)의 제곱근으로부터 도출된다. 앞선 예시에서 VIF는 4.00의 값을 가지며 따라서 공선성에 의한 표준오차는 두 배가 된다($\sqrt{4}=2.00$).

공차(tolerance)와 분산팽창지수(*VIF*) 모두 R, IBM SPSS Statistics, 그리고 Statistica와 같은 일반적인 통계소프트웨어 패키지의 회귀분석 결과에서 확인할 수 있다. 세부적으로, 통계적으로 비유의적인 weights가 발생하면 연구자들은 공선성진단(collinearity diagnostic)과 관련된 척도들을 살펴보아야 한다. PLS-SEM 사용시, 공차값(tolerance value)은 0.20 이하, VIF값은 5 이상인 경우 잠재적인 공선성 문제(collinearity problem)를 지니게 된다(Hair, Ringle, & Sarstedt, 2011). 이러한 값은 하나의 동일한 indicator의 분산이 construct에 속한 다른 형성적(formative) indicator들에 의해 80%가 설명됨을 의미한다. VIF 이외에도, 형성적 측정모델(formative measurement models)에서 공선성 수준(level of collinearity)을 판별하기 위해 상태지수(condition index; CI)의 사용을 고려할 수도 있다(Götz, Liehr-Gobbers, & Krafft, 2010).

만약 공선성 수준(level of collinearity)이 매우 높다면(공차값(tolerance value)은 0.20 이하, VIF값은 5 이상인 경우), 해당 indicator(들) 중 하나를 제거해야 한다. 그러나 이러한 것은 이론적 측면에서 남아 있는 indicator들이 여전히 construct의 개념을 충분하게 설명할 수 있을 때 가능하다. higher-order construct(7장)들을 구성하거나 유사한 indicator들을 조합하여 하나의(새로운) 혼합 indicator(즉, 지표: index)를 개발—예를 들면 평균값을 사용하거나, 가중평균된 값을 사용하거나 요인점수(factor scores)를 사용—하는 것은, 공선성 문제(collinearity problem)를 다루기 위한 대안들이다. 그러나 후자의 경우에는 indicator들의 개별 영향력이 뒤섞이게 되어 index의 내용타당성(content validity)

에 부정적인 영향을 미치는 문제를 야기한다.

〈도표 5.4〉에서는 VIF를 바탕으로 형성적 측정모델(formative measurement models)의 공선성 평가과정을 보여준다. 형성적 측정모델에서 공선성이 임계치(critical level)를 넘지 않는 경우에만 outer weights의 유의성(significance)과 적합성(relevance)이 평가되어야 한다. 이러한 상황이 아닌 공선성 문제(collinearity issues)가 통제되지 않은 상황에서는 형성적 측정모델의 outer weights 결과를 해석할 수 없다. 결과적으로 형성적 척도는 사용할 수 없다. 다시 말해, 분석결

도표 5.4 형성적 측정모델에서 VIF를 이용한 공선성 평가

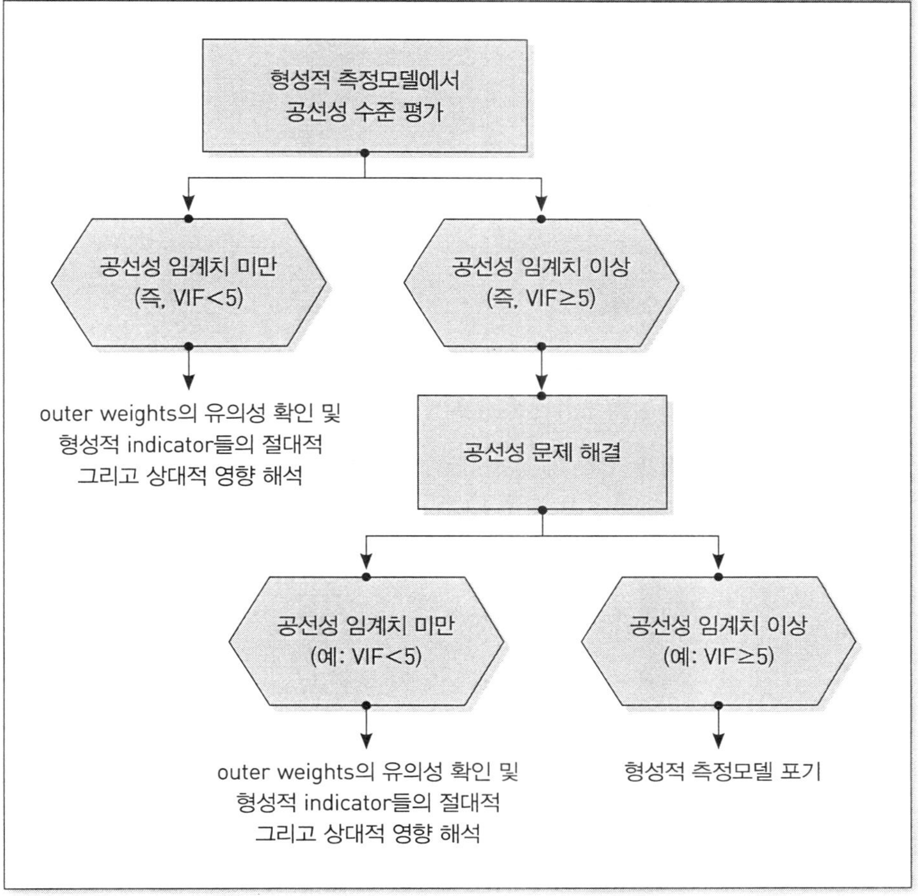

과를 해석해서는 안 되며 construct의 개념화(operationalization)에 대하여 재고려해야 한다.

단계 3: 형성적(Formative) Indicator들의 유의성(Significance)과 적합성(Relevance) 평가

형성적(formative) Indicator들을 평가함에 있어 또 다른 중요한 기준은 적합성(relevance)을 의미하는 **outer weight**이다. outer weight는 다중회귀분석(multiple regression)의 결과물이며(Hair et al., 2010), 이때 종속변수(dependent variable)는 latent variable scores를, 독립변수(independent variables)는 형성적 indicator들로 구성한다(3장의 PLS-SEM algorithm 참조). Construct 자체는 형성적 측정모델에서 indicator scores와 outer weights의 선형조합인 형성적 indicator들에 의해 구성되므로 이러한 다중회귀분석(multiple regression analysis)을 통해 1.0의 R^2값이 산출된다(즉, 오차분산(error variance) 없음; indicator들에 의해 construct가 100% 설명됨). outer weights의 값은 각각 비교될 수 있으며 따라서 construct에 대한 각 indicator의 **상대적 기여도(relative contribution)** 또는 상대적 중요도(relative importance)가 측정될 수 있다. 형성적 측정모델에서 측정된 outer weights 값은 반영적 indicator들의 outer loadings보다 일반적으로 작다. 핵심은 construct를 형성하는 데 있어 형성적 indicator들이 실제로 기여하는지이다. 이러한 문제에 답하기 위하여 우리는 형성적 측정모델에서 outer weights를 bootstrapping 절차에 의하여 "0"이 아닌지 검증해야 한다(bootstrapping은 구조모델 경로계수(structural model path coefficients) 평가에서도 중요한 역할을 한다; 6장 참조).

Bootstrapping은 본 데이터(original set of data)로부터 부표본(subsamples)을 무작위로(복원)추출한다. 그 다음 각각의 부표본(subsamples)은 모델 추정에 사용된다. 이러한 과정은, 일반적으로 5,000개 가량의, 큰 개수의 무작위 부표본(subsamples)이 추출될 때까지 계속한다. 부표본(subsamples)으로부터 추정된

parameter 추정량(이 경우 indicator weights)은 표준오차(standard errors) 추정량을 계산하는 데 사용된다. 이러한 정보는 각 indicator weight의 유의성(significance)을 평가하는 데 사용된다. bootstrapping에 대해서는 이번 장의 후반부에서 좀 더 자세히 설명한다.

모델 내에서 형성적(formative) indicator weight들의 값이 다른 인과관계들에 의한 영향을 받는다는 것은 매우 중요하다(3장의 PLS-SEM algorithm 참조). 그러므로 외생 형성적(exogenous formative) construct(들)은 결과변수로 사용되는 내생(endogenous) construct들에 따라 서로 다른 개념과 의미를 가질 수 있다. 이는 또한 **interpretational confounding**으로 알려져 있으며 이는 construct와 척도(measures) 간 실증적으로 관찰된 의미가 이론적으로 설정된 의미와 다른 상황이다(Kim, Shin, & Grover, 2010). 그러한 결과물은 결과를 일반화하는 데 한계가 있기 때문에 바람직하지 않다(Bagozzi, 2007). 따라서 상이한 설정 상황(예: 상이한 내생 잠재변수)을 적용한, PLS 경로모델 간에 형성적 construct들을 비교하는 것이 필요하다.

- Outer Weights에 Indicator의 수가 미치는 영향

많은 수의 형성적 indicator들이 construct를 측정하기 위해 사용되면 하나 이상의 indicator들은 낮은 수준 또는 통계적으로 비유의적인 outer weights를 갖기 쉽다. indicator의 수가 측정 결과(measurement results)에 약간의 영향을 미치는 반영적 측정모델(reflective measurement models)과는 달리 형성적 측정(formative measurement)은 weight의 통계적 유의성을 유지할 수 있는 indicator의 수가 제한적이다(Cenfetelli & Bassellier, 2009). 구체적으로 indicator들간의 상관관계가 없다고 가정된 상황에서 outer weight의 최댓값은 $1/\sqrt{n}$이며, 여기서 n은 indicator의 수를 의미한다. 예를 들어 상관관계가 없는 2개(또는 5개, 또는 10개)의 indicator들의 outer weight 최댓값은 $1/\sqrt{2}=0.707$(또는 $1/\sqrt{5}=0.447$ 또는 $1/\sqrt{10}=0.316$)이다. 이와 유사하게 outer weight의 최댓값은 indicator의 수에

따라 감소하며, outer weights의 평균값은 항목 수의 증가에 따라 유의적으로 감소한다. 따라서 형성적 indicator들이 추가될수록 비유의적일 가능성이 높다.

Indicator의 수가 미치는 잠재적 영향을 해결하기 위하여 Cenfetelli and Bassellier(2009)는 2개 이상의 구분되는 construct들로 indicator들을 분류하라고 제안하였다. 이러한 접근방법을 사용하기 위해서 indicator들을 개념적으로 조정하여 분류해야 하며 또한 이론적 그리고 개념적 측면에서 논리적으로 분류하여야 한다. 예를 들어 이 장의 후반부에서 살펴볼 기업 평판의 동인이 되는 construct인 *performance* construct의 indicator들은 〈도표 5.5〉에서 보여지는 바와 같이 2개의 집단으로 분류될 수 있다(〈도표 5.13〉 참조). Indicator 항목인 "[해당 기업]은 매우 관리가 잘 되는 기업이다"(*perf*_1)와 "[해당 기업]은 미래에 대한 명확한 비전을 가지고 있다"(*perf*_5)는 *management competence*로 정의된 다른 construct의 반영적(reflective) indicator들로 사용된다. 유사하게 "[해당 기업]은 경제적으로 안정된 기업이다"(*perf*_2), "나는 [해당 기업]의 경영위험이 경쟁사와 비교하여 보통 수준이라고 평가한다"(*perf*_3), 그리고 "나는 [해당 기업]이 성장 잠재성을 지녔다고 생각한다"(*perf*_4)의 indicator들은 *economic performance*으로 정의된 second construct의 반영적(reflective) indicator들로 사용할 수 있다. 대안으로는 formative-formative hierarchical component model을 개발하는 방법이 있다(7장 참조). second-order component 자체(*performance*)는 집단분류 과정(grouping process)을 통해 확인된 형성적으로 측정된(formatively measured) first-order components(*management competence*와 *economic performance*)로 구성된다(〈도표 5.5〉).

비유의적인 indicator weights를 무조건 측정모델의 질(measurement model quality)이 낮은 것으로 판단해서는 안 된다. 대신에 연구자들은 construct에 대한 형성적(formative) indicator의 **절대적 영향력**(**absolute contribution** 또는 **절대적 중요성—absolute importance**)—다시 말해 다른 indicator들을 제외하고 하나의 indicator가 제공하는 정보—을 살펴봐야 한다. 절대적 영향력은 형성적

도표 5.5 Second-Order Construct 예시

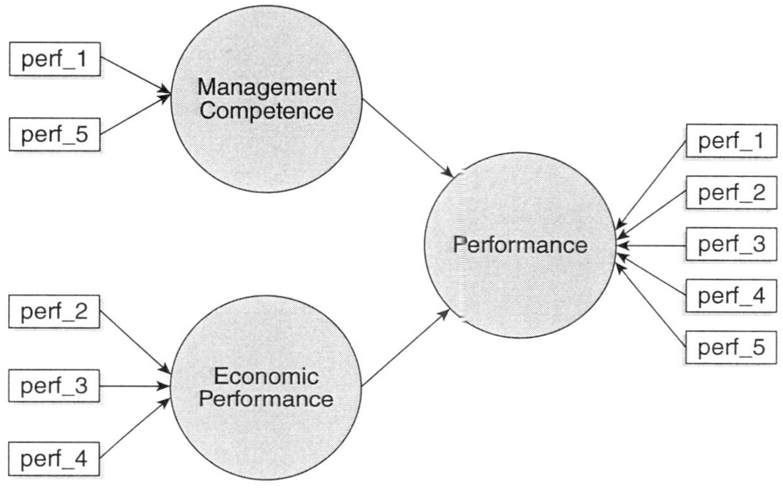

indicator들의 **outer loading**을 통해 확인하며 indicator weights와 마찬가지로 소프트웨어상에서 기본적으로 제공된다. outer weights와 차이점은 outer loading이 해당 construct의 각 indicator들의 단순회귀분석으로 산출된다는 것이다(PLS-SEM에서는 각 indicator들과 construct 간 이변량 상관관계(bivariate correlation)와 동일하다).

Indicator의 outer weight가 비유의적이고 outer loading이 높은 경우(즉, 0.50 이상), 해당 indicator는 상대적 중요성이 아닌 절대적 중요성으로 해석되어야 한다. 이러한 상황에서 해당 indicator는 일반적으로 제거하지 않는다. 그러나 indicator가 비유의적인 weight를 가지면서 outer loading이 0.50 이하인 경우에 연구자들은 indicator의 이론적 적절성과 동일한 construct 내 다른 indicator들간의 개념적 중복성을 고려하여 유지 또는 제거 여부를 고려해야 한다.

만약 construct가 탄탄한 이론적 토대를 바탕으로 개념화된(theory-driven conceptualization) 경우(예: 전문가 판단을 기반으로), indicator를 유지하는 것이 바람직하며 형성적 측정모델(formative measurement model) 내에 포함시켜야 한

다. 그러나 그렇지 않은 경우라면, 후속 분석을 위하여 해당 indicator를 제거하는 것이 일반적으로 옳다. 반면에 만약 outer loading이 낮고 비유의적이라면 형성적 지표에 대한 indicator의 적절성을 실증적으로 뒷받침할 수 없다(Cenfetelli & Bassellier, 2009). 따라서 이러한 indicator는 형성적 측정모델에서 제거되어야 한다.

실증적 측면에서 indicator의 기여도가 임계치(threshold levels)에 도달하지 못하여 형성적 indicator들을 제거하는 것은 모델을 재평가하는 경우 대부분 parameter 추정에 아무런 영향을 미치지 않는다. 그럼에도 형성적 indicator들은 통계적 결과물을 바탕으로 무조건 버려져서는 안 된다. 형성적 측정모델에서 indicator를 제거하기 전에 당신은 내용타당성(content validity)의 관점에서 indicator의 적합성(relevance)을 확인할 필요가 있다. 다시 한번 말하자면, 형성적 indicator의 제거는 당신이 construct의 일부 내용을 제거한다는 것을 의미한다. 〈도표 5.6〉에서는 형성적 유지 또는 제거에 대한 의사결정 과정을 요약하였다.

요약하자면 형성적 측정모델(formative measurement models)의 평가는 척도의 집중타당성(convergent validity)을 바탕으로 이루어져야 하며 indicator들의 공선성(collinearity), 그리고 indicator의 유의성을 비롯한 상대적, 절대적 기여도 분석을 필요로 한다. 〈도표 5.7〉은 형성적 측정모델 평가에 대한 경험적 기준을 제시하였다.

도표 5.6 형성적 Indicator들을 유지 또는 제거할 것인지에 대한 의사결정과정

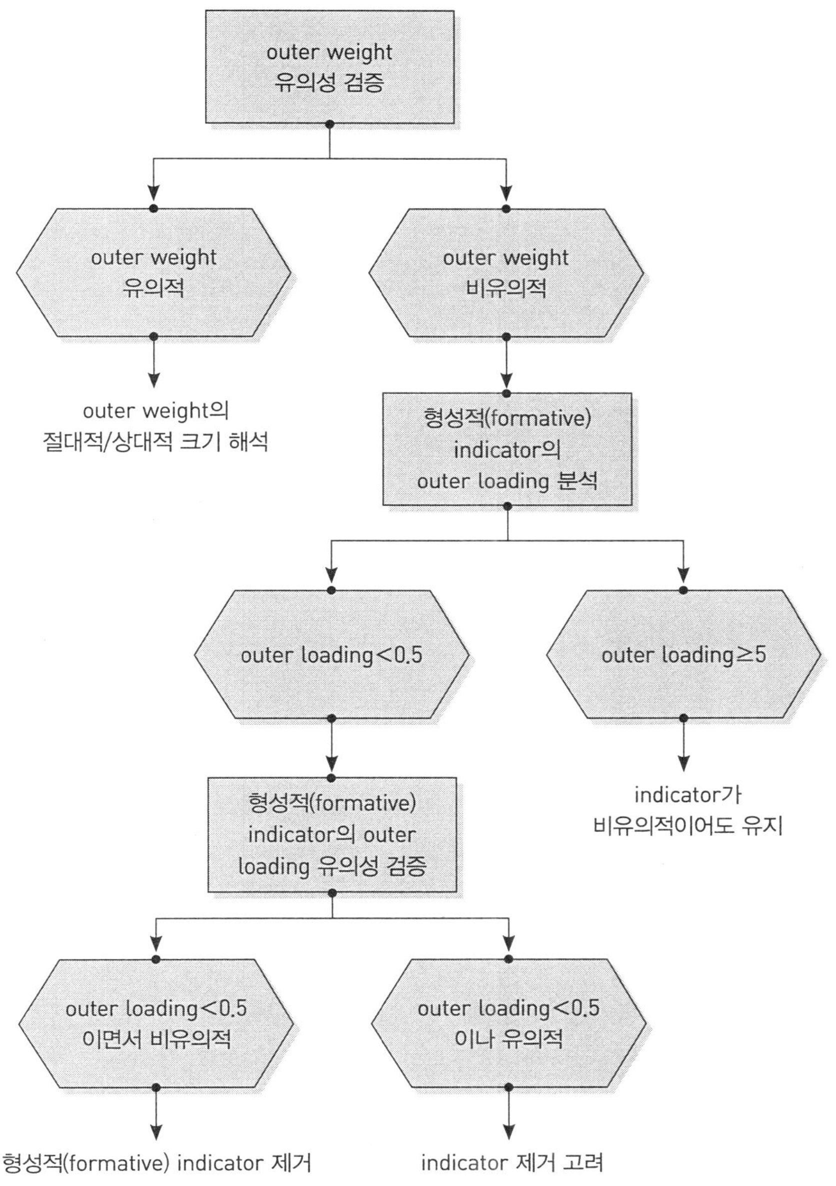

도표 5.7 형성적 측정(formative measurement) indicator들에 대한 평가규칙

- 형성적 construct의 집중타당성(convergent validity) 평가를 위하여 construct의 대안 척도인 반영적 척도(reflective measures) 또는 전반적인 의미를 갖는 단일항목과의 상관관계(correlation)를 확인한다(redundancy analysis). constructs들 간의 상관관계(correlation)는 0.80 이상이어야 한다.
- indicator들의 공선성(collinearity): 각 indicator의 공차(tolerance)(VIF)값은 0.20 이상(5 이하)이어야 한다. 이러한 요건을 충족하지 못하면 공선성 문제(collinearity problems)를 해결하기 위하여 indicator들의 제거, 하나의 지표에 통합 또는 higher-order constructs 구성을 고려한다.
- 각 indicator의 outer weight(상대적 중요성—relative importance)와 outer loading(절대적 중요성—absolute importance)을 평가하고 유의성(significance)을 검증하기 위하여 bootstrapping을 사용한다.
- Indicator의 weight가 유의적인 경우 indicator를 유지한다.
- Indicator의 weight가 비유의적이지만 항목 loading이 상대적으로 높은 경우(즉, >0.50), 해당 Indicator는 일반적으로 유지된다.
- 만약 outer weight와 outer loading 모두 비유의적이라면 indicator를 모델 내 포함시킬 근거가 없으므로 제거되어야 한다.

BOOTSTRAPPING 절차

개 념

PLS-SEM은 자료가 정규분포를 이룬다고 가정하지 않으며 따라서 회귀분석을 이용한 모수 유의성 검증(parametric significance tests)을 outer weights, outer loadings, 그리고 경로계수(path coefficients)와 같은 것들이 유의적인지를 확인하기 위해 적용할 수 없음을 의미한다. 대신에 PLS-SEM은 계수(coefficients)의 유의성을 검증하기 위하여 비모수적(nonparametric) bootstrap 절차를 이용한다(Davison & Hinkley, 1997; Efron & Tibshirani, 1986).

bootstrapping에서는 원자료로부터 많은 수의 부표본(subsamples; 즉, bootstrap samples)을 복원추출한다. 여기에서 복원(Replacement)은 각 횟수에서의 관측치는 표본추출 모집단(sampling population)에서 무작위로 추출하며,

다음 관측치를 추출하기 전 표본추출 모집단으로 다시 돌려놓는 것을 의미한다(즉, 관측치(observation)를 추출하는 모집단(population)은 항상 동일한 요소를 포함). 따라서 특정한 부표본(subsample)에 대한 관측치(observation)는 한 번 이상 선택되거나 전혀 선택되지 않을지도 모른다. bootstrap 표본의 수는 커야 하지만 적어도 원자료의 타당한 관측치(valid observations)의 크기와 같아야 한다. 일반적으로 5,000개의 bootstrap 표본을 필요로 한다.

〈도표 5.8〉은 어떻게 bootstrap이 실행되는지를 보여준다. 여기서 중요한 것은 각 bootstrap의 표본크기가 명확하게 정해져야 한다. 수용가능한 기준은 각 bootstrap 표본은 본표본(original sample)과 동일한 관측치(observations-PLS-SEM소프트웨어의 bootstrap 모듈에서는 **bootstrap cases**라는 용어로 사용)를 가져야 한다. 예를 들어, 본표본(original sample)이 130개의 타당한(!) 관측치(valid observations)를 가지고 있다면 각각의 5,000개의 bootstrap 표본은 130개 케이스를 포함하여야 한다. 그렇지 않으면 체계적으로 편향된 유의성 검증 결과가 산출된다. 결측값을 다루기 위한 케이스별 복원(casewise replacement)방법을 이용하는 경우 모델 추정을 위해 사용되는 관측치(observations)의 최종 숫자를 제대로 알고 있어야 한다.

Bootstrap 표본은 PLS 경로모델(PLS path model)을 평가하기 위하여 사용된다. 이것은 다시 말해 5,000개의 bootstrap 표본을 사용한다는 것은 5,000개의 PLS 경로모델(PLS path models)을 추정한다는 것을 의미한다. 계수(coefficients)들의 추정량은 bootstrap 분포를 이루며 이는 표본분포(sampling distribution)의 근사치로 볼 수 있다. 이러한 분포를 바탕으로 추정된 계수의 표준오차(standard error)와 표준편차(standard deviation)를 확인할 수 있다. 우리는 추정된 bootstrap 표준오차(bootstrap standard error) se^*로 나타내며 여기서 별표(*)는 bootstrap 분석방법을 이용하여 측정된 표준오차를 의미한다. bootstrap 분포는 모집단(population)에서 추정된 계수분포(coefficient's distribution)의 근사치로 받아들여질 수 있으며, 따라서 이러한 표준편차는 모집단에서 parameter의 표준

도표 5.8 The PLS-SEM Bootstrap Routine

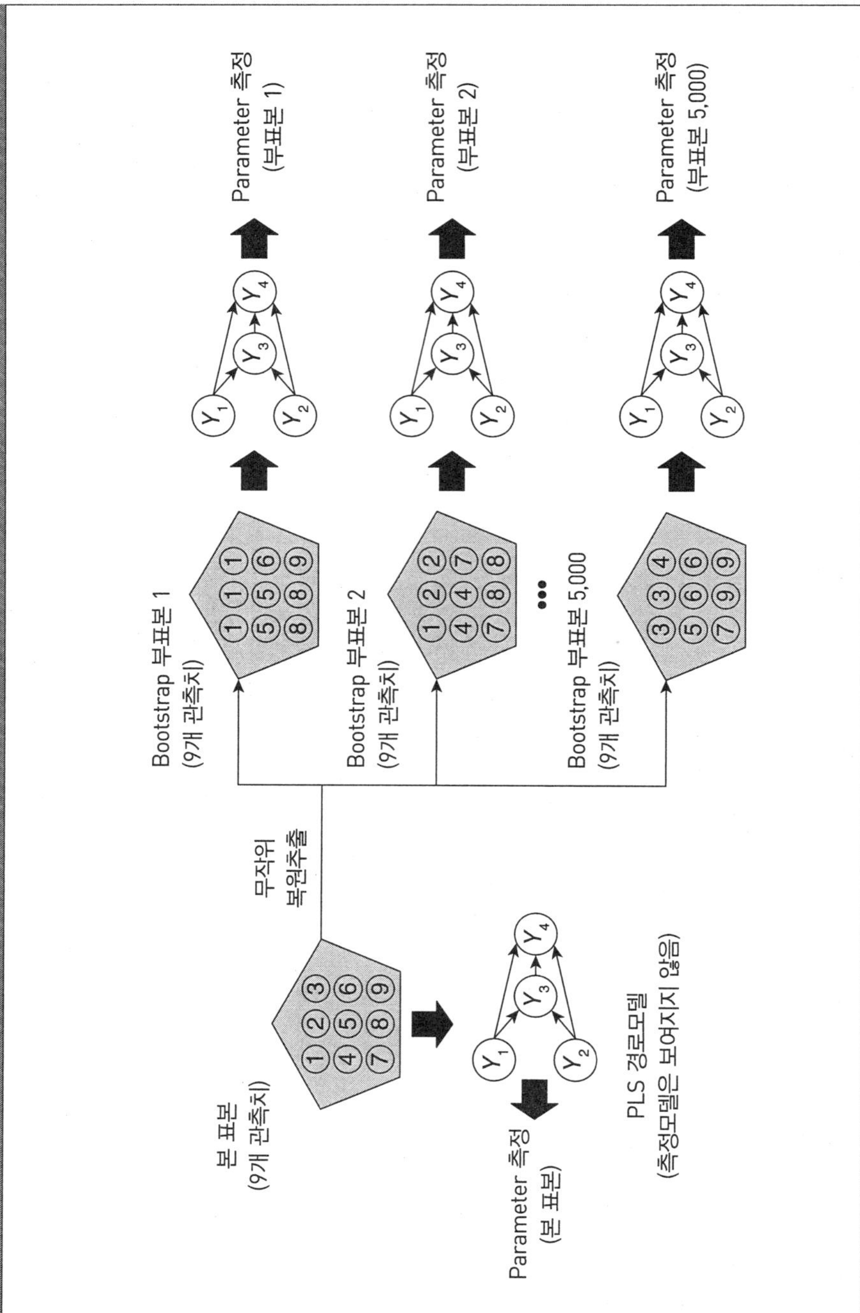

오차에 대한 대리지표로 사용될 수 있다.

예를 들어, bootstrap 분석방법은 모집단(population)에서 특정 outer weight w_1이 실제로 0인지에 대한 가설의 통계적 검증(statistical testing)이 가능하다. bootstrap 분포(bootstrap distribution)로부터 산출된 표준오차(standard error)를 사용하면, 다음의 식을 통해 w_1이 0과 통계적 차이를 나타내는지(즉, H_0: $w_1 = 0$ 그리고 H_1: $w_1 \neq 0$)를 검증하기 위한 Student's t검정을 할 수 있다:

$$t = \frac{w_1}{se^*_{w_1}}$$

여기서 w_1는 원래의 실증자료를 사용한 본모델 추정(original model estimation)으로부터 얻은 weight이며, $SE^*_{w_1}$은 w_1의 bootstrap 표준오차이다.

명칭에서 알 수 있듯이 관측치 −1의 값과 같은 **자유도**(**degrees of freedom, *df***: 통계적 검증의 마지막 계산과정에서 자유롭게 변화할 수 있는 값의 수)를 고려한 t분포(t distribution)를 따르는 통계적 검증법이다. 일반적인 기준에 따르면 t분포는 30개 이상의 관측치를 갖는 경우 흔히 말하는 정규(가우스)분포(normal(Gaussian) distribution)에 근접한다. 30개 이상의 관측치를 충족하는 경우 정규(가우스) 변위치(normal(Gaussian) quantiles)를 유의성 검증에 사용하여 t의 **임계치**(**critical *t* values** or 이론적 t값: **theoretical *t* values**)를 계산할 수 있다. 따라서 **산출된 *t*값**(**empirical *t* value**)의 크기는 1.96 이상인 경우 우리는 경로계수(path coefficient)가 0과 유의수준(significance level) 5%(α=0.05; 양측검정)에서 다르다고 가정할 수 있다. t의 임계치(critical t values)가 유의수준(significance level) 1%(α=0.01; 양측검정)와 10%(α=0.10; 양측검정)인 경우에는 각각 2.57 그리고 1.65 이상이다.

PLS-SEM에서 bootstrapping을 사용하는 데 있어 주요한 고려사항은 latent variable scores의 부호가 불확정적이라는 것이다(Wold, 1985). 이러한 latent variable scores에 대한 **부호의 불확정성**(**sign indeterminacy**)은 본표본(original sample)으로부터 산출된 추정치와 비교해볼 때, 계수(coefficients)의 bootstrap 추정(estimates) 과정에서 부호가 제멋대로 변하는 결과를 발생시킬지도 모른다. 이러한 부호의 변화는 bootstrap 결과의 평균값(즉, outer weight인 w_1)을 0에 "가깝게 만들고" 해당 bootstrap의 표준오차(standard error, $SE^*_{w_1}$)를 증가시키며 이에 따라 *t*값이 감소하게 된다.

부호변이를 다루기 위해 3가지 옵션을 제안한다: **no sign change option, individual-level sign change option, 그리고 construct-level sign change option.** *No sign change*는 실증분석된 *t*값의 결과를 바꾸지 않으며 부(−)의 부호로 산출된 결과도 수용하는 것을 의미한다. *individual-level sign change* 옵션은 본표본(original sample)으로부터 산출된 결과가 서로 다른 부호를 나타내는 경우 역부호로 바꾸어준다. 따라서 부호 변화로 인한 문제를 피하기 위하여 각 bootstrap 표본(bootstrap sample)별 측정/구조모델에서 산출된 부호를 본표본(original sample)에서 산출된 부호로 바꾸어준다. 세 번째 옵션은 *construct-level sign change*로, 원래의 PLS 경로모델 추정(original PLS path model estimation)을 통해 산출된 부호와 각 bootstraping 표본(bootstraping sample)의 부호를 비교하여 construct에 해당하는 모든 계수(coefficients)의 부호를 동일하게 바꾼다. 만약 본표본(original sample)을 이용하여 추정한 모델의 부호와 bootstrap 실행을 통해 산출된 부호의 대다수가 반대인 경우, bootstrap 실행으로 산출된 나머지 부호들을 반대 부호로 변경한다. 그렇지 않으면 변경하지 않는다. 이와 같이 construct-level sign change 옵션은 극단적인 옵션인 no sign changes와 individual-level sign changes의 절충안이다: 몇 개의 부호가 변경되지만 그 결과가 원래의 모델추정(original model estimation)과 100% 일치하지는 않는다.

실제 모델을 실행하는 과정에서 만약 원래의 모델 추정량이 0에 가깝지 않다면, 세 가지 다른 옵션들로 인한 결과차이는 거의 없다. 그러나 만약 원래의 모델 추정량이 0에 가깝다면, 역부호로 인하여 bootstrapping 표준오차(boot-

도표 5.9 Bootstrap Sign Change Options 사용기준

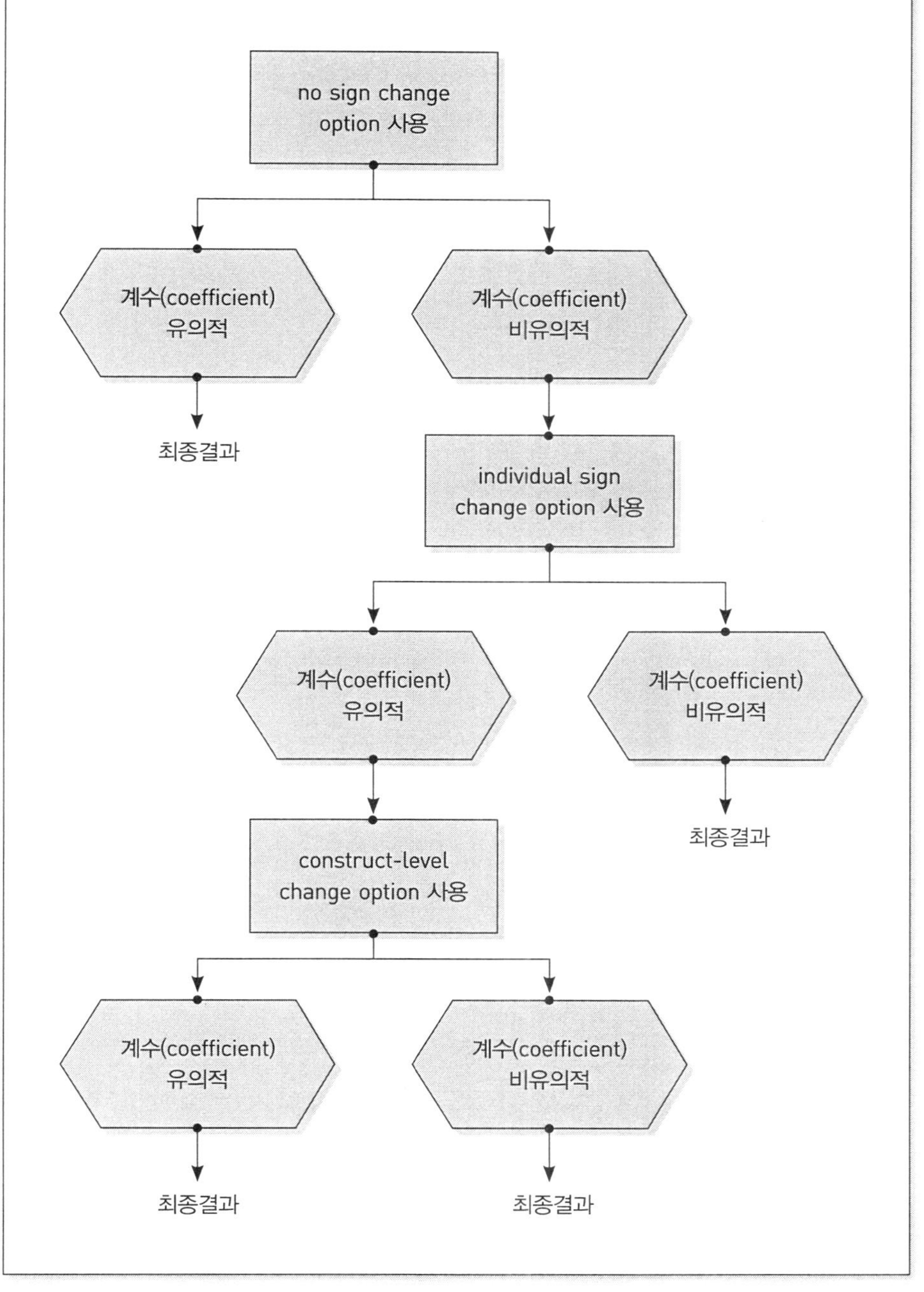

strapping standard error)는 체계적으로 감소하게 될지도 모른다. 우리는 no sign change option을 사용하기를 권하며, 그 이유는 이 옵션이 가장 보수적인 결과를 산출하기 때문이다. 만약 계수가 no sign change option하에서 유의적이라면 다른 옵션을 사용하는 경우에도 마찬가지로 유의적일 것이다. 반면에 individual sign change option은 세 가지 옵션을 비교한 후 t값이 가장 높은 경우에 사용해야 한다. 그러나 이러한 옵션에서도 결과가 여전히 비유의적이라면 당신은 귀무가설(null hypothesis)을 기각할 수 없으며, 계수가 비유의적이라고 결론을 내릴 수 없다. 그러나 만약 no sign option을 사용하는 경우 결과가 비유의적이지 않으면서 individual sign change option을 사용하는 경우 유의적이라면, 당신은 두 가지 옵션의 절충안인 construct-level change option을 사용해야 한다. 〈도표 5.9〉는 no sign change option을 사용하는 경우 비유의적인 결과물을 다루는 절차를 보여주고 있다.

Bootstrap 신뢰구간(Bootstrap confidence interval)

Parameter의 유의성(significance)을 단순히 기술하는 대신에 계수 추정에 대한 안정성(stability of a coefficient estimate)을 나타내는 **bootstrap 신뢰구간**(**confidence interval**: **CI**)을 같이 보고해주는 것이 좋다. 신뢰구간(confidence interval)은 실제 모집단의 parameter가 신뢰구간 내 속한다는 가정에 속할 수 있는 범위를 의미한다(즉, 95%). PLS-SEM을 사용하는 상황에서 우리는 또한 bootstrap 신뢰구간에 대하여 언급하며 그 이유는 구간 설정이 bootstrapping 절차를 통해 산출된 표준오차을 바탕으로 이루어지기 때문이다. 그렇다면 어떻게 이러한 유의성 검증방법을 PLS-SEM에 적용할 것인가? 예를 들어 outer weight w_1이 표준오차(standard errors, $se^*_{w_1}$)를 가진다면 대략적인 $1-\alpha$(양측검정) 신뢰구간(confidence interval)은 다음과 같으며

$$w_1 \pm z_{1-\alpha/2} \cdot se^*_{w_1}$$

여기서 $z_{1-\alpha/2}$는 표준정규 z-분포(standard normal z-distribution)표에서 가져왔다. 만약 오차확률(probability of error)이 5%(즉, $\alpha=0.05$)라면, $z_{1-\alpha/2}=z_{0.975}=1.96$이 된다. 따라서 bootstrap 신뢰구간(confidence interval)의 하한선은 $w_1-1.96\cdot se^*_{w_1}$이며 상한선은 $w_1+1.96\cdot se^*_{w_1}$이다. 당신은 이를 다음과 같이 나타낼 수 있다: $[w_1-1\ 96.\cdot se^*_{w_1};\ w_1+1.96\cdot se^*_{w_1}]$. 모집단에서 w_1이 0과 같다는(즉, H_0: $w_1=0$) 귀무가설(null hypothesis) H_0는 만약 $(1-\alpha)$ bootstrap 신뢰구간(confidence interval) 내에 0이 포함되지 않는다면 주어진 α구간에서 기각된다. 다시 말해, outer weight w_1과 같은 측정된 계수(coefficient)의 신뢰구간(confidence interval)에 0이 포함되지 않으면 w_1이 0과 같다는 가설은 기각되며 따라서 우리는 유의적인 효과가 있다고 가정한다. 유의성 측면을 좀 더 살펴보면 신뢰구간의 범위는 연구자들에게 얼마나 안정적으로 측정됐는지를 확인할 수 있게 한다. 계수(coefficient)의 신뢰구간(confidence interval)이 넓다는 것은 안정성(stability)이 떨어진다는 것을 의미한다.

예를 들어, 형성적 측정모델(formative measurement model)에서 한 indicator의 outer weight가 0.25의 값을 가지며 bootstrap 표준오차(bootstrap standard error)는 0.08이라고 가정해보자. 1%의 오차확률(probability of error)을 가정할 때(즉, $\alpha=0.01$), $z_{1-\alpha/2}=z_{0.995}=2.57$이며, 0.25의 하한선은 $0.25-2.57\cdot 0.08=0.044$인 반면 상한선은 $0.25+2.57\cdot 0.08=0.455$의 값을 갖게 된다. 따라서 bootstrap 신뢰구간(bootstrap confidence interval)은 [0.044; 0.455]이다. 신뢰구간(confidence interval) 내에 0이 포함되지 않으므로 우리는 0.25인 outer weight가 유의수준 1% 내에서 유의적이라고 결론지을 수 있다.

확장된 유의성 검증방법은 Gudergan, Ringle, Wende, and Will(2008)이 제안하였으며 Henseler et al.(2009) 그리고 Sarstedt, Henseler, and Ringle(2011)에 의해 검증된 biascorrected bootstrap confidence interval이 있다. bootstrap 신뢰구간(bootstrap confidence intervals)과 bias-corrected bootstrap intervals은 일반적으로 별다른 차이가 없으며 이에 흥미를 갖는 독자들은 앞의

도표 5.10 Bootstrap 실행의 기본 규칙(rules of thumb)

- bootstrap 표본(samples) 크기는 반드시 원자료(original data set)의 타당한 관측치(valid observations)의 개수보다 많아야 하며 적어도 5,000개 이상의 bootstrap 표본(samples)이 필요하다.
- 각 bootstrapping 부표본(subsample)의 관측치(observations)는 반드시 원자료(original data set)의 타당한 관측치(valid observations)보다 많아야 한다.
- bootstrap 실행과정을 통해 측정된 계수(coefficient)의 표준오차(standard error)가 산출된다. 이러한 정보를 통해 우리는 실증적 t값(empirical t value)을 산출한다. t분포(t distribution)는 30개 이상의 관측치(observations)를 가지는 경우 정규분포(normal distribution)에 가까워지며 정규분포(normal distribution)로부터 얻어지는 변위값(quantiles)들을 유의성 검증에 사용할 수 있다. 양측검정에서 일반적으로 사용되는 기준(이론적) t값은 1.65(α=0.10), 1.96(α=0.05), or 2.57(α=0.01)이다. 만약 산출된 t값(empirical t value)이 선택된 수준에서 기준 t값보다 높다면 계수(coefficient)는 0과 유의적으로 다르다고 할 수 있다.
- bootstrap을 실행하여 가장 보수적인 값을 산출하기 위하여 no sign change option을 이용한다.
- bootstrap 신뢰구간(confidence intervals)을 같이 기술하는 것이 좋다.

연구들에서 자세히 알아볼 수 있다. 〈도표 5.10〉은 PLS-SEM에서 bootstrap 반복에 대한 유의성 검증의 기본 규칙을 보여준다.

사례연구 예시 형성적 측정모델

단순 경로모델(Simple Path Model)의 확장

2장에서 소개한 단순경로모델(simple path model)에서는 2가지 결과변수인 고객만족과 애호도를 바탕으로 기업평판의 관계를 보여주고 있다. 단순모델은 기업평판이 고객 만족과 애호도에 어떠한 영향을 미치는지를 설명하는 데 유용하지만 기업 측면에서 평판을 효율적으로 관리하기 위한 방법을 제시하지는 못 한다.

Schwaiger(2004)는 기업수준 마케팅 활동의 평균을 이용하여 기업이 다룰 수 있는 기업 평판의 4가지 원인(driver) construct들을 제시하였다. 구체적으로 기업평판의 동기 construct들은 (1) 고객지향의 질을 나타내는 기업 제품과 서비스의 품질(*QUAL*), (2) 그것의 경제적 관리적 성과(*PERF*), (3) 한 기업의 사회적 책임(*CSOR*), 그리고(4) 매력성(*ATTR*)이다. 4가지 동기 construct들은 모두 기업 평판의 경쟁력, 선호도 측면과 관련된다. 〈도표 5.11〉은 construct들과 그들 간의 관계를 보여주며, 본서의 후반부 장들에서 사용될 PLS-SEM 예제에 대한 확장된 구조모델을 나타낸다. 요약하자면, 확장된 기업 평판 모델은 3개의 주요 개념적/이론적 요소(conceptual/theoretical components)를 가지고 있다. (1) 관심 목표들(constructs—*CUSA*와 *CUSL*이라 한다);(2) 두 개의 기업평판 차원, *COMP*와 *LIKE*는 목표 construct들의 핵심 결정요인을 나타낸다; 그리고(3) 두 기업평판 차원의 4개 외생동인 construct들(즉, *ATTR*, *CSOR*, *PERF*, 그리고 *QUAL*).

〈도표 5.11〉에서 오른편에 있는 내생잠재변수(endogenous latent variables)들에는 단일항목 construct(*CUSA*), 그리고 반영적 construct(*COMP*, *CUSA*, 그리고 *LIKE*)들이 포함되어 있으며 예시 왼편(즉, *ATTR*, *CSOR*, *PERF*, 그리고 *QUAL*)에는 4개의 동인 construct(외생잠재변수)들이 평판모델에 따라 형성적 측정모델

도표 5.11 개념적·이론적 모델

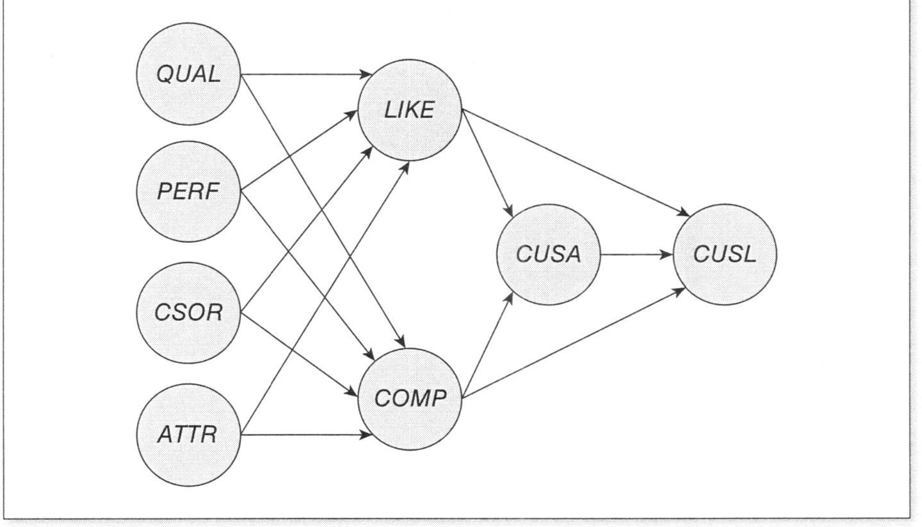

(formative measurement models)로 구성되어 있다(Schwaiger, 2004). 세부적으로 4개의 새로운 construct들은 문헌 연구, 질적 연구, 양적 연구를 통하여 총 21개의 형성적 indicator들로 측정되었다(좀 더 자세한 내용은 Schwaiger, 2004의 연구를 참조). 〈도표 5.12〉는 형성적 indicator 목록과 해당하는 설문문항을 보여준다.

다시 한번 우리는 PLS-SEM을 이용하여 344개의 관측치(observations)로 구성된 자료를 실증분석에 사용한다. 앞장의 단순모델과 달리 우리는 이제 모델 평가를 위한 최소한의 표본크기를 가지고 형성적 측정모델(formative measurement models)을 분석한다. *QUAL*의 측정모델은 가장 많은 수의 construct들로부터 화살표를 받는 것으로 나타난다. 형성적으로 측정된 나머지 construct들은 몇 개의 indicator만을 가지고 있다. 이와 마찬가지로 구조모델에서 내생 construct들 또한 몇 개의 indicator만을 가지고 있다. 따라서 10배수 법칙에 따라 우리는 8·10=80개의 관측치(observations)가 필요하다. 대안으로 다중 OLS 회귀분석(multiple OLS regression analysis) 또는 G*Power program을 이용한 power analysis를 위해 Cohen(1992)이 제시한 기준에 따르면 유의수준(significance level) 5%를 가정하고 통계적 검증력(statistical power) 80%를 가정하는 경우 0.25의 R^2값을 확보하기 위해 적어도 84개 이상의 관측치(observations)가 필요하다(1장).

확장된 기업평판모델 분석을 위한 SmartPLS 프로젝트와 데이터 파일은 http://www.pls-sem.com(Corporate_Reputation_Extended.zip)에서 다운로드할 수 있다. **Corporate_Reputation_Extended.zip** 파일을 당신의 컴퓨터 하드디스크에 저장한다. 다음으로 **Corporate_Reputation_Extended. Zip** 파일의 압축을 푼다(예: 폴더위치는 C:\SmartPLS\). SmartPLS 프로젝트 파일의 이름은 **Corporate Reputation Extended.splsp**이며 .splsp는 프로젝트 파일 확장자를 의미하는 것으로 SmartPLS 소프트웨어로 바로 불러올 수 있다(Ringle, Wende, & Will, 2005). SmartPLS 소프트웨어를 실행한 후 메뉴에서 **File → Import**를 클릭한다. 화면상에 Import box 박스가 나타나면 **Next**를 클릭한 다음 2장에서 자세히 설명하였던 **Corporate Reputation Extended.splsp**를 찾아(Browse) 불러온

다. 그 후에 SmartPLS Projects 윈도우상에서 왼편에 보면, **Corporate Reputation Extended**라는 이름의 새로운 프로젝트가 나타날 것이다. 이 프로젝트는 몇 개의 모델(splsm 파일)을 포함하고 있으며 데이터세트 **Full Data.csv**를 포함하고 있다. **Corporate Reputation Extended**를 선택한 후 옵션을 펼쳐주는 버

도표 5.12 형성적 측정모델(Formative Measurement Models)의 Indicators

Quality (*QUAL*)	
qual_1	(그 기업이) 제공하는 제품/서비스의 품질은 높다.
qual_2	내 생각에 (그 기업은) (산업의) 모방자라기보다는 혁신자이다.
qual_3	나는 (그 기업의) 제품/서비스가 가격에 비해 좋은 가치를 제공한다고 생각한다.
qual_4	(그 기업의) 서비스는 좋다.
qual_5	고객은 (그 기업에 대한) 높은 평가를 내린다.
qual_6	(그 기업은) 고객에게 믿을 수 있는 파트너인 것 같다.
qual_7	나는 (그 기업을) 신뢰할 수 있는 기업으로 여긴다.
qual_8	나는 (그 기업에 대해) 많은 존경한다.
Performance (*PERF*)	
perf_1	(그 기업은) 매우 잘 관리되는 기업이다.
perf_2	(그 기업은) 경제적으로 안정적인 기업이다.
perf_3	나는 (그 기업의) 경영 위험을 경쟁자와 비교할 때 그다지 대단하지 않은 것으로 본다.
perf_4	나는 (그 기업이) 성장 잠재력을 갖고 있다고 생각한다.
perf_5	(그 기업은) 기업의 미래에 대한 명확한 비전을 가지고 있다.
Corporate Social Responsibility (*CSOR*)	
csor_1	(그 기업은) 사회적으로 의식있는 방향으로 행동한다.
csor_2	나는 (그 기업이) 공중에 정보를 제공함에 있어 솔직하다는 인상을 받았다.
csor_3	나는 (그 기업이) 경쟁자에 대해 공정한 태도를 갖고 있다고 생각한다.
csor_4	(그 기업은) 환경 보존을 중시한다.
csor_5	나는 (그 기업이) 오직 이익에만 집중하지 않는다는 느낌이 있다.
Attractiveness (*ATTR*)	
attr_1	내 생각에, (그 기업은) 성공적으로 높은 수준의 종업원을 채용하고 있다.
attr_2	나는 내가 (그 기업에서) 근무하는 모습을 희망한다.
attr_3	나는 (그 기업의) 물리적 외관(기업, 빌딩, 가게 등)을 좋아한다.

튼을 클릭한다(). 몇몇 파일이 보일 것이며 **Base Model.splsm, Convergent Validity ATTR.splsm, Convergent Validity CSOR.splsm**, 기타 등등의 파일과 **Full Data.csv** 파일이 보일 것이다. 다음으로 **Base Model.splsm**를 더블클릭하면 〈도표 5.13〉에서 보여지는 바와 같은 기업평판예시의 확장된 PLS 경로모델(extended PLS path model)이 열릴 것이다.

다른 방법으로는 만약 당신이 SmartPLS 소프트웨어 사용법을 익히고 싶다면 직접 확장모델을 만들어 볼 수도 있다. 2장에서 설명한 바와 같이 우리는 SmartPLS 소프트웨어를 이용하여 확장된 모델을 분석한다. 이러한 목적을 위하여 Projects 창에서 **Corporate Reputation** 프로젝트 위에서 오른쪽 마우스를 클릭한 다음 **Copy Resource** 옵션을 선택한다(〈도표 5.14〉). 메뉴가 열리고 기존 프로젝트 파일을 복사하기 위하여 파일명이 제시된다; 예를 들어 **Corporate Reputation Extended**나 이와 유사한 다른 파일명을 입력하라. **OK**를 클릭하면 SmartPLS은 프로젝트폴더 창에서 새로운 이름으로 프로젝트 파일을 생성한다. **Projects** 창의 왼쪽에 있는 십자표시를 클릭하면 **Corporate Reputation Extended** 파일의 세부내용이 펼쳐진다(당신이 설정한 파일명 왼쪽). 다음으로 당신은 **Corporate Reputation** 프로젝트에 있는 **Corporate Reputation Extended** 프로젝트 파일을 보게 된다: (1) SmartPLS 모델인 **Simple Model.splsm** 그리고 (2) 원자료인 **Full Data.csv**.

다음으로 **Simple Model.splsm** 파일의 이름을 **Base Model.splsm**로 바꾼다. **Corporate Reputation Extended** 프로젝트에 있는 **Simple Model.splsm**에서 오른쪽 마우스 버튼을 누르면(→ SmartPLS **Projects** 창), 몇 가지 옵션이 담긴 대화창이 열린다(〈도표 5.14〉). 대화창에서 **Rename Resource** 옵션을 선택한 후 **Base Model**이라고 입력하고 **OK**를 클릭한다. **Projects** 창에서 **Corporate Reputation Extended** 프로젝트를 접은 다음(왼편의 − 상자 클릭), 프로젝트명이 **Base Model.splsm**으로 바뀐 **Simple Model.splsm**을 발견할 것이다. 더불어 새로운 프로젝트의 원자료인 **Full Data.csv** 또한 발견할 것이다.

도표 5.13 SmartPLS 내 확장된 모델

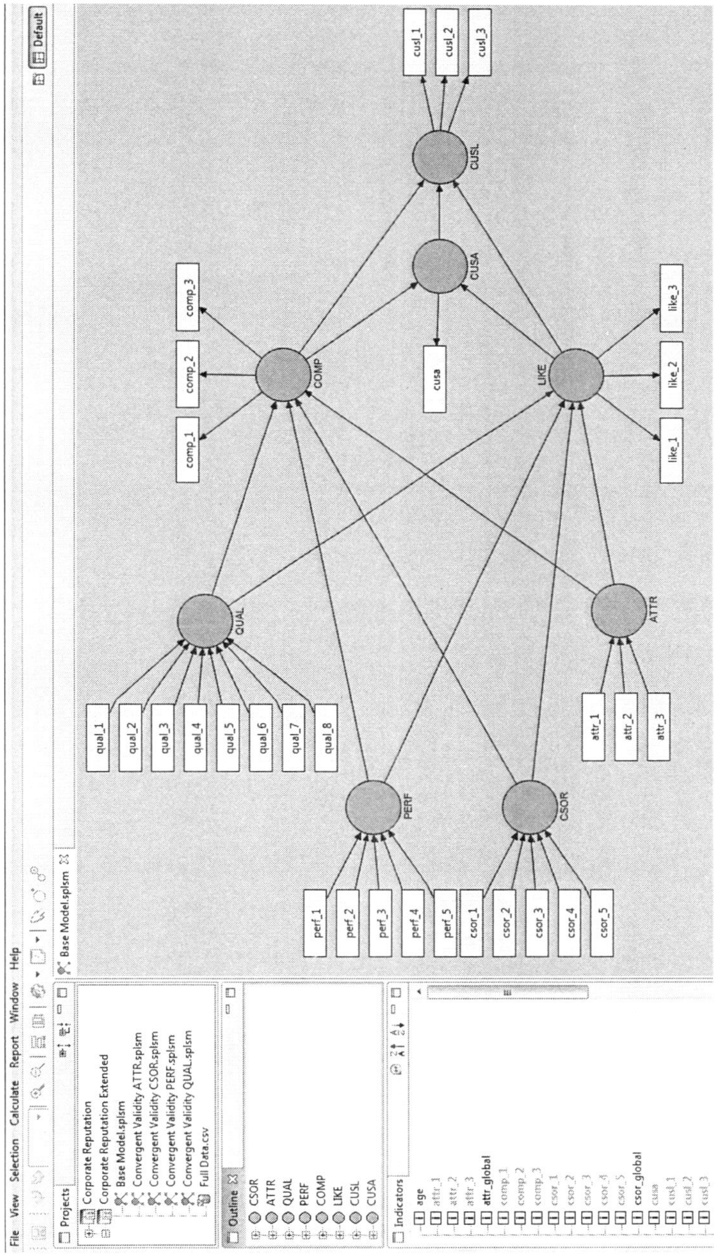

도표 5.14 SmartPLS Projects 창의 옵션

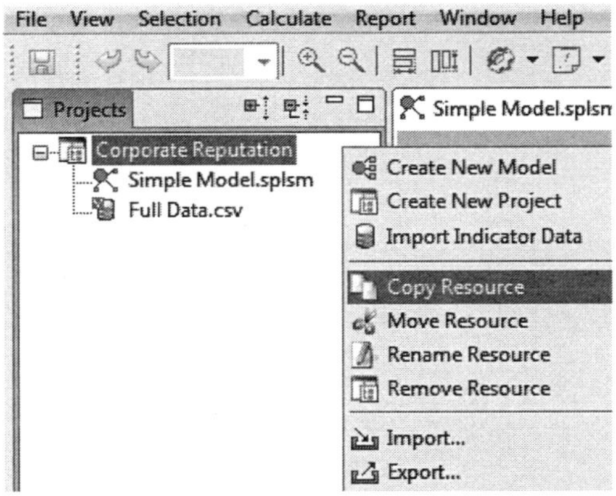

이제 당신은 기업평판에 대한 단순 PLS 경로모델(simple PLS path model)을 확장한 연구를 시작할 수 있다. **Corporate Reputation Extended** 프로젝트—**Simple Model.splsm** 파일을 복사한 것이다—의 **Base Model.splsm** 파일을 더블클릭하면 **Modeling** 창에 PLS 경로모델 구성요소들(PLS path model elements)이 있을 것이다. **Modeling** 창을 클릭하고 키보드에서 CTRL 키와 A 키를 같이 눌러 전체 요소를 선택한다. 모든 PLS 경로모델 구성요소들(PLS path model elements)을 **Modeling** 창의 오른쪽으로 옮긴다(단순히 왼쪽 마우스를 누르고 있는 상태로 당신의 마우스를 오른쪽으로 이동시켜도 된다). 만약 당신의 단순 모델이 화면상에 꽉 찬다면 **Modeling**창의 좌측상단에 있는 −기호 버튼을 클릭하여 모델 크기를 줄일 수 있다. 다음으로 메뉴의 버튼(**Switch to Insertion Mode**)을 클릭하여—다른 방법으로는 CTRL 키와 2키를 눌러서—**Modeling** 창에 4개의 construct들을 추가한다. 〈도표 5.13〉에서 보여지는 바와 같이 새로운 construct들이 추가되었다. 아무 construct에서나 우 클릭하면 몇 가지 옵션이 담긴 대화창이 열린다(〈도표 5.15〉). **Rename Object**를 이용하면 〈도표 5.13〉에서 보여지는 확장모델과 같이 각 construct의 이름을 바꿀 수 있다.

도표 5.15 SmartPLS Modeling 창의 옵션

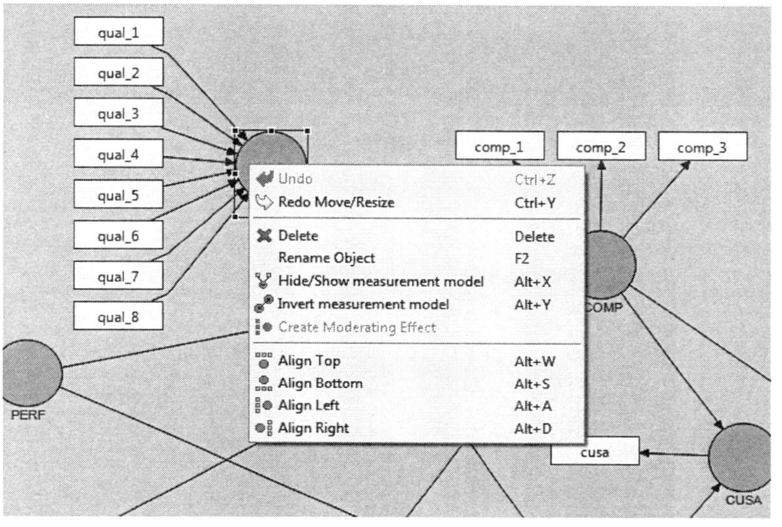

그 다음 construct들 간의 경로 관계를 그려준다. 메뉴에서 버튼(Switch to Connection Mode)을 클릭하면—다른 방법으로는 CTRL키와 3키를 누른다—〈도표 5.13〉에서 보여지는 바와 같이 **Modeling** 창에서 새로운 construct들과 연결할 수 있다. 경로관계를 그리기 위하여 시작 construct들을 클릭한 후 목표 construct에 연결하면 된다.

마지막으로 각 construct에 해당하는 indicator들을 **Indicators** 창에서 각 construct로 끌어다 놓으면(drag and drop) 된다. 초기설정은 indicator들이 반영적(reflective) indicator들로 설정되어 있다. 형성적(formative) indicator로 설정을 바꾸려면 다시 한번 construct 위에서 오른쪽 마우스를 누른 다음 **Invert Measurement Model**을 클릭한다(〈도표 5.15〉). 이렇게 함으로써 indicator들을 반영적(reflective)에서 형성적(formative)으로 변경할 수 있다. SmartPLS **Modeling** 창에서 최종모델은 〈도표 5.13〉에서 보여지는 것과 유사하며 이 시점에서 새로 그린 전체 모델을 꼭 저장하기 바란다.

일단 모델이 설정되면 우리는 **Calculate → PLS Algorithm**을 클릭한 후 3장(즉, path weighting scheme, 300 회 반복, 정지기준 1.0E-5)에서 보여준 옵션을 이용하여 <도표 5.16>과 같이 PLS-SEM을 실행할 수 있다. 우리가 앞장에서 축소한 원자료(data set)와 같이 **Full Data.csv** 파일에 결측치(missing values)는 없다. 단지 indicator *cusl*_1(3개 결측치; 0.87%), *cusl*_2(4개 결측치; 1.16%), *cusl*_3(3개 결측치; 0.87%), 그리고 *cusa*(1개 결측치; 0.29%)만이 결측치를 가지고 있다. 이러한 결측치 개수는 비교적 적은 편이므로(즉, indicator당 5% 미만의 결측치; 2장 참조), PLS-SEM algorithm 실행시 결측치 문제의 해결을 위하여 삭제하는 대신 평균값으로 대체한다.

PLS-SEM algorithm이 종료되면 **Report → Default Report**로 가서 algorithm이 수렴되었는지 확인한다(3장). 이번 예제에서는 PLS-SEM algorithm 최대반복횟수(maximum number of iterations)인 300회 또는 정지기준(Stop Criterion)인 **1.0E-5**(0.00001)에 도달하여 정지될 것이다. Algorithm이 어떻게 정지되

도표 5.16 PLS-SEM Algorithm 실행을 위한 설정

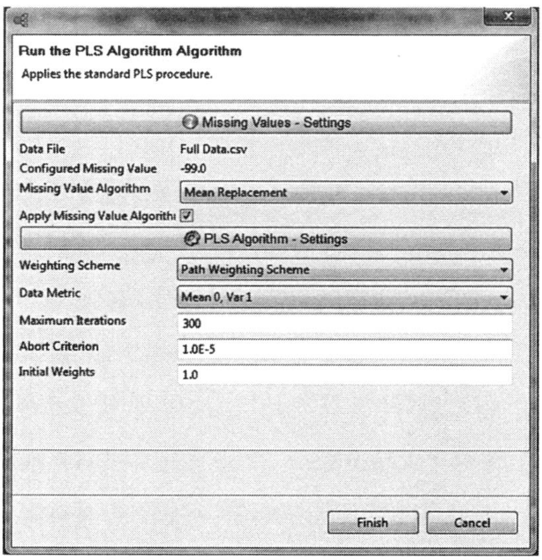

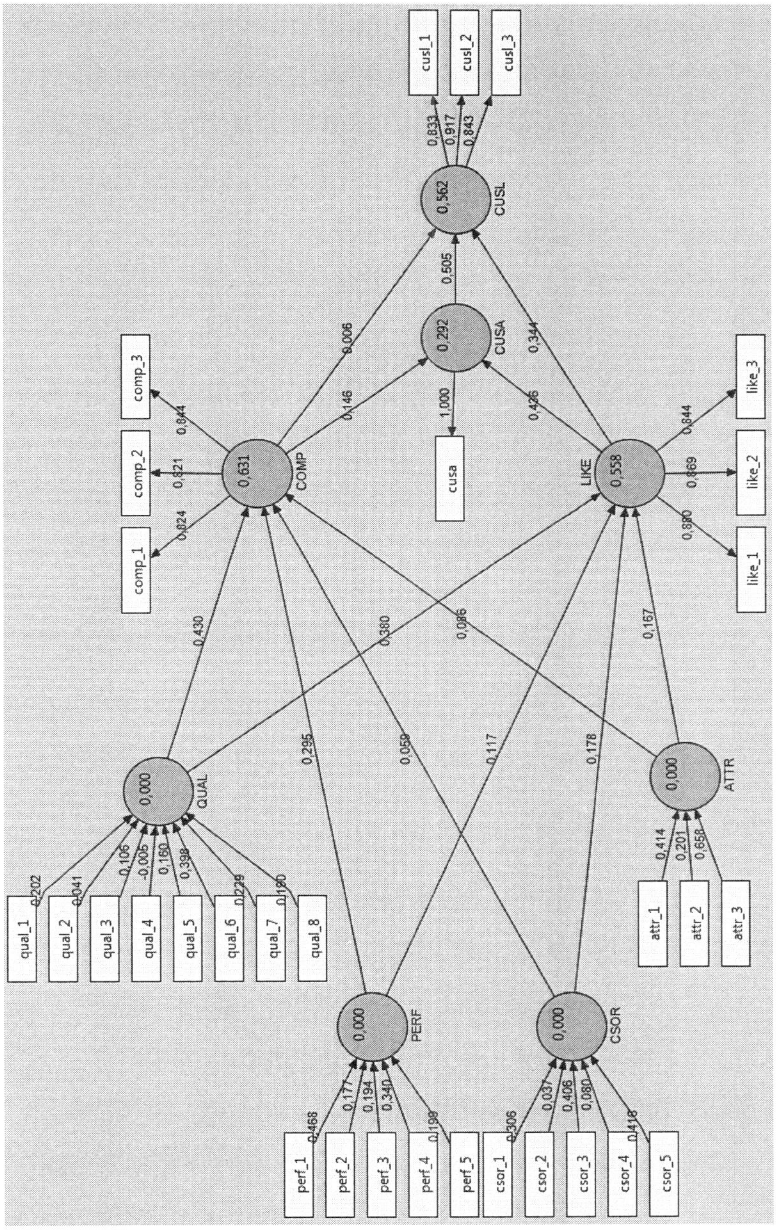

도표 5.17 PLS-SEM 결과

었는지 확인하기 위하여 default report에서 **PLS → Calculation Results → Stop Criterion Changes**의 순서대로 선택한다. 만약 algorithm이 반복횟수가 아닌 정지기준(Stop Criterion)에 의해 끝난다면 측정모델 평가를 계속할 수 있다. 만약 algorithm이 최대반복횟수에 의해 끝난다면(그러나 이는 실질적으로 발생하지 않는다), 산출된 결과는 받아들여질 수 없으며 모델 설정 그리고/또는 자료를 다시 살펴볼 필요가 있다.

Modeling 창에 나타난 결과를 통해 당신은 분석결과를 전체적으로 살펴볼 수 있다. 〈도표 5.17〉에서 보여지는 바와 같이 당신은 형성적 측정모델(예: *QUAL*)의 표준화된 outer weights, 반영적 측정모델의 표준화된 outer loadings(예: *CUSL*), 그리고 *CUSA* construct와 이에 대한 단일항목 척도 간의 관계값 1.000을 확인할 수 있다. 단일항목 construct의 유형이 형성적(formative)이든 반영적(reflective)이든 outer relationship은 항상 1이다. 또한 내생 잠재변수의 R^2값(즉, 원안의 값)에 더하여, 구조모델에서의 각 construct들 간의 표준화된 경로계수가 나타난다. 원 안의 값이 "0.000"으로 나타난 것은 R^2값이 "0"이라는 것이 아니다. 대신 이들은 구조모델에서 외생잠재변수이기 때문에 R^2값이 없다.

반영적 측정모델 평가(Reflective Measurement Model Evaluation)

PLS-SEM의 중요한 특성 중 하나는 모델 측정이 항상 선택으로 인한 영향을 받는다는 것이다. 예를 들어 특정 indicator들을 제거하거나 추가하는 것은 또한 모델의 다른 부분에서 모델 추정에 영향을 미치게 된다. 우리는 초기 모델에 추가적으로 4개의 construct들을 확장하였으므로 4장에서 보여준 기준에 따라 형성적 측정모델(reflective measurement models)을 재평가해야 한다. 결과 산출을 위하여 default report(**Report → Default Report**)를 열고 **PLS → Quality Criteria → Overview**의 결과를 확인한다. 〈도표 5.18〉에서는 SmartPLS 소프트웨어의 결과를 나타낸다. 가독성을 높이기 위해 우리는 결과표에서 메뉴막

도표 5.18 형성적 측정모델(Reflective Measurement Model) 평가기준 결과

- Data Preprocessing
- Index Values
- Model
- PLS
  - Calculation Results
    - Latent Variable Scores
    - Manifest Variable Scores (Used)
    - Outer Loadings
    - Outer Weights
    - Path Coefficients
    - Stop Criterion Changes
  - Quality Criteria
    - Cross Loadings
    - Latent Variable Correlations
    - Overview
    - Total Effects

	AVE	Composite Reliability	R Square	Cronbachs Alpha
ATTR				
COMP	0.688	0.869	0.631	0.776
CSOR				
CUSA	1.000	1.000	0.292	1.000
CUSL	0.748	0.899	0.562	0.831
LIKE	0.747	0.899	0.558	0.831
PERF				
QUAL				

대(좌상단)의 S 버튼을 이용하고 버튼을 이용하여 제시된 결과의 소수자리를 조정한다. 결과를 살펴보면 형성적으로 측정된 construct들은 0.688 이상의 AVE값을 가지며 이는 수용가능한 수준 0.5를 넘는다(4장 참조). 추가적으로 모든 composite reliability(CR)은 임계치인 0.70을 넘는다.

indicator loadings를 살펴보면(default report 내에서 PLS → Calculation Results → Outer Loadings), 〈도표 5.19〉에서 보여지는 바와 같이 모든 반영

도표 5.19 Outer Loadings의 PLS-SEM 결과

- Data Preprocessing
- Index Values
- Model
- PLS
  - Calculation Results
    - Latent Variable Scores
    - Manifest Variable Scores (Used)
    - Outer Loadings
    - Outer Weights
    - Path Coefficients
    - Stop Criterion Changes
  - Quality Criteria
    - Cross Loadings
    - Latent Variable Correlations
    - Overview
    - Total Effects

	ATTR	COMP	CSOR	CUSA	CUSL	LIKE	PERF	QUAL
attr_1	0.755							
attr_2	0.506							
attr_3	0.891							
comp_1		0.824						
comp_2		0.821						
comp_3		0.844						
csor_1			0.771					
csor_2			0.571					
csor_3			0.838					
csor_4			0.617					
csor_5			0.848					
cusa				1.000				
cusl_1					0.833			
cusl_2					0.917			
cusl_3					0.843			
like_1						0.880		
like_2						0.869		
like_3						0.844		
perf_1							0.846	
perf_2							0.690	
perf_3							0.573	
perf_4							0.717	
perf_5							0.638	
qual_1								0.741
qual_2								0.570
qual_3								0.749
qual_4								0.664
qual_5								0.787
qual_6								0.856
qual_7								0.722
qual_8								0.627

적 indicator들이 0.821 이상의 loadings를 갖는다. SmartPLS와 같은 PLS 소프트웨어들은 indicator가 반영적(혹은 형성적)이든 상관없이 PLS 경로모델의 모든 construct들에 대한 outer loadings와 outer weights를 제공한다. 따라서 〈도표 5.19〉에서는 반영적·형성적 construct 모두에 대한 outer loadings를 보여준다. 그러나 반영적 측정모델을 평가하는 경우에는 반영적 construct들의 outer loadings만을 참고하면 된다(즉, *COMP*, *LIKE*, *CUSL*).

마지막으로 cross-loadings 분석은(default report에서 **PLS → Quality Criteria → Cross Loadings**) construct 내 적재된 각 반영적 indicator의 loading 값과 다른 construct에 대한 loading값과의 비교를 통해 반영적 construct들의 판별타당성(discriminant validity) 여부를 확인한다. 또한 Fornell-Larcker 기준에

도표 5.20 Fornell-Larcker 기준

	ATTR	*COMP*	*CSOR*	*CUSA*	*CUSL*	*LIKE*	*PERF*	*QUAL*
ATTR	형성적 측정 모델							
COMP	0.613	**0.829**						
CSOR	0.592	0.596	형성적 측정 모델					
CUSA	0.416	0.423	0.422	형성적 측정 모델				
CUSL	0.439	0.439	0.417	0.689	**0.865**			
LIKE	0.612	0.638	0.617	0.529	0.615	**0.864**		
PERF	0.665	0.728	0.626	0.425	0.479	0.639	형성적 측정 모델	
QUAL	0.689	0.763	0.700	0.489	0.532	0.712	0.788	형성적 측정 모델

Note: The square root of AVE values is shown on the diagonal and printed in bold (reflective constructs only); nondiagonal elements are the latent variable correlations.

따르면 각 반영적 construct의 AVE 제곱근이 모델 내 다른 construct들과의 상관관계(correlations)보다 크므로 판별성(discriminant)이 확보되었다(4장 참조). Fornell-Larcker 기준에 대한 SmartPLS default report 결과는 〈도표 5.20〉에 나타나 있다. 형성적 construct들이 포함된 모델에서 Fornell-Larcker 기준을 사용하는 경우 모든 잠재변수 간 상관관계(즉, 형성적 construct의 값 역시)와 반영적(reflective) construct의 AVE 값(좀 더 정확하게는 AVE의 제곱근)을 비교해야 한다. 그러나 형성적으로 측정된 construct들의 AVE값들은 상관관계와 비교할 필요는 없다(사실 SmartPLS에서는 보여주지도 않는다).

형성적 측정모델 평가(Formative Measurement Model Evaluation)

확장된 기업평판모델의 형성적 측정모델을 평가하기 위하여 우리는 형성적 측정모델 평가 절차를 따른다(〈도표 5.1〉). 먼저 우리는 형성적 construct들의 집중타당성(convergent validity)을 확인해야 한다. 이를 위하여 각 construct별 redundancy analyse를 시행한다. 본 설문지상에 4가지 요소를 전반적으로 평가하기 위한 단일항목 척도가 포함되어 있으며—*attractiveness*, *corporate social responsibility*, *performance*, 그리고 *quality*—이를 우리는 redundancy analyses에서 종속 construct의 척도로 사용한다. 형성적으로 측정된 construct들이 포함된 연구를 설계하는 경우 당신은 형성적(formative) construct 등에 대한 검증을 위하여 설문지상에 이러한 유형의 global 척도를 포함시켜야 한다.

집중타당성(convergent validity) 검증을 위하여 우리는 〈도표 5.21〉과 같은 새로운 모델을 만들어야 한다. 웹사이트에서 다운로드받을 수 있는 파일인 **Corporate Reputation Extended.splsp** SmartPLS 프로젝트 파일에 각 모델들이 포함되어 있다. www.pls-sem.com 웹사이트 내 **Corporate Reputation Extended.splsp** 위에서 오른쪽 마우스 버튼을 누르고 당신의 컴퓨터에 저장한다(예: C:\SmartPLS\). 다음으로 SmartPLS 소프트웨어를 실행하고 이 장의 전반부와 3장에서 설명한 바와 같이 **Corporate Reputation Extended.splsp**를 불러오

도표 5.21 형성적 측정모델의 집중타당성 평가

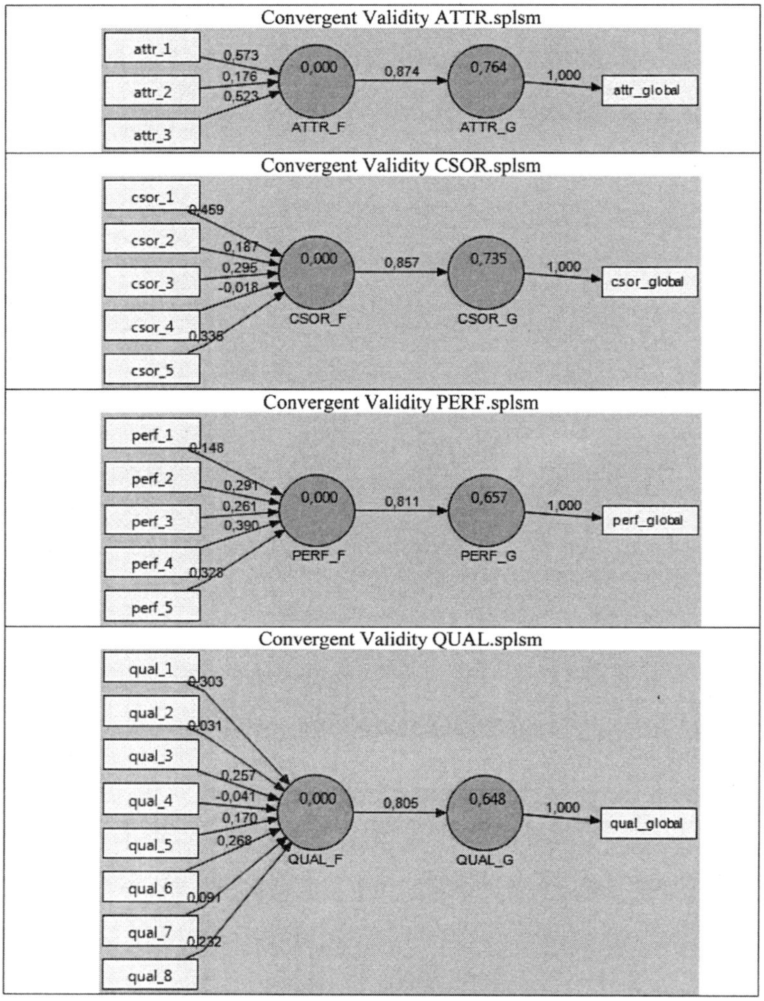

기 위하여 메뉴에서 **File → Import**를 누른다. 그러면 SmartPLS **Projects** 창 왼편에 새로운 프로젝트인 **Corporate Reputation Extended**가 나타날 것이다. 이 프로젝트에는 몇 개의 모델(.splsm files)과 원자료인 **Full Data.csv**이 포함되어 있다. 그 밖에도 우리는 SmartPLS **Projects** 창에서 **Base Model.splsm**를 비롯한

Convergent Validity ATTR.splsm, Convergent Validity CSOR.splsm, Convergent Validity PERF.splsm, 그리고 **Convergent Validity QUAL.splsm** 파일들을 볼 수 있으며, 〈도표 5.13〉과 같이 각 모델을 더블클릭하여 열 수 있다.

다른 방법으로는 SmartPLS에서 **Corporate Reputation Extended** 프로젝트 파일에 집중타당성(convergent validity) 평가를 위한 4개 모델을 새롭게 만드는 방법이 있다. 이를 위해서는 **Project** 창에서 **Corporate Reputation Extended**를 선택하고(마우스 왼쪽 버튼 클릭) 오른쪽 마우스 버튼을 누른다. 그러면 옵션을 선택할 수 있는 메뉴가 열린다(〈도표 5.14〉). 그중에서 **Create New Model**을 선택한다. 다음으로 당신은 새로운 모델의 이름을 정할 수 있다(예: **Convergent Validity ATTR**). **OK** 버튼을 누르면 **Corporate Reputation Extended** 프로젝트에 새로운 모델이 생긴다(예: **Convergent Validity ATTR.splsm**). 새로운 모델을 더블클릭하면(예: **Convergent Validity ATTR.splsm**), 비어 있는 modeling 창이 나타난다. 이제 우리는 〈도표 5.21〉에서 보여지는 모델 중 하나를 만들기 위하여 앞에서 설명한 단계를 따른다(예: 첫 번째 단계, **Convergent Validity ATTR.splsm**).

〈도표 5.21〉의 첫 번째 상자는 *ATTR* construct에 대한 redundancy analysis 결과를 나타낸다. 본 모델에서 형성적 construct는 *ATTR_F*로 변수명을 정하였으나 기업의 매력성을 측정하기 위한 global construct는 *ATTR_G*로 변수명을 정하고 단일항목 construct를 사용한다. 앞서 살펴본 바와 같이 이 분석은 0.87의 경로계수(path coefficient)를 산출하며 이는 임계치인 0.80을 초과하므로 형성적 construct의 집중타당성(convergent validity)을 충족하였다. *CSOR*, *PERF*, 그리고 *QUAL*의 redundancy analyses 결과 각각 0.86, 0.81, 그리고 0.81이 산출되었다. 따라서 모든 형성적으로 측정된 construct들은 집중타당성(convergent validity)을 충족한다.

다음 단계에서 우리는 indicator들의 공선성(collinearity)을 확인한다. SmartPLS 소프트웨어는 공차(tolerance)와 VIF를 제공하지 않는다. 통계 소프트웨어 패키지인 R, IBM SPSS Statistics, 또는 Statistica는 선형 회귀분석 모듈

(linear regression modules)에서 공선성(collinearity)을 확인할 수 있다. 데이터를 통계소프트웨어 패키지에서 불러온 후 우리는 특정 형성적 construct에 해당하는 형성적 indicator들을 독립변수로, construct에 속하지 않는 나머지 하나의 indicator를 종속변수로 하는 다중회귀분석을 실시한다. 공선성 분석에서 회귀분석의 결과는 상관없으며 추가분석도 필요없다. 우리가 필요한 결과는 공선성 문제를 확인하기 위한 VIF 값(또는 공차)뿐이다. 예를 들어 우리는 indicator *cusa*_1를 종속변수로 *attr*_1, *attr*_2, 그리고 *attr*_3를 종속변수로 하는 회귀모델을 구성하여 *ATTR* construct의 형성적 indicator들에 대한 VIF 값을 얻고자 한다. 〈도표 5.22〉에서는 모델 내 모든 형성적 construct들의 VIF 값을 보여준다. 우리는 http://www.pls-sem.com의 Download section에서 IBM SPSS Statistics를 이용하여 VIF 값을 산출하는 과정을 단계별로 소개하였다. 〈도표 5.22〉의 결과에 따라 *qual*_3는 가장 높은 VIF 값(2.269)을 가졌다. 따라서 VIF 값은 모두 동일하게 임계치 5보다 낮다. 따라서 우리는 어떠한 형성적 construct에서도 심각한 수준의 공선성은 발견되지 않으며 확장된 기업평판 예제의 PLS 경로모델 평가에 있어 문제가 되지 않는다고 결론짓는다.

다음 단계는 outer weights의 유의성(significance)과 적합성(relevance)

도표 5.22 분산팽창요인(VIF) 결과

ATTR		*CSOR*		*PERF*		*QUAL*	
Indicators	VIF	Indicators	VIF	Indicators	VIF	Indicators	VIF
*attr*_1	1.275	*csor*_1	1.560	*perf*_1	1.560	*qual*_1	1.806
*attr*_2	1.129	*csor*_2	1.487	*perf*_2	1.506	*qual*_2	1.632
*attr*_3	1.264	*csor*_3	1.735	*perf*_3	1.229	*qual*_3	2.269
		*csor*_4	1.556	*perf*_4	1.316	*qual*_4	1.957
		csor_5	1.712	*perf*_5	1.331	*qual*_5	2.201
						*qual*_6	2.008
						*qual*_7	1.623
						*qual*_8	1.362

을 분석해야 한다. 우리는 먼저 bootstrapping을 이용하여 outer weights의 유의성(significance)을 고려한다. SmartPLS menu-bar의 bootstrapping option에서 우리는 bootstrap routine(**Calculate → Bootstrapping**) 실행을 위한 대화창을 열 수 있다. 우리는 결측값을 고려한 모든 정보를 대상으로 초기 모델과 같은 PLS-SEM algorithm을 구성하였으므로 bootstrapping을 실행함에 있어 추가적인 정보에만 초점을 맞춘다. Bootstrapping 대화창에서 algorithm 옵션(즉, sign change option)과 두 개의 parameter settings(즉, cases and samples)가 나타나며 〈도표 5.23〉에서 보여지는 것과 같이 **No Sign Changes** option을 선택한다. Cases의 숫자는(즉, 원표본(original sample)으로부터 복원추출되는, 무작위로 추출되는 부표본(subsample)당 관측치의 수) 반드시 본표본(original sample)의 관측치(observations) 개수와 일치해야 한다. 우리는 기업평판 예시의 PLS-SEM 결과를 bootstrap하기 위하여 결측치를 평균값으로 대체하고, 344개의 케이스를 선택하였다. 마지막으로 초기 실행을 위하여 우리는 시간 절약을 목적으로 좀 더

도표 5.23 Bootstrap Routine실행을 위한 설정

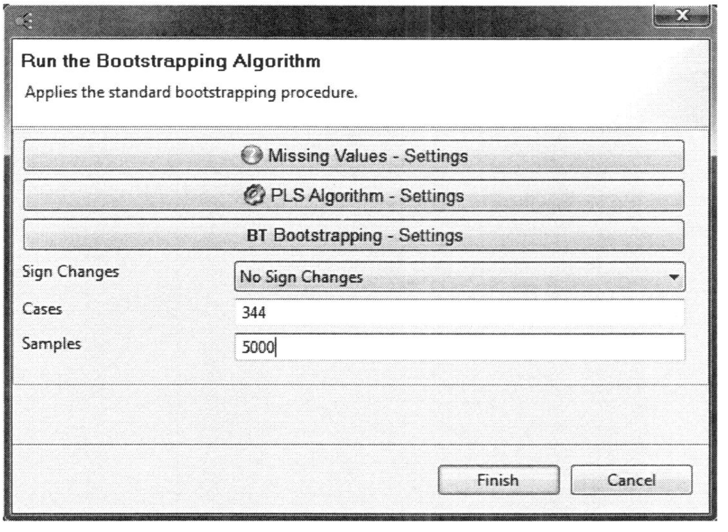

적은 수의 bootstrap 부표본(subsamples, 즉 500)을 무작위로 추출하여 PLS-SEM algorithm을 측정하고 싶어할지도 모른다. 하지만 최종결과를 위하여 우리는 시간이 좀 더 걸리는 5,000개의 bootstrap 부표본(subsamples)을 이용하는 것을 권한다(〈도표 5.23〉)

bootstrap routine을 실행한 후 SmartPLS는 graphical modeling 창(〈도표 5.24〉)에 bootstrapping 절차에 의해 산출된 추정치 그리고 구조모델의 *t*값을 보여준다. 〈도표 5.24〉에 있는 결과들이 당신의 결과와 다를 것이며 bootstrapping routine을 재실행하는 경우 다시 바뀔 것이다. 이것은 bootstrapping이 부표본(subsamples)을 무작위 복원추출하기 때문에 발생하는 것으로 매번 다른 부표본(subsamples)이 추출될 것이다. 그러나 이러한 차이는 bootstrapping 부표본(subsamples)의 크기가 매우 커지면(예: 5,000) 작아지게 된다. 우리는 계수(coefficients)가 "0"과 유의적으로 다른지를 확인하기 위한 표준정규분포(standard normal distribution)의 임계치(critical values)를 〈도표 5.24〉에 나타난 *t*값과

도표 5.24 Bootstrap 결과

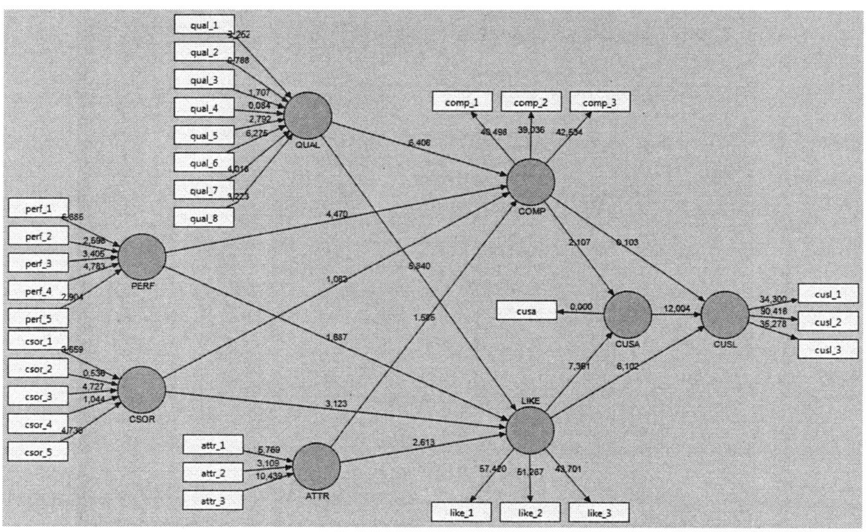

비교할 수 있다. 예를 들어, 1%, 5% 유의확률의 유의수준(significance levels)은 각각 임계치(critical values) 2.57과 1.96이다. 〈도표 5.24〉에서 나타난 형성적 측정모델(formative measurement models)에서 산출된 *t*값은 주어진 *α*수준에서 유의적인 outer weights를 갖기 위한 임계치(critcal values)보다 높아야 한다.

Report → Default Report를 클릭하여 우리는 좀 더 자세한 결과를 살펴볼 수 있다. **Default Report**는 우리에게 각 bootstrap 표본에 대한 PLS-SEM 측정 결과와 표준오차(standard errors), 평균값, *t*값을 포함한 결과를 보여준다. 〈도표 5.25〉는 **Default Report**에 제시되는 outer weights에 대한 bootstrap 결과의 요약 결과의 일부를 보여준 것이다(다시 한번 말하지만 bootstrapping은 무작위 과정이기 때문에 당신의 결과와 약간의 차이를 나타낼 것이다). outer weight의 원 추정치(두 번째 열 Original Sample(O); 〈도표 5.25〉)를 bootstrap 표준편차(standard deviation)에 의해 나누면(네 번째 열, Standard Deviation(STDEV); 〈도표 5.25〉), *t*값이 산출되는데, 이는 맨 마지막 열에 나타나 있다.

〈도표 5.26〉에는 형성적으로 측정된 construct들인 *ATTR*, *CSOR*, *PERF*, 그리고 *QUAL*에 대한 결과를 요약하였으며, original outer weights 추정치, *t*값 그리고 해당 유의수준(*로 표시함)을 *p*값과 함께 제시하였다. 후자는 SmartPLS에서 제공되지는 않으나 일반적인 통계프로그램이나 스프레드시트 소프트웨어를 이용하여 계산할 수 있다. 예를 들어 Microsoft Excel에서 우리는 산출된 *t*

도표 5.25 Outer Weights의 Bootstrap 결과

- Bootstrapping
  - Bootstrapping
    - Outer Loadings
    - Outer Loadings (Mean, STDEV, T-Values)
    - Outer Weights
    - Outer Weights (Mean, STDEV, T-Values)
    - Path Coefficients
    - Path Coefficients (Mean, STDEV, T-Values)
    - Total Effects
    - Total Effects (Mean, STDEV, T-Values)
- Data Preprocessing
- Model

	Original Sample (O)	Sample Mean (M)	Standard Deviation (STDEV)	Standard Error (STERR)	T Statistics (|O/STERR|)
attr_1 -> ATTR	0.414	0.412	0.072	0.072	5.769
attr_2 -> ATTR	0.201	0.199	0.065	0.065	3.109
attr_3 -> ATTR	0.658	0.656	0.063	0.063	10.439
comp_1 <- COMP	0.469	0.468	0.021	0.021	22.131
comp_2 <- COMP	0.365	0.366	0.017	0.017	21.602
comp_3 <- COMP	0.372	0.372	0.014	0.014	26.482
csor_1 -> CSOR	0.306	0.304	0.084	0.084	3.659
csor_2 -> CSOR	0.037	0.037	0.069	0.069	0.536
csor_3 -> CSOR	0.406	0.401	0.086	0.086	4.727
csor_4 -> CSOR	0.080	0.079	0.077	0.077	1.044
csor_5 -> CSOR	0.416	0.414	0.088	0.088	4.730
cusa <- CUSA	1.000	1.000	0.000	0.000	0.000
cusl_1 <- CUSL	0.369	0.369	0.017	0.017	22.206
cusl_2 <- CUSL	0.420	0.421	0.015	0.015	28.788
cusl_3 <- CUSL	0.365	0.364	0.016	0.016	23.372
like_1 <- LIKE	0.419	0.419	0.015	0.015	28.236
like_2 <- LIKE	0.374	0.374	0.013	0.013	27.793
like_3 <- LIKE	0.363	0.363	0.014	0.014	26.047
perf_1 -> PERF	0.468	0.466	0.070	0.070	6.685
perf_2 -> PERF	0.177	0.179	0.068	0.068	2.596
perf_3 -> PERF	0.194	0.192	0.057	0.057	3.405
perf_4 -> PERF	0.240	0.337	0.071	0.071	4.783
perf_5 -> PERF	0.199	0.197	0.068	0.068	2.904
qual_1 -> QUAL	0.202	0.203	0.062	0.062	3.262
qual_2 -> QUAL	0.041	0.039	0.052	0.052	0.788
qual_3 -> QUAL	0.106	0.103	0.062	0.062	1.707
qual_4 -> QUAL	-0.005	-0.002	0.054	0.054	0.084
qual_5 -> QUAL	0.160	0.158	0.057	0.057	2.792
qual_6 -> QUAL	0.398	0.394	0.063	0.063	6.275
qual_7 -> QUAL	0.229	0.228	0.057	0.057	4.018
qual_8 -> QUAL	0.190	0.190	0.059	0.059	3.223

값(empirical *t* value)과 자유도(degrees of freedom, *df*; 즉, bootstrap cases −1)을 가지고 TDIST 함수를 이용하여 계산할 수 있다. 더불어 우리는 단측검정과 양측검정을 선택할 수 있다. 함수는 다음과 같은 형태를 갖는다; TDIST(*t* value; *df*; tails). 만약 *attr_1*의 weight에 대한 *p*값(양측검정)을 계산한다면 하나의 셀

도표 5.26 Outer Weighting 유의성 검정 결과

형성적 Constructs	형성적 Indicators	Outer Weights (Outer Loadings)	*t* Value	유의수준	*p* Value	신뢰구간 (CI)
ATTR	*attr_1*	0.414(0.755)	5.769	***	.000	[0.296, 0.533]
	attr_2	0.201(0.506)	3.109	***	.002	[0.094, 0.307]
	attr_3	0.658(0.891)	10.439	***	.000	[0.554, 0.762]
CSOR	*csor_1*	0.306(0.771)	3.659	***	.000	[0.168, 0.445]
	csor_2	0.037(0.571)	0.536	NS	.573	[−0.077, 0.152]
	csor_3	0.406(0.838)	4.727	***	.000	[0.264, 0.548]
	csor_4	0.080(0.617)	1.044	NS	.296	[−0.046, 0.207]
	csor_5	0.416(0.848)	4.730	***	.000	[0.271, 0.561]
PERF	*perf_1*	0.468(0.846)	6.685	***	.000	[0.352, 0.583]
	perf_2	0.177(0.690)	2.596	**	.012	[0.064, 0.289]
	perf_3	0.194(0.573)	3.405	***	.001	[0.100, 0.289]
	perf_4	0.340(0.717)	4.783	***	.000	[0.223, 0.458]
	perf_5	0.199(0.638)	2.904	***	.003	[0.086, 0.311]
QUAL	*qual_1*	0.202(0.741)	3.262	***	.001	[0.100, 0.305]
	qual_2	0.041(0.570)	0.788	NS	.450	[−0.045, 0.127]
	qual_3	0.106(0.749)	1.707	*	.078	[0.004, 0.208]
	qual_4	−0.005(0.664)	0.084	NS	.935	[−0.094, 0.085]
	qual_5	0.160(0.787)	2.792	***	.004	[0.065, 0.254]
	qual_6	0.398(0.856)	6.275	***	.000	[0.293, 0.503]
	qual_7	0.229(0.722)	4.018	***	.000	[0.135, 0.323]
	qual_8	0.190(0.627)	3.223	***	.002	[0.093, 0.287]

Note: NS = not significant.

a. Bootstrap confidence intervals for 10% probability of error (a = 0.10).

$^{*}p<.10$. $^{**}p<.05$. $^{***}p<.01$.

에 "=TDIST(5.769; 343; 2)"으로 입력하면 된다. 마지막으로 〈도표 5.26〉은 우리가 직접 계산한 outer weights에 대한 90% bootstrap 신뢰구간(confidence intervals)을 나타낸다. 예를 들어, indicator *attr*_1의 값은 0.414이며 bootstrap 표준오차(standard error)는 0.073이다. α=0.10의 유의수준(significance level)에서 신뢰구간(confidence interval)은 하한선 0.296(0.414−1.65·0.073)이며 상한선은 0.533(0.414+1.65·0.073)이다.

유의수준(significance levels)을 살펴보면 우리는 *csor*_2, *csor*_4, *qual*_2, 그리고 *qual*_4를 제외한 형성적 indicator들이 통계적으로 유의적인 것을 알 수 있다. 이러한 4개의 weights는 다른 sign change option들을 사용하여 bootstrapping 을 실행하여도 여전히 비유의적이다(즉, individual sign changes 또는 construct-level changes). 따라서 우리는 분석결과의 최종결과물에 대하여 〈도표 5.9〉에 제시된 의사결정과정을 바탕으로 기술한다. 또한 SmartPLS 소프트웨어의 default report는 outer loadings에 대한 결과표에서 outer loadings와 *t*값을 보여준다. 이러한 정보를 이용하여 우리는 4개의 indicator들 중 가장 낮은 outer loading 값이 0.57이며 모든 *t*값이 2.57 이상이므로 outer loading이 유의적인 것을 알 수 있다(p<.01). 더불어 선행연구와 이론들에서 이러한 indicator들이 기업의 사회적 책임에 대하여 적절한 것으로 나타났으며 기업 평판의 질적 측면에 대해 뒷받침한다(Eberl, 2010; Sarstedt et al., 2013; Schwaiger, 2004; Schwaiger, Sarstedt, & Taylor, 2010). 따라서 우리는 형성적 construct들에 속하는 indicator들의 outer weights가 비록 비유의적임에도 indicator들을 제거하지 않는다. 형성적 측정모델의 평가는 outer weights 분석으로 마무리된다. 4장과 5장의 결과를 함께 고려하면 모든 반영적 그리고 형성적 construct들은 모두 만족할 만한 수준이다. 따라서 우리는 이제 구조모델 평가를 할 수 있다(6장).

Summary

- **형성적 측정모델(formative measurement models) 평가에 사용되는 기준을 설명한다.** 반영적 측정척도(reflective measurement scales)에 사용하는 통계적 평가기준(statistical evaluation criteria)을 동일하게 사용할 수 없다. 이는 indicator들이 construct의 상호독립적인 원인이며 따라서 높은 상관관계가 필요 없기 때문이다. 연구자들은 형성적 construct의 범위를 모두 설명할 수 있는 포괄적인 indicator 집합을 포함해야 한다. construct에 대하여 모든 측면에서 고려되지 않는다면(즉, 적합한 형성적 indicator들) construct 자체의 중요한 부분을 배제하는 결과를 가져오게 된다. 형성적 측정모델의 평가는 각 indicator가 지표 형성에 기여하는지에 대한 검증에 초점을 맞춘다. 따라서 indicator weights의 유의성(significance)과 적합성(relevance)이 반드시 평가되어야 한다. 단, 비유의적인 indicator weights를 근거로 무조건 측정모델의 질을 낮다고 해석해서는 안 된다. 대신에 연구자들은 construct에 대한 형성적 indicator의 절대적 기여도를 살펴봐야 한다(즉, loading). weights와 loadings 모두 낮은 경우 또는 비유의적인 경우에만 형성적 indicator를 삭제한다. 추가적으로 형성적 indicator 집단 내 잠재적 공선성(collinearity) 문제가 측정모델 평가(measurement model assessment) 과정에서 확인되어야 한다. 마지막으로 선택된 형성적 indicator들에 의해 construct의 모든 범위와 적합성 측면이 설명되는지를 의미하는 척도의 집중타당성(convergent validity)이 확인되어야 한다. 이러한 문제들을 확인함으로써 형성적 construct를 PLS-SEM 분석에 사용할 수 있으며 outer weights의 측정값이 올바르게 해석된다.
- **PLS-SEM에서 유의성 검증(significance testing)을 위한 bootstrapping의 기본 개념을 이해하고 적용방법을 알아본다.** PLS-SEM은 정규분포를 따르지 않는 다변량자료 분석기법(distribution-free multivariate data analysis technique)이며 따라서 분포에 대한 가정에 의존하지 않는다. 정리하자면 OLS회귀분석과는 달리, PLS-SEM은 측정값의 유의성을 평가하기 위한 t값을 기본적

으로 제공하지 않는다. 대신 연구자들은 bootstrapping 실행을 통해 산출된 bootstrap 표준오차(standard errors)를 이용한다. 이러한 표준오차(standard errors)는 대략적인 t값을 계산하기 위해 사용된다. Bootstrapping은 원자료로부터 표본을 복원추출하며, 표본집단을 계속 재구성하여 경로모델을 반복적으로 측정하는 데 사용한다. Bootstrapping을 실행하면 연구자들은 원자료(original data set)에서 타당한 관측치(valid observations)와 동일한 수의 cases를 각 샘플에 포함하여 5,000개의 bootstrap 표본을 추출한다. Bootstrapping의 임의성으로 인하여 측정모델 내 부호가 바뀔 수 있으므로 연구자들은 construct-level 또는 individual-level sign change options를 이용하여 수정할 수 있다. 그러나 일반적으로는 가장 보수적인 no sign change option의 사용을 권한다.

- **형성적 측정모델(formative measurement model)의 평가기준(assessment criteria)을 SmartPLS 소프트웨어에 적용하고 기업 평판에 대한 실습예제의 결과를 바탕으로 분석결과를 적절하게 보고하기 위한 방법을 배운다.** 앞장에서 살펴보았던 기업평판모델 예제에 4개의 형성적 construct들을 추가하여 SmartPLS 사용법을 설명한다. SmartPLS 소프트웨어를 이용하여 형성적 측정모델의 평가가 가능하다. PLS-SEM algorithm의 산출물뿐 아니라 bootstrapping routine을 실행하여 형성적 indicator들에 대한 outer weights의 유의성 검증 또한 가능하다. 기업평판에 대한 PLS 경로모델(PLS path model) 예시의 표와 그림은 PLS-SEM 결과에 대한 올바른 해석과 보고방법에 대하여 보여주고 있다. 이러한 실습예제는 단순히 앞서 소개한 개념들을 다시 한번 학습하게 할 뿐 아니라 실제로 적용함에 있어 이해를 돕는다.

Review Questions

1. 형성적(formative) construct들의 내용타당성(content validity)을 어떻게 평가하는가?
2. 형성적(formative) indicator들의 유의성(significance)과 적합성(relevance)을 검증해야 하는 이유는 무엇인가?
3. indicator 공선성(collinearity) 여부를 판단하는 VIF 수준은 얼마인가?
4. Bootstrapping 실행 원리는 무엇인가?
5. bootstrap procedure를 실행하기 위해 sign changes procedure, number of cases, 그리고 samples를 어떻게 설정해야 하는가?

Critical Thinking Questions

1. 반영적(reflective) 그리고 형성적(formatively)으로 측정된 constructs 간의 차이는 무엇인가?
2. PLS 경로모델(PLS path model)에서 외생잠재변수(exogenous latent variables)로써 형성적(formative) construct가 특히 유용한 이유는 무엇인가?
3. 형성적 측정모델(formative measurement models)에서 indicator의 공선성(collinearity) 문제가 왜 발생하는가?
4. 다음 문자에 대하여 생각해보자. "비유의적인 indicator들은 지표에 기여도가 없는 경우 형성적 측정모델(formative measurement models)에서 제거되어야 한다."

Key Terms

Absolute contribution(절대적 영향력)**:** is the information an indicator variable provides about the formatively measured item, ignoring all other indicators. The absolute contribution is provided by the loading of the indicator(i.e., its bivariate correlation with the formatively measured construct).

Absolute importance(절대적 중요도)**:** see *Absolute contribution*.

Bootstrap cases: make up the number of observations drawn in every bootstrap run. The number should equal the number of valid observations in the original data set.

Bootstrap confidence interval(신뢰구간)**:** provides the lower and upper limit of values within which a true population parameter will fall with a certain probability(e.g., 95%). The construction of the interval relies on bootstrapping standard errors.

Bootstrap samples: make up the number of samples drawn in the bootstrapping procedure that must be higher than the number of bootstrap cases. Generally, 5,000 or more samples are recommended.

Bootstrapping: is a resampling technique that draws a large number of subsamples from the original data(with replacement) and estimates models for each subsample. It is used to determine standard errors of coefficient estimates to assess the coefficient's statistical significance without relying on distributional assumptions.

Collinearity(공선성)**:** arises when two indicators are highly correlated. When more than two indicators are involved, it is called multicollinearity.

Construct-level sign change option: is the algorithmic option in bootstrapping that corrects for extreme samples drawn in the resampling runs.

Content specification(내용구체화)**:** is the specification of the scope of the latent variable, that is, the domain of content the set of formative indicators is intended to capture.

Content validity(내용타당성)**:** is a subjective but systematic evaluation of how well the domain content of a construct is captured by its indicators.

Convergent validity: is the degree to which the formatively measured construct correlates positively with an alternative(reflective or single-item) measure of the same construct; see *Redundancy analysis*.

Convergent validity(집중타당성): is the degree to which the formatively measured construct correlates positively with an alternative (reflective or single-item) measure of the same construct; see Redundancy analysis.

Critical *t* value(*t*의 임계치): is the cutoff or criterion on which the significance of a coefficient is determined. If the *empirical t value* is larger than the critical *t* value, the null hypothesis of no effect is rejected. Typical critical *t* values are 2.57, 1.96, and 1.65 for a significance level of 1%, 5%, and 10%, respectively(two-tailed tests).

Degrees of freedom(자유도): is the number of values in the final calculation of the test statistic that are free to vary.

Empirical t value(*t*통계량): is the test statistic value obtained from the data set at hand(here: the bootstrapping results).

Formative measurement models(형성적 측정모델): are based on a measurement model specification in which it is assumed that the construct is caused by the assigned indicators.

Individual-level sign change option: is an algorithmic option in bootstrapping that corrects for extreme samples drawn in the resampling runs.

Interpretational confounding: is a situation in which the empirically observed meaning between a construct and its measures differs from the theoretically implied meaning.

Multicollinearity(다중공선성): see *Collinearity*.

No sign change option: is an algorithmic option in bootstrapping that, unlike the *construct-level sign change option* and the *individual-level sign change option*, does not correct for extreme samples drawn in the resampling runs.

Outer loadings: are the relationships in reflective measurement models(i.e., from the latent variable to the indicators). They determine an item's *absolute contribution* to its assigned construct.

Outer weights: are the relationships in formative measurement models(i.e., from the indicators to the latent variables). They determine an item's *relative* *contribution* to its assigned construct.

Redundancy analysis: is a measure of a formative construct's *convergent validity*. It tests whether a formatively measured construct is highly correlated with a reflective measure of the same construct.

Reflective measurement models(반영적 측정모델)**:** are based on a measurement model specification in which it is assumed that the indicators are caused by the underlying construct.

Relative contribution(상대적 기여도)**:** is the unique importance of each indicator by partializing the variance of the formatively measured construct that is predicted by the other indicators. An item's relative contribution is provided by its weight.

Sign indeterminacy(부호의 불확정성)**:** is a characteristic of PLS-SEM that causes arbitrary sign changes in the bootstrap estimates of path coefficients, loadings, and weights compared with the estimates obtained from the original sample.

Theoretical *t* value(이론적 *t*값)**:** see *Critical t value*.

Tolerance(공차)**:** see *Variance inflation factor*(*VIF*).

Variance inflation factor(VIF, 분산팽창요인)**:** quantifies the severity of collinearity among the indicators in a formative measurement model. The VIF is directly related to the tolerance value($VIF_i = 1/\text{tolerance}_i$).

Suggested Readings

Albers, S.(2010). PLS and success factor studies in marketing. In V. Esposito Vinzi, W. W. Chin, J. Henseler & H. Wang(Eds.), *Handbook of partial least squares: concepts, methods and applications*(Springer handbooks of computational statistics series, vol. II)(pp. 409~425). New York: Springer.

Cenfetelli, R. T. & Bassellier, G.(2009). Interpretation of formative measurement in information systems research. *MIS Quarterly*, 33(4), 689~708.

Chin, W. W.(2010). How to write up and report PLS analyses. In V. Esposito Vinzi, W. W. Chin, J. Henseler, & H. Wang(Eds.), *Handbook of partial least squares: Concepts, methods and applications in marketing and related fields*(pp. 655~690). Berlin: Springer.

Diamantopoulos, A.(2008). Formative indicators: Introduction to the special issue. *Journal of Business Research*, 61(12), 1201~1202.

Diamantopoulos, A., & Winklhofer, H. M.(2001). Index construction with formative indicators: An alternative to scale development. *Journal of Marketing Research*, 38(2), 269~277.

Gudergan, S. P., Ringle, C. M., Wende, S., & Will, A.(2008). Confirmatory tetrad analysis in PLS path modeling. *Journal of Business Research*, 61(12), 1238~1249.

Hair, J. F., Ringle, C. M., & Sarstedt, M.(2011). PLS-SEM: Indeed a silver bullet. *Journal of Marketing Theory and Practice*, 19, 139~151.

Hair, J. F., Sarstedt, M., Pieper, T., & Ringle, C. M.(in press). Applications of partial least squares path modeling in management journals: A review. *Long Range Planning*, 45, 320~340.

Hair, J. F., Sarstedt, M., Ringle, C. M., & Mena, J. A.(2012). An assessment of the use of partial least squares structural equation modeling in marketing research. *Journal of the Academy of Marketing Science*, 40, 414~433.

Henseler, J., Ringle, C. M., & Sinkovics, R. R.(2009). The use of partial least squares path modeling in international marketing. *Advances in International Marketing*, 20, 277~320.

Petter, S., Straub, D., & Rai, A.(2007). Specifying formative constructs in information systems research. *MIS Quarterly*, 31(4), 623~656.

Ringle, C. M., Sarstedt, M., & Straub, D. W.(2012). A critical look at the use of PLS-SEM in *MIS Quarterly*. *MIS Quarterly*, 36, iii~xiv.

Chapter 6

PLS-SEM 결과 평가 Part III

구조모델의 평가

Learning Outcome

1. 구조모델에서 경로계수를 확인한다.
2. 결정계수(coefficients of determination : R^2값)를 평가한다.
3. 효과크기(effect size) f^2를 이해하고 평가한다.
4. 경로 모델에서 예측 적합성(Q^2값)을 확인하기 위해 blindfolding 절차를 사용한다.
5. 이질성(heterogeneity)이 PLS-SEM 추정에 어떠한 영향을 미치는가 이해한다.
6. 구조모델 결과를 어떻게 기록하고 설명할 것인지에 대해 이해한다.

Chapter Review

4장과 5장에서는 형성적/반영적 측정모델의 평가에 대해 설명하였다. 본 장(6장)은 구조모델의 분석과 초점에 관한 것이다. 구조모델 결과의 확인은 실증 자료가 이론/개념을 얼마나 잘 지지하는지 결정하게 하며, 당신의 이론/개념이 실증적으로 확증되는지 결정할 수 있게 한다. 이러한 목적에서 구조모델의 핵심 결과물(예를 들어 경로계수나 R^2값)이 우선적으로 확인되어야 한다. 그 후에 기존의 문헌에서 제안되었고 이전 연구들에서 빈번하게 사용되고 있는 PLS-SEM의 기준치 global goodness-of-fit의 사용에 있어 주의해야 할 사항에 대해 논의한다. 마지막으로 경로모델에서 인과관계의 추정에 있어서 중요한, 확인되지 않은 이질성에 대한 주제를 논의하는데, 만약 이질성의 문제가 정확하게 확인되지 않는다면 잘못된 결과를 이끌어 낼 수도 있다. 본 장의 마지막에는 기업 평판과 관련된 사례와 SmartPLS를 이용하여 PLS-SEM 구조모델 결과의 실제 사례를 제시한다.

Stage 6 PLS-SEM 구조모델 결과의 확인

일단 construct 척도의 신뢰성과 타당성이 확인되면, 다음 단계는 구조모델 결과를 확인하는 것이다. 이 단계는 모델의 예측력과 construct들 간의 관계를 확인하는 것과 관련된다. 〈도표 6.1〉은 구조모델 결과의 확인을 위한 체계적인 절차를 보여주고 있다.

이러한 분석에 대해 설명하기 전에, 공선성(collinearity)에 대해 확인할 필요가 있다(1단계). 이는 구조모델에서의 경로 추정이 각 내생 잠재변수(endogenous latent variable)의 PLS 회귀에 근거한 것이기 때문이다. 일반적인 다중회귀분석과 같이, 예측변수(predictor constructs) 간에 공선성이 나타난다면 경로계수는 편향될 수 있다.

구조모델을 실행할 때, PLS-SEM이 표본 데이터에서 내생 잠재변수의 설명

도표 6.1 구조모델 확인 절차

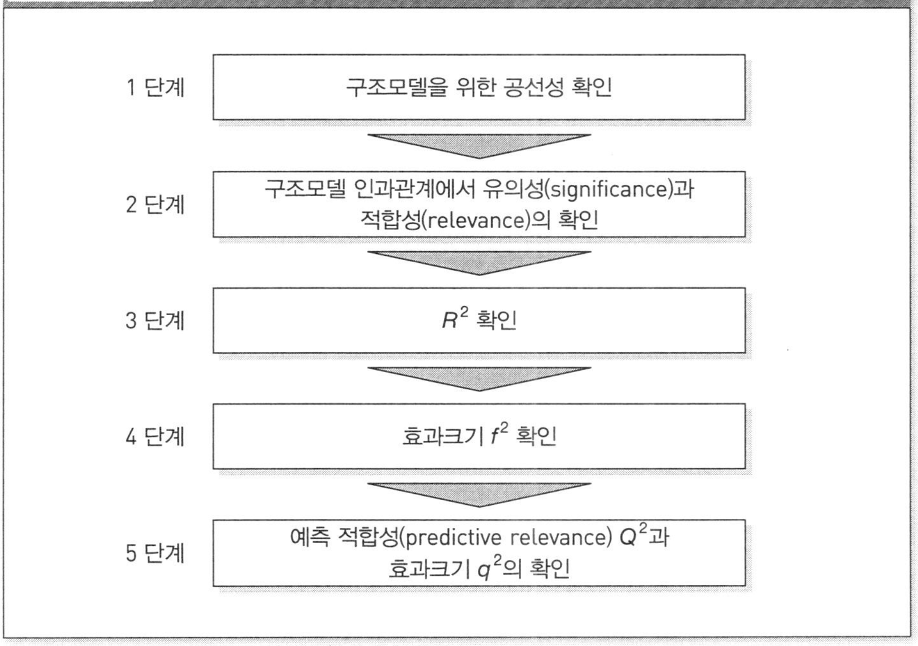

된 분산의 극대화에 의해 최적의 계수 추정치를 얻는 것이라는 것을 이해하는 것이 중요하다 PLS-SEM의 이러한 측면은 CB-SEM과 다른 점인데, CB-SEM는 표본의 공분산과 이론적/개념적 모델에 의한 예측치 사이의 최소화하여 계수를 추정한다. 결과적으로, CB-CEM에서 이론적/개념적 모델에 의한 공분산 행렬과 표본 공분산 행렬이 가능한 유사해야 한다. Goodness-of-fit 척도는 (두 공분산 행렬의 차이를 기초로 하는) CB-SEM와 관련되는 것으로, 예를 들어 Chi-square나 다양한 적합도는 PLS-SEM에는 해당되지 않는다.

Goodness-of-fit 대신 PLS-SEM을 활용한 구조모델은 모델의 예측력에 의해 결정되는 간단한 기준에 근거하여 평가된다. 이러한 기준은 모델의 전반적인 goodness-of-fit을 테스트하는 것이 아니다. 대신 모델이 정확하게 구체화 되었는지, 그리고 모델이 내생변수를 얼마나 잘 예측하는지의 측면에 의해 평가된다(Rigdon, 2012, 참조). PLS-SEM에서 구조모델의 확인을 위한 핵심 기준은 다음과 같다. 경로계수의 유의성(2단계), R^2의 수준(3단계), 효과크기 f^2(4단계), 그리고 예측 적합성(predictive relevance: Q^2)과 q^2 효과 크기(5단계).

다음 내용으로 각 기준에 대해 소개할 것이다. 그리고 PLS-SEM의 전반적인 goodness-of-fit 기준치에 대해 논의하고 이 기준치가 적절하지 않다는 것에 대해 학습할 것이다. 마지막으로 경로모델에서 이분산(heterogeneity)이 왜 중요한 것인지 설명하고, 이분산 데이터 구조를 다루는 접근에 대해 간단히 설명한다. 이들은 다음의 8장에서 설명될 것이다.

1 단계: 공선성의 확인

공선성을 확인하기 위해, 5장에서 언급된 형성적 측정모델의 평가와 동일한 지표를 적용할 수 있다(즉, 공차와 VIF). 구조모델의 각 부분에서 독립적으로 예측변수들을 확인할 필요가 있다. 예를 들어, 〈도표 6.1〉에 제시된 모델에서 Y_1과 Y_2는 Y_3를 설명하고, 마찬가지로 Y_2와 Y_3는 Y_4의 예측변수이다. 따라서 각 예측변수들에서의 공선성 기준을 확인해야 하는데, 이는 Y_2와 Y_3에서뿐만

도표 6.2 구조모델에서의 공선성

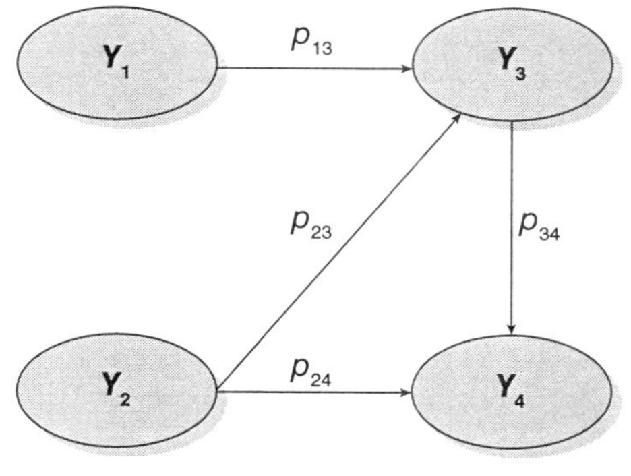

아니라 Y_1과 Y_2에서도 확인해야 함을 의미한다.

형성적 측정모델의 확인과 유사하게, 예측변수에서 공선성을 암시하는 공차 기준이 0.20 이하(VIF 5.00 이상)인지 고려해야 한다. 만약 공차나 VIF 기준에 의해 공선성이 나타났다면, 공선성 문제의 해결을 위해 공차의 제거, 단일 construct로의 통합 혹은 high-order constructs의 생성(7장)을 고려해야 한다.

2 단계: 구조모델 경로계수

PLS-SEM algorithm을 실행한 후, 구조모델의 관계에 대한 계수가 얻어지는데, 이는 construct들 간 **제안된 가설**(hypothesized relationships)을 나타낸다. **경로계수**(path coefficients)는 −1에서 +1 사이의 **표준화된 값**(standardized values)을 갖게 된다. 추정된 경로계수가 +1에 가깝다면 거의 대부분 통계적으로 유의적인, 강한 정(+)의 관계(반대의 경우도 마찬가지임)를 나타낸다. 추정된 계수가 '0'에 가까울수록, 그 관계는 약해진다. '0'에 가까운 매우 낮은 값은 일반적으로 통계적으로 비유의적이다.

계수값이 유의적인지의 여부는 전적으로 boostrapping에 의한 **표준오차**

(standard error)에 따라 달라진다. boostrapping 절차에 대해서는 5장에서 설명하였는데, 5장에서는 형성적 지표들이 관련 construct들에 유의적으로 공헌하는지 여부를 확인하는 절차를 확인하였다. boostrap 표준오차를 이용하여 **산출된 t값**(empirical t value)을 계산할 수 있다. 예를 들어 Y_1과 Y_2의 관계(즉 p_{13}: 〈도표 6.2〉를 보라)에 대한 경로계수의 유의성을 계산하기 위해, 원계수 추정치(p_{13})와 boostrap 표준오차($se^*_{p_{13}}$)를 다음의 식에 입력한다.

$$t=\frac{p_{13}}{se^*_{p_{13}}}$$

5장에서 설명한 바와 유사하게, t분포는 표본의 크기가 30개 이상일 때 적절하다. 마찬가지로 임계치(critical value)와 산출된 t값을 비교하는 기준으로써 정규분포의 변위치를 이용할 수 있다. 산출된 t값이 **임계치**(critical value)보다 클 때, 계수값이 특정 오류의 확률(유의수준)에서 유의적이라 말한다. **양측검정**(two-tailed test)에서 일반적으로 사용되는 임계치는 1.65(유의수준 10%), 1.96(유의수준 5%), 2.57(유의수준 1%)이다. 마케팅 분야에서의 연구자들은 일반적으로 5%의 유의수준에서 추정한다. 그러나 이는 항상 적용되는 것은 아니며, 소비자 연구에서, 특히 실험실 실험 상황에서는 1%에서 추정한다. 반면에 현장 실험의 경우 10%에서 추정한다. 즉, 신뢰수준의 선택은 연구 분야와 연구의 목적에 따라 다르다.

〈도표 6.3〉은 Y_1에서 Y_4의 경로가 0.25인 구조모델을 나타내고 있다. 만약 boostrapping 절차(5,000 subsamples; 450 bootstrap case)에서 이 관계의 표준오차가 0.118이라고 나타났으면, t통계량은 0.25/0.118=2.119이다. 이 값은 5%의 오차 확률에서의 t값의 임계치인 1.96보다 크다. 결과적으로 Y_1에서 Y_4의 관계는 5%에서 유의적이라고 할 수 있다.

산출된 t값 대신, 연구자들은 일반적으로 귀무가설을 기각하는 데 있어 발생할 수 있는 오류를 의미하는 p값을 사용한다. Microsoft의 Excel이나 CALC

도표 6.3 구조모델의 경로계수

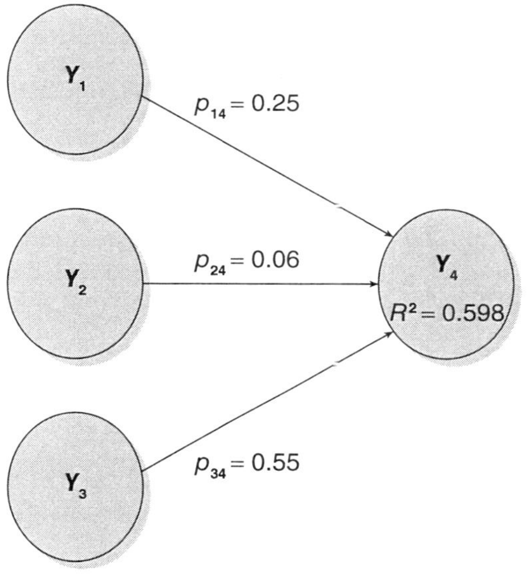

와 같은 스프레드시트에서 ***p*값**을 계산할 수 있다. 예를 들어 Microsoft의 Excel에서 TRST 함수에 *t*값과 **자유도**(degree of freedom: *df*)를 입력해서 계산할 수 있다. 또한 가설의 검증이 단측인지 양측인지 결정해야 한다. 함수는 일반적으로 다음과 같은 형태이다: TDIST(*t*값; *df*; 양측 혹은 단측). 우리의 사례에서 *t*값 2.119와 자유도 449(즉, bootstrap case−1 : 450−1)를 이용한 양측검증의 경우, Excel 스프레드시트에 다음과 같이 입력한다: "=TDIST(2.119;449;2)". 계산된 *p*값은 0.035이며, 이는 Y_1에서 Y_4의 경로의 관계는 5%의 오차 확률에서 유의적임을 나타낸다.

*t*값과 *p*값의 계산에 더하여, **신뢰구간**(confidence interval)도 결정될 수 있다. 5장에서와 마찬가지로 p_{14}의 신뢰구간은 다음의 식에 의해 구해진다.

$$p_{14} \pm z_{1-\alpha/2} \cdot se^*_{p_{14}}$$

그리고 여기서 $z_{1-\alpha/2}$는 정규분포(z-분포)에서 유래한다. 예를 들어 5%의 오차확률(즉 α=0.05)일 때, $z_{1-\alpha/2}=Z_{0.975}=1.96$이다. 따라서 boostrap 신뢰구간의 하한은 $p_{14}-1.96\times se^*_{p_{14}}$ 이며 상한은 $p_{14}+1.96\times se^*_{p_{14}}$ 이다. 제시된 사례(〈도표 6.3〉)에서 구조모델의 경로계수 p_{14}는 0.25이며 boostrapping 표준오차는 0.118이다. 5%의 신뢰수준에서, 신뢰구간은 0.019(=0.25−1.96×0.118)의 하한과 0.481(=0.25+1.96×0.118)의 상한을 갖는다. 따라서 신뢰구간은 [0.019, 0.481] 이다. 만약 이 사례에서 주어진 신뢰수준에서의 신뢰구간에 '0'이 포함되지 않는다면, 구조모델의 경로 추정치인 0.25는 유의적이다.

경로분석 결과를 설명할 때, 모든 구조모델의 관계를 테스트할 필요가 있다. 그러나 결과를 기술할 때에는 t통계량, p값, 혹은 boostrapping 신뢰구간(confidence intervals)을 검토하지만, 이들 모두 동일한 결과를 보여주기 때문에 세 종류의 유의성 결과를 모두 기록할 필요는 없다.

관계의 유의성을 확인한 후 중요한 일은 **유의적인 관계의 적합성**(relevance of significant relationships)을 확인하는 것이다. 많은 연구들을 보면 그들의 분석에서 중요한 유의적인 관계의 적합성 확인을 하지 않은 채 단순히 효과의 유의성에만 초점을 두고 있다. 그러나 구조모델에서 경로계수가 유의적이지만, 그 크기가 너무 작으면 그 관계에 대해 보장할 수 없다. 관계의 상대적인 중요도를 분석하는 일은 분석 결과를 설명하고 결론을 도출하는 데 중요한 것이다.

구조모델 경로계수들은 다른 계수들과 비교되어 설명될 수 있다. 만약 한 경로계수가 다른 경로계수보다 크다면, 내생 잠재변수에 대한 그 변수의 효과는 더 크다. 보다 구체적으로 경로모델의 개별 경로계수는 OLS 회귀분석의 표준화된 베타로 설명될 수 있다. 이 계수는 외생 construct 한 단위 변화당 내생 construct의 추정되는 변화를 나타낸다. 만약 경로계수가 통계적으로 유의적이라면(즉, 계수값이 통계적으로 0이 아니라면), 이 값은 외생변수가 내생변수와 관련된 정도를 나타낸다. PLS-SEM의 목표는 구조모델에서 경로계수의 유의성뿐만 아니라 상대적인 효과를 확인하는 것이다.

예를 들어 〈도표 6.3〉에서의 구조모델의 **유의성 검정**(significance testing)은 세 경로 중 두 경로에서 유의적인 관계가 나타남을 보여준다. 외생변수 Y_1과 Y_3는 내생변수 Y_4에 대해 유의적으로 공헌하는데, 다시 말하면 Y_4의 분산을 설명한다. 반면, Y_2는 Y_4에 대해 유의적으로 연관되어 있지 않으며, 따라서 Y_4를 설명하는 데 공헌하지 못한다.

연구자들은 종종 한 construct의 다른 construct에 대한 **직접효과**(direct effect)뿐만 아니라 다른 construct를 통한 또는 그 이상의 construct들의 매개를 통해 미치는 **간접효과**(indirect effect)에도 관심을 갖는다. 직접효과와 간접효과의 합을 **총효과**(total effect)라 한다. 총효과에 대한 해석은, 특히 몇몇 매개변수를 통해 영향을 받는 기준 변수(criterion construct)에 대해, 다른 원인이 되는 construct들의 차별적인 효과를 확인하는 것을 목적으로 하는 연구에서 특히 유용하다. 예를 들어 〈도표 6.4〉에서 Y_1과 Y_3는 직접효과에 의해 연결된다($P_{13}=0.20$). 게다가 이들은 Y_2라는 매개변수에 의한 간접효과를 갖는다. 이 간접효과는 P_{12}와 P_{23}의 곱에 의해 계산될 수 있다($P_{12} \times P_{23}=0.80 \times 0.50=0.40$). 총효과는 0.60으로, 이는 '$P_{13}+P_{12} \times P_{23}=0.20+0.80 \times 0.50=0.60$'의 식에 의해 계산된다.

도표 6.4 직접효과, 간접효과, 그리고 총효과의 예시

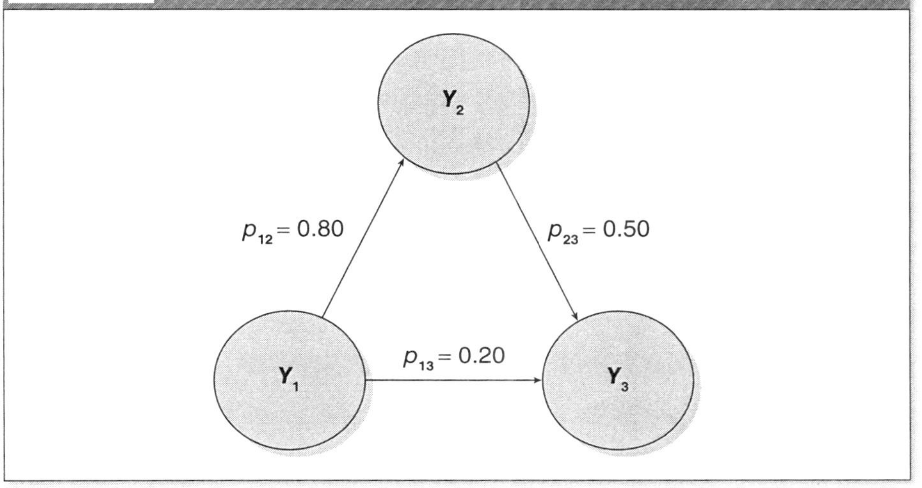

비록 Y_1에서 Y_3의 직접효과가 강하지 않다 하더라도(0.20), Y_3를 설명하는 데 있어 Y_1의 관련성을 설명하는 총효과(직접효과와 간접효과의 합)는 꽤 나쁘지 않다(0.60). 이러한 결과는 Y_1과 Y_3의 직접적인 관계가 Y_2에 의해 매개된다는 것을 제안하는 것이다. 7장에서는 매개효과(mediationf effects)에 대해 어떻게 분석할 것인지에 대해 다룬다.

3 단계: 결정계수(R^2값)

구조모델의 평가를 위해 가장 일반적으로 사용되는 척도 중 하나는 **결정계수**(coefficient of determinant: R^2)이다. 이 계수는 모델에서의 예측의 정확성을 측정하며, 이는 특정 내생변수의 실제 값과 예측된 값 사이의 상관관계의 제곱에 의해 계산된다. 이 계수 값은 내생 잠재변수에 대한 외생 잠재변수의 결합된 효과를 나타낸다. 이 계수 값이 실제와 예측된 값의 상관관계의 제곱이기 때문에, 내생변수와 연결된 모든 외생변수에 의해 설명되는 분산의 합을 나타낸다. 0～1까지의 **R^2값**(R^2 *value*)은 이 값이 클수록 높은 수준의 예측의 정확성을 나타낸다. 수용가능한 R^2값은 모델의 복잡성과 연구에 따라 달라지기 때문에, 간단한 기준을 제시하기는 어렵다. 소비자 행동과 같은 분야에서 0.20의 R^2는 높은 것으로 받아들여지는 반면, 영향을 미치는 원인과 관련된 분야(즉, 고객 만족이나 충성도를 설명하는 것이 목적인 연구들)에서는 0.75 혹은 그 이상의 값을 기대한다. 마케팅 이슈와 관련된 학문적 연구에서는, 간단한 기준으로 0.75는 높은 것으로, 0.50은 중간, 그리고 0.25는 낮은 것으로 설명된다(Hair, Ringle, & Sarstedt, 2011; Henseler et al., 2009).

서로 다른(그러나 동일한 내생 construct를 갖는) 모델의 비교에 R^2를 사용하는 경우 종종 문제가 나타난다. 예를 들어, 만약 구조모델에 내생변수와 약간 관련된, 유의적이지 않은 construct를 추가한다면, R^2는 증가할 것이다. 이러한 영향은 내생 잠재변수를 예측하는 외생 잠재변수들의 수가 표본의 크기와 유사하다면 더욱 명심해야 한다. 즉, 많은 외생 construct들로 구성된 모델을 선택하는 데 있어, 만약 우리가 모델의 예측정확성을 판단하기 위해 오직 하나의 근거인 R^2만을 사용한다면 내생변수와 관련성이 적은 변수를 포함시키는 내재적 오류를 갖는다.

R^2값만을 기준으로 모델을 선택하는 것은 좋은 접근이 아니다. 구조모델에서 내생 잠재변수를 설명하기 위해 추가적으로(비유의적인) construct들을 추가하는 것은 항상 R^2를 높인다. 표적 construct에 보다 많은 경로를 연결할수록 R^2값은 증가한다. 연구자들은 데이터를 설명하는 데 적절한(즉, R^2가 높은) 그러나 외생 construct들의 수는 적은 모델을 원한다. 이러한 모델들은 **간명하다고**(parsimonious) 말한다.

다중회귀분석에서, **수정된** R^2(adjusted R^2: R^2_{adj})는 복잡한 모델에서의 오류를 피하기 위한 기준으로 사용될 수 있다. 이 기준은 표본의 크기와 관련된 외생 construct들의 수에 의해 조정된다. R^2_{adj}는 다음과 같이 일반적으로 정의된다.

$$R^2_{adj} = 1 - (1 - R^2) \times \frac{n-1}{n-k-1}$$

여기서 n은 표본의 크기, 그리고 k는 내생 잠재변수를 예측하기 위해 사용된 외생 잠재변수의 수이다. R^2_{adj}는 설명하는 construct들의 수와 표본의 크기에 의해 R^2가 감소한 것이며, 따라서 단순히 설명된 분산 R^2를 증가시키기 위해 비유의적인 외생 construct 들을 추가하는 것을 체계적으로 처리한다. R^2_{adj}를 일반적인 R^2처럼 해석하지 않았음을 명심해라. 대신 R^2_{adj}는 다양한 외생 잠재변수의 수 그리고/혹은 다른 표본의 크기와 관련된 모델에서의 PLS-SEM 결과를 비교하는 데 유용하다. 적용 사례로 Sarstedt et al.(2013)을 보면 잘 알 수 있다.

예를 들어, 〈도표 6.3〉의 사례에서 표본의 크기가 300(즉 n=300)인 경우를 가정해 보자. 당신은 내생 construct Y_4에 추가적인 외생 construct Y_0을 추가한 모델과 기존 모델의 R^2_{adj}를 비교하는 데 관심이 있다. 그리고 추가된 construct Y_0는 Y_4에 비유의적인 영향을 갖는다. 또한 추가적으로 고려된 외생 construct의 측정항목에 있어 결측값이 발생하여, 표본의 크기는 250(즉, $n=250$)이었다. Y_0의 추가를 통해 Y_4의 R^2는 0.598에서 0.600으로 약간 증가하였다. 그러나 수정된 R^2를 이용하여 모델을 비교해보면 다른 양상을 확인할 수 있는, 수정된 R^2는 원 상황(original situation; $n=300$)과 확장된 상황(extended situation; $n=250$)에서 모델의 복잡성과 표본의 크기를 고려한다:

$$R^2_{\text{adj, Original}} = 1-(1-R^2)\times\frac{n-1}{n-k-1}$$

$$=1-(1-0.598)\times\frac{300-1}{300-3-1}=0.594$$

$$R^2_{\text{adj, Extended}} = 1-(1-R^2)\times\frac{n-1}{n-k-1}$$

$$=1-(1-0.600)\times\frac{250-1}{250-4-1}=0.593$$

R^2_{adj}에 의하면, 원 모델이 더 좋은 것임을 알 수 있다. 이 사례에서(수정된) R^2의 차이가 크지는 않지만, 많은 외생 잠재변수의 모델 비교의 경우 그 차이는 달라질 수 있다. 두 모델 간(수정된) R^2 차이의 유의성을 테스트하기 위한 boostrapping 절차 역시 사용할 수 있음을 명심해라(Sarstedt et al., 2013을 참조할 것). 그러나 SmartPLS에서의 boostrapping에서는 이를 제공하지 않는다.

4 단계: 효과 크기 f^2

모든 내생 construct들에서의 R^2계산에 더하여, 모델에서 특정 외생 construct가 제거되었을 때의 R^2값은 제거된 construct가 내생 construct에 실질적인 영향을 갖는지 평가하기 위해 사용될 수 있다. 이 척도는 f^2 **효과 크기**(f^2 effect size)라 불린다. 이 효과 크기는 다음의 식에 의해 계산된다.

$$f^2 = \frac{(R^2_{\text{included}} - R^2_{\text{excluded}})}{1 - R^2_{\text{included}}}$$

여기서 R^2_{included}와 R^2_{excluded}는 선택된 외생 잠재변수가 모델에 포함되었을 때 혹은 제거되었을 때, 내생 잠재변수의 R^2값이다. 각 R^2는 두 번의 PLS 경로모델에서의 추정을 통해 계산된다. 첫 번째에는 해당 외생 잠재변수가 포함된 추정(R^2_{included}의 산출)이며, 두 번째는 해당 외생 잠재변수가 제거된 추정(R^2_{excluded}의 산출)이다. f^2를 확인하기 위한 기준은 0.02, 0.15, 그리고 0.35이며, 해당하는 외생 잠재변수의 작은, 중간, 그리고 큰 효과를 나타낸다.

예를 들어, 〈도표 6.3〉의 경로모델에서, R^2_{included}는 0.598이다. 반면, $R^2_{\text{included}, Y_1}$은 0.525, $R^2_{\text{included}, Y_2}$는 0.588, 그리고 $R^2_{\text{included}, Y_3}$는 0.455이다. 따라서 내생 잠재변수 Y_4를 설명하기 위한 외생변수 Y_1, Y_2, 그리고 Y_3의 f^2 효과 크기는 각각 0.182, 0.025, 그리고 0.356이다. 즉, 내생 잠재변수 Y_4에 대한 construct Y_1의 효과 크기는 중간이고, Y_2는 작으며, Y_3는 크다. f^2 효과 크기 계산의 또 다른 예시는 이 장의 후반부에 있는 전반적으로 보여주는 예시를 보면 된다.

5 단계: Blindfolding 그리고 예측 적합성 Q^2

예측의 정확성에 대한 기준으로 R^2값의 정도를 평가하는 데 더하여, 연구자들은 Stone-Geisser의 **Q^2값**(Q^2 value)을 확인할 필요가 있다(Geisser, 1974; Stone, 1974). 이 척도는 모델의 **예측 적합성**(predictive relevance)의 측정항목이다. 보다 구체적으로, PLS-SEM이 예측 적합성이 있을 때, 이는 내생 construct들의 반영적 측정모델과 내생 단일항목 construct들(이 절차는 형성적 내생 construct에서는 적용하지 않는다)에 있어 측정항목을 정확하게 예측한다. 구조모델에서 특정 반영적 내생 잠재변수에서의 Q^2값이 '0'보다 크다는 것은 해당 construct에서 경로모델의 예측 적합성을 나타낸다.

Q^2는 누락거리 D(omission distance D)에 의한 **Blindfolding** 절차에 의해 얻어진다. Blindfolding은 내생 construct의 측정항목에서 매 d번째 data point를 생략하고, 남아 있는 data point들을 이용하여 계수를 추정하는, 표본을 재사용하는 기법이다(Chin, 1998; Henseler et al., 2009; Tenenhaus et al., 2005). 누락된 data point는 결측값(missing values)이 되며, PLS-SEM algorithm의 실행 시와 같게 처리된다(즉, 평균값으로 대체된다). 그 다음 계수값은 누락된 data point를 예측하기 위해 사용된다. 실제(즉 누락된) data point와 예측된 data point의 차이는 Q^2를 위한 자료로 사용된다, Blindfolding은 각 data point가 누락되고 모델에 의해 재추정될 때까지 반복되는 프로세스이다. Blindfolding 절차는 반영적 측정모델이나 단일항목 cosntruct의 내생 construct에 대해서만 적용된다.

〈도표 6.5〉의 PLS-SEM에 대해 Blindfolding 절차를 적용할 때, 반영적 내생 construct의 측정모델에서 data point는 2단계 접근에 의해 추정될 수 있다. 첫째, 구조모델로부터의 정보는 잠재변수 Y_3의 score를 예측하기 위해 사용될 수 있다. 보다 구체적으로, PLS-SEM algorithm을 실행한 후, 잠재변수 Y_1, Y_2, 그리고 Y_3의 score가 얻어진다. Y_3의 score를 직접 사용하는 대신, Blindfolding 절차는 구조모델의 가용정보(즉, 구조모델 경로계수 P_{13}과 P_{23}뿐만 아니라 Y_1과 Y_2의 잠재변수 score) 사용을 통해 이 score를 예측한다. 구체적으로 Y_3의 예측치

도표 6.5 Blindfolding 절차의 경로모델의 예시

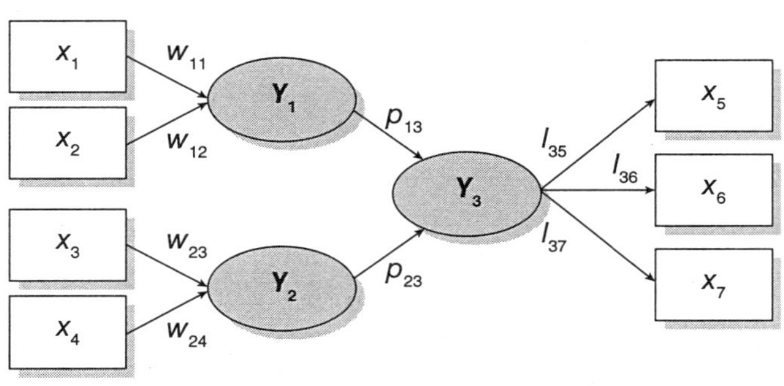

는 $\hat{Y}_3 = P_{13} \times Y_1 + P_{23} \times Y_2$에 의한 표준화된 score와 같으며, 여기서 $\hat{Y}_3$는 구조모델의 예측치를 나타낸다. 이 score는 PLS-SEM algorithm에 의해 얻어지는 $\hat{Y}_3$와 다른데, 이는 이 값들이 측정모델(3장)의 결과이기보다는 구조모델 추정의 결과이기 때문이다.

두 번째 단계에서, 반영적 내생 잠재변수의 예측된 score($\hat{Y}_3$)는 측정모델에서의 측정항목 x_5, x_6, 그리고 x_7의 체계적으로 누락된(혹은 제거된) data point를 예측하는 데 사용된다. data point 제거의 체계적인 패턴과 예측은 누락거리(omission distance: D)에 의하는데, 이는 Blindfolding 절차를 실행하기 위해 반드시 결정되어야 한다. 예를 들어 누락거리 '3'은 측정항목 x_5, x_6, 그리고 x_7의 모든 세 번째 data point가 각 Blindfolding 라운드에서 제거됨을 의미한다. Blindfolding 절차가 반영적 내생 잠재변수의 측정모델에서 사용된 측정항목의 모든 data point가 제거되고 예측되어야 하기 때문에, 3 라운드가 포함되어야 한다. 따라서 Blindfolding 라운드의 수는 항상 누락거리 D와 동일하다.

〈도표 6.6〉은 〈도표 6.5〉에 나타난 반영적 내생 잠재변수 Y_3에 대한 Blindfolding 절차의 적용을 보여준다. 도표에서는 construct Y_3의 반영적 측정모델에서 측정항목 x_5, x_6, 그리고 x_7의 표준화된 데이터들을 7까지 줄여서 보여주고 있다. 이 사례에서는 누락거리 3을 적용했는데, 5~10 사이의 값이 일반적으로 적용된다(Hair et al., 2012b). 〈도표 6.6〉에서 [*d*1], [*d*2], 그리고 [*d*3]는 데이터 행렬에 입력하지 않지만, x_5, x_6, 그리고 x_7의 data point에 대한 제거 패턴이 어떠한지 보여주기 위해 사용되었다. 예를 들어, x_5의 첫 번째 data point는 −0.452의 값을 갖고 있으며 [*d*1]인데, 첫 번째 Blindfolding 라운드에서 이 data point가 제거되어 있다. 누락거리의 할당(즉, 〈도표 6.6〉에서 [*d*1], [*d*2], 그리고 [*d*3])은 각 칼럼에서 나타난다. x_5의 첫 번째 칼럼 마지막 observation(즉, observation 7)에서 [*d*1]의 마지막 패턴이 할당되면, 이어서 x_6에 해당하는 두 번째 칼럼의 첫 observation에서 [*d*2]가 할당된다.

〈도표 6.6〉에는 누락거리 3에 따른 데이터 누락 패턴이 나타나 있다. 여기

서 중요한 한 가지는, 누락거리 D는 모델 추정에 사용된 관측의 수(number of observations)를 'D'로 나눈 값이 정수(integer)가 아니도록 선택되어야 한다는 것이다. 만약 관측의 수를 누락거리로 나누었을 때 정수라면, 각 라운드에서 observation의 동일한 세트가 항상 제거될 것이다. 예를 들어, 당신이 90의 관찰의 수를 갖고 있을 때, 누락거리는 9이거나 10이면 안되는데, 90/9=10이고 90/10=9이기 때문이다. 대신 7이나 8의 누락거리를 사용해야 한다.

〈도표 6.6〉에 나타난 것처럼, 첫 번째 Blindfolding 라운드에서 data point [*d*1]이 제거되었다. 이제 남아 있는 data point는 〈도표 6.5〉의 경로모델을 추

도표 6.6 Blindfolding 절차

	Indicator Data			Data Points [*d*1]		
	Construct Y_3			Construct Y_3		
	x_5	x_6	x_7	x_5	x_6	x_7
1	−0.452 [*d*1]	−0.309 [*d*2]	−0.152 [*d*3]		−0.309 [*d*2]	−0.152 [*d*3]
2	0.943 [*d*2]	1.146 [*d*3]	0.534 [*d*1]	0.943 [*d*2]	1.146 [*d*3]	
3	−0.452 [*d*3]	−0.309 [*d*1]	−2.209 [*d*2]	−0.452 [*d*3]		−2.209 [*d*2]
4	0.943 [*d*1]	−1.036 [*d*2]	−0.837 [*d*3]		−1.036 [*d*2]	−0.837 [*d*3]
5	0.943 [*d*2]	−1.036 [*d*3]	0.534 [*d*1]	0.943 [*d*2]	−1.036 [*d*3]	
6	−1.150 [*d*3]	−1.036 [*d*1]	−0.837 [*d*2]	−1.150 [*d*3]		−0.837 [*d*2]
7	1.641 [*d*1]	−0.309 [*d*2]	1.220 [*d*3]		−0.309 [*d*2]	1.220 [*d*3]

	Data Points [*d*2]			Data Points [*d*3]		
	Construct Y_3			Construct Y_3		
	x_5	x_6	x_7	x_5	x_6	x_7
1	−0.452 [*d*1]		−0.152 [*d*3]	−0.452 [*d*1]	−0.309 [*d*2]	
2		1.146 [*d*3]	0.534 [*d*1]	0.943 [*d*2]		0.534 [*d*1]
3	−0.452 [*d*3]	−0.309 [*d*1]			−0.309 [*d*1]	−2.209 [*d*2]
4	0.943 [*d*1]		−0.837 [*d*3]	0.943 [*d*1]	−1.036 [*d*2]	
5		−1.036 [*d*3]	0.534 [*d*1]	0.943 [*d*2]		0.534 [*d*1]
6	−1.150 [*d*3]	−1.036 [*d*1]			−1.036 [*d*1]	−0.837 [*d*2]
7	1.641 [d1]		−1.220 [*d*3]	1.641 [*d*1]	−0.309 [*d*2]	

정하기 위해 사용된다. PLS-SEM algorithm을 실행할 때 제거된 data point는 결측 값 처리 기능(즉, 평균으로 대체)이 사용된다. 이 PLS-SEM 추정치는 원 모델의 추정치 그리고 두 Blindfolding 라운드의 결과와는 다르다. 첫 번째 Blindfolding 라운드의 결과는 선택된 반영적 내생 잠재변수의 첫 $\hat{Y}_3$의 예측에 사용된다. 그 후에 $\hat{Y}_3$의 예측값과 첫 번째 Blindfolding 라운드에서의 outer loading의 추정치(즉, l_{35}, l_{36}, 그리고 l_{37})를 통해 각 개별 제거된 data point를 첫 번째 라운드에서 예측할 수 있다. 두 번째, 그리고 세 번째 Blindfolding 라운드도 이와 유사하게 진행된다.

마지막 Blindfolding 라운드가 끝난 후, 선택된 반영적 내생 잠재변수의 측정항목들의 각 data point는 내보내지고 그 다음 계산된다. 따라서 Blindfolding 라운드는 원래의 값과 예측된 값을 비교할 수 있다. 만약 예측치가 원래의 값과 유사하다면(즉, **예측오차**(**prediction error**)가 작다면), 그 경로모델은 높은 예측 정확성을 갖는다. 그 다음(남아 있는 데이터의 평균으로 정의되는) 사소한 예측오차에 더하여(실제 값, 즉 제거된 값과 예측된 값의 차이에 의해 계산된) 예측오차는 Q^2를 추정하기 위해 사용된다(Chin, 1998). '0'보다 큰 Q^2는 그 모델이 특정 construct에 대한 예측 적합성이 있음을 나타낸다. 반면, '0' 혹은 그 이하의 값은 예측 적합성에 문제가 있음을 의미한다.

Q^2는 두 가지의 다른 접근을 사용하여 계산될 수 있다. **cross-validated redundancy**는 구조모델(선행 construct의 score)과 측정모델(표적 내생 construct)의 경로모델 추정에 의한다. 따라서 cross-validated redundancy에 의한 예측은 PLS-SEM 접근에 정확하게 적합하다. 다른 대안으로, **cross-validated communality** 접근이 있다. 이 방법은 누락된 data point를 예측하기 위해(구조모델 정보의 포함 없이) 표적 내생 construct를 위해 추청된 construct score만을 사용한다. 우리는 Q^2의 척도로 cross-validated redundancy를 추천하는데, 그 이유는 이 접근이 제거된 data point의 예측을 위해 경로모델과 구조모델의 핵심요소들을 포함하기 때문이다.

Blindfolding 절차에 의해 추정되는 Q^2는 경로모델이 원 관측값을 얼마나 잘 측정하는지 나타낸다. R^2값을 평가하는 f^2와 유사하게, 예측 적합성의 상대적인 효과는 q^2 효과 크기 측정을 통해 비교될 수 있으며, 다음과 같이 정의된다.

$$q^2 = \frac{(Q^2_{\text{included}} - Q^2_{\text{excluded}})}{1 - Q^2_{\text{included}}}$$

예를 들어, 〈도표 6.5〉에서 반영적 내생 잠재변수 Y_3에 대한 construct Y_1의 q^2효과 크기를 결정하기 위해, 일단 Y_1이 포함된 모델의 PLS-SEM 결과를 산출하고, 그 다음 Y_1이 제거된 결과를 산출한다. 그렇게 함으로써, Q^2_{included}와 Q^2_{excluded}의 결과를 산출할 때 적절한 누락거리 '*D*'를 사용해야 한다. 예측 적합성의 상대적인 기준으로, 0.02, 0.15, 그리고 0.35는 외생 construct가 특정 내생 construct에 대해 작은, 중간, 그리고 큰 예측 적합성을 갖고 있음을 나타낸다. q^2 효과 크기의 적용에 대한 예시는 본 장의 마지막에 있다.

이질성 Heterogeneity

구조모델 평가의 또 다른 중요한 측면은 관측치의 **이질성**(heterogeneity)인데, 이는 PLS-SEM 결과를 왜곡하기 때문에 결과의 타당성을 위협할 수 있다(e.g., Rigdon, Ringle, Sarstedt, & Gudergan, 2011; Ringle, Sarstedt, & Mooi, 2010; Sarstedt, Schwaiger, & Ringle, 2009). 연구자들은 종종 소비자 세분시장, 기업, 그리고 국가와 같은 다른 하위표본으로 인해 다른 모수(parameters) 상황에 접하게 된다. 만약 이질성이 표본에 존재한다면, construct들 간의 관계에 다르게 존재라는 둘 혹은 그 이상의 하위집단이 있음을 의미한다. 연구자들은 종종 이러한 가능성을 예상하는데, 예를 들어 남녀 간 모델의 차이가 존재하는지 혹은 국가 간 연구에서 민족 유산의 차이가 존재하는지 테스트하고자 할 때 그러하다. 이는 **관찰된 이질성**(observed heterogeneity)이라 불리는데, 이미 연구자가 테스트할 필요성이 있는 알려진 하위 집단에서의 차이를 제안하는 정보를 갖고 있기 때문이다. 이질성의 문제는 종종 실증연구에서 나타나기 때문에, 연구자들은 이질성의 잠재적 원천을 항상 고려해야 하며, 예를 들어 사전정보에 의한 자료의 집단(즉, 나이 혹은 성별=관찰된 이질성)이 구성되어 있고 각 집단에서 모델을 독립적으로 검증하는 경우이다(Hair, Ringle, & Sarstedt, 2011; Hair et al., 2012a). 불행하게도 표본에서 이질성의 존재는 사전에 완전하게 알게 될 수 없다. 결과적으로 **관찰되지 않은 이질성**(unobserved heterogeneity)과 관련된 차이가 발생하는 상황은 PLS 경로모델에서 정확하게 예측하는 것을 방해한다. 많은 경우, 연구자들은 이질성이 추정의 문제가 된다는 사실을 인지하지 못할 수도 있다. 이러한 경우 연구자들은 표본에서 발견되지 않은 이질성을 확인하고 처리할 수 있는 접근을 시도할 필요가 있다(예: FIMIX-PLS; Rigdon, Ringle, & Sarstedt, 2010; Ringle, Wende, et al., 2010; Sarstedt, Becker, Ringle, & Schwaiger, 2011; Sarstedt & Ringle, 2010). 관찰된, 그리고 관찰되지 않은 이질성의 처리는 8장에서 보다 자세하게 다룰 예정이다.

Goodness-of-Fit index

Tenenhaus 등(Tenenhaus et al., 2004; Tenenhaus, Esposito Vinzi, Chatelin, & Lauro, 2005)은 "PLS 모델의 전반적인 타당성을 위한 운영적인 해결책(operational solution)"으로 PLS **goodness-of-fit index**(GoF)를 제안하였다(Tenenhaus et al., 2005, p.173). 최근 Henseler and Sarstedt(2012)는 GoF가 개념적으로 그리고 실증적으로 유용한 것인지에 대해 의문을 제시하였다. 이들의 연구는 GoF가 PLS-SEM의 goodness-of-fit 기준을 나타내지 못함을 보여주고 있다. CB-SEM에서의

적합도 척도들과는 달리, GoF는 타당한 모델과 타당하지 모델을 구분할 수 없다. 또한 GoF는 형성적 측정모델에서는 적합하지 않고 과도모수화(over-parameterization) 효과를 해결하지 못하기 때문에, 사용하지 않는 것이 더 적절하다.

〈도표 6.7〉에서는 구조모델의 결과를 평가하기 위한 핵심 기준이 정리되어 있다.

도표 6.7 구조모델의 평가를 위한 Rules of Thumb

- 구조모델 내 예측변수들의 공선성을 확인해라. 각 예측 construct들의 공차(VIF) 값은 0.20 이상(5 이하)이어야 한다. 만약 그렇지 않다면 공선성 문제를 처리하기 위해, 해당 construct를 삭제하거나, 단일 construct로 통합하거나 혹은 high-order construct를 만드는 것을 고려하라.
- 경로계수의 유의성을 확인하기 위해 boostrapping을 사용하라. boostrapping 표본의 최소 수는 적어도 유효 관측의 수보다 커야 하며, 5,000이 되어야 한다. 케이스의 수는 원표본의 유효한 관측수와 같아야 한다. 양측 검증의 임계치는 1.76(신뢰수준 10%), 1.96(신뢰수준 5%), 그리고 2.57(신뢰수준 1%)이다. 5% 혹은 이 이하의 오차확률의 유의수준에서 경로계수를 고려해야 한다.
- PLS-SEM은 경로모델에서 내생 잠재변수(들)의 R^2값을 극대화하는 것이 목적이다. 따라서 높은 R^2가 목표가 된다. 일반적으로 특정 모델이나 연구에서 R^2는 0.75는 큰, 0.50은 중간, 그리고 0.25는 약한 값을 나타낸다.
- 다른 외생변수 그리고/혹은 다른 관측 수의 모델을 비교할 때 R^2_{adj}를 사용하라.
- 효과 크기 f^2는 외생 construct의 내생 construct의 R^2에 대한 공헌을 측정하는 데 사용된다. 0.02, 0.15, 그리고 0.35의 f^2는 내생 construct에 대한 외생 construct의 작은, 중간의, 그리고 큰 효과를 나타낸다.
- 예측 적합성(predicted relevance): 각 내생 construct의 cross-validated redundancy 측정을 얻기 위해 blindfolding을 사용하라. 모델 추정에 사용된 관측의 수를 누락거리 D로 나눈 값이 정수가 아니게 하라. D값은 5~10에서 선택하라. '0'보다 큰 Q^2값은 외생 construct가 내생 construct에 대해 예측 적합성을 갖고 있음을 나타낸다. 예측 적합성의 상대적인 측정(q^2)으로서, 0.02, 0.15, 그리고 0.35의 값은 특정 내생 construct에 대한 외생변수의 작은, 중간, 그리고 큰 예측 적합성을 나타낸다.
- GoF를 사용하지 말라.
- 이질성(heterogeneity): 만약 데이터에서 하위집단의 존재가 이론적으로 지지된다면, 다집단 PLS-SEM이나 조절분석을 실행하라. 만약 데이터의 집단에 대한 가능한 이론이나 정보가 없다면 관찰되지 않은 이질성을 확인하기 위한 평가가 수행되어야 한다.

사례연구 PLS-SEM 구조모델 결과를 어떻게 기록할 것인가?

5장에서 소개된 확장된 기업 평판모델에서 계속 진행한다. 만약 SmartPLS에서 쉽게 적용할 수 있는 PLS 경로모델이 없다면, 'http://www.pls-sem.com'에서 **Corporate_Reputation_Extended.zip**을 다운받고 압축을 풀면 **Corporate Reputation Extended.splsp**과 **Full Data.csv**을 얻을 수 있다. 그 다음 SmartPLS를 실행하고 상단 메뉴바의 **File → Import**를 클릭하라. 화면에 Import 창이 나타나면 **Next**를 누르고, 그 다음 **Browse**를 누르고 2장에서 자세히 설명된 **Corporate Reputation Extended.splsp**를 찾아서 불러오라. 그러면 좌측 상단의 **projects** 창에 **Corporate Reputation Extended**라는 이름의 신규 project가 나타난다. 이 project에는 여러 모델들(.splsm 파일들)과 data set **Full Data.csv**가 포함되어 있다. **Corporate Reputation Extended**를 활성화한 후 모든 옵션 펼치기를 클릭하라(·▣↕). 몇몇 파일이 나타난다. 파일에는 **Base Model.splsm, Convergent Validity ATTR.splsm, Convergent Validity CSOR.splsm** 등이 있고, **Full Data.csv**라는 이름의 데이터 파일이 있다. 그 다음 **Base Model.splsm**을 더블 클릭해서, 앞 장에서 논의했던 기업 평판과 관련된 사례를 열어라.

구조모델의 평가는 모델 추정, boostrapping 절차, 그리고 blindfoling 절차의 결과에 의한다. PLS-SEM algorithm 실행 후 SmartPLS는 모델링 창(modeling window)에 모델 추정의 핵심 결과들을 보여준다(〈도표 6.8〉). 여기서 내생 construct들의 R^2(원 안의 숫자)뿐만 아니라 경로계수를 확인할 수 있다.

보다 자세한 확인을 위해, **Menu → Report → Default Report**에서 default report를 열어 볼 필요가 있다. 그러나 결과를 해석하기에 앞서, 우선 구조모델의 공선성 문제를 체크할 필요가 있다. 이를 위해 default report에서 latent variable scores를 추출해야 하는데, 이는 **PLS → Calculation Results → Latent Variable Scores**에서 찾을 수 있다. 그 다음 이 값을 R, SPSS, 혹은 Statistics와 같은 통계 프로그램에 입력해서 공선성을 확인한다. 이 분석은 형성적 척도의

도표 6.8 modeling window의 결과

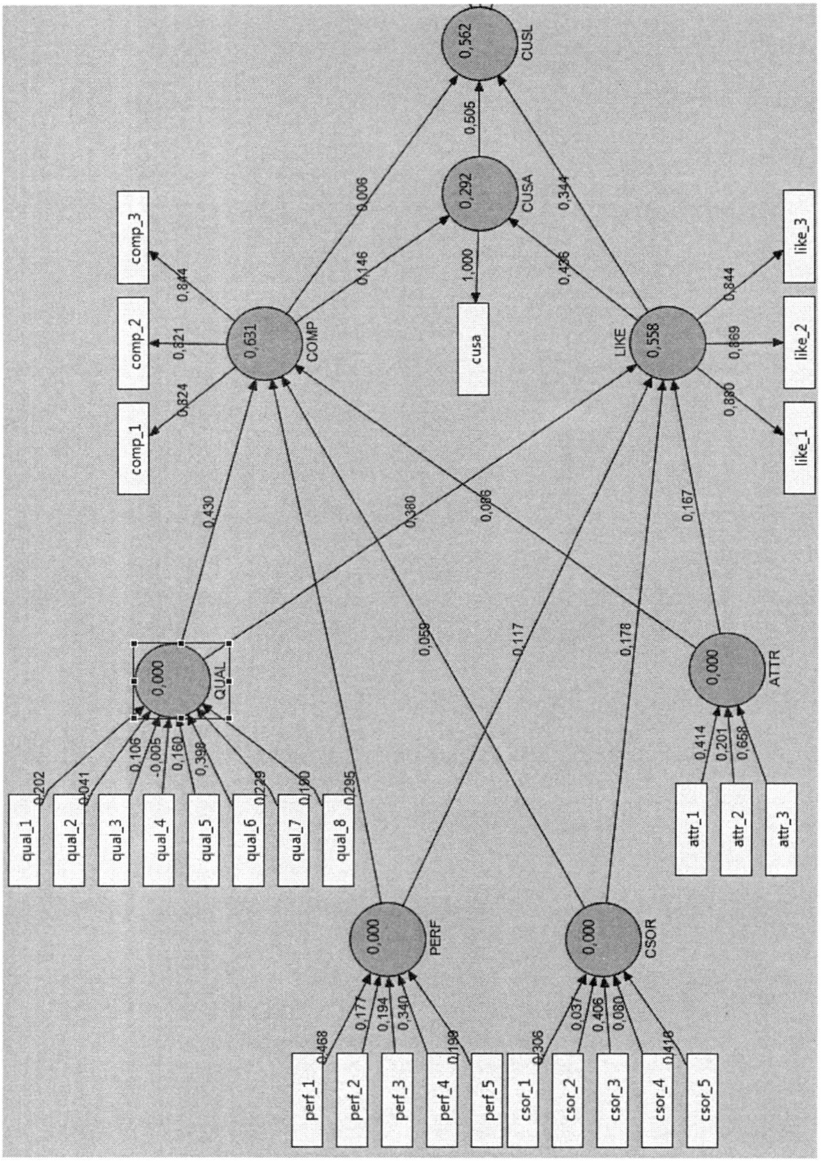

도표 6.9 공선성의 확인

First Set		Second Set		Third Set	
Constructs	VIF	Constructs	VIF	Constructs	VIF
ATTR	2.122	COMP	1.686	COMP	1.716
CSOR	2.083	LIKE	1.686	LIKE	1.954
PERF	2.889			CUSA	1.412
QUAL	3.487				

입력을 다룬 5장과 동일한데, 이는 구조모델을 공선성의 측면에서 평가하는 것이기 때문에, latent variable scores를 사용해야 한다. 통계 프로그램에 latent variable scores 입력한 후, 예측 construct들을 독립변수로 하고, 영향을 받는 construct를 종속변수로 하는 다중회귀분석을 실시한다, 회귀분석 결과는 중요하지 않으며 더 이상 분석되지 않는다. 오직 공차(VIF) 값을 통한 공선성의 여부만이 중요한 결과이다.

이 사례에서 SPSS를 이용하여 모델의 각 부분별로 세 개의 개별 OLS 회귀분석을 실행하였으며 공선성을 진단하였다. 구체적으로, 다음과 같은(예측) construct들의 집합에서 공선성을 확인하였다: (1) *COMP*(and *LIKE*)의 예측변수로 *ATTR*, *CSOR*, *PERF*, 그리고 *QUAL*; (2) *CUSA*의 예측변수로 *COMP*와 *LIKE*; 그리고 (3) *CUSL*의 예측변수로 *COMP*, *LIKE*, 그리고 *CUSA*. 〈도표 6.9〉는 각 분석들의 VIF를 나타낸다. 모든 VIF는 기준치 5보다 작게 나타나있다. 따라서 구조모델에서의 예측 construct들에 있어서의 공선성은 문제가 되지 않는다.

우선, 내생 잠재변수의 R^2를 확인하는데, 이는 default report에서 확인할 수 있다(**PLS → Quality Criteria → Overview**). *COMP*(0.631), *CUSL*(0.562), 그리고 *LIKE*(0.558)의 R^2는 중간이지만, *CUSA*(0.292)는 약한 것으로 볼 수 있다.

PLS → Calculation Results → Path Coefficients에서 모델링 창에 나타나있는 경로계수를 볼 수 있다. *COMP*에 대한 외생 construct들의 상대적인 중요

도를 볼 수 있는데, *QUAL*이 가장 중요하고, 그 다음은 *PERF*이다. 반면, *ATTR*과 *CSOR*은 *COMP*에 거의 영향이 없다. 그러나 이 두 개의 원인변수들은 LIKE에 대해 상대적으로 증가된 중요도를 갖는다. 또한 모델에서 *COMP*의 경로계수와 비교해 볼 때 *LIKE*가 *CUSA*와 *CUSL*의 주된 원인임을 발견할 수 있다.

보다 흥미있는 것은 총효과의 확인을 통해 나타난다. 특히 각 네 개의 형성적 원인 construct들(*ATTR*, *CSOR*, *PERF*, 그리고 *QUAL*) 핵심 표적변수인 *CUSL*에 *COMP*, *LIKE*, 그리고 *CUSA*의 매개를 통해 얼마나 강력하게 영향을 미치는지 확인할 수 있다. 총효과는 default report의 **PLS → Quality Criteria → Total Effects**에 나타나 있다. 여기에서 우리는 CUSL에 대해 네 개의 원인 construct 중 *QUAL*(0.2483)이 가장 강력한 총효과를 갖고 있으며, *CSOR*(0.1053), *ATTR*(0.1010), 그리고 *PERF*(0.0894)의 순서임을 볼 수 있다. 따라서 자신의 제품이나 서비스에 대한 고객들의 지각된 품질에 긍정적으로 영향을 미치는 마케팅 활동에 초점을 두는 기업을 위한 조언이 될 수 있다. 또한 construct 측정항목의 가중치를 고려하여, 품질(*QUAL*)의 어느 측면이 전달될 필요가 있는지 확인할 수 있다. outer weighs(**PLS → Calculation Results → Outer Weights**)를 보면, *qual_6*의 outer weighs(0.398)이 가장 높다. 이 항목은 '(그 기업은) 고객을 위한 믿을 수 있는 파트너로 생각된다'의 설문 항목에 해당한다. 따라서 마케팅 관리자들은 마케팅 활동에 의해 그들의 제품과 서비스에 대한 고객의 지각된 신뢰성을 높이는 노력을 해야만 한다.

구조모델의 인과관계 분석에서 몇몇 경로계수(예: *COMP → CUSL*)는 그 값이 낮다. 이러한 경로가 유의적인지 확인하기 위해, boostrapping 절차를 실행한다. 구조모델 추정을 위한 boostrapping 결과의 추출은 형성적 측정모델 평가와 같다(5장). SmartPLS 메뉴바의 'calculate'는 boostrapping 절차가 실행되는 곳이다(**Menu → Calculate → Bootstrapping**: default report에서 모델로 돌아오기 위해 우선 **Base Model.splsm**을 클릭할 필요가 있다). 'missing value algorithm'에서 'mean replacement'를, 'sign changes'에서 'no sign changes'를, 344 case,

도표 6.10 Bootstrapping Default Report

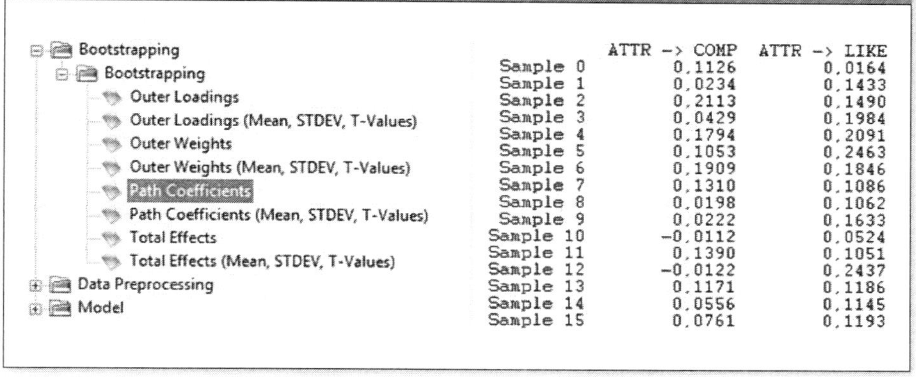

	ATTR -> COMP	ATTR -> LIKE
Sample 0	0.1126	0.0164
Sample 1	0.0234	0.1433
Sample 2	0.2113	0.1490
Sample 3	0.0429	0.1984
Sample 4	0.1794	0.2091
Sample 5	0.1053	0.2463
Sample 6	0.1909	0.1846
Sample 7	0.1310	0.1086
Sample 8	0.0198	0.1062
Sample 9	0.0222	0.1633
Sample 10	-0.0112	0.0524
Sample 11	0.1390	0.1051
Sample 12	-0.0122	0.2437
Sample 13	0.1171	0.1186
Sample 14	0.0556	0.1145
Sample 15	0.0761	0.1193

그리고 5,000 samples를 입력한다. SmartPLS의 boostrapping 절차 실행 후 default report를 열면 결과를 볼 수 있다(Menu → Report → Default Report). Bootstrapping → Path Coefficients에서는 각 boostrapping 실행 결과가 나타난다.

〈도표 6.10〉에는 처음의 15개의 하위 표본에서의 *ATTR* → *COMP*와 *ATTR* → *LIKE*의 PLS-SEM 추정치가 나타나 있다(이 값은 당신의 결과값과 다소 다를 것이다. 이는 boostrapping이 각각의 실행에서 다른 결과를 가져오는 무작위 과정이기 때문이다). 〈도표 6.10〉에서 보여지는 것은 결과표의 일부임을 명심하라. 온전한 결과표에는 모든 5,000 하위표본의 모든 경로계수가 포함된다. 이 추정치는 모든 경로계수의 boostrapping 평균, 표준편차, 표준오차, 그리고 t값을 계산하는 데 사용되며, Bootstrapping → Path Coefficients(Mean, STDEV, T-Values)에서 볼 수 있다. 총효과의 boostrapping 결과는 Bootstrapping → Total Effects(Mean, STDEV, T-Values)에서 볼 수 있다.

〈도표 6.11〉은 경로계수, t값, 신뢰수준, p값, 그리고 신뢰구간을 나타낸다. 마찬가지로, t값과 신뢰수준을 제시하거나, p값과 신뢰구간을 제시한다(유의수준, p값, 그리고 신뢰구간은 개별적으로 결정됨을 명심하라, 이는 SmartPLS에서 제공되지 않는다). 예로 든 사례의 전반적인 결과를 보 수 있다. *ATTR* → *COMP*,

도표 6.11 구조모델 경로계수의 유의성 검증 결과

	경로계수	*t* Value	유의수준	*p* Value	90% 신뢰구간
ATTR → COMP	0.09	1.63	NS	.10	[0.00, 0.17]
ATTR → LIKE	0.17	2.64	***	.01	[0.06, 0.27]
COMP → CUSA	0.15	2.20	**	.03	[0.04, 0.25]
COMP → CUSL	0.01	0.11	NS	.91	[−0.08, 0.09]
CSOR → COMP	0.06	1.09	NS	.28	[−0.03, 0.15]
CSOR → LIKE	0.18	3.17	***	.00	[0.09, 0.27]
CUSA → CUSL	0.51	11.99	***	.00	[0.44, 0.57]
LIKE → CUSA	0.44	7.41	***	.00	[0.34, 0.53]
LIKE → CUSL	0.34	6.31	***	.00	[0.25, 0.43]
PERF → COMP	0.30	4.42	***	.00	[0.18, 0.41]
PERF → LIKE	0.12	1.69	*	.09	[0.00, 0.23]
QUAL → COMP	0.43	6.48	***	.00	[0.32, 0.54]
QUAL → LIKE	0.38	5.76	***	.00	[0.27, 0.49]

Note: NS = not significant.
*$p < .10$ **$p < .05$ ***$p < .01$

COMP → CUSL, 그리고 *CSOR → COMP*를 제외한 구조모델의 모든 경로는 유의적임을 알 수 있다. 이 결과는 기업이 고객 충성도를 극대화하기 위하여 지각된 능력에 힘쓰기보다는(고객의 품질 지각을 강화함으로써) 그들의 호감성을 강화하는 데 마케팅 노력을 집중해야 함을 제안한다. 고객이 우수하다고 평가하는 모바일 네트워크 공급자를 고려해야 한다는 것은 놀라운 일이 아니다. (네트워크의 공급이라는) 서비스는 무형적이기 때문에, 감성적인 판단이 인지적 판단보다 고객 애호도 형성에 좀 더 중요한 역할을 수행한다. 게다가 *ATTR*과 *CSOR*만이 호감성에 영향을 미치는 것으로 나타났는데, 이는 이 두 원인변수들이 보다 본질적으로 감성적인 것이기 때문이다.

〈도표 6.12〉는 표적 construct인 *CUSA*와 *CUSL*에 대한 외생 construct인 *ATTR*, *CSOR*, *PERF*, 그리고 *QUAL*의 총효과 결과이다(Bootstrapping → Total

도표 6.12 총효과의 유의성 검증 결과

	총효과	*t* Value	유의수준	*p* Value	90% 신뢰구간
ATTR → *CUSA*	0.09	2.80	***	.01	[0.02, 0.15]
ATTR → *CUSL*	0.10	2.73	***	.01	[0.02, 0.18]
CSOR → *CUSA*	0.09	3.16	***	.00	[0.03, 0.14]
CSOR → *CUSL*	0.11	3.11	***	.00	[0.04, 0.17]
PERF → *CUSA*	0.09	2.46	**	.01	[0.02, 0.17]
PERF → *CUSL*	0.09	2.06	**	.04	[0.00, 0.16]
QUAL → *CUSA*	0.23	6.11	***	.00	[0.16, 0.30]
QUAL → *CUSL*	0.25	5.72	***	.00	[0.16, 0.33]

**$p < .05$ ***$p < .01$

Effects(Mean, STDEV, T-Values). 모든 총효과는 5% 수준에서 유의적임을 확인할 수 있다.

다음으로, 경로모델의 예측 적합성을 확인하기 위해 blindfolding 절차를 실행한다. **Menu → Calculate → Blindfolding**을 통해 blindfolding 절차를 실행할 수 있다(boostrapping 결과에서 reputation model로 돌아오기 위해서 우선 **Base Model.splsm**을 클릭해야 함을 기억하라). 메뉴에서 결측값 처리와 PLS-SEM algorithm의 정보는 초기 모델 추정(3장)으로 유지한다. 또한 누락거리를 정해야 한다. 모델 추정에 사용된 관측의 수를 누락거리 *D*로 나눈 값이 정수가 아니게 해야 함을 기억하라. 우리의 사례에서는 344개의 관측치이기 때문에 누락거리 *D*를 7로 선택하였다. 마지막으로 어느 내생 construct에서 분석을 실행할지 결정해야 한다. 오직 반영적 측정모델의 내생잠재변수들만 선택될 수 있다. 비록 SmartPLS의 창에서 여러 개의 잠재변수를 선택할 수 있지만, SmartPLS의 현재 버전에서는 하나가 끝나도 난 후 다른 하나의 반영적인 표적 construct에 대한 blindfolding 절차를 실행해야 한다. 이 사례에서는 CUSL construct에 대해 blindfolding algorithm을 실행하려 한다(〈도표 6.13〉)

blindfolding 절차를 실행한 후 default report를 열면(**Menu → Report →**

도표 6.13 blindfolding 절차를 시작하기 위한 설정

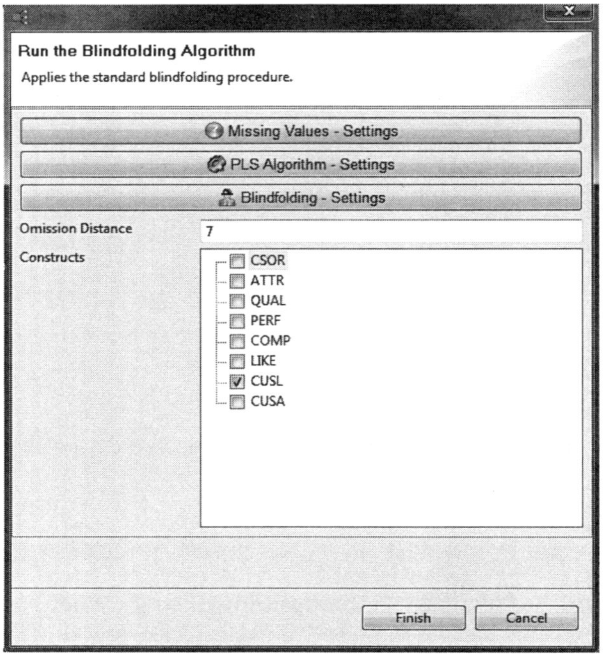

Default Report), 〈도표 6.14〉와 같은 결과물이 나타난다. 이 중 초점이 되는 결과물은 **Construct Crossvalidated Redundancy**이다. (〈도표 6.14〉에서의) 결과표의 첫 번째 부분은 blindfolding 절차의 총효과를 요약한 것이며, 그 아래에 나타난 내용은 일곱 라운드의 blindfolding의 각 결과이다. 비록 여러 잠재변수에서의 모든 결과가 나타나 있지만, 오직 *CUSL*에 대한 결과만 사용한다. 다른 construct들에 대한 결과는 개별 blindfolding의 실행에 의해 추출되어야 한다. *CUSL*에 대해 제곱합(SSO)과 제곱합의 예측오차(SSE)를 확인할 수 있다. 마지막 칼럼의 결과(즉, 1−SSE/SSO)는 예측 적합성 Q^2값이다. 우리의 경로모델에서 *CUSL*의 예측 적합성 Q^2는 0.4178이며, 이는 모델이 이 construct에 대해 예측 적합성을 갖고 있음을 의미한다.

도표 6.14 blindfolding 결과

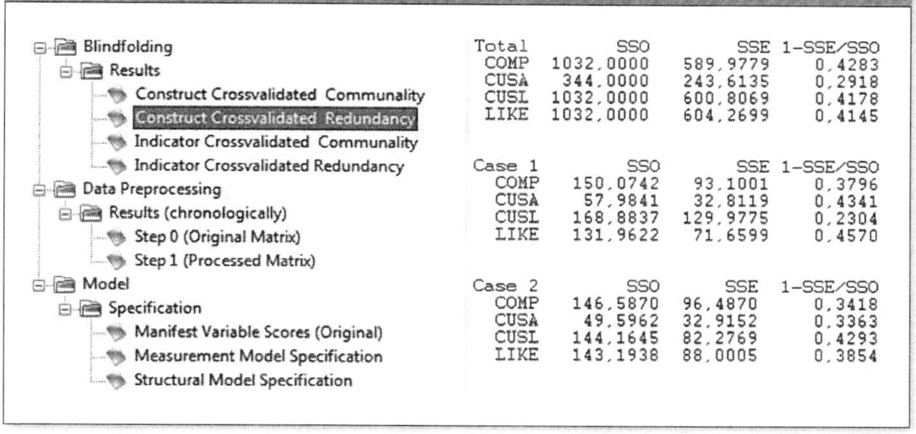

〈도표 6.15〉는 모든 내생 construct에서의 Q^2값이다(R^2도 함께 제시되어 있다). 모든 Q^2는 '0' 이상이며, 따라서 내생잠재변수에 대한 모델의 예측 적합성이 존재하는 것으로 볼 수 있다.

마지막으로 확인할 부분은 f^2와 q^2효과크기(effect size)이다. 이들은 SmartPLS의 결과로 제시되지 않기 때문에 계산식에 의해 계산되어야 한다. 선택된 내생잠재변수의 f^2를 계산하기 위해 $R^2_{included}$와 $R^2_{excluded}$가 필요하다. 전체 모델 추정 결과인 $R^2_{included}$는 〈도표 6.15〉에 있다. $R^2_{excluded}$는 해당하는 내생잠재변수의 특정한 예측변수를 제거한 후 모델을 재추정하여 얻어진다. 예를 들어, 내생잠재변수인 *CSUL*의 원 R^2는 0.562($R^2_{included}$)이다. *CUSA*를 제거한 후 모델을 재추정한다면 *CUSL*의 R^2는 0.385($R^2_{excluded}$)이다. 이 두 개의 값을 *CUSL*에 대한

도표 6.15 R^2와 Q^2의 결과

Endogenous Latent Variable	R^2 Value	Q^2 Value
COMP	0.631	0.430
CUSL	0.562	0.418
CUSA	0.292	0.292
LIKE	0.558	0.413

*CUSA*의 f^2효과크기 계산식에 대입하면 다음과 같으며, f^2의 기준에 의해, 이 값은 큰 것으로 판단할 수 있다.

$$f^2_{CUSA \rightarrow CUSL} = \frac{(R^2_{\text{included}} - R^2_{\text{excluded}})}{1 - R^2_{\text{included}}} = \frac{0.562 - 0.385}{1 - 0.562} = 0.404$$

q^2효과크기의 계산은 동일한 절차로 진행된다. 그러나 R^2 대신 예측 적합성 Q^2가 사용된다(blindfolding 절차의 실행 후 얻어진다). 예를 들어 내생잠재변수 *CUSL*의 Q^2는 0.418(Q^2_{included})이다. 경로모델에서 *CUSA*를 제거하고 blindfolding 절차에 의해 모델을 재추정하면, *CUSL*의 Q^2는 0.285(Q^2_{excluded})이다. 이 값을 *CUSL*에 대한 *CUSA*의 q^2효과 크기를 계산하기 위한 식에 대입하면 다음과 같다.

$$q^2_{CUSA \rightarrow CUSL} = \frac{(Q^2_{\text{included}} - Q^2_{\text{excluded}})}{1 - Q^2_{\text{included}}} = \frac{0.418 - 0.285}{1 - 0.418} = 0.229$$

q^2의 기준에 의해, 이 값은 중간 정도로 판단된다. 〈도표 6.16〉은 모델의 모든 관계에서 경로계수와 f^2, 그리고 q^2를 요약해서 보여주고 있다. 첫째 행에는 표적 construct가 표시되어 있고, 첫째 열에는 예측 construct가 있다. 예를 들어 *ATTR*에서 *COMP*로의 경로계수는 0.086, f^2는 0.011, q^2는 0.028이다.

도표 6.16 결과 요약

	COMP			*CUSL*		
	Path Coefficients	f^2 Effect Size	q^2 Effect Size	Path Coefficients	f^2 Effect Size	q^2 Effect Size
ATTR	0.086	0.011	0.028			
COMP				0.006	0.000	-0.002
CSOR	0.059	0.005	0.002			
CUSA				0.505	0.404	0.229
LIKE				0.344	0.139	0.077
PERF	0.295	0.076	0.040			
QUAL	0.430	0.144	0.061			
	COMP			*CUSL*		
	Path Coefficients	f^2 Effect Size	q^2 Effect Size	PathCoef-ficients	f^2 Effect Size	q^2 Effect Size
ATTR				0.167	0.029	0.020
COMP	0.146	0.018	0.020			
CSOR				0.178	0.036	0.017
CUSA						
LIKE	0.436	0.161	0.140			
PERF				0.117	0.011	0.007
QUAL				0.380	0.095	0.053

Summary

- **구조모델에서 경로계수를 확인하라. 구조모델을 위한 PLS-SEM 결과를 확인할 때 두 가지 중요한 것이 있다.** 계수의 유의성(significance)과 적합성(relevance). 유의성을 검증하기 위해 boostrapping 절차의 실행과 *t*값, *p*-value, 혹은 boostrapping 신뢰구간을 검토할 필요가 있다. 그 다음으로, 총효과, f^2효과크기, q^2효과크기뿐만 아니라 경로계수의 상대적인 크기가 비교되어야 한다. 이러한 결과의 제시를 통해, 우리는 구조모델 내 내생 잠재변수를 설명하기 위해 가장 적합한 핵심 construct들을 확인할 수 있다.
- **결정계수(R^2)를 평가한다.** PLS-SEM 방법론은 주로 예측을 목적으로 개발된 것이다. R^2(즉, 결정계수)는 구조모델에서 내생 construct의 설명된 분산의 양을 나타낸다. 특정 핵심 construct(예: 고객만족, 고객 애호도, 혹은 기술 수용도)를 설명하도록 잘 개발된 경로모델은 충분히 높은 R^2를 갖고 있어야 한다. R^2의 정확한 해석은 특정 연구 분야에 따라 다르다. 일반적으로 표적 construct에 대한 0.25, 0.50, 그리고 0.75의 R^2는 약한, 중간, 그리고 강한 것으로 받아들여진다.
- **f^2효과 크기를 이해하고 평가한다.** f^2효과 크기를 통해 선택된 내생 잠재 construct를 설명하는 데 있어 construct들의 적합성을 분석할 수 있다. 보다 구체적으로, 구조모델 내 표적 construct의 R^2에 원인 construct가 얼마나 많은 공헌을 하는지 확인할 수 있다. 우선 특정 원인 construct를 포함하고 R^2를 추정한다. 그 다음 이를 제거한 후 추정하는데, R^2는 낮아진다. 원인 construct의 포함된 그리고 제거된 모델에서 추정된 R^2의 차이를 통해, f^2를 계산할 수 있다. 0.02, 0.15, 그리고 0.35 정도의 f^2효과크기는 작은, 중간, 그리고 큰 수준으로 받아들여진다.
- **예측 적합성(Q^2 value)의 확인을 위해 Blindfolding 절차를 사용한다.** Blindfolding 절차는 내생 construct의 반영적 측정모델에서 측정항목(indicators)의 모든 data point를 체계적으로 제거하고 예측하는, 재표본추출 기법(re-sampling technique)이다. 원 값(original value)과 예측치의 비교에 의해, 특

정 반영적 표적 construct의 경로모델에서의 예측오차가 얻어진다. 예측 적합성을 확인하기 위한 Q^2의 계산식은 이 예측오차를 사용한다. 만약 Q^2값이 '0' 이상이라면, 그 경로모델은 선택된 반영적 내생 construct에 대해 예측 적합성을 갖는다. R^2를 이용하는 f^2효과크기와 마찬가지로, Q^2를 이용하여 q^2가 계산된다. 선택된 construct의 q^2효과크기와 구조모델에서 이 construct와 내생 construct의 관계는 f^2효과크기를 평가할 때 사용한 것과 동일한 기준을 적용한다.

- **이질성이 PLS-SEM 추정에 어떻게 영향을 미칠 수 있는지 이해한다.** 구조모델의 평가에서 또 다른 중요한 것은 관측치의 이질성인데, 이는 PLS-SEM 결과의 타당성에 위해가 될 수 있다. 연구자들은 종종 소비자 세분시장, 기업, 그리고 국가와 같은 다른 하위표본에 의해 다른 파라미터가 발생하는 상황에 접하게 된다. 예를 들어 구조모델의 인과관계가 한 집단에서는 유의적인 정(+)의 관계이지만, 다른 집단에서는 유의적인 부(−)의 관계로 나타난다면, 이질성은 잘못된 결과와 해석을 가져올 수 있는 중요한 문제가 된다. 통합 데이터의 차원에서, 이러한 인과관계는 비유의적으로 나타날 수 있지만, 집단의 차원에서는 유의적으로 나타난다. 따라서 연구자는 PLS-SEM 결과 평가의 중요한 요소로 이질성을 다루어야만 하며, 따라서 표본의 이질성을 확인하고 분석하는 기법을 적용해야 한다(8장).
- **구조모델의 결과를 어떻게 기술하고 설명하는지 학습한다.** 추가적인 construct들을 더한 기업평판 사례를 통해 당신은 구조모델 평가의 기준에 대해 체계적으로 적용하는 것을 학습할 수 있다. SmartPLS 프로그램은 구조모델을 평가하기 위한 적절한 결과를 제공한다. 본 장에 나와있는 사례와 관련된 표와 Exhibit은 어떻게 PLS-SEM 결과를 정확하게 설명하고 기록하는지 나타내고 있다. 실제로 해 볼 수 있는 사례는 앞서 소개된 개념들에 대한 요약뿐 아니라 PLS-SEM의 실제적인 적용을 위한 추가적인 인사이트를 제공한다.

Review Questions

1. 구조모델의 결과를 평가하기 위한 핵심 기준은 무엇인가?
2. 왜 경로계수의 유의성을 검토해야 하는가?
3. 적절한 R^2의 수준은 어떻게 되는가?
4. 예측 적합성이 나타나기 위한 중요한 Q^2값의 기준은 무엇인가?
5. f^2와 q^2효과 크기를 설명하기 위한 기준은 어떻게 되는가?

Critical Thinking Questions

1. PLS-SEM의 구조모델 결과를 평가하는 데 있어 접하는 문제는 무엇인가? 이 문제에 어떻게 대처할 것인가?
2. PLS-SEM을 위한 goodness-of-fit index를 사용하지 않도록 조언하는 이유는 무엇인가?
3. 유의성 검증을 위해 왜 boostrapping 절차를 사용하는가? 선택해야 하는 algorithm option과 파라미터를 설명하라.
4. f^2효과크기를 설명하라.
5. blindfolding 절차의 목적이 어떻게 되는가? 그리고 누락거리 D를 늘리거나 줄이면 어떤 결과가 나타나는가? Q^2와 q^2효과 크기를 설명하라.
6. PLS-SEM을 실행할 때 이질성이 왜 반드시 설명되어야 하는 중요한 주제인가?

Key Terms

Adjusted R^2 value(R^2_{adj}, 수정된 R^2 값)**:** is a modified measure of the *coefficient of determination* that takes into account the number of predictor constructs. The statistic is useful for comparing models with different numbers of predictor constructs, different sample sizes, or both.

Blindfolding: is a sample reuse technique that omits part of the data matrix and uses the model estimates to predict the omitted part.

Bootstrapping: is a resampling technique that draws a large number of subsamples from the original data(with replacement) and estimates models for each subsample. It is used to determine standard errors of coefficients in order to assess their statistical significance without relying on distributional assumptions.

Coefficient of determination(R^2, 결정계수)**:** is a measure of the proportion of an endogenous construct's variance that is explained by its predictor constructs.

Collinearity(공선성)**:** arises in the context of structural model evaluation when two constructs are highly correlated.

Confidence interval(신뢰구간)**:** provides an estimated range of values that is likely to include an unknown population parameter. It is determined by its lower and upper bounds, which depend on a predefined probability of error and the standard error of the estimation for a given set of sample data. When zero does not fall into the confidence interval, an estimated parameter can be assumed to be significantly different from zero for the prespecified probability of error(e.g., 5%).

Critical value(임계치)**:** see *Significance testing*.

Cross-validated communality: is used to obtain the Q^2 value based on the prediction of the data points by means of the underlying measurement model(see *Blindfolding*).

Cross-validated redundancy: is used to obtain the Q^2 value based on the prediction of the data points by means of the underlying structural model and measurement model(see *Blindfolding*).

Degrees of freedom(자유도): is the number of values in the final calculation of a statistic that are free to vary.

Direct effect(직접효과): is a relationship linking two constructs with a single arrow between the two.

Empirical *t* value(*t* 통계량): see *Significance testing.*

f^2 effect size(f^2 효과크기): is a measure used to assess the relative impact of a predictor construct on an endogenous construct.

GoF: see *Goodness of fit index.*

Goodness-of-fit index(GoF): has been developed as an overall measure of model fit for PLS-SEM. However, as the GoF cannot reliably distinguish valid from invalid models and since its applicability is limited to certain model setups, researchers should avoid its use.

Heterogeneity(이질성): indicates that significantly different PLS-SEM results are associated with different relevant subgroups(observed or unobserved) in the population.

Hypothesized relationships(제안된 가설): are proposed explanations for constructs that define the path relationships in the structural model. The PLS-SEM results enable researchers to statistically test these hypotheses and thereby empirically substantiate the existence of the proposed path relationships.

Indirect effect(간접효과): a sequence of relationships with at least one intervening construct involved.

Observed heterogeneity(관찰된 이질성): occurs when the sources of heterogeneity are known and can be traced back to observable characteristics such as demographics(e.g., gender, age, income).

Omission distance(*D*, 누락거리): determines which data points are deleted when applying the blindfolding(see *Blindfolding*) procedure. An omission distance *D* of 9, for example, implies that every ninth data point, and thus 1/9=11.11% of the data in the original data set, are deleted during each blindfolding round. The omission distance should be chosen so that the number of observations used from model estimation divided by *D* is not an integer. Furthermore, *D* should be between 5 and 10. Parsimonious models: are models with as few parameters as possible for a given quality of model estimation results.

Parsimonious models(간결한 모델): are models with as few parameters as possible for a given quality of model estimation results.

Path coefficients(경로계수): are estimated path relationships for the structural model(i.e., between the latent variables in the model). They correspond to standardized betas in a regression analysis.

Prediction error(예측오차): measures the difference between the prediction of a data point and its original value in the sample.

Predictive relevance(Q^2, 예측 적합성): see *Q^2 value.*

***p* value**(p 값): is in the context of structural model assessment, the probability of error for assuming that a path coefficient is significantly different from zero. In applications, researchers compare the p value of a coefficient with a significance level selected prior to the analysis to decide whether the path coefficient is statistically significant.

q^2 effect size(q^2 효과크기): is a measure used to assess the relative predictive relevance of a predictor construct on an endogenous construct.

Q^2 value(Q^2 값): is a measure of predictive relevance based on the *blindfolding technique.*

R^2 value(R^2 값): see *Coefficient of determination.*

Relevance of significant relationships(유의적인 관계의 적합성): compares the relative importance of predictor constructs to explain endogenous latent constructs in the structural model. Significance is a prerequisite for the relevance, but not all constructs and their significant path coefficients are highly relevant to explain a selected target construct.

Significance testing(유의성 검정): is the process of testing whether a certain result likely has occurred by chance. In the context of structural model evaluation, it involves testing whether a path coefficient is truly different from zero in the population. Assuming a specified significance level, we reject the null hypothesis of no effect(i.e. the path coefficient is zero in the population) if the empirical *t* value(as provided by the data) is larger than the critical value. Commonly used critical values for two-tailed tests(derived from the normal distribution) are 2.57, 1.96, and 1.65 for significance levels of 1%, 5%, and 10%, respectively.

Standard error(표준오차)**:** is the standard deviation of the sampling distribution of that statistic. Standard errors are important to show how much sampling fluctuation a statistic has.

Standardized values(표준화된 값)**:** indicate how many standard deviations an observation is above or below the mean.

Total effect(총효과)**:** is the sum of the direct effect and all indirect effects linking two constructs.

Two-tailed tests(양측검정)**:** see *Significance testing.*

Unobserved heterogeneity(관찰되지 않은 이질성)**:** occurs when the sources of heterogeneous data structures are not(fully) known.

Suggested Readings

Albers, S.(2010). PLS and success factor studies in marketing. In V. Esposito Vinzi, W. W. Chin, J. Henseler & H. Wang(Eds.), *Handbook of partial least squares: concepts, methods and applications*(Springer handbooks of computational statistics series, vol. II)(pp. 409~425). New York: Springer.

Boudreau, M. C., Gefen, D., & Straub, D. W.(2001). Validation in information systems research: A state-of-the-art assessment. *MIS Quarterly*, 25(1), 1~16.

Cenfetelli, R. T., & Bassellier, G.(2009). Interpretation of formative measurement in information systems research. *MIS Quarterly*, 33(4), 689~708.

Chin, W. W.(2010). How to write up and report PLS analyses. In V. Esposito Vinzi, W. W. Chin, J. Henseler, & H. Wang(Eds.), *Handbook of partial least squares: Concepts, methods and applications in marketing and related fields*(pp. 655~690). Berlin: Springer.

Diamantopoulos, A.(2008). Formative indicators: Introduction to the special issue. *Journal of Business Research*, 61(12), 1201~1202.

Diamantopoulos, A., & Winklhofer, H. M.(2001). Index construction with formative indicators: An alternative to scale development. *Journal of Marketing Research*, 38(2), 269~277.

Gefen, D., Rigdon, E. E., & Straub, D. W.(2011). Editor's comment: An update and extension to SEM guidelines for administrative and social science research. *MIS Quarterly*, 35(2), iii~xiv.

Gudergan, S. P., Ringle, C. M., Wende, S., & Will, A.(2008). Confirmatory tetrad analysis in PLS path modeling. *Journal of Business Research*, 61(12), 1238~1249.

Hair, J. F., Ringle, C. M., & Sarstedt, M.(2011). PLS-SEM: Indeed a silver bullet. *Journal of Marketing Theory and Practice*, 19, 139~151.

Hair, J. F., Sarstedt, M., Pieper, T., & Ringle, C. M.(2012a). Applications of partial least squares path modeling in management journals: A review. *Long Range Planning*, 45, 320~340.

Hair, J. F., Sarstedt, M., Ringle, C. M., & Mena, J. A.(2012). An assessment of the use of partial least squares structural equation modeling in marketing research. *Journal of the Academy of Marketing Science*, 40, 414~433.

Henseler, J., Ringle, C. M., & Sinkovics, R. R.(2009). The use of partial least squares path modeling in international marketing. *Advances in International Marketing*, 20, 277~320.

Hulland, J.(1999). Use of partial least squares(PLS) in strategic management research: A review of four recent studies. *Strategic Management Journal*, 20(2), 195~204.

Ringle, C. M., Sarstedt, M., & Straub, D. W.(2012). A critical look at the use of PLS-SEM in *MIS Quarterly*. *MIS Quarterly*, 36, iii~xiv.

Roldán, J. L., and Sánchez-Franco, M. J.(2012). Variance-based structural equation modeling: Guidelines for using partial least squares in information systems research. In *Research methodologies, innovations and philosophies in software systems engineering and information systems*(pp. 193~221). Hershey, PA: IGI Global.

Tenenhaus, M., Esposito Vinzi, V., Chatelin, Y. M., & Lauro, C.(2005). PLS path modeling. *Computational statistics & data analysis*, 48(1), 159~205.

Chapter 7

PLS-SEM에서의 상위 주제

Learning Outcome

1. PLS-SEM 중요도-성과 매트릭스 분석(IPMA)를 어떻게 실행하는지에 관하여 이해한다.
2. 매개 분석과 이를 PLS-SEM에서 어떻게 실행하는지 설명한다.
3. high-order construct의 개념과 이 개념을 PLS-SEM에서 어떻게 적용하는지 이해한다.

Chapter Review

본 장은 몇 개의 PLS-SEM 상위 주제를 다룬다. 우선 중요도-성과 매트릭스 분석(IPMA: importance-performance matrix analysis)을 다룬다. PLS-SEM 분석은 구조모델 내 다른 construct들을 설명하는 데 있어, construct들의 상대적인 중요도에 대한 정보를 제공한다. construct의 중요도에 대한 정보는 결과를 도식화시키는 데 적절하다. 그러나 IPMA를 위해 각 construct들의 성과 역시 고려되어야 한다. 결과적으로, 두 개의 차원(즉, 중요도와 성과)으로 나타낼 수 있으며, 이는 경영활동의 우선순위를 정하는 데 특히 중요하다. 따라서 특정한 표적 construct에 대한 설명력의 측면에서 높은 중요도의 construct의 성과를 향상시키는 데 우선적으로 초점을 두는 것이 더 적절하다.

또 다른 중요한 주제는 매개이다. 유의적인 매개변수는 인과관계에 대한 어느 정도의 정보가 될 수 있다. 매개변수를 확인을 통해 연구자는 독립변수와 종속변수 간 관계에 대해 더 잘 이해할 수 있다.

마지막으로 high-order construct를 통해, 연구자들은 PLS-SEM에서 하위요인들을 대표할 수 있는 좀 더 일반적인 construct를 포함할 수 있다. 따라서 구조모델에서 잠재적인 인과관계의 수는 감소되며, PLS 경로모델은 좀 더 간명해지고 이해하기 용이해질 수 있다.

중요도-성과 매트릭스 분석 Importance-Performance Matrix Analysis

Method

PLS-SEM의 핵심 특징은 latent variable scores가 추출된다는 것이다. **중요도-성과 매트릭스 분석**(Importance-Performance Matrix Analysis)은 latent variable scores를 이용하여, 기본적인 PLS-SEM 결과의 발견점을 확장하는 데 유용하다(Fornell, Johnson, Anderson, Cha, & Bryant, 1996; Höck, Ringle, & Sarstedt, 2010; Kristensen, Martensen, & Grønholdt, 2000; Slack, 1994; Völckner, Sattler, Hennig-Thurau, & Ringle, 2010). 이러한 확장은 경로모델 인과관계의 PLS-SEM 추정에 의해 이루어지며, 잠재변수의 평균값을 고려한 추가적인 차원의 분석이 더해지는 것이다. 핵심 표적 construct를 나타내는 특정 내생잠재변수의 측면에서, 경영활동의 향상을 위해 강조해야 하는 부분을 나타내도록, IPMA는 구조모델의 총효과(중요도)와 latent variable scores(성과)를 비교한다. 보다 구체적으로, 이 분석을 통해 상대적으로 높은 중요도, 낮은 성과의 요소들을 확인할 수 있다. 그리고 높은 중요도, 낮은 성과의 요소들은, 기업의 마케팅 혹은 관리적 활동에 의해 향상되어야 하는 주된 것들이다.

기본적인 PLS-SEM 분석은 직접, 간접, 그리고 총 인과관계 추정치의 추출을 통해 구조모델 내 construct들의 상대적인 **중요도**(importance)를 확인한다. IPMA는 이러한 PLS-SEM의 결과를 다른 차원으로 확장하는데, 즉 각 construct의 실제 **성과**(performance)를 포함한다.

IPMA의 실행에는 우선 표적 construct의 확인이 필요하다. 특정 표적 construct의 IPMA를 실행하기 위해 총효과와 성과값(performance values)이 필요하다. 내생 표적 construct에 대한 잠재변수의 중요도—중요도 성과 매트릭스에 의해 분석되는—는 이들 변수들의 총효과에 의해 나타난다(Slack, 1994). PLS-SEM에서 총효과는 PLS 경로모델 추정치에 의해 나타난다.

〈도표 7.1〉을 보면 구조모델의 PLS-SEM 결과가 나타나 있다. (각 constrcut의) 괄호 안의 정보는 0에서 100까지의 값으로 재조정된 각 잠재변수의 성과이다. 표준화된 경로계수는 화살표에 나타나 있는데, 이는 construct들 사이의 관계의 강도를 나타낸다.

이제 우리는 〈도표 7.2〉에서 나타난 것처럼, 핵심 표적 construct인 Y_4에 대한 IPMA의 결과 도출을 위해, 제시된 분석 결과를 사용한다. x축은 표적 consturct Y_4에 대한 잠재변수 Y_1, Y_2, 그리고 Y_3의 총효과를(즉, 이들의 중요도) 나타낸다. y축은 Y_1, Y_2, 그리고 Y_3의 (재조정된) average construct scores를 나타낸다. 우리는 Y_1이 표적 construct Y_4를 설명하는 데 특별히 중요한 것임을 알 수 있다. 모든 것이 동일한 상황에서, Y_1의 성과를 한 단위 증가시키는 것은 총효과 0.84만큼 Y_4의 성과를 높일 것임을 예측할 수 있다. 한편 Y_1의 성과는 상대적으로 낮으므로, 이는 향상시켜야 하는 것에 해당한다. 즉, PLS 경로모델의 사례에서 Y_1은 가장 관리해야 할 대상이다.

〈도표 7.2〉의 사례에 나타난 것처럼, IPMA는 선택된 표적 construct Y_4에 대한 다른 construct들(즉, Y_1, Y_2, 그리고 Y_3)의 상대적인 중요도를 나타내

도표 7.1 PLS-SEM 예시

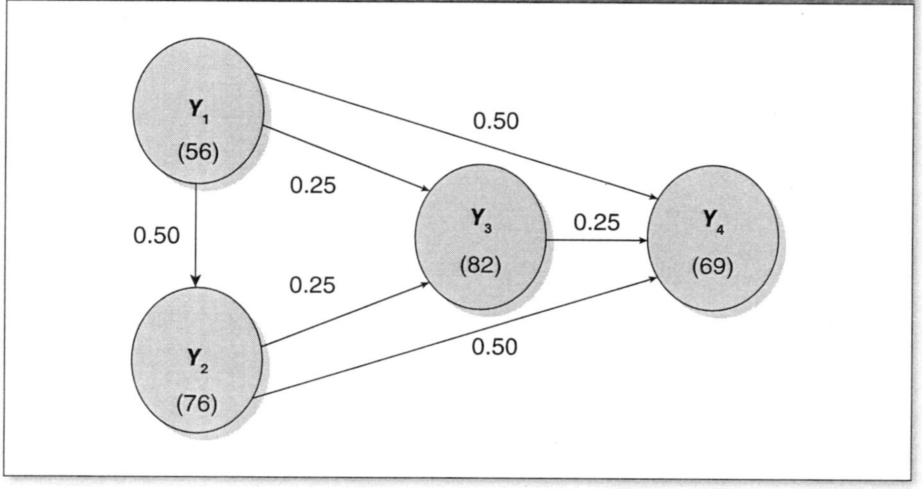

도표 7.2 표적 construct Y_4에 대한 IPMA 결과

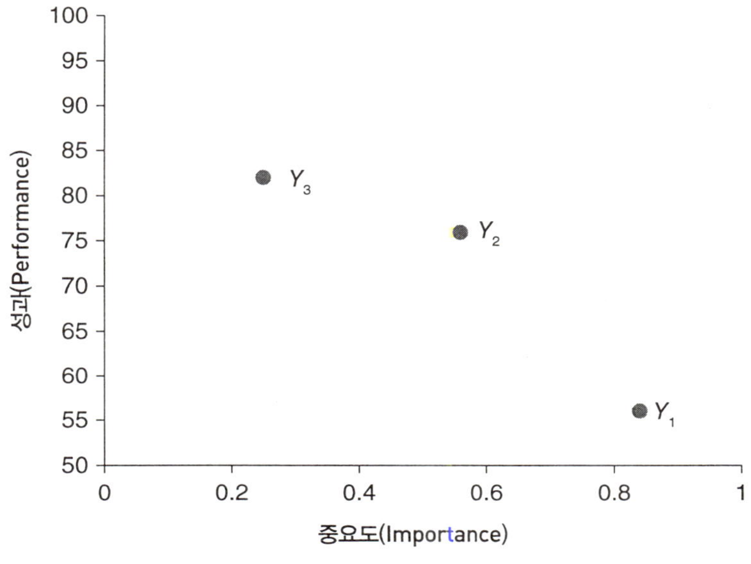

기 위해 모든 인과관계의 **총효과**(total effects)를 필요로 한다. 두 construct 사이의 총효과는 구조모델에서 **직접효과**(direct effects)와 **간접효과**(indirect effects)의 합이다: 총효과=직접효과+간접효과. 예를 들어, Y_4에 대한 Y_1의 직접효과는 0.5이다. 그리고 Y_1에서 Y_4로 향하는 세 가지의 간접적인 경로가 있다: (i) $Y_1 \rightarrow Y_2 \rightarrow Y_4$, (ii) $Y_1 \rightarrow Y_2 \rightarrow Y_3 \rightarrow Y_4$, 그리고 (iii) $Y_1 \rightarrow Y_3 \rightarrow Y_4$. 각각의 간접효과의 추정된 값은 곱해지고 더해서 계산된다, 즉, Y_3에 대한 Y_1의 간접효과는 다음과 같다: 표적 construct Y_4에 대한 총효과는 〈도표 7.3〉과 같다.

$$
\begin{array}{llllll}
= & Y_1 \rightarrow Y_2 \rightarrow Y_4 & = & 0.50 \times 0.50 & = & 0.250 \\
+ & Y_1 \rightarrow Y_2 \rightarrow Y_3 \rightarrow Y_4 & = & 0.50 \times 0.25 \times 0.25 & = & 0.031 \\
+ & Y_1 \rightarrow Y_3 \rightarrow Y_4 & = & 0.25 \times 0.25 & = & 0.063 \\
 & & & & = & 0.344
\end{array}
$$

도표 7.3 IPMA 경로모델의 사례와 총효과

	Y_4에 대한 직접효과	Y_4	Y_4에 대한 총효과
Y_1	0.50	0.34	0.84
Y_2	0.50	0.06	0.56
Y_3	0.25	0.00	0.25

다음으로 PLS 경로모델에서 잠재변수의 성과 값을 구한다. 다르게 측정된 결과물 사이의 비교를 위해, 0에서 100까지의 성과 척도를 사용한다. 여기서 0은 가장 낮은 성과를, 100은 가장 높은 성과를 나타낸다. 대부분의 사람들이 퍼센트를 사용하기 때문에 이러한 형태를 갖는 것이 이해하기 쉽다. **지표값**(index value)을 얻기 위해 잠재변수를 **재평가**(rescaling)하는 것은 다음과 같은 계산식을 따를 필요가 있다: 추정된 data point에서 잠재변수 척도의 가능한 가장 작은 값(즉, 1에서 7까지의 척도의 경우 1)을 뺀 후, 이를 잠재변수 척도의 최댓값과 최솟값의 차로 나눈다(즉, 1에서 7까지의 척도의 경우 7−1=6):

$$Y_i^{\text{rescaled}} = \frac{(Y_i - \text{Minscale}[Y])}{(\text{Maxscale}[Y] - \text{Minscale}[Y])} \times 100$$

여기서, Y_{ij}는 PLS 경로모델 내 특정 잠재변수의 i번째 data point(즉, i=5는 data set에서 다섯 번째 관측치의 latent variable score)를 나타낸다(Anderson & Fornell, 2000; Höck et al., 2010; Tenenhaus et al., 2005). latent variable score를 재조정한 결과는 0에서 100까지의 값을 갖는다. 각 잠재변수의 재조정된 scores의 평균을 통해 그들의 성과에 대한 지표값을 얻을 수 있는데, 이 값은 0에서 100까지의 값을 갖는다. 이 때 높은 값을 가질수록 일반적으로 그 잠재변수의 높은 성과를 나타낸다. 제시된 사례에서, Y_1의 성과는 56, Y_2의 성과는 76, 그리고 Y_3의 성과는 82이다. 〈도표 7.4〉는 〈도표 7.2〉에 나타난 잠재변수 Y_4에 대한 IPMA에 사용된 데이터를 나타낸다.

IPMA의 실행을 위해서는 다음의 요건들이 충족되어야 한다: 첫째, 모든

도표 7.4 IPMA 경로모델의 사례의 데이터

	중요도(Importance)	성과(Performance)
Y_1	0.84	56
Y_2	0.56	76
Y_3	0.25	82

측정항목은 같은 방향이어야 한다: 낮은 값은 나쁜 결과를, 높은 값은 좋은 결과를 나타내야 한다. 그렇지 않으면 잠재변수의 높은 평균(즉, 100에 가까운)이 높은 성과를 나타내는 것으로 해석되지 않을 수 있다. 측정 항목의 방향이 같지 않다면, 항목의 값을 반대로 변환할 필요가 있다(즉, 1에서 5까지의 척도의 경우, 5점을 1점으로, 1점을 5점으로, 2점을 4점으로, 4점을 2점으로, 3점은 그대로). 둘째, 사용되는 outer weights(형성적 측정모델)과 outler loading(반영적 측정모델)은 정(+)의 값으로 기대되고 추정되어야 한다. 만약 특정 잠재변수의 측정모델에서 이러한 조건이 충족되지 않는다면, 추출된 성과값은 0에서 100까지의 값이 아니게 될 수 있다(예를 들어 −5에서 95).

사례연구

여기에서는 앞 장에서 사용했던 기업평판모델에 대한 PLS 경로모델의 사례를 계속 사용한다. 본 장의 예시는 http://www.pls-sem.com의 **Corporate_Reputation_Advanced.zip** 파일을 다운받으면 된다. 이 파일에는 이 장에서의 SmartPLS project 파일, 사용된 모든 데이터 파일, 그리고 어떻게 IPMA를 실행하는지에 대한 MS Excel 예시가 들어 있다. 압축을 푼 후, **Corporate Reputation Extended-Advanced Analyses.splsp** project 파일을 SmartPLS에 불러오고, Base Model에서 PLS-SEM 결과를 추정한다(앞장의 설명을 보라). 〈도표 7.5〉는 모델과 R^2 그리고 추정된 경로계수를 다시 보여주고 있다.

여기서의 목표는 핵심 표적 construct인 loyalty(*CUSL*)에 대한 IPMA를 실행하는 것이다. 분석을 실행하기에 앞서, 데이터를 변환할 필요가 있다. 잠재변수

도표 7.5 기업평판모델의 SmartPLS 결과

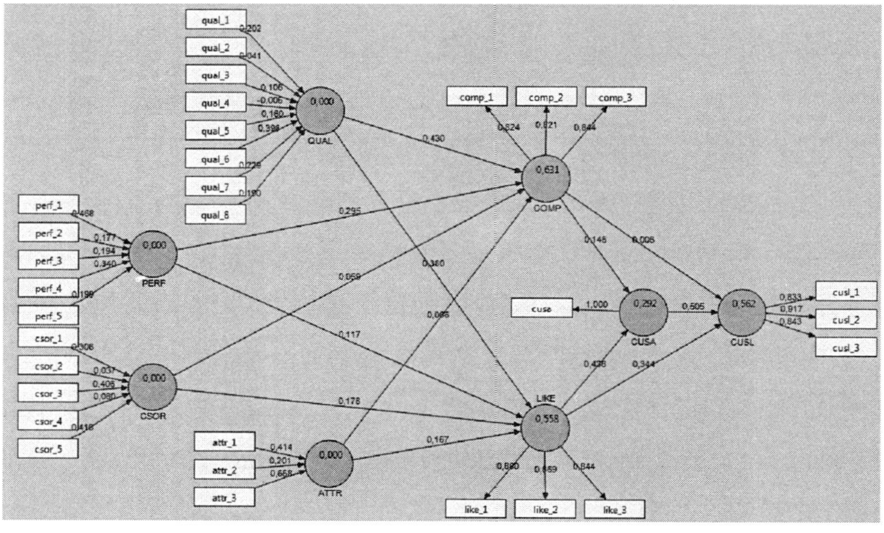

(latent variable)들의 변환과 지표값(index value)의 계산은 변환된 측정항목 자료를 사용한 SmartPLS에 의해 자동적으로 실행된다. 측정항목들의 변환은 다음의 식에 의해 계산되면 PLS algorithm의 입력 자료로 모든 측정항목이 사용된다:

$$x_i^{\text{rescaled}} = \frac{(x_i - \text{Minscale}[x])}{(\text{Maxscale}[x] - \text{Minscale}[x])} \times 100$$

여기서 x_i는 PLS 경로모델에서 특정 측정항목 변수의 i번째 관측치이다. 예를 들어, 측정항목 *attr_2*의 199번째 관측치는 1에서 7의 척도에서 6점이다. 이 때 Minscale[*attr_2*]=1 이고 Maxscale[*attr_2*]=7이며, data point 199에서의 6이란 값은 0에서 100까지의 값 중에서 다음과 같이 변환된다.

$$\frac{(6-1)}{(7-1)} \times 100 = 71.43$$

도표 7.6 결측값이 처리된 데이터

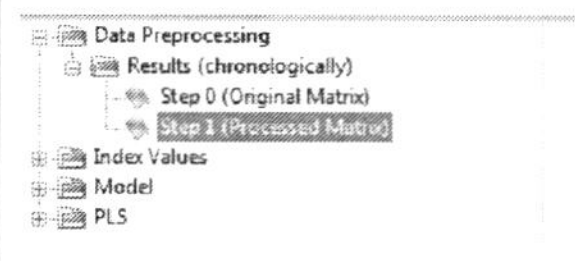

attr_1	attr_2	attr_3	comp_1	comp_2	comp_3	csor_1	csor_2	csor_3	csor_4	csor_5
5.0000	1.0000	3.0000	4.0000	5.0000	5.0000	3.0000	3.0000	3.0000	3.0000	3.0000
6.0000	6.0000	6.0000	6.0000	7.0000	6.0000	2.0000	5.0000	6.0000	4.0000	6.0000
5.0000	6.0000	5.0000	4.0000	5.0000	2.0000	3.0000	1.0000	2.0000	2.0000	4.0000
3.0000	7.0000	5.0000	6.0000	4.0000	4.0000	3.0000	3.0000	5.0000	3.0000	5.0000
6.0000	6.0000	6.0000	6.0000	4.0000	6.0000	4.0000	3.0000	4.0000	4.0000	4.0000
4.0000	1.0000	5.0000	3.0000	4.0000	4.0000	3.0000	3.0000	4.0000	3.0000	3.0000
5.0000	7.0000	3.0000	7.0000	5.0000	7.0000	7.0000	5.0000	7.0000	3.0000	3.0000
4.0000	1.0000	5.0000	6.0000	6.0000	6.0000	4.0000	1.0000	3.0000	3.0000	2.0000
6.0000	3.0000	7.0000	5.0000	7.0000	6.0000	7.0000	5.0000	6.0000	4.0000	6.0000

이러한 형태의 변환은 모든 측정항목 자료에서 수행한다. SmartPLS의 입력자료로서 이러한 데이터를 사용하는 것은 동일한 경로모델의 추정 결과뿐 아니라 latent variable들의 변환된 score를 산출한다.

기업평판모델을 추정하기 위한 원 데이터(즉, **Full Data.csv**)는 결측값을 포함하는 1에서 7점까지의 척도로 측정된 데이터이다. SmartPLS의 기능을 이용하여 latent variable scores를 0에서 100까지의 값으로 변환하는 가장 간단한 방법은 6장에서 설명된 것처럼 **PLS algorithm**을 실행하고 **Default Report**을 여는 것이다(〈도표 7.6〉). 이 결과물에는 SmartPLS가 결측값을 처리했던 선택된 옵션(즉, 평균값으로 대체)의 **Processed**(Data) **Matrix**를 제공한다.

이 자료는 복사해서(결과 테이블을 선택하기 위해 **CTRL+A**를 누르고, 복사를 위해서는 **CTRL+C**를 누른다) 이후의 절차를 위해 MS EXCEL과 같은 스프레드시트 프로그램에 붙여 넣는다(**CTRL+V**). 스프레드시트에서 변수명이 나타나 있는 맨 윗 줄을 복사하고, 그 다음 모든 데이터를 간격 척도의 최솟값으로 차감하고 척도의 최댓값과 최솟값의 차로 나눈다. 예를 들어 point *attr*_1의 첫 번째 값은 1~7점 척도에서 5인데, 이 값은 다음과 같이 변환된다: (5−1)/(7−1)×100=66.67. 이러한 방식의 계산은 모든 데이터에서 적용되며, 이 파일은 **Full Data(100).csv**으로 저장한다. 변환된 data set는 Corporate_Reputation_Advanced.zip 파일(http://www.pls-sem.com)에서 얻을 수 있다. 그 다음 **Full Data(100).csv**을 SmartPLS의 **Import Indicator Data** 옵션을 이용하여 **Corporate Reputation Extended-Advanced Analyses** 프로젝트에 불러온다. SmartPLS 프로젝트 창에서, **Corporate Reputation Extended-Advanced Analyses**

도표 7.7 Import Indicator Data

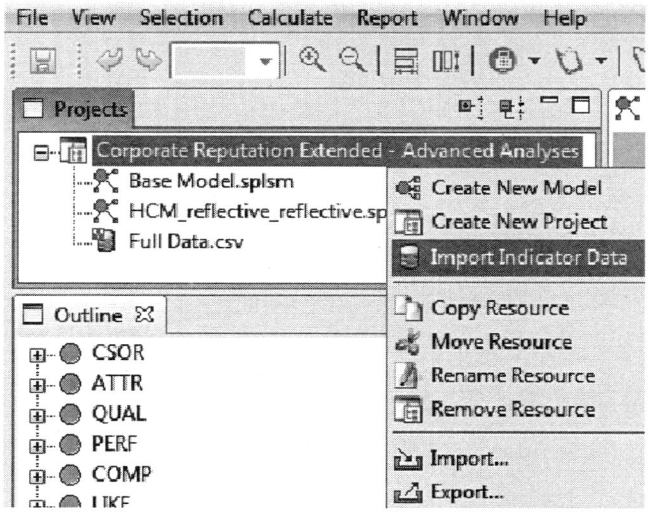

프로젝트를 클릭한다. 이 프로젝트는 이제 선택되었다. 마우스 오른쪽 버튼을 클릭하여 〈도표 7.7〉에 나타난 것과 같은 여러 개의 옵션이 있는 박스를 연다. **Import Indicator Data** 옵션을 선택하여 선택된 SmartPLS 프로젝트(즉, **Corporate Reputation Extended - Advanced Analyses**)에 data set를 추가한다.

이제 〈도표 7.8〉에 나타난 것처럼, SmartPLS data의 **Import Wizard**을 연다. 첫 번째 단계에서는 Full Data(100).csv 파일을 저장한 위치를 명확하게 할 필요가 있다. 만약 저장된 위치를 안다면, 경로와 파일명을 입력할 수 있다(예를 들어, C:\SmartPLS\Full Data(100).csv). 그렇지 않다면, 〈도표 7.8〉의 ▭를 눌러 그 파일(Full Data(100).csv)이 어디에 있는지 찾아 더블클릭한다. 그러면 〈도표 7.8〉에 나타난 것처럼 파일명과 경로가 나타난다(예: C:\SmartPLS\Full Data(100).csv).

Next 버튼을 누르고, SmartPLS **Import Wizard**의 두 번째 대화 창(즉, **Missing Values Settings**)을 연다. 만약 data set에 결측값이 있다면, 〈도표 7.9〉

도표 7.8 SmartPLS Data Import(1)

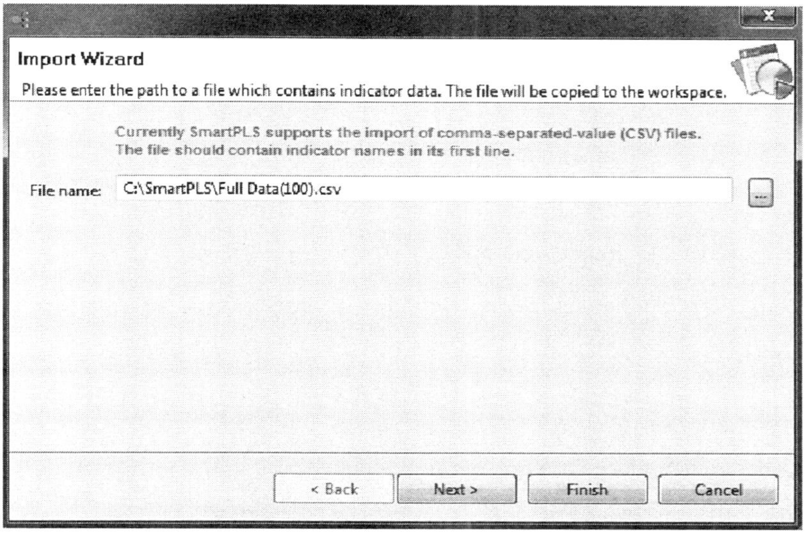

도표 7.9 SmartPLS Data Import(2)

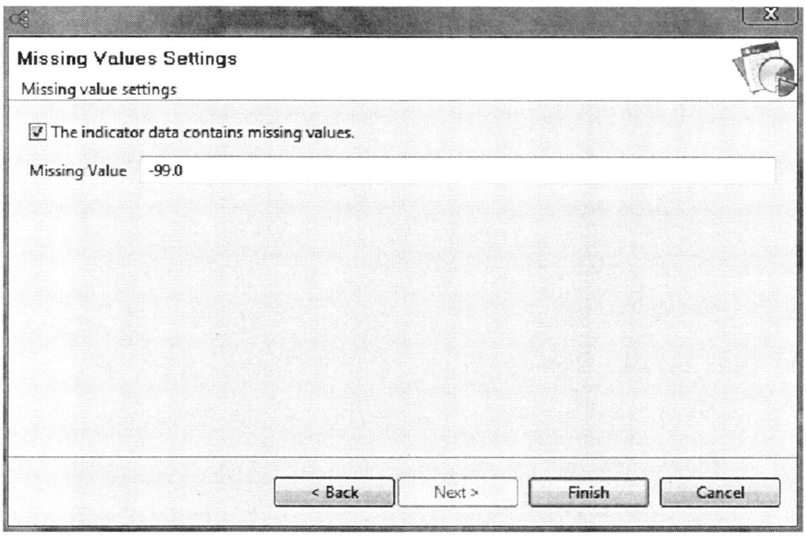

에 나타난 것처럼 박스에 체크한다. 그리고 테스트 입력 창에 결측값을 표현한 숫자를 입력한다. **Full Data(100).csv**에는 결측값이 있기 때문에 박스에 반드시 체크해야 한다. 이 파일은 분석의 첫 단계에서 평균값으로 대체하였기 때문에 다른 결측값은 없다. 따라서 간단히 **Finish** 버튼을 누르면 된다. 이제 당신의 데이터 파일은 선택된 SmartPLS에 입력되었다. **Full Data(100).csv**을 넣은 후, 이 data set는 **Corporate Reputation Extended-Advanced Analyses** 프로젝트에 나타나는데, 이는 SmartPLS **project** 창에 표현된다. 이 프로젝트는 이제 두 개의 data set를 활용할 수 있다. 이들 data set들을 바꾸어 가면서 PLS 경로모델의 추정이 가능하다. 분석하고자 하는 특정 데이터 파일을 클릭하고, 그 다음 마우스 오른쪽 버튼을 눌러 선택하게 되는데, **Use Data for Calculation**을 통해 선택한다. 그러면 PLS 경로모델 추정에 데이터를 사용하겠다는 것을 나타내기 위한 녹색의 태그(즉, 하얀색의 체크표시가 된 녹색 상자)가 data set의 옆에 나타난다.

만약 입력 절차 후 **Full Data(100).csv**에 빨간색 태그가 나타난다면, PLS 경로모델 추정에 사용될 수 없다. 이런 경우 SmartPLS의 **Projects** 창에 있는 data set를 더블클릭한다. 〈도표 7.10〉과 같은 **Data View**가 열린다. 대부분의 경우, 데이터 파일을 불러올 때 데이터의 분리를 확인하지 못하기 때문에 발생한다. **Data View**의 **Choose Delimiter**의 다른 옵션(즉, comma, semicolon, space, tabulator)을 시도하고, **Preview** 창에서 주어지는 것들 중 적절한 것 하나를 고른다(〈도표 7.10〉). 데이터 **Preview** 창은 전체 data set를 보여주는 것이 아니라, 입력된 data set의 명(즉, header)과 첫째 줄만을 보여준다는 것을 명심하라. **Data View**를 닫을 때 SmartPLS는 바뀐 내용을 저장할 것인지 물어보는데, **Yes** 버튼을 눌러 저장한다. 만약 빨간색 태그가 계속 나타난다면, **Data View**에 다시 들어간다. 그리고 이제 **Validate** 버튼을 누른다. 그러면 어느 행과 어느 열에서 타당하지 않은 data point가 있는지에 대한 정보가 포함된 창이 열리게 된다(2장의 SmartPLS에서 요구되는 데이터에 대한 설명을 보라). Microsoft

도표 7.10 Data View

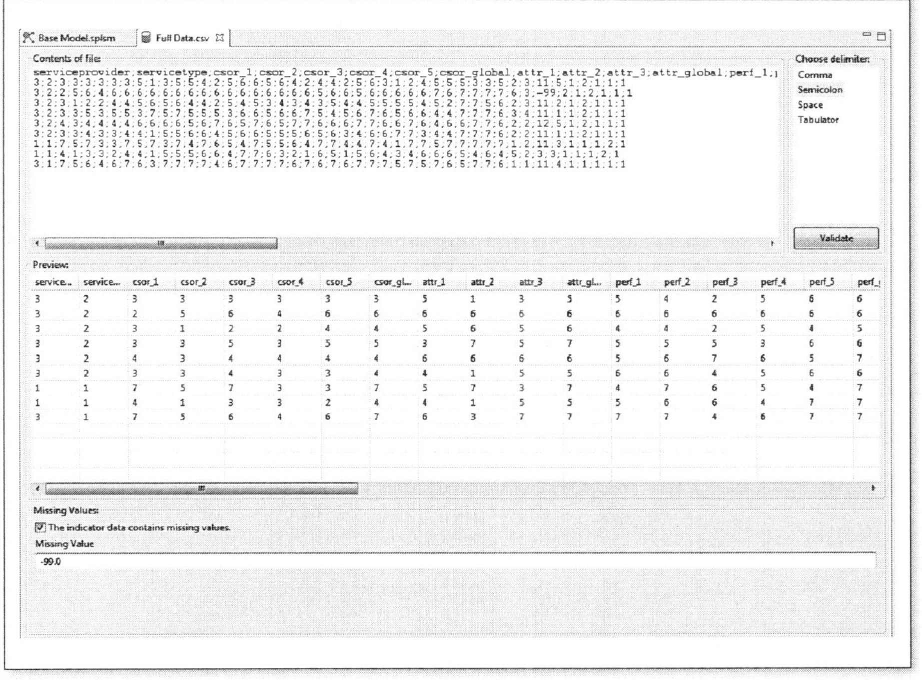

Office Excel 혹은 OpenOffice CALC와 같은 spreadsheet 프로그램을 이용하여 데이터 파일을 열고 타당하지 않은 데이터를 수정하라. 그 다음 데이터를 쉼표로 분리(즉, .csv)나 text(즉, .txt) 파일의 형태로 저장하고, SmartPLS **Projects**에서 선택된 **Projects**에 나타나도록 SmartPLS에 데이터를 다시 입력한다. 수정된 data set를 입력하기 전, 당신의 **Projects**에 빨간색 태그가 붙은 타당하지 않은 data set를 삭제하기를 원할 수 있다. SmartPLS **Projects** 창에서 data set를 선택하고 마우스 오른쪽 버튼을 누른다. 〈도표 7.7〉에 나타난 것과 같은 대화 창이 나타나는데, 여기서 **Remove Resource**을 선택해서 삭제한다.

만약 **Full Data(100).csv**이 녹색 태그로 나타난다면, 이 data set는 타당한 것이며, 이제 PLS 경로모델의 추정을 위해 사용될 수 있다. 경로계수와 R^2의 PLS-SEM 추정치는 변하지 않으며, 앞 장에서 설명된 것과 같다. 그러나 결

도표 7.11 지표값(Index Value)와 총효과(SmartPLS Output)

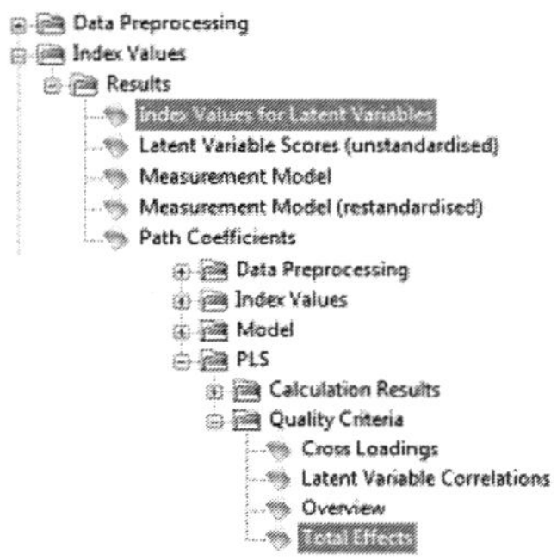

	LV Index Values
ATTR	60.9690
COMP	68.3696
CSOR	49.4454
CUSA	74.0039
CUSL	72.4261
LIKE	57.4517
PERF	63.6159
QUAL	64.2263

	ATTR	COMP	CSOR	CUSA	CUSL	LIKE
ATTR		0.0861		0.0853	0.1010	0.1671
COMP				0.1455	0.0792	
CSOR		0.0589		0.0863	0.1053	0.1784
CUSA					0.5050	
CUSL						
LIKE				0.4357	0.5640	
PERF		0.2955		0.0940	0.0894	0.1170
QUAL		0.4297		0.2281	0.2483	0.3800

과에서, 이들은 재측정된 입력 데이터에 의한 것이며, 〈도표 7.11〉에 나타난 것처럼, SmartPLS의 **Default Report**는 이제 0에서 100으로 측정된 **Index Values for Latent Variables**를 제공한다. 총효과와 더불어(〈도표 7.11〉), 이는 IPMA 분석을 실행하기 위해 필요한 중요한 정보이다.

Default Report(즉, index values 와 total effects)에서의 정보는 PLS 경로모델에서 핵심표적 construct인 CUSL의 IPMA를 위해 필요하다. 〈도표 7.12〉는 IPMA를 위해 사용되는 총효과(중요도)와 지표값(성과)의 결과를 나타낸다.

이들 데이터를 통해 〈도표 7.13〉과 같은 IPMA 결과를 나타낼 수 있는데, Microsoft Excel 혹은 CALC in OpenOffice 등을 이용할 수 있다. **Corporate_**

도표 7.12 *CUSL*의 IPMA를 위한 지표값과 총효과

	Importance(Total Effects)	Performance(Index Values)
ATTR	0.101	60.969
COMP	0.079	68.370
CSOR	0.105	49.445
CUSA	0.505	74.004
LIKE	0.564	57.452
PERF	0.089	63.616
QUAL	0.248	64.226

도표 7.13 CUSL의 IPMA

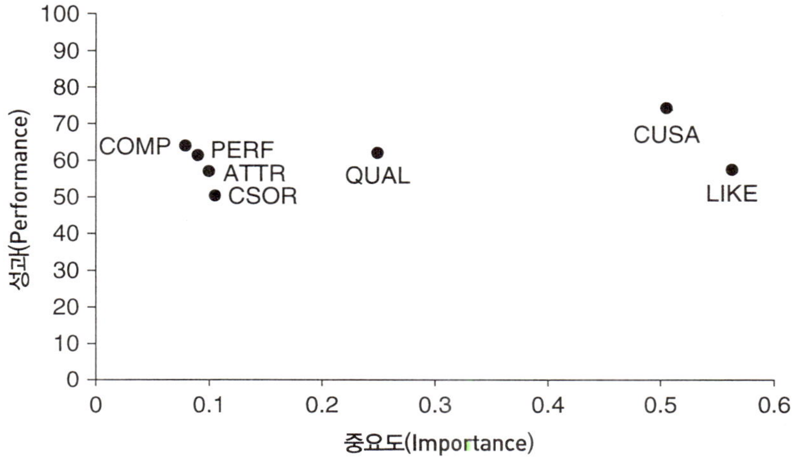

Reputation_Advanced.zip 파일(http://www.pls-sem.com)에는 **CR_IPMA_Example.xlsx** 파일이 들어있는데, 여기에는 SmartPLS 결과에 의한, 이 사례의 IPMA와 결과를 Exhibit으로 나타낸 것이 들어있다. 이 파일은 다른 연구들에서의 견본으로도 사용될 수 있다.

〈도표 7.13〉에 나타난 것처럼, *CUSL*의 *IPMA*는 고객충성도를 위해서는 *LIKE*가 가장 중요한 것임을 보여준다. 그러나 *LIKE*의 성과는 다른 construct들과 비교했을 때, 이들의 평균보다 약간 낮다. *CUSA*는 유사한 중요도를 갖지만, 높은 성과를 갖는 것으로 보인다. 반면에 *COMP*는 상대적으로 높은 성과에 비해 중요도가 낮기 때문에 적합성이 거의 없다. 따라서 *CSUL*을 향상시키기 위한 경영활동은 *LIKE*에 초점을 두어여 한다. *LIKE*의 항목들에 대한 *IPMA* 분석(즉, 중요도를 나타내는 outer weights와 각 indicator들 성과의 평균값)은 *LIKE*의 성과를 어떻게 최고로 향상시킬 수 있는지에 대한 정보를 제공할 수 있다. *CSUL*의 간접적으로 영향을 미치는 선행변수(즉, *ATTR*, *CSOR*, *PERF*, 그리고 *QUAL*)와 관련하여, *QUAL*은 다른 것들보다 *CUSL*에 더 강한 영향을 갖는다. 따라서

*QUAL*의 측정항목들에 대한 IPMA를 통해 *QUAL*의 성과를 향성시키는 데 초점을 두는 관리적 활동이 요구될 것이다. 이런 종류의 분석은 점점 많이 사용되는 추세이다. Höck et al.(2010)와 Rigdon et al.(2011)의 연구들은 PLS-SEM에서의 IPMA의 사례를 보여주는 것들이다.

매개분석 Mediator Analysis

Method

매개(mediation)와 **조절**(moderation)은 PLS-SEM에서 중요한 두 가지의 주제이지만, 종종 혼동된다. 이 장에서는 매개효과에 대해 다룬다. 그리고 8장에서는 카테고리 변수와 연속형 변수를 사용한 조절효과를 다룬다. 매개효과는 개념적으로 Y_1과 Y_3의 관계에서 개념적으로 설정된 직접적인 관계(〈도표 7.14〉에서 p_{13})에 더하여 개념적으로 관련되는 변수 Y_2에 초점을 두는데, 이 변수는 Y_2를 통해 Y_1이 Y_3에 영향을 미치는 간접효과(즉, $p_{12} \times p_{23}$)를 통해 직접효과에 대한 정보를 간접적으로 제공한다(〈도표 7.14〉). 따라서 매개변수 Y_2를 통한

도표 7.14 일반적인 매개모델

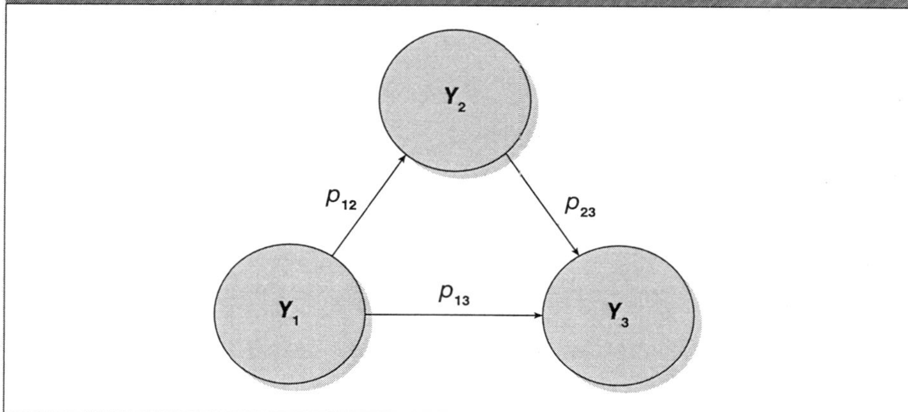

도표 7.15 간단한 인과 관계(cause-effect relationship)

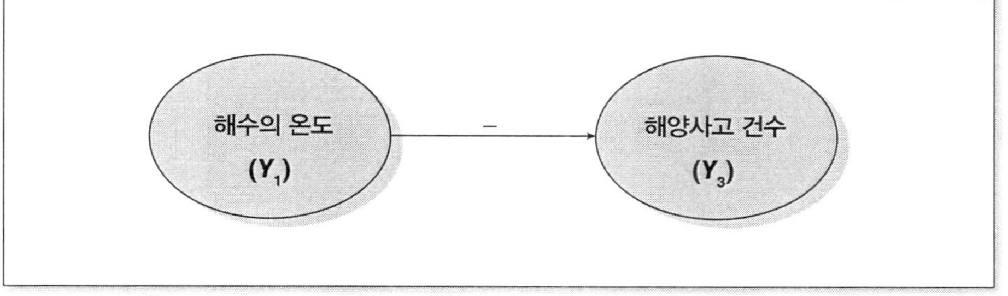

간접적인 관계는 매개모델로서 $Y_1 \rightarrow Y_3$의 직접적인 관계에 영향을 미친다.

예를 들어, 다음과 같은 가설을 생각해보자, H_1: 해수의 온도가 올라가면(Y_1) 해양사고(즉, 수영하는 사람을 구출해야 하는)는 감소한다(Y_3). 이러한 간단한 원인과 결과의 관계는 〈도표 7.15〉에 있다: 차가운 물은 수영하는 사람들을 더 지치게 만든다; 따라서 수영을 멈추고 바다에서 나와야 하는 판단에 있어 실수하기가 쉽다.

많은 해안가의 도시들은 쉽게 접근할 수 있는 해수의 온도에 대한 일별 자료와 해양사고자의 수에 대한 자료를 가지고 있다. 그러나 그 관계(즉, 해수온도와 해양사고 수의 상관관계)를 추정할 때, 비유의적이거나 혹은 정(+)의 방향으로 유의적인 결과가 나타난다. 우리는 분명히 부정적인 관계를 예상한 타당한 논거를 갖고 있으므로, 이 모델에 무엇인가 빠진 것이 있음이 분명하다. 이 사례에서는 선택된 해안가에서의 수영하는 사람의 수(Y_2)일 것이다. 따라서 가설 2는 다음과 같이 제안될 수 있는데, 해수 온도가 증가할수록, 그 해변에 수영하는 사람의 수는 증가한다. 게다가 가설 3은 다음과 같이 제안될 수 있다: 물속에서 수영하는 사람이 증가할수록, 사고(즉, 물에서 구조되어야 하는) 발생 가능성은 증가할 것이다. 그리고 이 두 개의 가설은 모두 타당하다. 〈도표 7.16〉은 좀 더 복잡한 원인–결과의 관계를 보여준다.

실증 데이터는 〈도표 7.16〉에 나타난 것과 같은 긍정적인 효과를 입증할 수 있다. 그러나 보다 복잡한 인과관계를 확인하면, 따뜻한 물에서 수영하는 것

도표 7.16 보다 복잡한 인과 관계(cause-effect relationship)

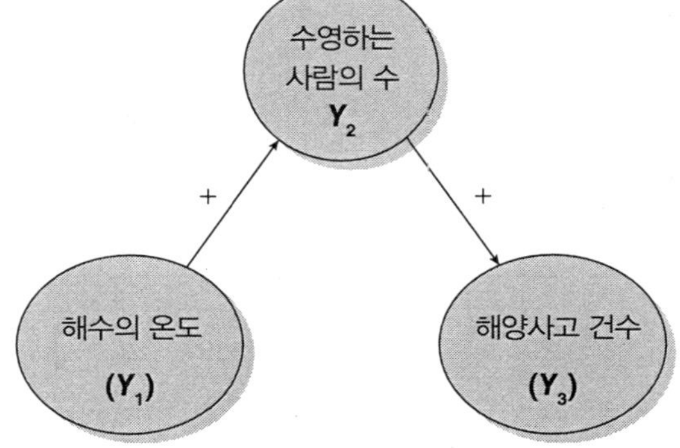

이 차가운 물에서 수영하는 것보다 더 위험하다는 결론을 내리게 된다. 이 결론 역시 간단한 인과모델(즉, 해수온도와 사고의 수 사이에 부정적인 관계 대신 긍정적인 관계를 추정)에 대해 실증적으로 확인될 수 있다. 비록 우리의 이론적인 뒷받침들이 반박당할테지만 말이다.

따라서 우리는 간단한 그리고 복잡한 인과관계를 **매개모델**(mediator model)로 결합한다(〈도표 7.17〉). 가설 1, 2, 그리고 3에 더하여, 다음의 가설 4를 설정할 필요가 있다: 해수온도와 사고의 수 사이의 직접적인 관계는 수영하는 사람의 수에 의해 매개된다.

만약 〈도표 7.17〉의 모델을 실증적으로 확인할 수 있는 데이터를 사용할 수 있다면, 기대한 대로의 결과를 얻을 수 있을 것이다. 수영하는 사람의 수를 포함하여 기존 모델을 확장하면 해수온도와 사고의 수 사이에 '실제' 관계를 확인할 수 있다. 이 관계는 수영하는 사람의 수에 의해 체계적으로 영향을 받으며, 이는 해수온도에 의해 단계적으로 설명될 수 있다.

이 사례는 매개효과라는 것이 중요하다는 것을 지적한다. 추정된 인과관계의 결과는 '실제' 효과가 아닐 수 있는데, 이는 체계적인 영향—특정한 현상(즉, 매개변수)—이 우선적으로 설명될 필요가 있기 때문이다. 매개효과는 그동안 소

도표 7.17 매개모델

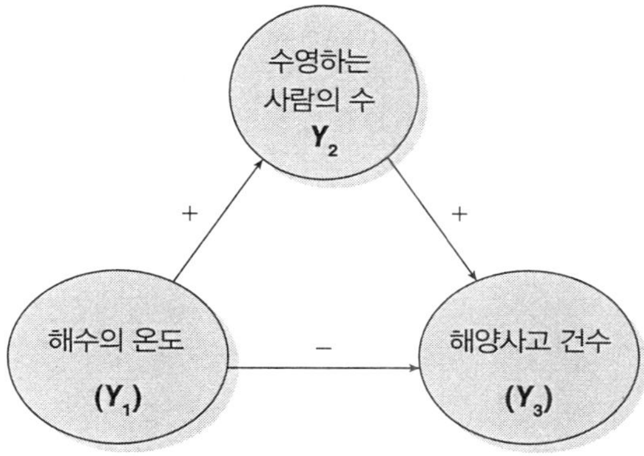

개되어 왔지만, 그러나 종종 실제로 테스트되지 않는다. 오직 가능한 매개변수가 이론적으로 고려되고 또한 실증적으로 테스트될 때, 인과관계의 본질은 온전히 그리고 정확히 이해될 수 있으며, 이러한 종류의 분석에 의해 그 관계는 '사실'의 결론으로 확인된다. 다시 말해, 이론은 언제나 실증분석 결과들에 우선한다.

기술적으로, 다음과 같은 조건을 충족할 때, 매개변수의 역할을 수행한다 (Baron & Kenny, 1986) :

- 독립변수의 분산이 추정된 매개변수의 분산을 유의적으로 설명한다(즉, 〈도표 7.14〉에서 경로 p_{12}).
- 매개변수의 분산이 종속변수의 분산을 유의적으로 설명한다(즉, 〈도표 7.14〉)에서 경로 p_{23}).
- 경로 p_{12}와 p_{23}이 통제되었을 때, 이전에 유의적이었던 독립변수와 종속변수의 관계(즉 〈도표 7.14〉에서 경로 p_{13})가 변화하는데, 그 정도가 유의적이다.

즉, 실증적인 테스트는 다음과 같은 질문에 응답할 수 있어야 한다.

- 매개변수가 PLS 경로모델에 포함되었을 때, 직접경로 p_{13}은 유의적인가?
- 매개변수가 PLS 경로모델에 포함되었을 때, 매개변수를 통하는 간접효과 $p_{12} \times p_{23}$은 유의적인가? 경로 p_{12}와 p_{23}의 유의성을 위한 필요조건(충분조건이 아님)은 두 경로 모두가 유의적이어야 한다.
- 얼마나 많은 직접효과 p_{13}을 간접효과(즉, $p_{12} \times p_{23}$)가 흡수하는가? 완전 혹은 부분매개효과인가?

매개효과를 확인하기 위해 일반적으로 사용되는 방법은 Sobel(1982) test인데, 이 테스트는 독립변수와 종속변수 사이의 관계와 매개변수가 포함된 독립변수와 종속변수 사이의 관계를 비교하여 확인한다(Helm, Eggert, & Garnefeld, 2010). 그러나 이 방법은 분산에 대한 가정이 충족되어야 하는데, 보통 간접효과 $p_{12} \times p_{23}$에서 충족되지 않는다(특히, 정규분포를 갖는 두 계수의 곱은 정규분포가 아니다). 또한 Sobel test는 통계량을 계산하기 위해 표준화된 계수를 사용하며, 특히 표본의 크기가 작은 경우 검정력이 약하다.

매개효과를 확인할 때, 연구자는 Preacher and Hayes(2004, 2008)이 제안한 절차에 따라 간접효과의 표본분포를 bootstrap할 필요가 있는데, 이는 단순 그리고 다중매개의 경우에도 가능하다(Preacher & Hayes, 2008를 보라). bootstrapping은 변수들의 분포 혹은 통계량의 표본분포에 대한 가정이 필요치 않으며, 작은 표본의 크기에서도 적용할 수 있다. 따라서 이 방법은 PLS-SEM에 더 적절하다. 게다가 이 방법은 Sobel test에 비해 높은 수준의 검정력을 갖는다. 이 방법론의 적용하기 위해, 〈도표 7.18〉과 같은 절차를 따른다.

우선, 매개변수가 모델에 포함되지 않았을 경우, 직접효과(즉, p_{13})는 유의적이어야 한다. 비록 이 조건이 필요조건은 아니지만(Zhao, Lynch, & Chen, 2010), 이 조건이 충족되었을 때 매개분석을 이해하고 설명하기가 더 용이하다. 유의성 검증은 앞장에서 설명된 bootstrapping 절차에 의한다. 만약 이 관계가 유의적이라면, 매개변수는 이 효과의 일부 혹은 전부를 흡수할 수 있다. 따라서

도표 7.18 PLS-SEM에서의 매개분석 절차

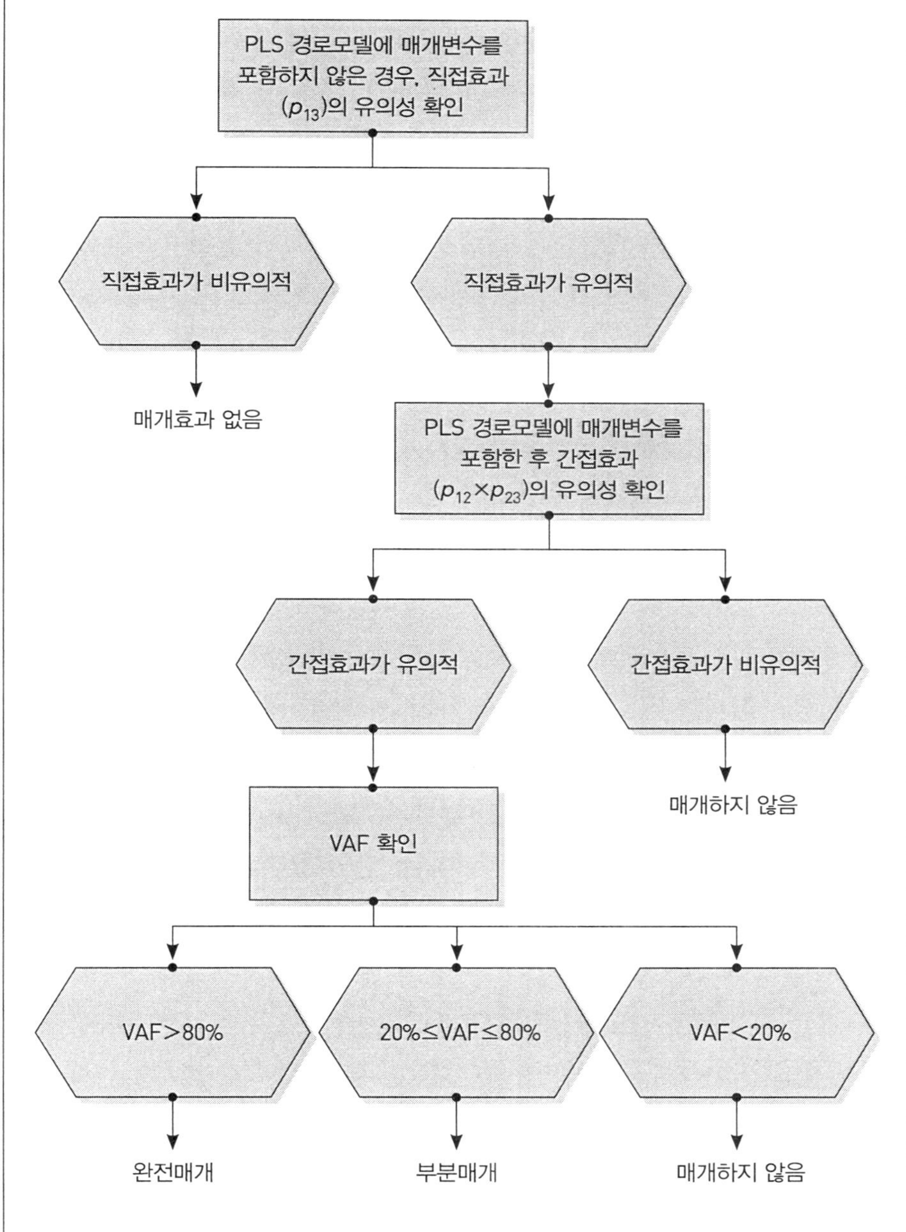

외생변수와 내생변수 간 직접효과가 유의적이라면, PLS-SEM 모델에 매개변수를 포함하여 매개분석을 실행한다.

매개변수를 포함하였을 때, 간접효과($p_{12} \times p_{23}$)는 유의적이어야 한다. 각 개별경로 p_{12}와 p_{23}의 유의성은 충족되어야 한다. 오직 bootstrapping 절차 이후 해당 경로가 유의적으로 나타났는지에 따라 간접효과로 대표되는 결과가 유의적인지의 여부를 확인할 수 있다. 예를 들어, 매개변수가 포함되지 않은 PLS 경로모델에서 정(+)의 직접효과(즉, 경로 p_{13})가 매개변수가 포함된 후 작아질 수 있다. 문제는 매개변수에 의해 얼마나 많이 흡수되는지이다. **variance account for(VAF)**는 총효과(즉, 직접효과+간접효과)에 비교하여 간접효과의 크기를 결정한다: $VAF = (p_{12} \times p_{23})/(p_{12} \times p_{23} + p_{13})$. 그렇게 함으로써 독립변수에 의해 종속변수 분산의 설명되는 정도와 표적 construct가 매개변수를 통한 간접효과에 의해 얼마만큼 설명되는지 알 수 있다.

만약 간접효과가 유의적이지만 내생변수에 대한 외생변수의 영향이 흡수되지 않는다면, VAF는 낮아진다. 이러한 현상은 직접효과가 높고, 유의적이지만 매우 약한 간접효과의 매개변수가 포함된 후 그 효과가 아주 약간 감소한 경우 나타난다. 이 경우, VAF는 20% 이하가 되며,(거의) 매개효과가 없다고 볼 수 있다. 반면 VAF가 80% 이상으로 나타난다면 **완전매개**(full mediation)라고 볼 수 있다. 20% 이상 80% 이하의 경우 **부분매개**(partial mediation)라 본다.

매개변수가 포함된 후 직접효과의 부호가 바뀌는 것을 억제자효과(suppressor effect)라 하는데, 이 경우에는 VAF에 의해 매개효과를 확인하지 않는다. 예를 들어 매개변수가 없는 경우 정(+)의 관계였던 것이, 매개변수가 포함된 후 부(−)의 관계로 바뀐다면, 억제자효과가 발생한 것이다. 본 장의 앞부분에서 설명된 수영하는 사람과 관련된 사례는 억제자효과의 예시를 나타낸다. 억제자효과가 나타나면 경우에 따라서는 VAF가 '1'보다 크게 되거나 '−'를 갖게 된다. 이 경우 항상 완전매개를 나타낸다.

사례연구

이 사례에서는 앞장과 〈도표 7.5〉에 나타난 PLS 경로모델을 사용한다. 우리는 *COMP*와 *LIKE*, 그리고 이들과 *CUSL*의 관계에 초점을 둔다. 이어서 다음과 같은 질문이 있을 수 있다: 다음의 두 관계는 *CUSA*에 의해 매개되는가?

분석을 시작하기 위해, 잠재적인 매개변수인 *CUSA*를 PLS 경로모델에서 제거한 후 추정해야 한다. 〈도표 7.19〉는 bootstrapping 절차(즉, 344 관측치, 5,000의 subsamples, 부호 변화 없음)를 실행한 후 각 경로계수의 유의성을 나타낸다. *LIKE*와 *CUSL*의 관계는 유의적이나, *COMP*와 *CUSL*의 관계는 비유의적이다. 따라서 후자의 관계에서의 매개효과는 가정하지 않으며, *LIKE*와 *CUSL*의 관계에 있어 매개효과에 초점을 둔다.

다음 단계로, 매개변수가 포함되어야 한다. 이 때의 확인은 CSUA를 매개로 하여 *LIKE*가 *CUSL*에 미치는 간접효과가 유의적인지의 여부에 초점을 둔다.(충분조건이 아닌) 필요조건은 *LIKE*와 *CUSL* 간의 유의성(즉, 0.436)뿐만 아니라 *CSUA*와 *CUSL*간의 유의성(즉, 0.505)이다. 이는 6장에서의 구조모델 결과에서 확인되었다. 간접효과의 크기는 0.436×0.505=0.220이며, 그 유의성은 bootstrapping 결과를 사용하여 다시 확인된다(즉, 344 관측치, 5,000의 subsamples, 부호 변화 없음). 두 경로계수를 곱하기 위한 bootstrapping 결과물은 bootstrap subsample의 결과 테이블(〈도표 7.20〉)을 Microsoft Excel 혹은 CALC와 같은 OpenOffice에 복사하여 붙여넣기 하여 얻을 수 있다.

스프레드시트 프로그램에 매개변수를 통한 간접효과를 계산하기 위한 새

도표 7.19 매개변수가 포함되지 않은 경우, 경로계수의 유의성 분석(Ringle et al., 2012)

	경로계수	*p*값
COMP → *CUSL*	0.078	0.248
LIKE → *CUSL*	0.568	0.000

Source: Copyright 2012 by the Regents of the University of Minnesota.

도표 7.20 직접효과의 bootstrapping 결과

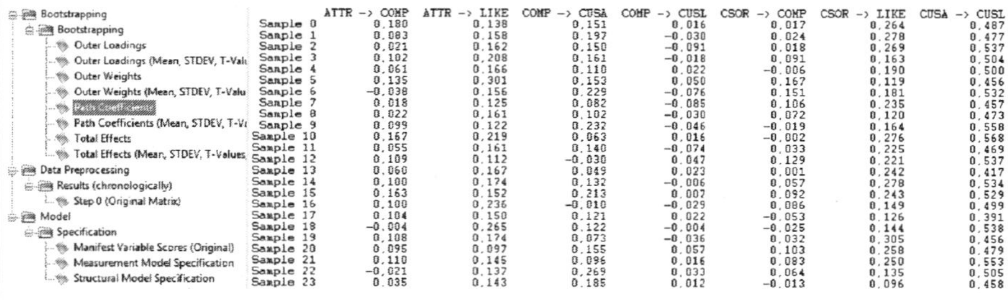

	ATTR -> COMP	ATTR -> LIKE	COMP -> CUSA	COMP -> CUSL	CSOR -> COMP	CSOR -> LIKE	CUSA -> CUSL
Sample 0	0.180	0.138	0.151	0.016	0.017	0.264	0.487
Sample 1	0.083	0.158	0.197	-0.030	0.024	0.278	0.477
Sample 2	0.021	0.162	0.150	-0.091	0.018	0.269	0.537
Sample 3	0.102	0.208	0.161	-0.018	0.091	0.163	0.504
Sample 4	0.061	0.166	0.110	0.022	-0.006	0.190	0.500
Sample 5	0.135	0.301	0.153	0.050	0.167	0.119	0.456
Sample 6	-0.038	0.156	0.229	-0.076	0.151	0.181	0.532
Sample 7	0.018	0.125	0.082	-0.085	0.106	0.235	0.457
Sample 8	0.022	0.161	0.102	-0.030	0.072	0.120	0.473
Sample 9	0.099	0.122	0.232	-0.046	-0.019	0.164	0.558
Sample 10	0.167	0.219	0.063	0.016	-0.002	0.276	0.568
Sample 11	0.055	0.161	0.140	-0.074	0.033	0.225	0.469
Sample 12	0.109	0.112	-0.030	0.047	0.129	0.221	0.537
Sample 13	0.060	0.167	0.049	0.023	0.001	0.242	0.417
Sample 14	0.100	0.174	0.132	-0.006	0.057	0.278	0.534
Sample 15	0.163	0.152	0.213	0.007	0.092	0.243	0.529
Sample 16	0.100	0.236	-0.010	-0.029	0.086	0.149	0.499
Sample 17	0.104	0.150	0.121	0.022	-0.053	0.126	0.391
Sample 18	-0.004	0.265	0.122	-0.004	-0.025	0.144	0.538
Sample 19	0.108	0.174	0.073	-0.036	0.032	0.305	0.456
Sample 20	0.095	0.097	0.155	0.057	0.103	0.258	0.479
Sample 21	0.110	0.145	0.096	0.016	0.083	0.250	0.553
Sample 22	-0.021	0.137	0.269	0.033	0.064	0.135	0.505
Sample 23	0.035	0.143	0.185	0.012	-0.013	0.096	0.458

Note: The full table displayed in this exhibit contains results of 5,000 subsamples and all path relationships in the structural model.

도표 7.21 간접효과의 bootstrapping 결과

	LIKE → *CUSA*	*CUSA* → *CUSL*	간접효과
Sample 0	0.425	0.487	0.207
Sample 1	0.457	0.477	0.218
Sample 2	0.413	0.537	0.222
Sample 3	0.454	0.504	0.229
Sample 4	0.397	0.500	0.199
Sample 5	0.481	0.456	0.219
...	...	...	...
Sample 4,999	0.382	0.533	0.204

로운 열을 추가한다(〈도표 7.21〉). 이 간접효과는 *LIKE*와 *CUSA* 간의 직접효과와 *CUSA*와 *CUSL* 간의 직접효과를 곱하여 계산된다. 이러한 직접효과들의 곱은 5,000개의 각 subsample에서 계산될 필요가 있다. bootstrapping 결과로부터의 간접효과의 표준편차는 추가한 열에서 계산한다(즉, MS Excel에서 STDEV 함수를 이용한다). 이 사례에서, bootstrapping 표준편차(이는 bootstrapping에서의 표준오차와 동일하다)는 0.035이다(당신이 얻은 값과 약간 다를 것이다. 이는 bootstrapping 절차는 무작위 과정이가 때문임을 기억하라). 간접효과 t값은 이를 bootstrapping 표준오차로 나눈 값이다. 따라서 *CUSL*에 대한 *LIKE*의 간접효과의 산출된

t값은 0.220/0.035=6.2857이며, *CUSA*의 매개를 통한 관계는 유의적이라고 할 수 있다($p<0.01$). 5장과 6장에서는 PLS-SEM에서 유의성을 검정하기 위한 절차에 대해 자세하게 설명되어 있다.

유의적인 간접효과를 통해 *LIKE*와 *CUSL*의 관계를 *CUSA*가 매개한다고 결론내릴 수 있다. 마지막 단계에서, 이 매개효과의 강도를 확인한다. 이는 VAF를 사용하여 확인할 수 있다. *CUSL*에 대한 *LIKE*의 직접효과는 0.344이며, *CUSA*를 통한 간접효과는 0.220이다. 따라서 총효과는 0.344+0.220=0.564이다. VAF는 간접효과를 총효과로 나눈 값이며, 0.220/0.564=0.390이다. 즉, *CUSL*에 대한 *LIKE*가 갖는 효과의 39%가 *CUSA*의 매개에 의해 설명된다는 뜻이다. VAF가 20%보다 크지만 80%보다 작기 때문에, 부분매개로 볼 수 있다.

HIGH-ORDER MODEL/HIERARCHICAL COMPONENT MODELS

Method

지금까지 우리는 하나의 construct에 대해 하나의 단계를 다루는 first-order 모델을 다뤘다. 그러나 연구자들은 꽤 복잡하고 상위차원으로 조작화될 수 있는 것을 확인하기 원할 수 있다. PLS-SEM에서 보통 **higher-order models** 혹은 **hierarchical component models**(HCMs)라고 불리는(Lohmöller, 1989) 것들을 확인하는 것은, 대부분 두 단계의 construct들을 포함하는 second-order structures를 분석하는 것과 관련된다. 2장에서 설명한 바와 같이, 만족은 그 개념에 있어 다른 수준들로 정의된다. 특히, 만족은 다양한 first-order constructs 에 의해 제시될 수 있는데, 이는 만족의 개별 속성을 포함한다. 서비스 맥락에서, 만족은 서비스, 직원, 가격, 혹은 서비스 스케이프에 대한 품질을 포함할 수 있다. 이러한 first-order constructs는 보다 추상적인 **second-order construct**인 만족을 형성할 수 있다(2장의 〈도표 2.5〉를 보라).

개념적으로 HCMs는 상향식 혹은 하향식 접근에 의해 발생될 수 있다. 상향식 접근에서, 몇몇 잠재변수들의 정보는 보다 일반적인 construct 하나로 결합된다. 반면에, HCMs는 하향식일 수도 있는데, 이는 일반적인 construct가 몇몇 하위차원에 의해 설명된다. 보다 일반적인 construct가 구조모델의 일부가 되면, second-order model을 사용함으로써 부가 정보는 하위차원에서 발견될 수 있다. 2장과 앞에서 설명한 고객만족 모델은 하향식 접근의 예이다.

HCMs을 PLS-SEM에 포함하는 세 가지 이유가 존재한다. 첫째, HCMs을 설정함으로써, 연구자는 구조모델에서 경로의 수를 줄일 수 있는데, 이를 통해 PLS 경로모델은 더 간결해지고 이해하기 쉬워진다(〈도표 7.24〉는 이를 잘 표현하고 있다). 둘째, HCMs은 construct 간 높은 상관관계를 갖고 있을 때 유용하다; 구조모델의 인과관계 계수는 공선성의 문제로 편향될 수 있으며, 판별 타당성이 확인되지 않을 수 있다. construct 간 공선성이 나타나는 상황에서, second-order construct는 이러한 공선성의 문제를 줄이고 판별타당성의 문제를 해결할 수 있다. 셋째, HCMs은 형성적 측정항목에서 높은 수준의 공선성이 나타나는 경우 유용하다. 이론적으로 타당하다면, 연구자는 이러한 측정항목들을 나누고 higher-order 구조에서 분리된 construct로 나타낼 수 있다.

〈도표 7.22〉는 현존하는 문헌들에서 논의된 HCMs의 4가지의 주된 형태를 나타낸다(Jarvis et al., 2003; Wetzels et al., 2009). 이러한 모델들은 두 가지 요소를 갖고 있다: **higher-order component**(HOC)는 보다 추상적인 것이며, **lower-order components**(LOCs)는 추상적인 객체에 대한 하위차원이다. 각 HCM은 (1) HOC와 LOCs 간, 그리고 (2) constructs와 측정항목 간 다른 인과관계로 특징지어진다. 예를 들어 반영적-반영적 형태의 HCM은 HOC에서 LOCs의 방향(반영적인)으로의 인과관계이며, 각 construct들과 측정항목의 방향 역시 반영적이다. 반면 반영적-형성적 형태는 LOCs에서 HOC의 방향(형성적인)으로의 인과관계이며, 각 construct들과 측정항목의 방향은 반영적이다.

도표 7.22 hierarchical component models의 유형(Ringle et al., 2012)

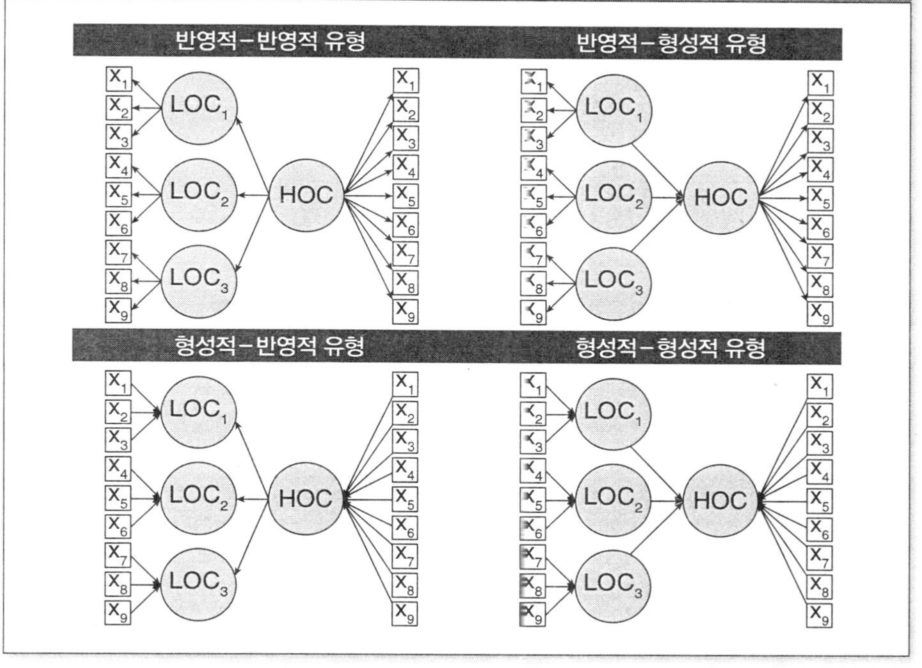

Note: LOC_2 = lower-order component; HOC = higher-order component.
Source: Copyright 2012 by the Regents of the University of Minnesota.

〈도표 7.22〉에서 볼 수 있다시피, HOC는 LOCs와 동일한 방향(즉, 형성적이거나 반영적)의 측정모델을 갖고 있다. HOC의 측정모델을 위해, 연구자는 LOCs의 모든 측정항목을, **반복된 측정항목 접근**(repeated indicators approach)의 형태를 통해, HOC에 할당한다. 〈도표 7.22〉의 예시를 보면, HOC는 측정항목 $x_1 \sim x_9$까지를 갖고 있는데, 이는 LOC_1, LOC_2, 그리고 LOC_3의 측정모델에서 온 것이다.

반복된 측정항목 접근은 간단하지만, 두 가지 측면에 주의를 기울여야 한다. 첫째, LOCs간 측정항목의 수는 비슷해야 한다; 그렇지 않으면, HOC와 LOCs간 관계는 LOC당 측정항목 수의 ㅂ동일성으로 인해 편향될 수 있다(Becker, Klein, & Wetzels, 2012). 예를 들어, 두 개의 LOC를 갖고 있는 HCM에

도표 7.23 HOC와 LOC들 간의 반영적인 관계

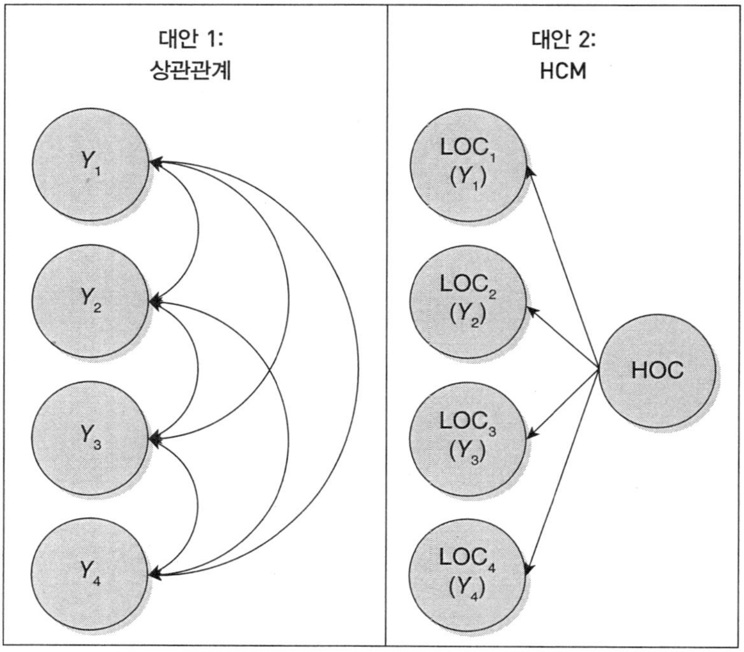

서, 하나(LOC_1)는 두 개의 측정항목을 갖고 있지만, 다른 하나(LOC_2)는 여덟 개의 측정항목을 갖고 있다고 하자. 반복된 측정항목 접근을 사용한다면, 총 열 개의 측정항목이 HOC에 할당된다. 이런 경우 HOC와 LOC_1 사이에서 더 강한 관계가 나타나게 되는데, 이는 HCM에서 더 많은 수의 측정항목이 서로 공유되기 때문이다.

둘째, 반복된 측정항목 접근법을 사용할 때, 측정모델 평가 기준은 PLS 경로모델의 다른 construct들처럼 HOC를 다루어 적용한다. 예를 들어, HOC가 반영적 측정항목인 경우, 모든 신뢰성과 타당성이 충족되어야 한다(4장). **반영적-반영적**(reflective-reflective) HCMs에서 LOC들 간뿐만 아니라 HOC과 LOC들 사이에서의 판별타당성은 예외로 한다(〈도표 7.22〉를 보라).

LOC들과 HCM 사이의 관계는 형성적이거나 반영적일 수 있다. 이 의사결정은 이론적/개념적 논증과 분석의 목적에 의해 결정된다. LOC들과 HCM 사이의 반영적인 관계는 〈도표 7.23〉에 나타난 것처럼 1차 요인들 간의 모든 상관관계를 설명하는 전반적인 요인인 경우 선택된다. 따라서 HOC에 의해 설명될 수 있는, LOC들 간의 상당한 상관관계가 있어야 한다. 즉, HOC는 LOC들 간 상관관계를 설명하는 가상의 원인이다. 이러한 종류의 HCM은 상관관계가 모델화 되어야 하는 경우 유용하다. PLS-SEM은 nonrecursive 관계(즉, 인과루프)를 추정하지 못한다. 이 접근은 구조모델 내 상관관계와 같은 양방향 관계를 포함한다. LOC들과 HOC 간 반영적 관계는 PLS-SEM 내 이러한 상관관계를 모델화하고 추정하는 데 사용될 수 있다. 예를 들어 HOC와 LOC_1 간 경로의 추정치와 HOC와 LOC_2 사이의 경로를 추정치를 곱하면 LOC_1과 LOC_2 사이의 상관관계를 대략적으로 나타낸다(〈도표 7.23〉).

LOC들과 HOC 간 형성적인 관계는 HOC를 설명하는 것에 있어서 각 LOC들의 상대적인 공헌치를 의미한다. 만약 구조모델에서, HOC 그 자체로 하나 혹은 그 이상의 잠재변수들을 설명한다면, 이런 종류의 HCM의 해석은 좀 더 달라진다. 〈도표 7.24〉에 나타난 것처럼, HOC는 경로모델에서 LOC들과 종

도표 7.24 HOC와 LOC들 간의 형성적인 관계

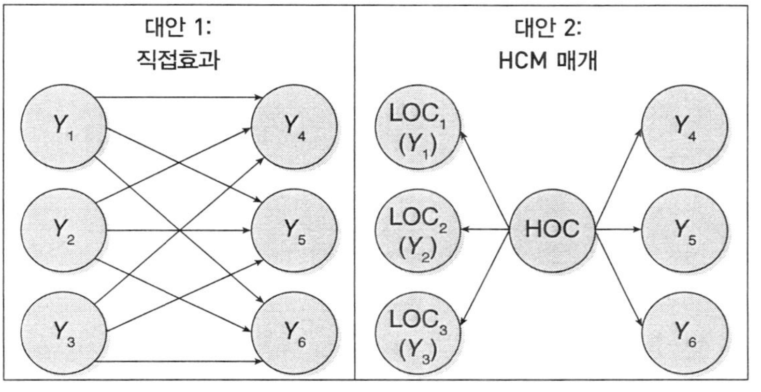

속변수들 간의 관계를 완전히 매개할 것으로 기대된다. 따라서 모든 LOC들을 대표하는 전반적인 construct(즉 HOC)는 표적변수들과의 관계를 완전히 매개한다.

많은 **형성적-형성적**(formative-formative) 그리고 **반영적-형성적**(reflective-formative) HCM의 적용에서, HOC는 구조모델에서 LOC들에 비교하여(비

도표 7.25 HCM 분석의 2단계 접근법(Ringle et al., 2012)

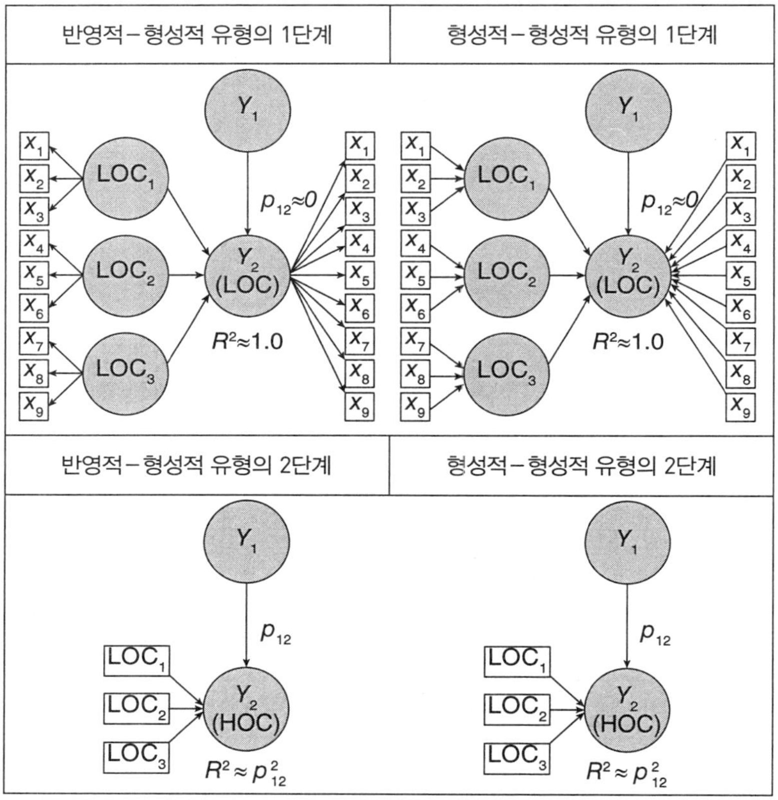

Note: LOC=하위 차원 구성요소; HOC=상위 차원 구성요소; Y_1=구조모델에서의 외생 잠재변수(이 Exhibit에서 Y_1의 측정모델은 생략됨); Y_2=구조모델에서의 내생 잠재변수; p_{12}=잠재변수 Y_1과 Y_2 사이의 표준화된 경로계수.

유의적인) 선행변수들을 갖게 된다(Ringle et al., 2012). 이러한 모델의 설정은 HOC의 측정모델에서 반복된 측정항목 접근을 사용할 때, 좀 더 주의를 기울여야 하는데, HOC 분산의 대부분이 LOC들에 의해 설명되기 때문이다($R^2 \approx 1.0$). 결과적으로 선행변수로서의 추가적인 잠재변수들과 내생의 성격을 갖는 HOC 사이의 경로계수는 항상 거의 0에 가깝거나 비유의적이다.

이런 경우, 반복된 측정항목 접근법과 **2단계 접근법**(two-stage approach)—이는 PLS-SEM의 조절분석에서의 2단계 접근법과 유사하다(8장)—에서의 latent variable scores의 사용을 혼합하는 것이 적절하다. 첫 번째 단계에서, LOC들의 latent variable scores를 구하기 위해 반복된 측정항목 접근법이 사용되며, 이는 두 번째 단계에서 HOC 측정모델에서의 측정변수(manifest variables)로서 사용된다(〈도표 7.25〉). 이렇게 함으로써, HOC의 분산을 설명하기 위한 선행변수로서의 다른 잠재변수들을 적용하는 법칙적 관계(nomological net)에 HOC를 적용할 수 있으며, 이는 유의적인 경로계수의 결과를 가져올 수 있다.

마지막으로 주의해야 할 사항은 HCM의 추정에서 사용하는 PLS-SEM의 algorithm과 관련된 것이다. PLS 경로모델에서의 모든 weighting schemes 은 HCM에서 동일하게 잘 작동하지 않는다. 요인과 경로의 weighting schemes이 HCM에서 타당한 결과를 산출한다면, centroid weighting scheme을 사용하지 말아야 한다(Hair et al., 2012b).

사례연구

사례연구에서 우리는 기업 평판의 HCM을 만들고자 한다. 이 점에서, 우리는 *COMP*와 *LIKE* construct에 초점을 두는데, 이는 기업 평판의 두 차원이기 때문이다. 그러나 이들은 PLS 경로모델에서 전반적인 기업 평판 construct의 하위차원으로 다루어질 수 있다. 이론적/개념적인 관점으로부터 보면, 이렇게 처리하는 이유는 모든 LOC들을 대표하는 단일 차원을 사용함으로써 모델 설정을 보다 단순하게 하거나(즉, HOC와 LOC들 간의 반영적 관계), 혹은 경로모델에서 LOC들과 이들의 표적 construct들 간의 모든 관계를 매개하도록(즉, LOC들과 HOC 간의 형성적 관계) 할 수 있다. 실증적인 관점으로 보면, LOC 간의 판별 타당성의 미확보와 구조모델에서의 잠재적 공선성 문제는 HCM을 사용하는 이유가 될 수 있다. 그러나 이 사례에서 우리는 이미 *COMP*와 *LIKE*간 판별 타당성과 공선성은 문제가 되지 않음을 확인하였다. 그렇기는 하지만 우리는 HOC 기업 평판의 LOC들로서 *COMP*와 *LIKE*를 대표하는 HCM을 선택하였는데, 이는 반영적－반영적 HCM(〈도표 7.26〉)으로 나타난다. 이렇게 함으로써, PLS 경로모델은 보다 간명화되고, 그리고 우리는 LOC 간의 상관관계를 직접적으로 모델화 할 수 있는데, 이는 HOC를 통한 반영적 관계의 곱이다. PLS-SEM에서 HOC는 두 개의 LOC에 의해 형성되지만, 반면에 CB-SEM에서는 최소한 세 개의 LOC들이 있어야 함을 기억하라.

기업 평판과 관련된 반영적－반영적 HCM에서, construct *COMP*와 *LIKE*는 LOC이다. HOC(즉, 기업평판)는 LOC들의 측정항목을 재사용한다. 따라서

도표 7.26 반영적-반영적 HCM의 예시

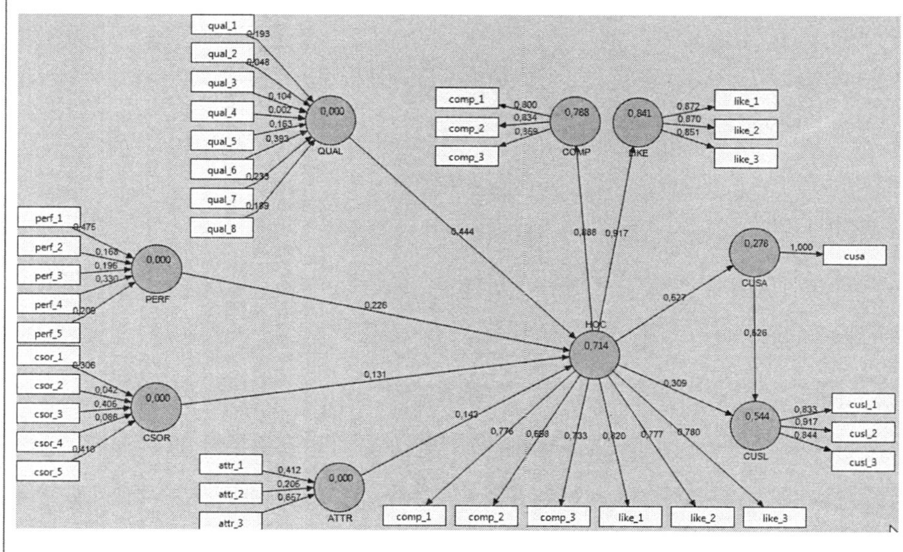

도표 7.27 판별타당성의 확인

	ATTR	*CSOR*	*CUSA*	*CUSL*	*HOC*	*PERF*	*QUAL*
ATTR	Formative						
CSOR	0.593	Formative					
CUSA	0.417	0.422	Single item				
CUSL	0.439	0.416	0.689	0.865			
HOC	0.676	0.668	0.527	0.586	0.765		
PERF	0.666	0.626	0.426	0.480	0.752	Formative	
QUAL	0.689	0.702	0.491	0.534	0.812	0.788	Formative

반영적 LOC들의 모든 측정항목들은 HOC의 반영적 측정모델에 할당된다(〈도표 7.26〉). 그 다음, 기업 평판을 나타내는 HOC를 원인변수들(즉, *ATTR*, *CSOR*, *QUAL*, 그리고 *PERF*)과 결과변수(즉, *CUSA*와 *CUSL*)를 연결시킨다. **Corporate Reputation Extended-Advanced Analyses**의 **HCM_reflective_reflective** 모델은 이 PLS 경로모델을 포함한다.

PLS 경로모델의 추정 후, 측정모델을 평가할 필요가 있다. 형성적 그리고 반영적 측정모델의 분석 결과는 4장과 5장에서 설명된 분석과 약간 다르다. 즉, 우리는 새로운 HOC에만 초점을 둔다. 모든 outer loading은 기준치 0.7을 상회한다. 측정항목 *comp_2*를 제외하고는 말이다. 그러나 outer loading 0.698은 기준치에 약간 못미칠 뿐이다. 신뢰성과 집중타당성은 충족되었기 때문에, 측정항목 *comp_2*는 측정모델에 포함하도록 한다. 구체적으로 HOC의 composite reliability(*CR*=0.894)는 기준치 0.70을 상회하며, 따라서 내적 일관성 신뢰도는 지지되었다. HOC의 평균분산팽창(average variance extracted(AVE))은 0.585이며, 이 값은 집중타당성을 나타낸다. 그러나 〈도표 7.27〉에서, HOC(기업평판)과 *QUAL* 간의 판별타당성이 확인되지 않는다. 따라서 앞장에서 논의한 것처럼, PLS 경로모델에 *COMP*와 *LIKE* 차원(즉, LOC들 각각을)으로 직접적으로 포함하는 것이 더 적절하다.

만약 이 HCM 적용에서 판별타당성이 나타났다면, 구조모델의 결과는—

6장에서 설명한 것처럼—평가되고 해석될 수 있다. 모든 구조모델의 인과관계는 유의적이다(p<0.01). HOC는 그 LOC인 *COMP*(0.888)와 *LIKE*(0.917)과 강한 관계를 갖고 있다. 따라서 *COMP*와 *LIKE*는 LOC들의 분산의 50% 이상을 설명할 수 있도록 HOC와 충분히 높게 관련되어 있다.

원인 construct인 *QUAL*(0.444)와 *PERF*(0.226)은 HOC(기업 평판)에 강한 영향을 미치는 반면, *CSOR*(0.131)와 *ATTR*(0.143)은 덜 관련된다. HOC는 *CSUA*(0.527)에 강한 영향을 미치며, 이는 다시 *CUSL*(0.526)에 강하게 관련된다. 기업 평판(즉, HOC)과 *CUSL*의 직접적인 관계는 다소 약하다(0.309). 각 construct를 설명하는 측정항목의 수를 고려하면, 모든 내생 잠재변수의 R^2는 상대적으로 높게 나타났다(6장).

Summary

- **PLS-SEM 중요도 – 성과 매트릭스 분석(IPMA)을 어떻게 하는지 이해한다.** PLS-SEM은 PLS 경로모델의 인과관계를 추정하는 데 초점을 둔다. 이는 연구자나 실무자들에게, PLS 경로모델 내 다른 내생변수를 설명하는 construct들의 유의성이나 관련성(즉, 상대적 중요도)에 대한 정보를 제공할 수 있다. 이러한 종류의 분석은 잠재변수의 성과에 latent variable scores의 IPMA rescaling을 통해 얻어지는 평균값을 포함하는 것을 고려함으로써 수행될 수 있다. 이러한 접근은 실무자나 연구자들에게 표적 construct의 성과를 향상시키기 위해, 설명되고 우선순위화되어야 하는 활동들이 무엇인지 알 수 있게 해 줄 것이다.
- **매개분석과 PLS-SEM을 이용하여 어떻게 실행하는지 설명한다.** 매개변수는 PLS 경로모델에서 간접효과를 통해 외생 construct들과 내생 construct들 간의 관계를 부분적으로 흡수하는데, 여기서 간접효과란 외생잠재 construct와 매개변수 사이, 그리고 매개변수와 내생잠재 construct 사이의 인과관계이다. 그래서 매개변수는 외생과 내생 construct 사이의 "진짜(true)" 인과관계를 증명한다. 매개효과는 우선 이론적/개념적으로 확립되어야 한다. 그 다음 분석은 이러한 가설화된 관계에 대해 실증적으로 검증한다. 만약 통계적으로 유의적인 매개효과가 있다면, 이는 직접효과는 완전히 혹은 부분적으로 흡수하는 것이며, 심지어는 그 방향성을 바꿀 수도 있다(즉, 억제자효과; suppressor effect).
- **higher-order constructs와 이 개념을 PLS-SEM에서 어떻게 적용하는지 이해한다.** HCM은 몇 몇 LOC들의 정보를 대표하고 요약하는, 좀 더 일반적인 HOC의 설정에 사용된다. HCM의 네 가지의 주요 타입은 HOC와 LOC들 간의 인과관계, 그리고 construct의 조작화를 위해 사용되는 측정모델에서의 인과관계에 따라 다르게 나타난다: 반영적–반영적, 반영적–형성적, 형성적–반영적, 형성적–형성적. 일반적으로 반영적–반영적, 그리고 형성적–반영적 HCM의 HOC는 하위의 모든 LOC들을 설명하는 좀 더 전반적

인 construct를 나타낸다(즉, 2장과 4장의 반영적 측정모델과 유사하다). 반면, 반영적-형성적 그리고 형성적-형성적 HCM에서, HOC는 LOC들에 의해 만들어진다(즉, 2장과 4장의 형성적 측정모델과 유사하다). 뿐만 아니라, HCM의 네 가지 타입을 각각 적용할 때 주의해야 한다. 우리는 일반적으로 LOC 당 측정항목의 수가 동일(혹은 유사)하도록 기대하지만, 반면에, 반영적-형성적 혹은 반영적-반영적 관계의 HCM, 그리고 PLS 경로모델 내 다른 construct가 HCM을 설명하는 경우에는, 2단계 접근법(two-stage approach)을 적용할 필요가 있다. HCM은 좀 더 간명화된 경로모델을 제공하기 때문에 널리 활용되고 있는 방법이다.

Review Questions

1. IPMA의 목적은 무엇인가?
2. IPMA의 결과를 어떻게 해석할 것인가?
3. PLS-SEM에서 매개는 무엇을 의미하는가? 예를 들어보시오.
4. 부분 혹은 완전 매개를 입증하기 위한 필요조건은 무엇인가?
5. 억제자효과란 무엇인가?
6. HCM은 무엇인가? 본 장에서 설명된 네 가지 다른 형태의 HCM을 그려보시오.
7. 구조모델에서 HOC를 설명하는 추가적인 construct가 있는 경우, 반영적-형성적 혹은 형성적-형성적 HCM에서 이 단계 접근법을 왜 사용할 필요가 있는가?
8. LOC들이 동일하지 않은 측정항목을 갖고 있는 경우, 어떤 결과가 발생하는가?

Critical Thinking Questions

1. IPMA의 추가적인(세 번째) 흥미있는 차원에 이름을 붙여라.
2. PLS-SEM에서,(매개변수가 없는 경우) 직접효과가 비유의적이었으나, 유의적인 매개변수가 삽입된 후(긍정적 혹은 부정적으로) 유의적인 경로로 바뀐 경우, 어떻게 설명할 것인가?
3. HCM의 네 가지의 다른 형태에 대해 예시를 제시하라.
4. HCM이 PLS-SEM에서의 판별타당성 문제를 해결하기 위해 사용될 수 있는가?

Key Terms

Direct effect(직접효과)**:** is the direct relationship between an exogenous and an endogenous latent variable in a PLS path model.

Formative-formative HCM(형성적-형성적 HCM)**:** has formative measurement models of all constructs in the HCM and path relationships between the LOCs and the HOC(i.e., the LOCs form the HOC).

Formative-reflective HCM(형성적-반영적 HCM)**:** has formative measurement models of all constructs in the HCM and path relationships from the HOC to the LOCs.

Full mediation(완전매개)**:** occurs if inclusion of the mediator variable drops the relationship between the independent variable and dependent variable to almost zero.

HCM: see *Hierarchical component model.*

Hierarchical component model(HCM): is a higher-order structure(usually second-order) that contains several layers of constructs and involves a higher level of abstraction. HCMs involve a more abstract *higher-order component*(HOC), related to two or more *lower-order components*(LOCs) in a reflective or formative way.

Higher-order component(HOC): is a general construct that represents all underlying LOCs in an HCM.

Higher-order model: see *Hierarchical component model(HCM).*

HOC: see *Higher-order component.*

Importance(중요도): see *Total effect.*

Importance-performance matrix analysis(IPMA, 중요도-성과 매트릭스 분석): combines the importance results and the performance results of PLS-SEM in a twodimensional results representation.

Index value(지표값): see *Performance.*

Indirect effect(간접효과): represents a relationship between an exogenous and an endogenous latent variable via a third(e.g., mediator) construct in the PLS path model. If *a* is the relationship between the exogenous latent variable and the mediator variable, and *b* is the relationship between the mediator variable and the endogenous latent variable, the indirect effect is the product of path *a* and path *b*.

IPMA: see *Importance-performance matrix analysis.*

LOC: see *Lower-order component.*

Lower-order component(LOC): is a subdimension of the HOC in an HCM.

Mediation(매개): represents a situation in which a mediator variable to some extent absorbs the effect of an exogenous on an endogenous latent variable in the PLS path model.

Mediator model(매개효과): see *Mediation.*

Moderation(조절): occurs when the effect of an exogenous latent variable on an endogenous latent variable depends on the values of another variable, which moderates the relationship(see *Chapter* 8).

Partial mediation(부분매개): maintains that the mediating variable accounts for some but not all of the relationships between the independent variable and a dependent variable.

Performance(성과): is a term used in the context of *IPMA*. It is the mean value of the unstandardized(and rescaled) scores of a latent variable or an indicator.

Reflective-formative HCM(반영적-형성적 HCM)**:** has reflective measurement models of all constructs in the HCM and path relationships from the LOCs to the HOC.

Reflective-reflective HCM(반영적-반영적 HCM)**:** has reflective measurement models of all constructs in the HCM and path relationships from the HOC to the LOCs.

Repeated indicators approach for HCM: is a type of measurement model setup in HCM that uses the indicators of the LOCs as indicators of the HOC to create an HCM in PLS-SEM.

Rescaling(재평가)**:** changes the direction and the values of a variable's scale. Second-order construct: see *Hierarchical component model.*

Suppressor effect(억제자 효과)**:** occurs when the integration of a mediator variable changes the sign of a path relationship between the independent and dependent variable.

Total effecteffect(총효과)**:** is the sum of the direct effect and the indirect effect between an exogenous and an endogenous latent variable in the PLS path model.

Two-stage approach for HCM(HCM 2단계 접근법)**:** is needed to estimate path relationships between an exogenous latent variable and a *reflective-formative HCM* or a *formative-formative HCM* in PLS-SEM.

VAF: see *Variance accounted for.*

Variance accounted for: is the size of the indirect effect relative to the total effect. This value is normed between 0 and 1(or 0% to 100%). Higher results indicate a stronger mediation.

Suggested Readings

Baron, R. M., & Kenny, D. A.(1986). The moderator-mediator variable distinction in social psychological research: Conceptual, strategic and statistical considerations. *Journal of Personality and Social Psychology*, 51, 1173~1182.

Becker, J. M., Klein, K., & Wetzels, M.(2012). Hierarchical latent variable models in PLS-SEM: Guidelines for using reflective-formative type models. *Long Range Planning*, 45(5/6), 359~394.

Höck, C., Ringle, C. M., & Sarstedt, M.(2010). Management of multipurpose stadiums: Importance and performance measurement of service interfaces. International *Journal of Services Technology and Management*, 14, 188~207.

Preacher, K. J., & Hayes, A. F.(2008). Asymptotic and resampling strategies for assessing and comparing indirect effects in simple and multiple mediator models. *Behavior Research Methods*, 40, 879~891.

Ringle, C. M., Sarstedt, M., & Straub, D. W.(2012). A critical look at the use of PLS-SEM in *MIS Quarterly*. *MIS Quarterly*, 36, iii~xiv.

Wetzels, M., Odekerken-Schroder, G., & van Oppen, C.(2009). Using PLS path modeling for assessing hierarchical construct models: Guidelines and empirical illustration. *MIS Quarterly*, 33, 177~195.

Wilson, B.(2010). Using PLS to investigate interaction effects between higher order branding constructs. In V. Esposito Vinzi, W. W. Chin, J. Henseler & H. Wang(Eds.), *Handbook of partial least squares: Concepts, methods and applications*(Springer handbooks of computational statistics series, vol. II)(pp. 621~652). New York: Springer.

Zhao, X., Lynch, J. G., & Chen, Q.(2010). Reconsidering Baron and Kenny: Myths and truths about mediation analysis. *Journal of Consumer Research*, 37, 197~206.

Chapter 8

이질적 데이터의 모델링

Learning Outcome

1. PLS-SEM에서의 이질적 데이터 모델링의 중요성을 이해한다.
2. 이질성의 개념을 학습하고 규명한다.
3. PLS-SEM multigroup analysis(PLS-MGA)를 실행한다.
4. 관찰되지 않은 이질성의 개념을 이해한다.
5. SmartPLS 소프트웨어를 사용하여 연속형 잠재변수의 PLS 경로모델을 만들어본다.

Chapter Review

PLS 경로모델에서의 인과관계(cause-effect relationships)는 외생잠재변수가 다른 변수들의 체계적 영향 없이 내생잠재변수에 직접적으로 영향을 미치는 것을 의미한다. 그러나 많은 예에서 이 가정은 적용되지 않는다. 예를 들어 응답자들은 잠재변수에 대한 지각과 평가에 있어 이질적이기 쉬우며, 그 안에서 유의적인 차이를 보이는데, 예를 들어 둘 혹은 그 이상의 집단의 응답자들 간 계수값에서 그렇다. 이질적인 데이터 구조를 발견하는 것은 종종 나타나는 일이며, 연구자들은 이러한 차이를 밝히고 이해하는 데 관심을 갖고 있다. 사실, 이질성(heterogeneity)을 고려하지 못한 PLS-SEM 결과는 타당성(validity)을 저해할 수 있다.

이 장에서는 연구자들이 이질적 데이터를 모델링할 수 있도록 하는 여러 개념을 학습하고자 한다. 이 장은 두 개 혹은 그 이상의 집단의 데이터의 parameters(path coefficients)를 비교하는 **다집단(multi-group) 분석**으로 시작한다. 이 분석은 일반적으로 연구자들이 성별(gender), 원산지(country of origin)와 같은 특성(characteristics)의 차이를 밝혀내는 데 적용한다. 이때에는 PLS 경로모델의 관계에 영향을 미치는 집단형(categorical) 조절변수(예를 들면 성별)가 존재한다고 가정한다. 그러므로 다집단 분석의 목표는 집단형 조절변수의 효과를 밝히는 데 있다. 그러나 data set들에서 이질성의 진짜 원인이 알려지지 않았을 경우, 이질성은 관찰되지 않는 것으로 간주된다. 간과된 이질성을 확인하고 처리하기 위해 연구자들은 FIMIX-PLS과 같은 latent class 접근을 적용할 수 있다. 다음으로 이 장에서는 특정경로관계의 강도나 방향에 영향을 미칠 수 있는 연속형 조절변수를 어떻게 모델에 포함시키는지를 설명한다.

집단형 조절효과의 모델링

Introduction

연구자들은 종종 둘 혹은 집단의 데이터 간 PLS 경로모델에서, 집단 간 다른 계수의 차이를 보이는지 비교하는 데 관심을 갖는다. 예를 들어, 연구자들은 PLS 경로모델에서 국가, 산업에 따라 경로계수(path coefficients)가 다를 것으로 보고 이를 밝혀내고자 한다. 둘 혹은 그 이상의 응답자 집단에서 모델 관계(초점은 대개 PLS 경로모델의 잠재 construct들 사이의 관계이다)의 유의미한 차이가 보인다면 **이질성**(heterogeneity)은 존재한다. 응답자의 여러 집단을 비교하는 것은 실무적, 이론적 관점에서 효과적이다. 그러나 집단의 효과를 이해하는 중요한 이유는 보다 심층적인 차별점을 발견하기가 용이하기 때문이다. 게다가 이질성을 고려하지 않는 것은 부정확한 결론을 도출할 가능성이 있기 때문에 PLS-

도표 8.1 구조모델에서의 이질성

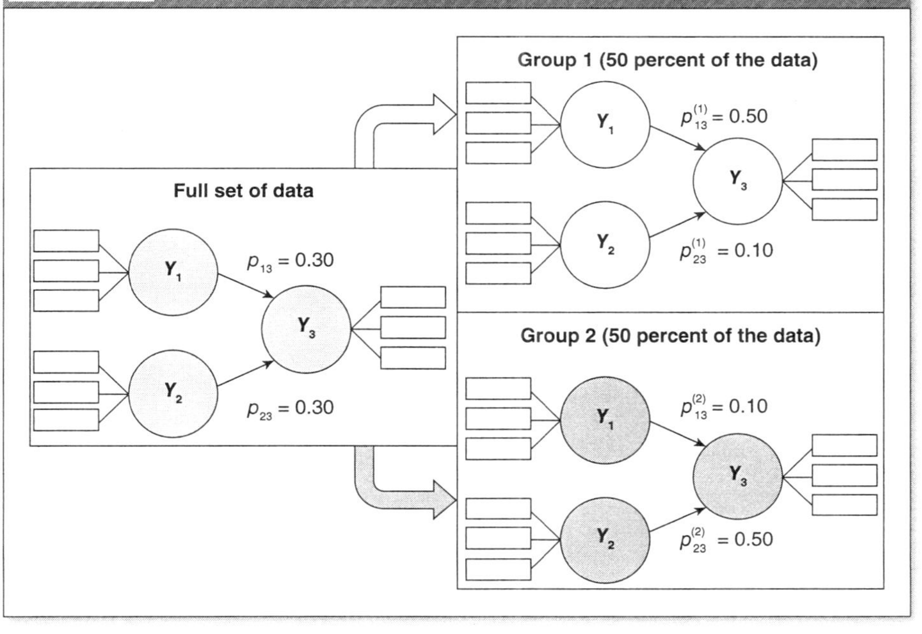

SEM 결과의 타당성을 위협한다(Becker, Rai, Ringle, & Völckner, in press; Hair et al., 2012b).

SEM의 맥락에서 이질성의 처치 실패에서 기인한 문제를 설명하기 위해 〈도표 8.1〉의 모델을 살펴보자. 〈도표 8.1〉의 모델에 따르면 제품에 대한 소비자 만족(Y_3)은 두 개의 지각된 차원: 품질에 대한 만족(Y_1), 가격에 대한 만족(Y_2)에 의해 결정된다. 두 개의 집단은 동일한 크기임을 가정한다. 집단 1은 품질에 예민하지만 집단 2는 가격에 민감한 성향을 가지며, 이에 따라 각기 다른 경로 계수를 갖는다. 만족(Y_3)에 있어 품질(Y_1)의 영향은 집단 2($p_{13}^{(2)}=0.10$)에서보다 집단 1에서 매우 높게 나타났다($p_{13}^{(1)}=0.50$; 괄호 안의 윗첨자 글자는 집단을 나타낸다). 이와 유사하게, 만족(Y_3)에 있어서 가격(Y_2)의 영향은 집단 1에서 보다 집단 2에서 매우 높게 나타났으며, 0.04의 차이를 보였다. 만약 전체 data set을 사용해 모델을 분석하였다면, 두 집단 간의 이질성을 밝히는 데 실패할 것이며, 경로계수(path coefficients)는 상당히 편향될(substantially biased) 것이다. 즉, 전체 data set을 사용할 경우 경로는 모두 0.30으로 동일하게 추정되며, 연구자들로 하여금 가격과 품질은 만족에 있어 동일한 영향을 미친다는 사실과 다른 결론을 내리게 한다.

예에서 살펴보았듯이, 이질성의 결과에 기인해 소비자의 한 집단은 가격에 대한 선호를 보이는 반면, 두 번째 집단은 가격보다는 품질을 선호하는 것으로 나타났다. 기술적인 관점에서, data set을 두 개의 소비자 집단으로 나누는 집단형 조절변수가 존재하며(가격선호와 품질선호), 따라서 두 개의 모델이 필요하다. 일반적으로, 이와 같은(집단형) **조절변수**(moderator variable)는 성별(남/여), 수입(저/고)과 같은 응답자의 관찰 가능한 특성을 담아내며, 선험적으로 알려져 있다. 그러나 조절변수는 앞서 살펴본 사례에서와 같이(품질선호/가격선호) 관찰되지 않은 특성 또한 담아낼 수 있다. 집단형 조절변수는 오직 두 개의 집단으로만 나뉠 필요는 없으며, 두 개 이상의 집단 또한 가능하다(예를 들어, 저소득, 중간소득, 고소득). 또한 조절변수는 연속적일 수 있다. 연속형 조절변수는 이 장의 후반부에서 다룬다.

다른 표본에서의 경로계수(path coefficients)는 거의 언제나 다르지만(수학적으로), 문제는 이러한 차이가 통계적으로 유의미한지이다. 특히, 다집단 분석을 할 때 경로계수(path coefficients)는 통계적으로 유의미한 차이를 갖지 않는다($p_{13}^{(1)}=p_{13}^{(2)}$)라는 귀무가설 H_0를 검증하려 하며, 이는 경로계수 간 차이는 0이라는 것과 같다(즉, H_0: $|p_{13}^{(1)}-p_{13}^{(2)}|=0$). 대립가설은 모집단에서 경로계수는 다르다(즉, $p_{13}^{(1)}\neq p_{13}^{(2)}$ 또는 H_0: $|p_{13}^{(1)}-p_{13}^{(2)}|>0$).

계수 간의 유의한 차이가 존재하는지를 밝히기 위해서, 연구자들은 PLS-SEM multigroup 분석(PLS-MGA)을 할 필요가 있다. **PLS-MGA**는 집단 데이터간의 PLS 모델추정(estimates)을 비교할 수 있는 여러 기법과 관련되어 있다. 일반적으로 PLS-MGA는 구조모델에서의 경로계수(path coefficients)의 차이를 알아보지만, loadings나 weights의 비교 또한 가능하다. PLS-MGA는 상대적으로 새로운 연구분야이며 최근 몇몇의 접근법이 제안되었다(Sarstedt, Henseler, et al., 2011를 보라). 본 장에서는 데이터의 두 집단 비교에 사용하는 Keil et al.(2000)이 제안한 **PLS-MGA의 parametric approach**(parametric approach to PLS-MGA)를 설명한다.

PLS-MGA에 대한 Parametric Approach

Keil et al.(2000)은 데이터의 두 집단 간의 경로계수(path coefficients)를 비교하기 위해 두 독립표본 평균차이 검증(two independent-samples *t*-test: Mooi & Sarstedt, 2011)의 수정판을 제안하였다. PLS-SEM 소프트웨어 패키지 중 어떤 것도 PLS-MGA를 실행하지 않아, 연구자들이 필요한 parameters를 직접 계산해야 한다.

1. 집단 1과 집단 2의 ($n^{(1)}$, $n^{(2)}$)의 관측빈도(numbers of observations)가 반드시 알려져 있다.

2. 비교할 집단 1과 집단 2의 경로계수($p^{(1)}, p^{(2)}$)는 반드시 추정되어야 한다. 이것을 얻기 위해 데이터의 각 집단의 개별 PLS 경로모델은 반드시 추정되어야 한다.
3. 마지막으로, 집단 1과 집단 2의 parameter 추정의 표준오차($se(p^{(1)})$, $se(p^{(2)})$)는 반드시 결정되어야 한다. 5장에서 설명한 바와 같이 PLS parameter 추정의 표준오차는 bootstrapping을 통해 얻을 수 있다. 결과적으로, bootstrapping 절차는 각 집단에서 실행되어야 한다.

이러한 여섯 개의 요소(두 집단의 관측빈도, 경로계수, 표준오차)는 검정통계량(test statistic)을 계산하기 위해 입력되며, 이 통계량은(bootstrapping을 통해 얻어진) 계수의 분산이 집단 간 유의적으로 다른지에 의해 나타난다. 확인을 위해 Levene's test를 사용한다(Mooi & Sarstedt [2011]에서 Levene's test에 대해 자세히 나타나 있다). 표준오차가 같다면, 검정통계량은 다음과 같이 계산된다:

$$t=\frac{|p^{(1)}-p^{(2)}|}{\sqrt{\frac{(n^{(1)}-1)^2}{(n^{(1)}+n^{(2)}-2)}\times se(p^{(1)})^2+\frac{(n^{(2)}-1)^2}{(n^{(1)}+n^{(2)}-2)}\times se(p^{(2)})^2\times\sqrt{\frac{1}{n^{(1)}}+\frac{1}{n^{(2)}}}}}$$

계수값이 같다는 귀무가설의 기각을 위해서는 t값이 $n^{(1)}+n^{(2)}-2$의 자유도의 t분포의 임계치보다 커야 한다.

만약 표준오차가 같지 않다면, 검정통계량은 다음의 형태를 갖는다:

$$t=\frac{|p^{(1)}-p^{(2)}|}{\sqrt{\frac{(n^{(1)}-1)}{n^{(1)}}\times se(p^{(1)})^2+\frac{(n^{(2)}-1)}{n^{(2)}}\times se(p^{(2)})^2}}$$

이 검정 역시 t분포를 가지지만, 다음의 식에 의해 계산되는 자유도를 따른다:

$$df = \left\| \frac{\left(\frac{(n^{(1)}-1)}{n^{(1)}} \times se(p^{(1)})^2 + \frac{(n^{(2)}-1)}{n^{(2)}} \times se(p^{(2)})^2 \right)^2}{1 - \frac{(n^{(1)}-1)}{n^{(1)^2}} \times se(p^{(1)})^4 + \frac{(n^{(2)}-1)}{n^{(2)^2}} \times se(p^{(2)})^4} - 2 \right\|$$

이름이 암시하듯이, parametric approach는 데이터가 정규분포를 따르는 것을 가정한다. 그러나 이것은 PLS-SEM approach의 분포를 고려하지 않는 특성과 상반된다. 따라서 nonparametric 절차를 실행하는, PLS-MGA의 보다 포괄적인 접근이 Chin and Dibbern(2010), Henseler(2007), Henseler et al.(2009), 그리고 Sarstedt, Henseler, et al.(2011)에 의해 소개되었다. 회귀분석에서의 F test의 개념을 도입해 Sarstedt, Henseler, et al.(2011)은 둘 이상의 집단을 비교하는 기법을 고안하였다. 이 방법은 소프트웨어 패키지를 통해 사용할 수 없기 때문에, parametric approach에 초점을 맞추며, nonparametric 대안의 추가적인 정보와 최근의 발전방향을 위해 Sarstedt, Henseler, et al.(2011)을 참조하라.

측정 불변성

집단의 경로계수(path coefficients)을 비교할 때 우선적인 고려사항은 집단 간의 construct 측정의 불변성(invariant)이다. Steenkamp and Baumgartner(1998)에 따르면 **측정 불변성**(**measurement invariance** 또는 **measurement equivalence**)은 집단형 조절변수의 효과가 경로계수(path coefficients)로 제한되며 측정모델에서의 집단과 관련한 차이를 수반하지 않음을 암시한다.

그러나 문화 간 연구와 같은 다수의 사례에서 측정 불변성 가정은 의심스럽거나 믿기 어렵다. 따라서 연구자들은 group membership effect를 측정모델과 구조모델 추정 모두에서 고려해야 할 필요가 있으며, 예를 들어 Haenlein and Kaplan(2011) 또는 Ringle, Sarstedt, and Zimmermann(2011)에 의해 제안된 접근법으로 돌아가는 것이다. 반면 Rigdon et al.(2010)은 "반면에 PLS-SEM

은 명백히 근사치(approximation)에 기반을 둔 기법이며, 이론적 배경의 확립이 보다 덜 확고한 상황을 위해 고안되었으며… 그러므로 연구자들은 다집단이 포함된 PLS 경로분석을 수행할 때 적절한 주의를 표해야 한다"는 언급을 통해 PLS-SEM invariance의 다른 관점을 제공한다. 우리는 이 관점을 추천하며, 이와 관련된 주제를 다룬 문헌(Haenlein & Kaplan, 2011 ; Ringle et al., 2011)을 참조할 것을 추천한다.

사례연구

PLS-MGA의 parametric approach를 설명하기 위해서 소비자 만족과 소비자 애호도에 있어 두 개의 기업평판차원(likeability and competence)의 영향을 분석한 2장의 단순 PLS 경로모델을 살펴볼 것이다. 344 관측치의 통합된 data set을 분석하기보다는, prepaid cell phone plans와 contracts plans 간 소비자들의 만족과 애호도에 있어 competence와 likeability의 차이를 살펴보고자 한다. 이 연구는 contract plans의 소비자(plan=1; $n^{(1)}=219$), prepaidplans의 소비자(plan=2; $n^{(2)}=125$) 두 집단의 데이터를 수집한 후 비교할 것이다. PLS-MGA를 수행할 때, 연구자들은 각 집단의 관측빈도의 수가 최소 표본크기 요구량을 충족해야 한다(1장). 잠재변수를 향한 인과관계 화살표의 가장 큰 수는 3이며, 10배 규칙에 따라 각 집단당 3×10=30의 관측치가 필요하다. 검정력 분석(1장)의 보다 엄격한 기준에 따르면, power level 80%, 유의확률 5%에서 0.25 정도의 R^2값을 발견하려면 각 집단에서 59의 관측치가 필요하다. 그러므로 각 집단의 표본크기가 충분히 커야 한다.

SmartPLS project file을 받으려면 http://www.pls-sem.com 에 접속하여 **Corporate_Reputation_Moderation.zip**을 우 클릭한 뒤 하드디스크에 파일을 저장하고 압축을 푼다(C:\SmartPLS\folder). 다음으로 SmartPLS 소프트웨어를 실행하여 메뉴의 **File → Import**를 누르고 2장에서 설명한 바와 같이 SmartPLS project file **Corporate Reputation Moderation.splsp**을 불러온다. 그 후에 왼

도표 8.2 PLS-MGA를 위한 간단한 모델

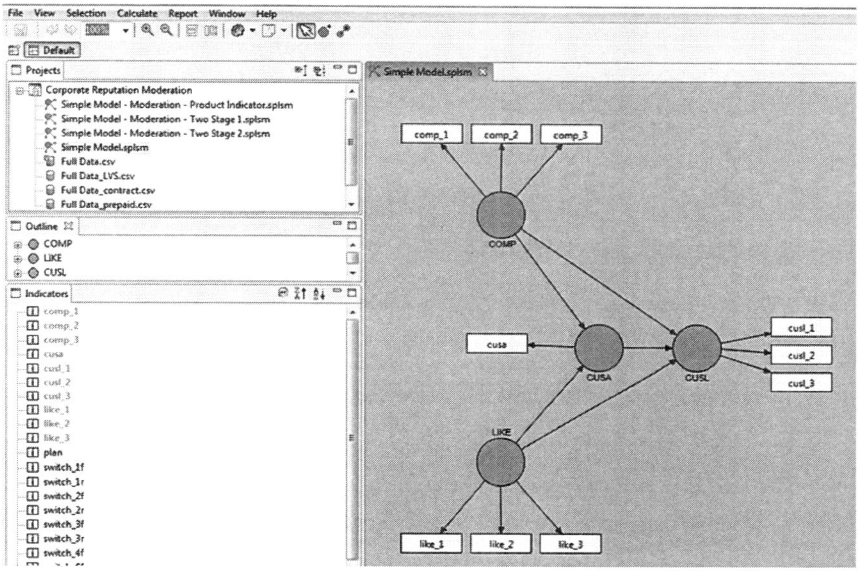

편의 SmartPLS **Projects** 창에 이름이 Corporate Reputation Moderation의 새로운 project가 생성된다. 이 project는 4개의 모델(**Simple Model.splsm, Simple Model-Moderation-Product Indicator.splsm, Simple Model-Moderation-Two Stage 1.splsm, and Simple Model-Moderation-Two Stage 2.splsm**)과 4개의 data set(**Full Data.csv, Full Data_LVS.csv, Full Data_contract.csv, and Full Data_prepaid.csv**)을 담고 있다. **Simple Model.splsm**을 더블클릭하면, 〈도표 8.2〉의 PLS path model이 나타난다.

위의 방법 대신에 이전 장에서의 설명에 따라 직접 모델을 그려볼 수 있다. 각 집단의 모델을 따로 그리는 대신, 하나의 모델을 사용해 각기 다른 집단별 data set를 사용해 추정할 수 있다. 그러므로 7장에서 설명한 SmartPLS data **Import Wizard**를 사용하여 group-specific data를 불러올 필요가 있다(IPMA 사례연구). SmartPLS **Projects** 창에서 특정 project를 우 클릭하면(특정 프로젝트의

도표 8.3 data set 활성화

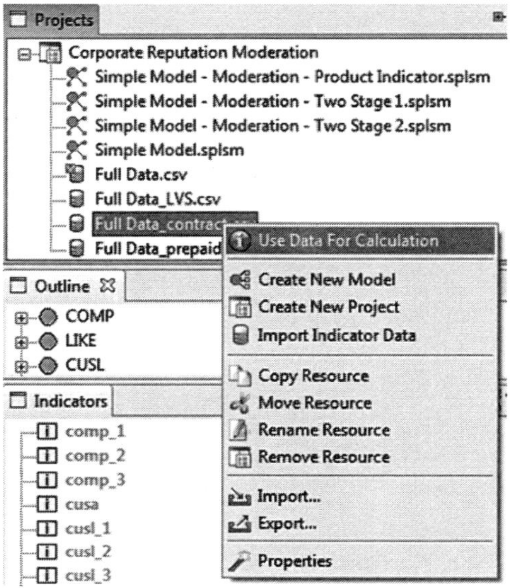

.splsm, .csv, .txt 파일) 원하는 data set을 불러올 수 있다. 메뉴를 열어 **Import Indicator Data** option을 선택한다. 다음으로 SmartPLS data **Import Wizard**를 열고 불러올 data set을 선택한다(**Full Data_contract.csv** 또는 **Full Data_prepaid.csv**). 새롭게 불러온 data set은 SmartPLS project의 .splsm file 아래에 녹색 tag(하얀 checkmark가 있는 녹색 상자)로 나타난다(만약 data set에 red tag이 붙었다면, 7장의 IPMA case study에서 설명한 절차를 확인해보라).

다음으로, 모델추정에 사용할 data set을 선택하고 활성화할 필요가 있다. contract plan 소비자의 data set을 활성화하기 위해 **Full Data_contract.csv**을 우 클릭하고 **Use Data for Calculation**(〈도표 8.3〉)을 선택하라. 이제 녹색 tag은 **Full Data_contract.csv**에 나타날 것이며, 이것은 data set이 PLS 경로모델의 추정을 위해 선택되었음을 나타낸다. 이 data set에 결측치가 있다면, 정확히 명시되었는지 반드시 확인해야 한다. Data set을 더블클릭하면, data set 화면이 나타날 것이다. 화면 아래쪽의 왼쪽 모퉁이에 data contain missing values 상자에 체크되어 있는지 확인하고, 결측치는 −99.0으로 코딩되어야 한다. 만약 그렇지 않다면, 반드시 **The indicator data contains missing values**에 체크하고 아래에 −99.0을 삽입한다. data set 탭을 닫고 지금까지의 과정이 저장되었는지 확인한다.

이제 **Calculate → PLS Algorithm**를 통해 **Full Data_contract.csv**의 일반적인 모델추정을 할 수 있다. 이 분석을 통해 PLS-MGA에 사용할 경로계수(path coefficients)를 얻을 수 있다. 물론, 모델을 추정할 때 이전 장에서 논의한 모든 조건이 충족되어야 한다(algorithm상의 집중성, 신뢰성, construct 측정항목의 타당성). 본 장에서는 이미 충족되었기 때문에 이대로 분석을 진행한다. 결과는 〈도표 8.4〉에 제시되어 있다.

이상에서 설명했듯이 parametric PLS-MGA approach는 path coefficient 추정의 표준오차 역시 필요하다. 따라서 각 집단의 bootstrapping 절차를 실행해야 한다. 이를 위해 **Calculate → Bootstrapping**로 가 5장에 제시한 방법을 따른다. data set의 관찰빈도에 따라 bootstrap cases의 수를 조정해야 함을 주의

도표 8.4 PLS-MGA 결과

	Group 1: Contract		Group 2: Prepaid		Group 1 vs. Group 2			
	$p^{(1)}$	$se(p^{(1)})$	$p^{(2)}$	$se(p^{(2)})$	$\|p^{(1)}-p^{(2)}\|$	*t* Value	유의수준	*p* Value
COMP → CUSL	0.133	0.087	−0.050	0.071	0.183	1.595		0.112
COMP → CUSA	0.224	0.111	0.130	0.083	0.094	0.682		0.500
CUSA → CUSL	0.598	0.058	0.440	0.055	0.158	1.983	**	0.048
LIKE → CUSL	0.206	0.082	0.418	0.073	0.212	1.852	*	0.065
LIKE → CUSA	0.358	0.096	0.480	0.079	0.122	0.962		0.337
n	125		219					

Note: p(1) and p(2) are path coefficients of Group 1 and Group 2, respectively; $se(p^{(1)})$ and $se(p^{(2)})$ are the standard error of $p^{(1)}$ and $p^{(2)}$, respectively.

*$p<.10$ **$p<.05$

하라(즉, FullData_contract.csv의 $n^{(1)}=125$). 이러한 표본 크기의 변동은 **Run the Bootstrapping Algorithm** 화면의 아랫부분의 Cases 옆 공간에 관측빈도를 입력함으로써 완료된다. 또한 bootstrapping **Samples**(즉, 5,000)의 수를 지정해야 한다. 다음으로, default report를 연다(**Report → Default Report**). default report의 **Bootstrapping → Path Coefficients**(Mean, STDEV, T-Values) 아래에서 표준오차를 찾을 수 있다.

분석을 완료하면 경로계수(path coefficients), bootstrap 표준오차를 기록하고, **Full Data_prepaid.csv**을 우 클릭해 다른 data set으로 바꾸고 **Use Data for Calculation**(〈도표 8.3〉)을 선택하라. **Full Data_prepaid.csv** 파일 옆에 하얀 checkmark의 녹색상자가 나타나고, 이것은 분석을 위해 data set이 선택되었음을 나타낸다. 다시 한번 결측치 상자가 체크되었는지, 결측치가 −99.0으로 코딩되었는지 확인하라. 이제 standard PLS-SEM algorithm을 실행하고 bootstrapping 절차($n^{(2)}=219$ bootstrapcases, 5,000 bootstrapsamples, 옵션은 변경하지 않음)를 거쳐 경로계수, bootstrap 표준오차를 기록하라. 〈도표 8.4〉는 이 분석의 결과를 보여준다. bootstrapping 절차는 random process이기 때문에, 실제 bootstrap 표준오차가 책과(매우 조금이긴 하지만) 다를 가능성이 있다.

다음 단계로, 위에 제시된 공식에 값을 대입해야 한다. http://www.pls-sem.com의 **Corporate_Reputation_Moderation.zip** 파일에서 t값, p값을 자동으로 계산해주는 **Microsoft Excel file PLS-MGA_Parametric.xlsx**를 찾을 수 있을 것이다. Excel file을 열면 왼쪽 위편에 노란색으로 표시된 6개 셀에 특정 집단의(group-specific) 경로계수와 경로의 표준오차를 기입하면 된다. 각 집단의 관찰빈도 또한 지정해야 한다. *COMP → CUSL*에서부터 대응값을 셀에 기입한 것이 〈도표 8.5〉에 나타나 있다.

parametric 검정통계량의 적절한 선택은 모집단의 표준오차가 동일한지 동일하지 않은지에 의한다. 그러므로 우선 Levene's test의 결과를 검정할 필요가 있으며, 이는 Excel sheet의 **Test for equality of standard errors**에 나타나 있

도표 8.5 모수 검증을 위한 엑셀 템플릿

Please enter values here

	Group 1	Group 2
Path coefficient	0,133	-0,050
Std. error	0,087	0,071
Sample size	125	219

Output: Two-tailed test

	Equal standard errors assumed	Unequal standard errors assumed
t-value	1,595	1,630
df	342	273
p-value	0,112	0,104

Test for equality of standard errors

0,832
Reject test if value < 0.05 or > 0.95 (for Aplho = 0.10)

다. 본 예에서 p값(0.832)은 0.05보다 크며 0.95보다는 작다. 이 결과는 표준오차가 동일하다는 귀무가설을 기각하지 못한다. 그러므로 Excel sheet의 **Equal standard errors assumed**하에서의 결과를 고려해야 한다. 〈도표 8.5〉에서 t값은 1.595, p값은 .112로 competence가 애호도에 미치는 영향은 contract plan/prepaid plan 소비자 간의 유의한 차이가 없는 것으로 나타났다.

〈도표 8.5〉는 *COMP* → *CUSL* 관계를 제공하는 반면, 〈도표 8.4〉는 모델의 모든 관계를 요약한다. 위에서 살펴본 바와 같이 두 개의 관계에서만(경로계수) 두 집단 간의 유의미한 차이가 나타났다. 소비자 만족이 소비자 애호도에 미치는 영향은 contract plan의 소비자들에게서 높았으며 이는 통계적으로 유의하였다($p<.05$). 이러한 발견은 prepaid plan의 소비자들과의 비즈니스 관계에서 소비자특성의 고려가 필요하다는 직관을 갖게 한다. 반대로 애호도에 있어 likeability의 영향은 prepaid plan의 소비자들이 통계적으로 유의하게 높았으며($p<.10$), 비즈니스 관계가 단기적일 때 정서적 차원인 reputation이 더 큰 역할을 한다는 것을 의미한다.

관찰되지 않은 이질성에 대한 모델링

이질성이 경험적 연구에서 종종 나타나기 때문에, 연구자들은 인구통계적 변수(나이, 성별)와 같이 관찰 가능한 특성에 의한 data의 집단을 형성하는 것과 같은, 이질성의 잠재적 원천을 항상 고려해야 한다. 이질적 데이터 구조(heterogeneous data structures)가 관찰 가능한 특성에서부터 시작될 때, 이러한 상황을 **관찰된 이질성**(observed heterogeneity)이라 한다. 유감스럽게도, data에서 이질성의 원천은 선험적으로 알 수 없다. 따라서 정확한 추정을 위해 PLS 경로모델의 **관찰되지 않은 이질성**(unobserved heterogeneity)에서 오는 차이를 방지할 수 있도록 하는 상황이 발생한다. 관찰되지 않은 이질성에 기인해 추정의 문제가 발생하면 연구자들은 알 수 없기 때문에, 관찰되지 않은 이질성을 밝히고 처치하는 것을 가능하게 하는 response-based segmentation(latent class techniques라 불리는)을 적용해야 할 필요가 있다.

latent class 기법은 최근 제안된 유한 혼합모델 분석(finite mixture modeling), 유형적 회귀분석(typological regression), PLS-SEM의 genetic algorithms(see Sarstedt, 2008, for a review)과 같은 일반화된 통계적 개념(generalize statistical concepts)이다. latent class의 중요한 접근법 중 하나는 **finite mixture partial least squares**(FIMIX-PLS; Hahn, Johnson, Herrmann, & Huber, 2002; Sarstedt, Becker, et al., 2011)이다. 혼합회귀개념(mixture regression concept)에 기초하여, **FIMIX-PLS**는 경로계수를 계산함과 동시에 관측치들의 세그먼트에 소속될 확률을 계산함으로써 집단의 수를 사전에 결정하여 data의 이질성을 확인한다. 기존 연구에서의 성과(Ringle, Wende, et al., 2010; Sarstedt & Ringle, 2010)와 Smart-PLS 소프트웨어의 적용가능성을 고려하여, Hair, Ringle, and Sarstedt(2011)은 연구자들이 관찰되지 않은 이질성에 의해 PLS-SEM의 결과가 왜곡된 것인지를 알아보기 위한 검증의 기법으로 사용할 것을 제안하였다. 보다 세부적인 논의와 경험적 data의 단계별 실례는 Ringle, Sarstedt, et al.(2010)와 Rigdon et al.(2010)를 참고하라. FIMIX-PLS의 응용에 관해서는 Sarstedt et al.(2009), Money, Hillenbrand, Henseler, & Da Camara(2012), Navarro, Acedo, Losada, & Ruzo(2011), Rigdon et al.(2011)을 참고하라.

관찰되지 않은 이질성 설명하기 위한 연구는 계속 진행 중이며, 최근의 연구는 FIMIX-PLS와 비교하여 PLS-SEM(PLS-GAS; Ringle et al., 2012)의 genetic algorithm segmentation과 PLS-SEM(PLS-POS; Becker, Rai, et al., 2012)에서의 예측지향적 세분화(prediction-oriented segmentation)의 두 가지 접근법을 강조하고 있다. PLS-GAS와 PLS-POS가 PLS-SEM software package로 실행되지 않기 때문에, FIMIX-PLS가 관찰되지 않은 이질성을 밝혀내는 적절한 수단으로 이용할 것을 권한다.

연속형 조절효과 CONTINUOUS MODERATOR EFFECTS

Method

PLS 경로모델의 인과관계(cause-effect relationships)는 다른 변수들의 체계적인 영향이 제외된, 외생 잠재변수가 내생 잠재변수에 직접적인 효과를 나타낸다. 본 장의 앞에서 우리는 반드시 그렇지만은 않은 상황에 대해 학습하였다. 예를 들어 사례연구에서, 소비자의 cell phone plan 유형에 따라 competence와 likeability가 만족과 애호도에 미치는 영향이 유의적인지 평가하였다. 다시 말하면, plan의 유형(contract vs. prepaid)을 집단형 조절변수로 사용해 data set을 2개의 집단으로 나누고 이 조절변수가 모델 추정에 유의적인 효과를 갖는지 평가했다.

많은 경우, 연구자들은 두 개의 잠재변수 사이의 관계의 강도에 연속형 **조절변수**(moderator variable)가 영향을 미칠 것으로 믿는다. 또한 관계의 방향은 조절변수에 따라 달라질 수 있다. 예를 들어, 조절변수의 수준이 높은 관측치에서의 경로계수는 정(+)의 관계이지만, 반면에 그렇지 않은 경우 부의 관계일 수 있다.

두 경우 모두, 잠재변수가 고정된 것이 아니고 조절변수의 관계에 의해 달라질 때 일어나는, 연속형 조절변수로 설명할 수 있는 이질성의 일종이다. PLS-

MGA의 사례로 돌아가서, 가격만족(Y_1)과 전반적 만족(Y_2)이 소비자의 소득에 영향을 받는 관계를 가정해보자. 소비자 만족에 의한 소비자 애호도의 변화(두 construct 간의 경로계수의 연결로 표현되는)는 저소득층의 경우 작지만 고소득층의 경우 클 것을 예상할 수 있다. **조절효과**(moderator effect)는 관계의 변화를 보여주며, 소비자의 소득수준에 따른다. 만약 조절효과가 나타나지 않으면, 만족은 소득수준의 변화와 관계없이 애호도에 일정한 영향을 갖는 것으로 볼 수 있다.

조절효과와 유사한 개념인 매개변수(7장)와의 중요한 차이는 조절변수는 예측변수(predictor variable)(예시의 Y_1)에 의존하지 않는다는 점이다. 연속형 조절변수는 다집단 분석의 일반적인 형태로 고려된다. 특히 연구자들이 연속형 조절변수를 다루는 경우, 모델링을 통해 연속형 조절변수의 효과를 밝혀내는 대신 연속형 변수를 집단형 변수로 변형시켜 다집단 분석을 수행한다. 연구자들이 이러한 유형의 분석을 실행할 때, 조절변수를 둘로 나누는 접근방식을 따른다. 변수를 조절변수의 값을 바탕으로 "높음"과 "낮음" 두 개의 집단으로 나눈다. 과거에는 중앙값이나 평균으로 나누는 방식이 일반적이었다. 관측치의 관측값이 중앙값보다 높으면 높은 조절변수값을, 낮거나 같으면 낮은 조절변수값을 가졌다고 한다. 위에서 살펴본 예에서, 소득에 따라 data set을 고소득과 저소득의 두 집단으로 나눈 것이 이에 해당한다.

Data는 임의적으로 평균이나 중앙값에 따라 두 집단으로 나뉘며, 한 개 이상의 연속형 조절변수가 포함되어 있을 때는 두 집단으로 나누기가 어렵다. 따라서 연구자들은 차이를 보일 수 있도록 연속형 조절변수에 군집분석(cluster analysis)을 적용할 수 있다(Hair, Wolfinbarger Celsi, et al., 2011). 이 접근법을 사용하면 연구자들은 하위집단을 객관적이고 과학적으로 밝힐 수 있다. 더욱이 셋 이상의 집단을 비교하고자 할 때 군집분석을 사용하면 보다 쉽게 접근할 수 있다.

마지막으로, 연구자들은 polar extremes approach를 위해 군집분석을 할

도표 8.6 조절효과의 예

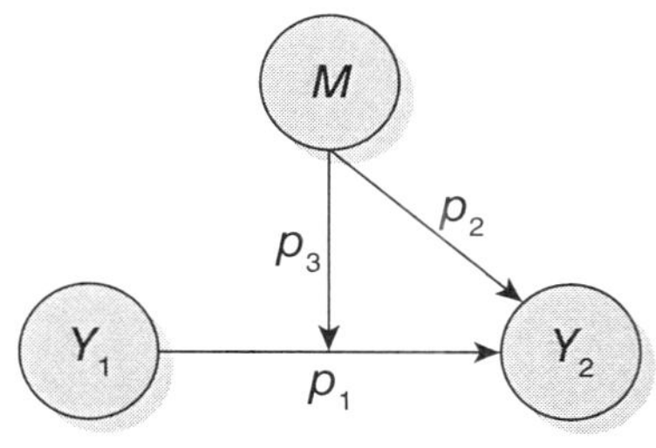

수 있다(Hair et al., 2010). 예를 들면 연구자가 polar extremes approach를 위해 군집분석으로 세 집단을 밝힌다. 다음으로 가운데 집단을 제거하고 양 극단의 두 집단만을 가지고 조절적 효과가 있는지를 살펴보는 것이다. 물론 PLS-SEM에서 요구되는 개별 집단의 표본크기는 총 표본을 하위집단으로 나누는 데 있어 반드시 고려해야 한다.

〈도표 8.6〉은, 가격만족(Y_1), 전반적 만족(Y_2)과 조절변수(M)인 소득의 관계를 나타낸다. M에 의한 조절효과(p_3)는 Y_1과 Y_2의 관계를 나타내는 p_1에 화살표를 함으로써 나타낼 수 있다.

조절효과가 없는 주효과모델(main effect model)에서는 **주효과**(main effect)라 불리는 Y_1과 Y_2를 화살표로 연결하는 p_1의 경로만이 있을 뿐이다(이전 장의 corporate reputation예에서 사용된 소비자 만족과 소비자 애호도 사이의 관계). 이때의 주효과는 〈도표 8.6〉에서의 조절변수가 투입됨에 따른 효과와는 다르다. 〈도표 8.6〉에서의 **단순효과**(simple effect)로 불리는 p_1은 M에 의해 조절되는 Y_1이 Y_2에 미치는 효과를 보여준다.

여기에서의 p_1은 조절변수 M이 0일 때 Y_1이 Y_2에 미치는 영향을 나타낸다고 할 수 있다. 만약 조절변수의 수준이 1 표준편차 정도 증가(혹은 감소)하면 단순효과 p_1은 p_3에 의해 변화할 것으로 기대된다. 예를 들어, p_3가 -0.10의 값을 가지면 Y_1과 Y_2의 관계는 0.30+(−0.10)=0.20로 감소할 것으로 기대된다. 만약(다른 모든 조건이 동일하다면) 조절변수 M의 평균값은 1 표준편차만큼 증가한다(Henseler and Fassott, 2010).

그러나 모델설정에서 많은 경우, M의 값이 0인 경우는 없으며 합리적인 조절변수값도 아니다. 조절변수의 값이 0과 같은 상황에서는 단순효과의 해석에 문제가 많다. 이러한 이유로 조절변수를 평균중심화(mean-center)할 필요가 있다. 이는 각 관측치에서 잠재변수의 평균을 빼는 것이다. 평균중심화(mean-centering)은 준거점을 '0'에서 평균으로 이동시키며, 따라서 효과에 대한 해석을 용이하게 한다. 마지막으로 내생 잠재변수 Y_2에 대해 조절변수의 simple effect(p_2)를 포함시킬 필요가 있다. 이 추가적인 경로는(실수의 주 원인이기도 하다) 내생 잠재변수의 평균값의 변화를 설명하는 데 매우 중요하다. 만약 경로 P_2가 생략될 경우, Y_1과 Y_2의 관계(p_3)에 있어 M의 효과는 부풀려진다.

Y_1과 Y_2의 관계(즉, p_1)의 본질은 조절변수의 존재, 부재에 따라 모델이 달라지므로 매우 주의해야 한다. 만약 Y_1과 Y_2의 관계의 주효과 p_1의 검증에 관심이 있다면 PLS-SEM 분석은 조절변수가 없을 때의 모델로 분석해야 한다. 결과의 평가와 해석은 6장에서 살펴보았다. 다음으로 조절변수가 존재하는 보완적

도표 8.7 조절모델에서의 상호작용 항

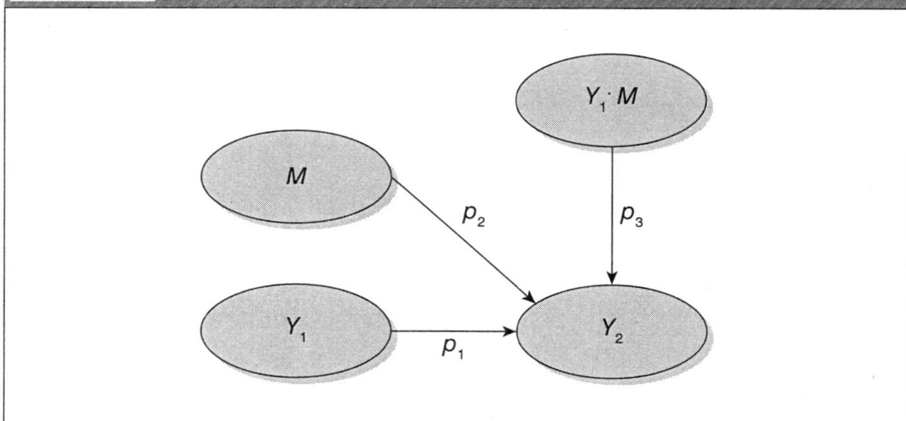

인 분석을 초기의 PLS-SEM 분석에 따라 수행한다. 이것은 매우 중요한 문제인데, 조절변수가 투입되면 주효과가 단순효과로 변하면서 추정값과 의미가 달라지기 때문이다. 이러한 방법은 조절변수의 값이(평균 중심화의 적용에 의해 제공된) 평균값에서 같을 때, 구조모델에서 내생/외생 잠재변수 간 관계를 나타낸다. 따라서 조절변수 모델에서의 단순효과 결과를 주효과(즉, Y_1과 Y_2 사이의 유의적인 관계 p_1의 가설을 검증하기 위한)로 해석하는 것은 옳지 않으며 잘못된 결론을 도출할 수 있다(Henseler and Fassott, 2010).

연속형 조절효과의 모델링

모델에 조절변수를 포함시키는 것을 이해하기 위해 〈도표 8.6〉에 도식화한 조절효과의 구조모델을 표현한 다음의 방정식을 고려해보자:

$$Y_2 = (p_1 + p_3 \times M) \times Y_1 + p_2 \times M$$

Y_1이 Y_2에 미치는 영향은 단순효과 p_1의 강도뿐만 아니라 p_3과 $M(p_2)$에의 영향을 포함한다. 조절변수가 어떻게 모델에 통합될 수 있는지를 이해하기 위해 공식을 다음과 같이 다시 쓸 필요가 있다:

$$Y_2 = P_1 \times Y_1 + P_2 \times M + P_3 \times (Y_1 \times M)$$

이 공식에는 외생 잠재변수의 단순효과($p_1 \times Y_1$), 조절변수의 단순효과($p_2 \times M$), **상호작용항**(interaction term) $p_3 \times (Y_1 \times M)$이 포함된다. 결과적으로 경로계수 p_3은 조절변수 M이 표준편차 한 단위만큼 증가 혹은 감소할 때 단순효과 p_1(〈도표 8.7〉)이 어떻게 변화하는지 나타난다. 〈도표 8.7〉은 상호작용항의 개념을 보여주고 있다. 그림에 나타난 것처럼, 모델에 외생 잠재변수 Y_1과 조절변수 M의 영향을 포함하는 추가적인 잠재변수로 상호작용항을 포함하고 있다. 상호작용항 때문에 연구자들은 조절변수 모델링 시 상호작용효과(interaction effects)를 종종 언급한다.

3원 상호작용(Three-Way Interactions)

지금까지 조절변수가 다른 변수 외생 잠재변수 Y_1과 상호작용을 하는, **2원 상호작용**(two-way interaction)을 살펴보았다. 그러나 조절효과가 다시 조절되는 더 고차원적인 상호작용 수준이 모델에 존재할 가능성 또한 있다. 이러한 모델설정은 **순차적 조절분석**(cascaded moderator analysis)으로 불린다(Henseler & Fassott, 2010).

가장 일반적인 순차적 조절분석은 **3원 상호작용**(three-way interaction)이다. 위의 예로 돌아가서, 소득의 조절효과가 나이와 같은 다른 변수의 영향을 받는다고 가정해보자. 따라서 모델(〈도표 8.8〉)에 두 번째 조절변수 N을 포함시켜야 한다.

두 번째 조절변수 N이 모델에 투입되면 조절모델의 방정식은 다음과 같이 변한다:

$$Y_2 = p_1 \times Y_1 + p_2 \times M + p_3 \times N + p_4 \times (Y_1 \times M) + p_5 \times (Y_1 \times N) + p_6 \times (M \times N) + p_7 \times (Y_1 \times M \times N)$$

도표 8.8 3원 상호작용

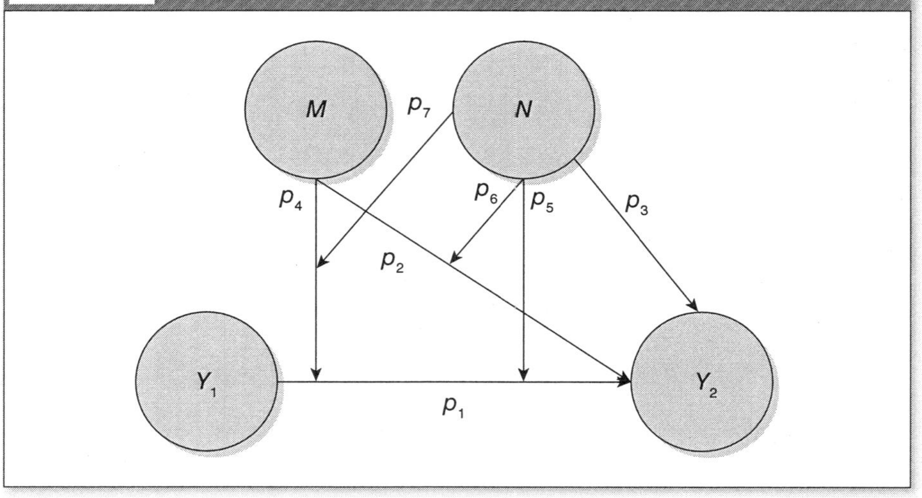

도표 8.9 PLS-SEM에서의 3원 상호작용(three-way interactions)

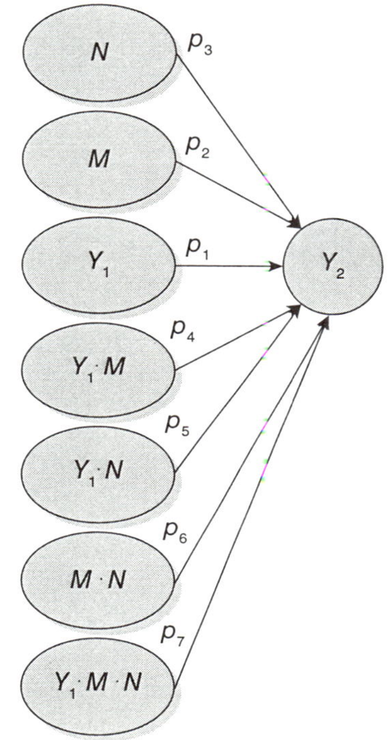

이에 따라 PLS 경로모델은 Y_1, M, N의 3개의 직접효과와 4개의 상호작용항을 포함해야 한다(〈도표 8.9〉).

상호작용항 생성하기

PLS-SEM에서 상호작용항을 생성할 때 대개 두 가지의 접근법을 사용한다. **product indicator approach**는 각각의(평균중심화된) 외생 잠재변수의 indicator들과 조절변수의 indicator들을 곱하는 것이다. 이렇게 생성된 **product indicators**는 상호작용항의 indicator가 된다. 그러므로 만약 외생 잠재변수가

도표 8.10 product indicator approach

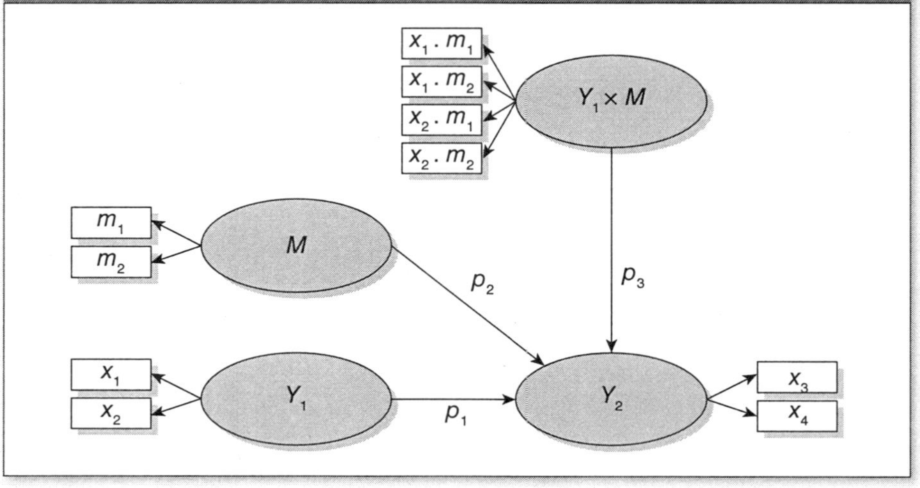

I indicator를 가지며, 조절변수가 J indicator에 의해 측정된다면, 상호작용항은 $I \times J$의 product indicator를 갖는다. 〈도표 8.10〉에서는 Y_1과 M이 각각 두 개의 (반영적) indicator에 의해 측정될 때의 상호작용을 보여주고 있다. 따라서 상호작용항은 네 개의 product indicator를 갖는다.

만약 외생 잠재변수나 조절변수가 형성적 측정모델일 때, product indicator approach는 적용할 수 없다. 대신에 연구자들은 latent variable scores를 추정하는 데 있어 PLS-SEM이 가진 명백한 이점을 이용해 product indicator approach를 형성적 척도로 확장시킨 **2단계 접근법**(two-stage approach)을 사용할 수 있다(Henseler and Chin, 2010; Rigdon et al. 2010). 두 단계는 다음과 같다:

단계 1: 주효과모델(main effect model)은 잠재변수의 score를 획득하기 위해 상호작용항을 포함시키지 않는다. 이 결과를 2단계의 분석을 위해 저장한다.

단계 2: Stage 1단계에서 외생 잠재변수, 조절변수의 latent variable scores는 상호작용항을 측정하도록 사용되는 단일항목척도를 만들기 위

도표 8.11 2단계 접근법(two-stage approach)

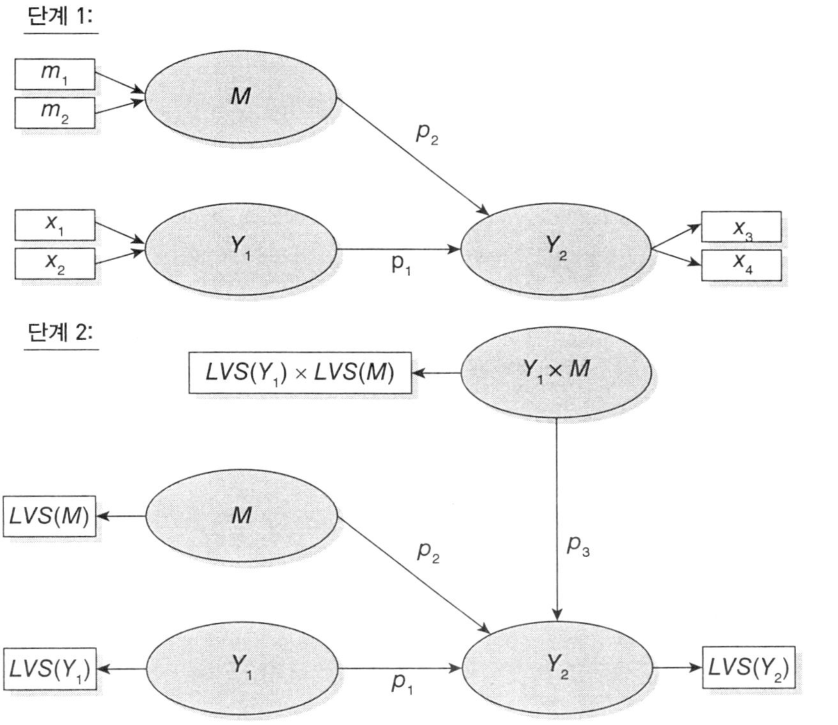

해 곱한다. 다른 모든 잠재변수는 단계 1에서 나타난 latent variable scores의 단일항목(single-item)에 의해 대표된다.

〈도표 8.11〉은 기존의 모델에 2단계 접근법(two-stage approach)을 적용한 것으로, 두 개의 형성적 지표가 조절변수의 척도로 사용되었다. 1단계에서 주효과모델(main effects model)은 Y_1, Y_2, M의 latent variable scores(즉, $LVS(Y_1)$, $LVS(Y_2)$, $LVS(M)$)를 얻기 위해 실행되었다. Y_1와 M의 latent variable scores는 2단계의 상호작용항 $Y_1 \times M$의 측정을 위한 단일항목을 만들기 위해 곱해진다. 잠재변수 Y_1, Y_2, M은 1단계의 latent variable scores의 단일항목(single item)으

로 측정된다. 2단계의 모든 단일항목(single items)은 형성적(반영적이기보다) 척도로 설정되었음을 주의하라. 이러한 이유는 PLS-SEM에서 오직 하나의 indicator로 측정된 잠재변수는, 어느 측정모델 모델 설정이 선택되었든지, 이 indicator와 같은 것이기 때문이다(single-item constructs).

2단계 접근법(two-stage approach)은 형성적 척도를 포함한 모델에만 적용이 제한되지 않으며, 모든 construct가 반영적 지표로 측정된 모델에도 사용할 수 있다. Henseler and Chin(2010)은 PLS-SEM에서의 대안적 접근법의 시뮬레이션 연구를 통해 parameter 정확도가 주요 관심사일 때 product indicator approach의 사용이 보다 적절함을 보여주었다. 그러므로 가설검증에 사용하기에 최적의 선택일 것이다. 그러나 예측이 핵심이거나 분석의 주목적인 경우에는 two-stage approach를 사용하는 것이 바람직하다.

사례연구

조절효과를 실증하기 위해 고객 만족과 애호도에 있어 competence와 likeability의 영향을 알아보는 simple model을 살펴보자. 만약 사용할 모델을 가지

도표 8.12 전환비용의 측정지표

전환비용 (*SC*): 반영적 지표 (Jones et al., 2000)	
switch_1r	새로운 회사에 익숙해지는 것은 나에게 많은 시간과 노력을 들게 한다.
switch_2r	다른 회사로 옮기는 것은 나에게 많은 비용이 들게 한다.
switch_3r	일반적으로 회사를 옮기는 것은 귀찮은 일이다.
전환비용 (*SC*): 형성적 지표 (Barroso & Picón, 2012)	
switch_1f	손실편익 손실비용
switch_2f	대인관계 손실비용
switch_3f	경제적 위험비용
switch_4f	평가비용
switch_5f	준비비용
switch_6f	금전적 손실비용

고 있지 않다면, PLS-MGA의 사례연구로 돌아가서 SmartPLS project file인 **Corporate Reputation Moderation.splsp**를 불러오라. 다음으로 **Simple Model.splsm**을 더블클릭하여 model을 열자. 〈도표 8.2〉의 model이 modeling window에 나타날 것이다.

다음으로, 고객 만족과 소비자 애호도의 관계에 초점을 맞추어 논의해보자. 전환비용을 조절변수로 도입하여 만족과 애호도 관계에 있어 부의 영향을 미치는 것으로 가정한다. 지각된 전환비용이 높을 때 두 construct 간의 관계는

도표 8.13 단일효과모델

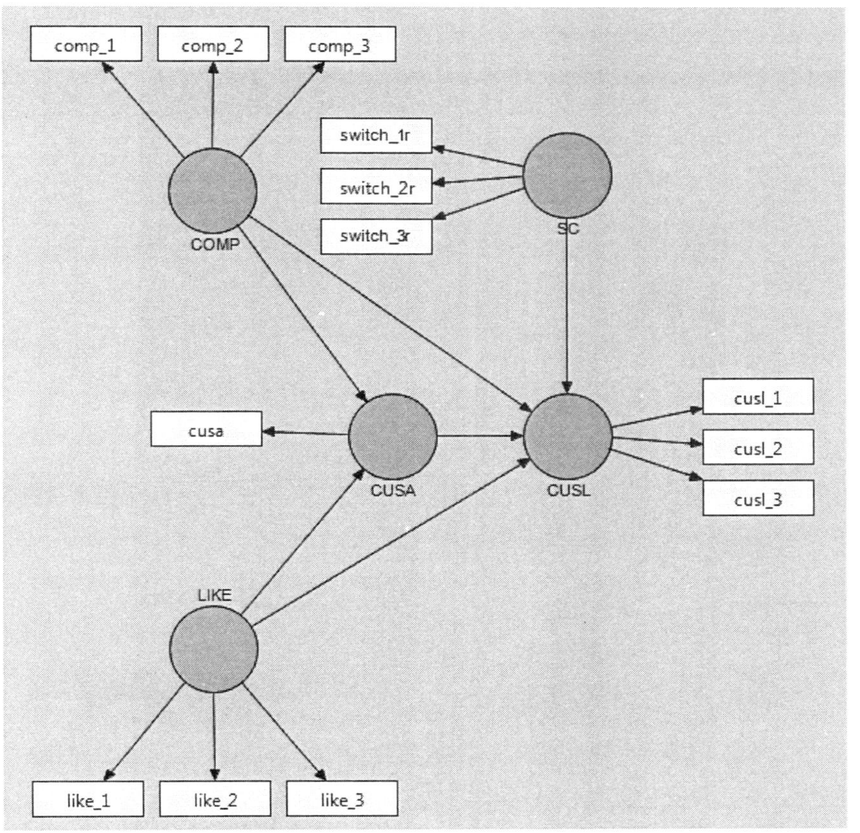

약해진다. 기존의 연구에 따르면(Barroso & Picón, 2012; Jones, Mothersbaugh, & Beatty, 2000), 반영적 척도와 형성적 척도 모두를 사용해 측정할 수 있다. 우선, 전환비용을 product indicator approach를 사용하는 것을 보기 위해 반영적인 indicators를 사용하여 측정한다. 다음으로 two-stage approach를 보여주기 위해 전환비용에 대해 형성적 측정모델으로 개념화하여 적용한다.

- The Product Indicator Approach

product indicator approach를 실행하기 위해, 우선 조절변수를 포함시켜 원래의 모델을 확장할 필요가 있다(**Corporate Reputation Moderation** project 파일 또한 모델을 포함하고 있으며, **Simple Model-Moderation-Product Indicator.**

도표 8.14 SmartPLS에서 조절효과 만들기

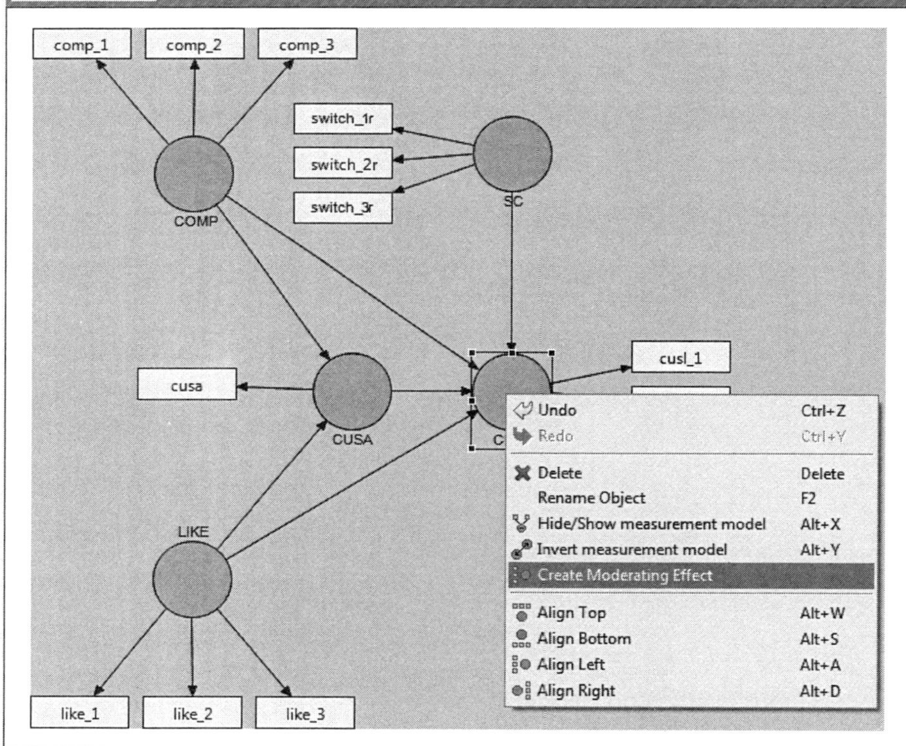

splsm은 여기에서 다루는 모델설정을 포함하고 있다). 이를 위해 모델의 새로운 construct에 들어가 *SC*(즉, switching costs)로 이름을 바꾸고, 〈도표 8.12〉에 나타난 것처럼 새롭게 추가된 조절변수에서 *CUSL* construct까지 경로를 그린다. 다음으로 *SC* construct의 indicator를 할당해야 한다. 우선 Jones et al.(2000)에 따라 전환비용을 3개 항목(〈도표 8.12〉의 *switch_1r*에서 *switch_3r*), 5점 리커트 척도로 측정하여(1=전적으로 동의하지 않는다, 5=전적으로 동의한다) 반영적으로 적용하였다.

〈도표 8.13〉은 주효과모델(즉, 단순모델에 *SC*에서 *CUSL*의 링크를 더한)을 보여준다. 다음으로 상호작용을 포함시킨다. SmartPLS 소프트웨어는 자동적으로 상호작용항을 product indicators와 포함하는 옵션을 제공한다. construct *CUSL*을 우 클릭하고 **Create Moderating Effect**(〈도표 8.14〉)를 선택한다.

화면의 메뉴 상자에서 *SC*를 조절변수로 *CUSA*를 예측변수(predictor variable)로 명시하고, **Interaction effect term generation** 메뉴 상자에서 **Mean-**

도표 8.15 SmartPLS에서 조절효과 메뉴상자

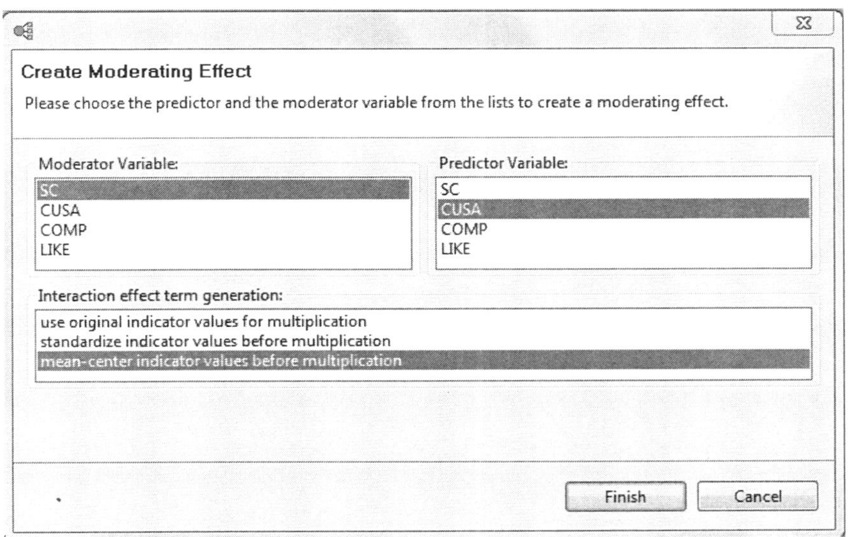

center indicator values before multiplication option을 선택한다(〈도표 8.15〉).

Finish를 클릭하면, SmartPLS는 modeling window에 *CUSA*SC*로 이름 붙인 상호작용항이 나타날 것이다. 보라색은 상호작용항이라는 것을 나타낸다. *CUSA*SC*를 우 클릭하고 menu option의 Hide/Show measurement model을 선택한다. 3개의 product indicators(*cusa*cswitch_1r*, *cusa*switch_2r*, *cusa* cswitch_3r*)가 modeling window에 나타날 것이다. 이제 PLS-SEM algorithm을 통해 앞에서 논의했던 분석을 진행할 수 있다(path weighting scheme과 결측값 처리의 경우 mean value replacement를 적용하라). 여기에서 반드시 짚고 넘어가야 할 점은, 반영적 평가 기준은 상호작용항에도 적용할 수 있다는 것이다. 예를

도표 8.16 SmartPLS에서의 조절모델

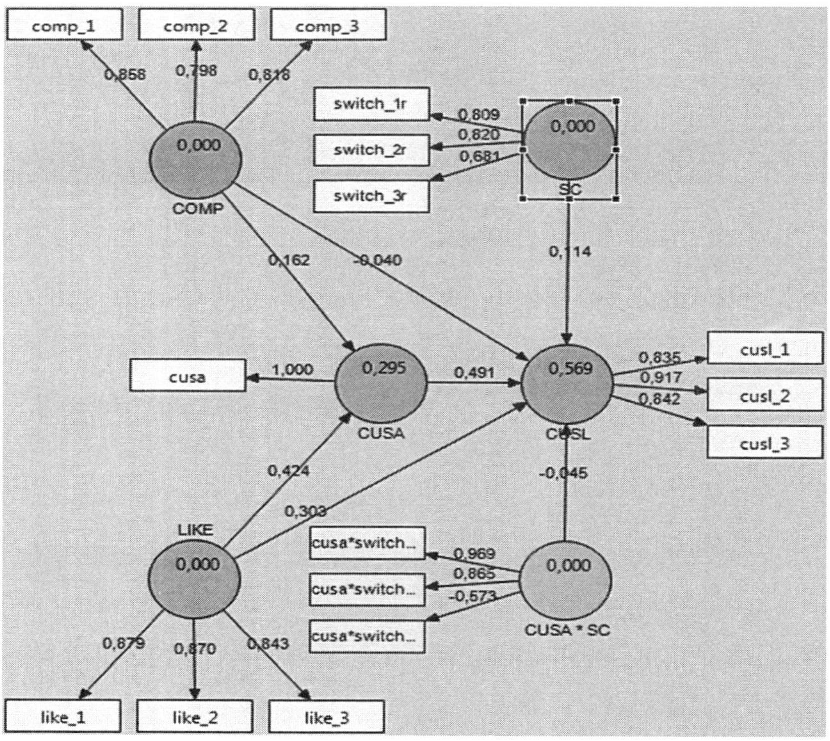

들어, latent 상호작용 변수를 신뢰할 수 있는 경우에만 상호작용항의 크기와 유의성의 평가가 가능하다. 경험적으로, 상호작용항의 composite reliabilities은 단순효과 construct들과 조절변수의 composite reliabilities와 같다. 따라서, 높은 수준의 composite reliabilities은 product indicator approach를 통한 조절분석을 실행할 때 유리하다.

모델추정을 포함한 최종모델이 〈도표 8.16〉에 제시되어 있다. 결과를 살펴보면, latent 조절변수 *SC*의 *switch_3r*의 제거를 고려할 수 있다. 이 indicator는 상대적으로 loading(0.681)값이 낮아, 지우는 것으로 SC의 composite reliability를 개선하고 따라서 상호작용항의 composite reliability 또한 개선된다. 그러나 이러한 모델의 조정은 〈도표 8.16〉에 나타난 최종 결과에 영향을 미치지 못하고, 따라서 다른 결론을 이끌어내지도 못한다. 보이는 바와 같이, *CUSA***SC*는 *CUSL*에 부의 영향을 미치는 것으로 나타났다(−0.045).

부(−)의 상호작용항의 해석은 다음과 같다. 중간수준의 전환비용(즉, 조절변수 *SC*)이 준거점이 된다. 전환비용이 중간수준일 때 *CUSA*와 *CUSL*의 관계(즉, 조절모델에서의 단순효과)는 0.491의 값을 갖는다. 만약 전환비용이 높아지면(즉, *SC*가 1 표준편차만큼 증가할 때), *CUSA*와 *CUSL*의 관계는 상호작용항의 크기(size)에 의해 감소할 것이고 0.491−0.045=0.446의 값을 갖게 된다. 그러므로 전환비용이 높아질 때, *CUSA*는 *CUSL*를 설명하는 데 있어 중요성이 줄어든다. 전환비용이 낮아질 때는 이와 반대의 현상이 나타난다(즉 *SC*가 1 표준편차만큼 감소할 때). 이때의 *CUSA*는 *CUSL*를 설명하는 데 있어 중요성이 증가한다.

그러나 이러한 결론은 상호작용항이 유의적일 때만 유효하다. 따라서 상호작용항과 *CUSL*의 유의성 검증을 위해 'No Sign Changes', 'Mean Replacement'를 지정하고, 344 bootstrap cases, 500 bootstrap sample을 이용하여 bootstrapping 절차를 수행했다. 결측값을 평균값으로 대체해 option은 변화하지 않고, 따라서 344 bootstrap cases, 500 bootstrap sampls을 사용해 bootstrapping 절차를 수행했다. 분석 결과 상호작용항과 *CUSL* 경로의 *t*값은 1.065

로 나타났다(bootstrapping 절차의 무작위성(random nature) 때문에 *t* value가 다를 수 있음을 다시 한번 지적한다). 따라서 *CUSA*와 *CUSL*의 관계에 있어 *SC*의 조절효과는 지지되지 않았다.

- 2단계 접근법

전환비용이 소비자의 만족과 애호도 관계에 있어 유의적인 영향을 미치는지 다시 알아보고자 한다. 위의 분석과 다른점은 Barroso and Picon(2012)에

도표 8.17 2단계 접근법 중 1단계

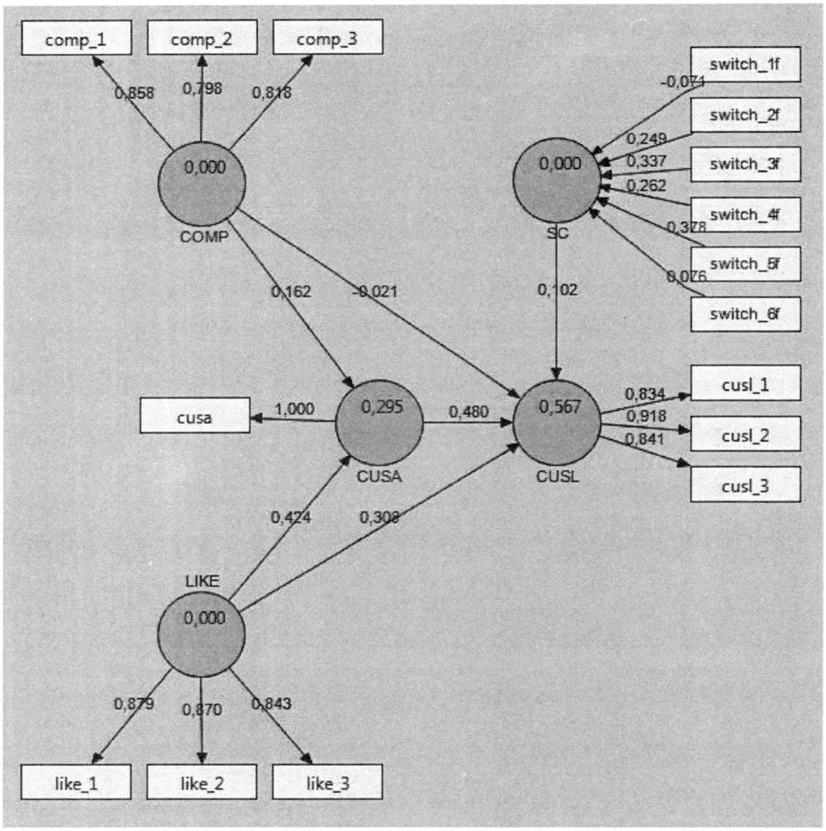

따라 6개의 형성적 지표(*switch_1f* 에서 *switch_6f*)를 사용해 전환비용을 조작화하여 5점 척도로 측정하였다(1: low, 5: high). *SC*가 형성적 측정모델(formative measurement model)이기 때문에 product indicator approach는 적용할 수 없으며 따라서 2단계 접근법을 사용한다.

본 분석의 시작점 역시 *COMP*, *LIKE*, *CUSA*, *CUSL* 4개의 construct만이 존재하는 단순모델(〈도표 8.2〉)이다. product indicator approach와 유사하게 조절변수인 전환비용을 새로운 construct로 모델에 포함시킨다(**Corporate Reputation Moderation** project file에 두 개의 모델이 포함되어 있으며, **Simple Model-Moderation-Two Stage 1.splsm**와 **Simple Model-Moderation-Two Stage 2.splsm**에 앞으로 분석할 모델이 있다). 조절변수에서(위에서와 같이 *SC*로 다시 이름 붙인) 경로를 그리고 *switch_1f*에서 *switch_6f*까지 6개의 indicator를 construct에 할당한다. *SC* construct를 우 클릭하고 메뉴 option의 **Invert measurement model**(5장의 사례연구를 보라)을 선택하여 측정모델(measurement model)의 새로운 construct를 형

도표 8.18 SmartPLS Default Report에서 Latent Variable Scores

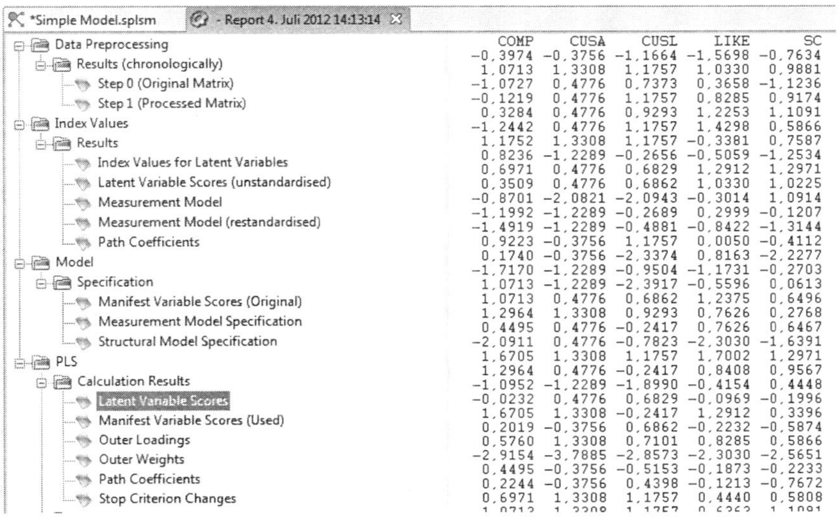

COMP	CUSA	CUSL	LIKE	SC
-0,3974	-0,3756	-1,1664	-1,5698	-0,7634
1,0713	1,3308	1,1757	1,0330	0,9881
-1,0727	0,4776	0,7373	0,3658	-1,1236
-0,1219	0,4776	1,1757	0,8285	0,9174
0,3284	0,4776	0,9293	1,2253	1,1091
-1,2442	0,4776	1,1757	1,4298	0,5866
1,1752	1,3308	1,1757	-0,3381	0,7587
0,8236	-1,2289	-0,2656	-0,5059	-1,2534
0,6971	0,4776	0,6829	1,2912	1,2971
0,3509	0,4776	0,6862	1,0330	1,0225
-0,8701	-2,0821	-2,0943	-0,3014	1,0914
-1,1992	-1,2289	-0,2689	0,2999	-0,1207
-1,4919	-1,2289	-0,4881	-0,8422	-1,3144
0,9223	-0,3756	1,1757	0,0050	-0,4112
0,1740	-0,3756	-2,3374	0,8163	-2,2277
-1,7170	-1,2289	-0,9504	-1,1731	-0,2703
1,0713	-1,2289	-2,3917	-0,5596	0,0613
1,0713	0,4776	0,6862	1,2375	0,6496
1,2964	1,3308	0,9293	0,7626	0,2768
0,4495	0,4776	-0,2417	0,7626	0,6467
-2,0911	0,4776	-0,7823	-2,3030	-1,6391
1,6705	1,3308	1,1757	1,7002	1,2971
1,2964	0,4776	-0,2417	0,8408	0,9567
-1,0952	-1,2289	-1,8990	-0,4154	0,4448
-0,0232	0,4776	0,6829	-0,0969	-0,1996
1,6705	1,3308	-0,2417	1,2912	0,3396
0,2019	-0,3756	0,6862	-0,2232	-0,5874
0,5760	1,3308	0,7101	0,8285	0,5866
-2,9154	-3,7885	-2,8573	-2,3030	-2,5651
0,4495	-0,3756	-0,5153	-0,1873	-0,2233
0,2244	-0,3756	0,4398	-0,1213	-0,7672
0,6971	1,3308	1,1757	0,4440	0,5808

성적으로 명시했는지 확인하라. 다음으로 standard PLS-SEM algorithm을 실행한다(path weighting scheme와 mean value replacement를 적용한다). 결과는 〈도표 8.17〉에 제시되어 있다. 물론 측정모델 평가(measurement model evaluation)의 모든 기준은 충족되어야 한다(4, 5장을 보라). 본 분석은 반영적, 형성적 측정 모두의 case이기 때문에, 분석을 진행할 수 있다.

latent variable scores를 확인하기 위해, **Report → Default Report**로 가서 file tab을 좌클릭하면 modeling window가 나타난다. default report menu에서 **PLS → Calculation Results → Latent Variable Scores**를 따라 클릭하면 Latent Variable Scores를 확인할 수 있다(〈도표 8.18〉).

2단계에서 latent variable scores를 사용하기 때문에, latent variable scores를 새로운 data set에 복사/붙여넣기를 해야 한다. Table의 모든 값을 선택해 오른쪽 마우스 버튼을 누르고 **Copy**를 선택한다. 다음으로 Excel과 같은 spread-

도표 8.19 Invalid Model

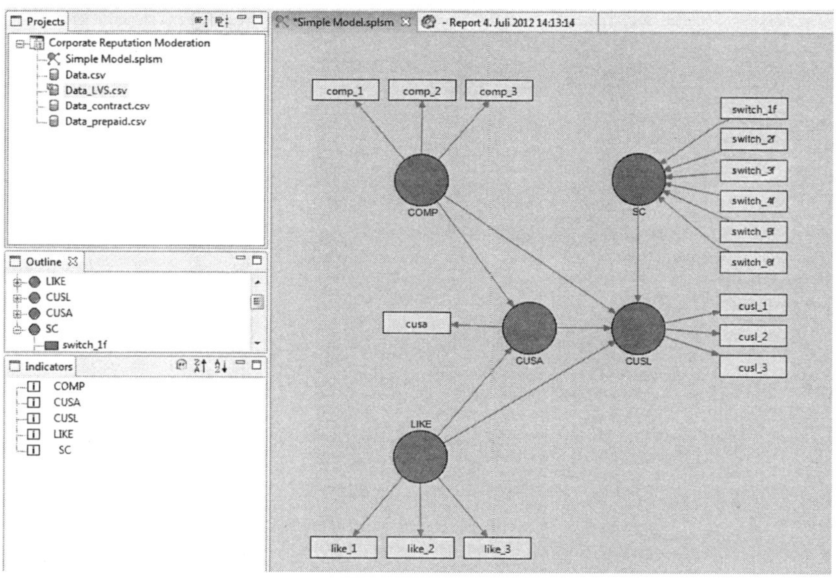

sheet software program을 열어 복사한 latent variable scores을 붙여 넣는다(*COMP*, *CUSA*, *CUSL*, *LIKE*, *SC* 모두 빠짐없이 붙여 넣어야 한다). 그런 다음 이 data table을 .csv file로 저장한다(즉, **Full Data_LVS.csv**). 이제 SmartPLS로 돌아가서, **Simple model.splsm**을 우 클릭하고 **Import Indicator Data**(〈도표 8.3〉)를 선택한다. SmartPLS data **Import Wizard**(7장의 IPMA 사례연구를 보라)의 단계를 거쳐 새롭게 생성된 data set인 **Full Data_LVS.csv**이 **Simple model.splsm** 아래에 나타날 것이다. 녹색 상자의 하얀 checkmark는 data set을 성공적으로

도표 8.20 2단계 접근법: 주효과모델

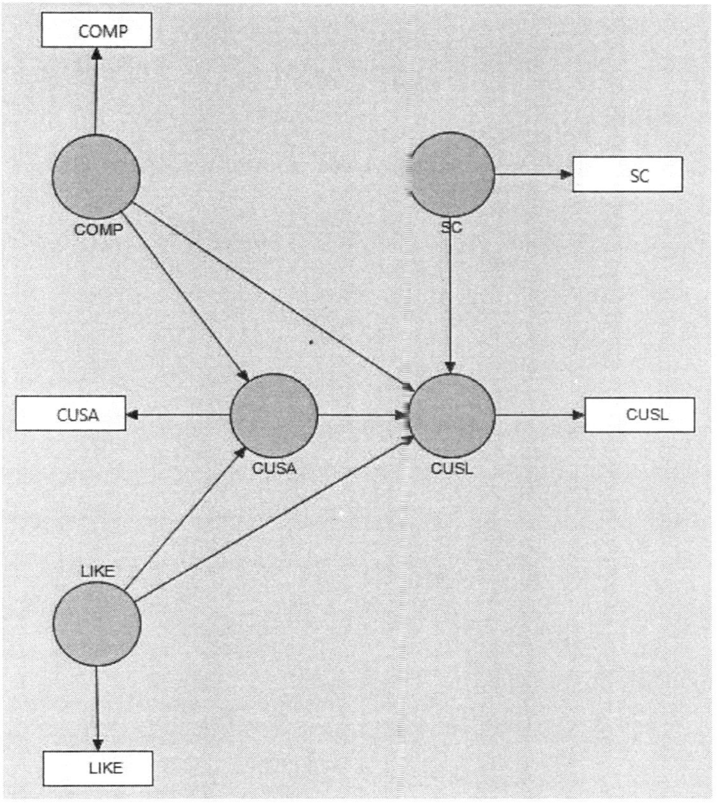

불러왔다는 것을 의미한다. 만약 빨간색 상자가 나타난다면 **Full Data_LVS.csv**을 더블클릭해야 한다. 다음으로 적절한 문자 구분 기호를 선택하고(즉, semicolon), **Validate**을 클릭한다. SmartPLS가 data set의 유효성을 확인할 것이다. 이제 창을 닫고(**Full Data_LVS.csv**의 file tab) 변화를 확인한 다음 저장한다.

다시 modeling window로 돌아가서, 위 과정의 결과로 latent variable scores만을 포함한 새로운 data set을 사용하기 때문에 원래 model의 construct

도표 8.21 2단계 접근법: 최종 모델

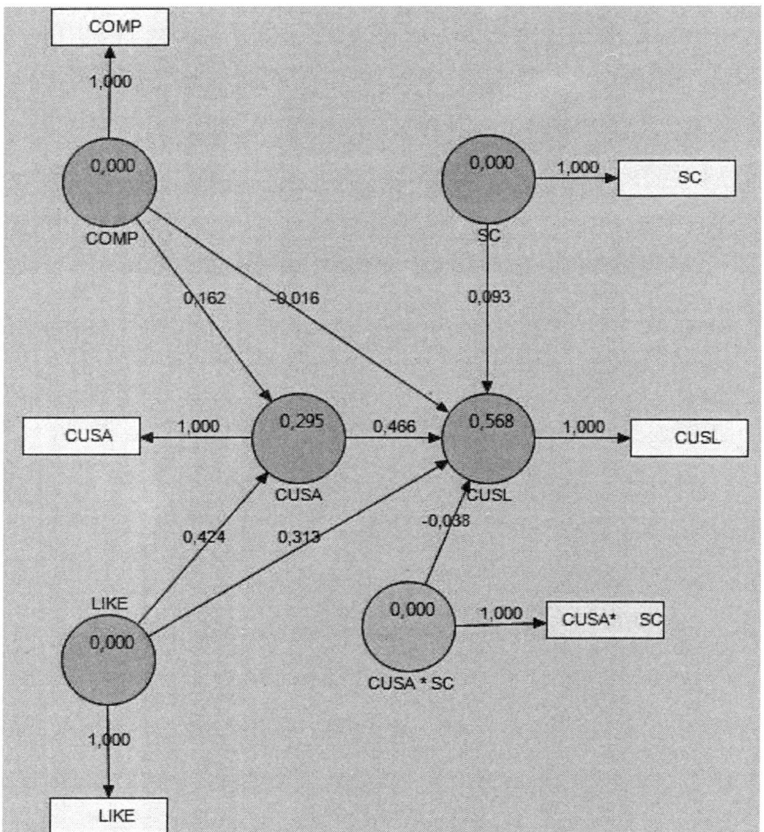

와 경로가 붉은색으로 변해 모델이 유효하지 않다는 것을 확인할 수 있을 것이다(〈도표 8.19〉).

2단계 접근법의 2단계에서는 latent variable scores만이 포함된다. 그러므로 기존 모델의 모든 **indicator**를 지우고(예를 들면 $camp_1$에서 $camp_3$), 화면 하단 왼쪽 아래의 Indicators menu에 나타난 indicator를 대응하는 construct의 single-item measures로 할당해준다(〈도표 8.19〉). 결과(main effects)모델은 〈도표 8.20〉에 나타나 있다.

product indicator approach와 유사하게 상호작용항을 명시해야 한다. *CUSL*를 우 클릭하고 **Create Moderating Effect option**을 선택한다(〈도표 8.14〉). 〈도표 8.15〉에서와 같이 *SC*를 조절변수로, *CUSA*를 예측변수(predictor variable)로 선택하고 **Mean-center indicator values before multiplication** option을 선택한다. **Finish**를 클릭하면 모델에 상호작용항이 나타날 것이다(원한다면, 상호작용항을 우 클릭하고 해당하는 option을 선택하면 상호작용항의 measurement model을 나타낼 수 있다). PLS-SEM algorithm의 분석결과는 〈도표 8.21〉에 나타나 있다.

전환비용이 높아지면 *CUSA*와 *CUSL*의 관계가 감소한다는(전환비용이 낮아질 때는 반대의 현상이 나타난다) 결론을 내리기 전에, 상호작용항과 *CUSL*의 관계가 유의적인지를 확인해야 한다. 344 bootstrap cases, 500 bootstrap samples을 사용한 bootstrapping 절차의 결과 *t*값은 1.104로 이는 조절효과가 유의적이지 않음을 나타낸다. 따라서 *CUSA*와 *CUSL*의 관계에 있어 *SC*가 영향을 미친다고 결론지을 수 없다.

Summary

- **PLS-SEM에서의 이질적 데이터 모델링의 중요성을 이해한다.** PLS-SEM의 적용은 대개 단일 모집단에서 추출된 data라는 가정에 기반을 둔다. 이러한 경우 전반적인 PLS 경로모델의 추정은 모든 관측치를 대표한다. 그러나 실제적 적용에 있어 동질성의 가정은 비현실적이다. 이는 응답자가 잠재적인 현상에 대한 인식과 평가에 있어 이질적일 가능성이 크기 때문이다. 반면 이질성의 고려는 실무적, 이론적 관점에 응답자의 집단별 차이를 밝히고 타당한 결론의 도출을 가능하게 한다. 예를 들어 집단 간의 경로계수에 유의적인 차이가 있을 때, 통합된 데이터 차원의 분석에서는 집단에 따른 특정적인 효과는 상쇄된다. 이러한 분석은 결과는 결과를 호도하고 관리자와 연구자들에게 잘못된 정보를 제공한다. 따라서 연구자들은 모델에서 이질적 데이터 구조(heterogeneous data structures)를 고려할 수 있도록 노력해야 한다.
- **이질성의 개념을 학습하고 규명한다.** 전통적으로 이질성은 응답자의 집단에 뚜렷한 차이가 존재할 때 적용한다. 이러한 집단들은 선험적으로 지리적 변수, 성별, 뚜렷한 선호(stated preferences)에 의해 나누어진다. 그러나 이질성은 관찰되지 않기도 하며, 진정한 원천은 연구자들에게 알려져 있지 않다. 조절효과를 모델에 포함하는 것은 응답자들 간의 이질성을 밝혀내는 한 방법이다. 조절변수는 응답자 집단에 따라 두 개의 잠재변수의 관계가 달라질 때 적용하며, 조절변수의 응답값에 따라 다르다.
- **PLS-SEM multigroup analysis(PLS-MGA)을 실행한다.** PLS-MGA는 data의 둘 이상의 집단을 비교하는 방법이다. 일반적으로 PLS-MGA는 구조모델에서 경로계수의 차이를 알아보는 데 사용하지만, loadings이나 weights을 비교하는 데에도 쓰일 수 있다. 가장 많이 쓰이는 것은 parametric approach로, 응답자의 두 집단 간의 차이를 비교하는 독립표본 평균차이 검증(independent samples *t* test)의 수정판이다. parametric test는 적용하기가 쉽고, 각 집단의 경로계수, 표준오차(bootstrapping procedure를 통해 도출한), 표본

크기만을 요구한다. 그러나 이름이 암시하듯이 PLS-MGA의 parametric approach는 data가 정규분포를 따라야 하는데, 이것은 PLS-SEM의 분포를 구분하지 않는 특성에 반하는 것이다.

- **관찰되지 않은 이질성의 개념을 이해한다.** 전통적으로 이질성은 기존의 정보를 바탕으로(대개 관찰된 특성) data를 집단으로 나눈다. 그러나 종종 이질적 데이터 구조(heterogeneous data structures)의 실제 원천이 무엇인지 알려지지 않은 경우가 있으므로, 관찰되지 않은 이질성 또한 반드시 고려해야 한다. PLS-SEM의 방법론적 연구는 관찰되지 않은 이질성을 밝혀내고 이해할 수 있도록 하는 기법을 제안한다. 이러한 방법들 가운데 FIMIX-PLS가 지금까지 가장 많이 사용되고 있으며 몇몇의 연구자들은 관찰되지 않은 이질성에 의해 영향을 받았는지를 확인하기 위해 통상적으로 사용한다.
- **SmartPLS 소프트웨어를 사용하여 연속형 조절변수의 PLS 경로모델을 만들어본다.** PLS 경로모델의 직접(단일)효과를 알아보는 것 이외에 조절효과의 추가적 분석은 연구자들의 관심을 끄는 주제이다. 조절효과는 외생 잠재변수와 내생 잠재변수의 관계(즉, 단순효과)에 영향을 미쳐 두 변수의 관계의 방향이나 강도를 변화시키는 변수를 말한다. PLS-SEM에서 조절변수의 modeling은 외생 잠재변수와 조절변수의 상호관계를 설명하는 상호작용항을 포함시켜야 한다. product indicator approach와 two-stage approach는 상호작용항을 모델링하는 데 있어 많이 쓰이는 기법이다. Product indicator approach는 외생 잠재변수와 조절변수 모두가 반영적으로 측정되어야 한다는 제한이 있다. 2단계 접근법은 형성적 척도로 측정되었을 때 사용할 수 있다.

Review Questions

1. 관찰된 이질성과 관찰되지 않은 이질성의 차이는 무엇인가?
2. PLS-SEM에서 다집단 분석을 어떻게 실행하는가?
3. FIMIX-PLS은 무엇인가?
4. PLS-SEM의 조절효과 분석의 두 접근법은 무엇인가? 언제 각각의 접근법을 사용해야 하는가?
5. 조절효과 분석에서 상호작용항을 생성할 때 왜 indicator를 평균중심화해야 하는가?
6. 상호작용항은 무엇이며 상호작용항의 값은 어떤 의미인가?

Critical Thinking Questions

1. PLS 경로모델을 분석할 때 이질성의 고려는 왜 중요한가?
2. 다음을 문장을 비판하시오: PLS-SEM는 예측과 탐구(exploration)에 초점이 있기 때문에, Measurement invariance는 문제가 되지 않는다.
3. 조절효과 분석에서 형성적 척도가 포함되었을 때 product indicator approach를 사용해선 안 되는 이유를 논하시오.

Key Terms

Cascaded moderator analysis(순차적 조절분석)**:** is a type of moderator analysis in which the strength of a moderating effect is influenced by another variable(i.e., the moderating effect is again moderated).

Direct effect(직접효과): see *Single effect.*

FIMIX-PLS: see *Finite mixture partial least squares.*

Finite mixture partial least squares(FIMIX-PLS): is a latent class approach that allows for identifying and treating unobserved heterogeneity in PLS path models.

Heterogeneity(이질성): occurs when the data underlie groups of data characterized by significant differences in terms of model parameters. Heterogeneity can be either observed or unobserved, depending on whether its source can be traced back to observable characteristics(e.g., demographic variables) or whether the sources of heterogeneity are not fully known.

Interaction effect(상호작용효과): see *Moderator effect.*

Interaction term(상호작용항): is an auxiliary variable entered into the PLS path model to account for the interaction of the moderator variable and the exogenous latent variable.

Latent class techniques: form a class of procedures that allow for identifying and treating unobserved heterogeneity in PLS models. Several approaches are available that generalize, for example, typological regression, finite mixture, or genetic algorithm concepts to PLS-SEM. Among those, *finite mixture partial least squares* is the most prominent approach in the field.

Main effect(주효과): is a relationship between an exogenous and an endogenous latent variable in the PLS path model without the presence of a moderating effect. After inclusion of the moderator variable, the main effect usually changes its size and becomes the single effect of the moderator model.

Measurement equivalence: see *Measurement invariance.*

Measurement invariance(측정불변성): deals with the comparability of responses to particular(sets of) items. Among other things, measurement invariance implies that the categorical moderator variable's effect is restricted to the path coefficients and does not entail group-related differences in the measurement models.

Moderator effect(조절효과): occurs when the effect of an exogenous latent variable on an endogenous latent variable depends on the values of another variable that moderates the relationship.

Moderator variable(categorical, 조절효과 집단형): see *Multigroup analysis.*

Moderator variable(continuous, 조절효과 연속형): is a variable that affects the direction and/or strength of the relation between an exogenous latent variable and an endogenous latent variable.

Multigroup analysis(다집단 분석): also referred to as PLS-MGA, is a type of moderator analysis where the moderator variable is categorical(usually with two categories) and is assumed to potentially affect all relationships in the structural model.

Observed heterogeneity(관찰된 이질성): occurs when the sources of heterogeneity are known and can be traced back to observable characteristics such as demographics(e.g., gender, age, income).

Parametric approach to PLS-MGA: is a modified version of a twoindependent-samples *t* test that can be used to compare parameters across two groups of data.

PLS-MGA: see *Multigroup analysis.*

Polar extremes approach: is a type of multigroup analysis that involves partitioning the sample into three or more groups and only comparing the two most extreme ones.

Product indicator approach: is an approach to model the interaction term when including a continuous moderator variable in the model. It involves multiplying the indicators of the moderator with the indicators of the exogenous latent variable to establish a measurement model of the interaction term. The approach is only applicable when both moderator and exogenous latent variables are operationalized reflectively. When formative measures are involved, the *two-stage approach* should be used.

Product indicators: are indicators of an interaction term, generated by multiplication of each indicator of the predictor variable with each indicator of the moderator variable.

Simple effect(단순효과): is a cause-effect relationship in a moderator model. The estimated value represents the size of the relationship between the exogenous and endogenous latent variable when the moderator variable has a value of zero. For this reason, main effects and effects(simple) usually have different sizes.

Three-way interaction(3원 상호작용)**:** is an extension of *two-way interaction* where the moderator effect is again moderated by one other moderator variable.

Two-stage approach(2단계 접근법)**:** is an approach to model the interaction term when including a continuous moderator variable in the model. Unlike the product indicator approach, it can be used in situations where the exogenous latent variable and/or the moderator variable are measured formatively.

Two-way interaction(2원 상호작용)**:** is the standard approach to moderator analysis where the moderator variable interacts with one other exogenous latent variable.

Unobserved heterogeneity(관찰되지 않은 이질성)**:** occurs when the sources of heterogeneous data structures are not(fully) known.

Suggested Readings

Carte, T. A., & Russell, C. J.(2003). In pursuit of moderation: Nine common errors and their solutions. *MIS Quarterly*, 27, 479~501.

Henseler, J., & Chin, W. W.(2010). A comparison of approaches for the analysis of interaction effects between latent variables using partial least squares path modeling. *Structural Equation Modeling*, 17, 82~109.

Henseler, J., & Fassott, G.(2010). Testing moderating effects in PLS path models: An illustration of available procedures. In V. Esposito Vinzi, W. W. Chin, J. Henseler, & H. Wang(Eds.), *Handbook of partial least squares: Concepts, methods and applications in marketing and related fields*(pp. 713~735). Berlin: Springer.

Money, K. G., Hillenbrand, C., Henseler, J., & Da Camara, N.(2012). Exploring Unanticipated Consequences of Strategy Amongst Stakeholder Segments: The Case of a European Revenue Service. *Long Range Planning*, 45(5/6), 395-423.

Navarro, A., Acedo, F. J., Losada, F., & Ruzo, E.(2011). Integrated model of export activity: Analysis of heterogeneity in managers' orientations and perceptions on strategic marketing management in foreign markets. *Journal of Marketing Theory and Practice*, 19(2), 187~204.

Rigdon, E. E., Ringle, C. M., & Sarstedt, M.(2010). Structural modeling of heterogeneous data with partial least squares. In N. K. Malhotra(Ed.), *Review of marketing research*(pp. 255~296). Armonk, NY: Sharpe.

Ringle, C. M., Sarstedt, M., & Mooi, E. A.(2010). Response-based segmentation using finite mixture partial least squares: Theoretical foundations and an application to American customer satisfaction index data. *Annals of Information Systems*, 8, 19~49.

Sarstedt, M.(2008). A review of recent approaches for capturing heterogeneity in partial least squares path modelling. *Journal of Modelling in Management*, 3, 140~161.

References

Albers, S. (2010). PLS and success factor studies in marketing. In V. Esposito Vinzi, W. W. Chin, J. Henseler, & H. Wang (Eds.), Handbook of partial least squares: Concepts, methods and applications in marketing and related fields (pp. 409~425). Berlin: Springer.

Anderson, E. W., & Fornell, C. G. (2000). Foundations of the American Customer Satisfaction Index. Total Quality Management, 11, 869~882.

Bagozzi, R. P. (2007). On the meaning of formative measurement and how it differs from reflective measurement: Comment on Howell, Breivik, and Wilcox (2007). Psychological Methods, 12, 229~237.

Barclay, D. W., Higgins, C. A., & Thompson, R. (1995). The partial least squares approach to causal modeling: Personal computer adoption and use as illustration. Technology Studies, 2, 285~309.

Baron, R. M., & Kenny, D. A. (1986). The moderator-mediator variable distinction in social psychological research: Conceptual, strategic and statistical considerations. Journal of Personality and Social Psychology, 51, 1173~1182.

Barroso, C., & Picón, A. (2012). Multi-dimensional analysis of perceived switching costs. Industrial Marketing Management, 41, 531~543.

Bearden, W. O., Netemeyer, R. G., & Haws, K. L. (2011). Handbook of marketing scales: Multi-item measures of marketing and consumer behavior research. Thousand Oaks, CA: Sage.

Becker, J.-M., Klein, K., & Wetzels, M. (2012). Formative hierarchical latent variable models in PLS-SEM: Recommendations and guidelines. Long Range Planning, 45, 359~394.

Becker, J.-M., Rai, A., Ringle, C. M., & Völckner, F. (in press). Discovering unobserved heterogeneity in structural equation models to avert validity threats. MIS Quarterly.

Bollen, K. A., & Lennox, R. (1991). Conventional wisdom on measurement: A structural equation perspective. Psychological Bulletin, 110, 305~314.

Bruner, G. C., James, K. E., & Hensel, P. J. (2001). Marketing scales handbook: A compilation of multi-item measures. Oxford, UK: Butterworth-Heinemann.

Cassel, C., Hackl, P., and Westlund, A. H. (1999). Robustness of partial least squares method for estimating latent variable quality structures. Journal of Applied Statistics, 26(4), 435~446.

Cenfetelli, R. T., & Bassellier, G. (2009). Interpretation of formative measurement in information systems research. MIS Quarterly, 33, 689~708.

Chin, W. W. (1998). The partial least squares approach to structural equation modeling. In G. A. Marcoulides (Ed.), Modern methods for business research (pp. 295~358). Mahwah, NJ: Lawrence Erlbaum.

Chin, W. W. (2003). PLS Graph 3.0. Houston, TX: Soft Modeling, Inc. References 283

Chin, W. W. (2010). How to write up and report PLS analyses. In V. Esposito Vinzi, W. W. Chin, J. Henseler, & H. Wang (Eds.), Handbook of partial least squares: Concepts, methods and applications in marketing and related fields (pp. 655~690). Berlin: Springer.

Chin, W. W., & Dibbern, J. (2010). A permutation based procedure for multi-group PLS analysis: Results of tests of differences on simulated data and a cross cultural analysis of the sourcing of information system services between Germany and the USA. In V. Esposito Vinzi, W. W.

Chin, J. Henseler, & H. Wang (Eds.), Handbook of partial least squares: Concepts, methods and applications in marketing and related fields (pp. 171~193). Berlin: Springer.

Chin, W. W., & Newsted, P. R. (1999). Structural equation modeling analysis with small samples using partial least squares. In R. H. Hoyle (Ed.)., Statistical strategies for small sample research (pp. 307~341). Thousand Oaks, CA: Sage.

Cohen, J. (1988). Statistical power analysis for the behavioral sciences. Mahwah, NJ: Lawrence Erlbaum.

Cohen, J. (1992). A power primer. Psychological Bulletin, 112, 155~159.

Davison, A. C., & Hinkley, D. V. (1997). Bootstrap methods and their application. Cambridge, UK: Cambridge University Press.

DeVellis, R. F. (2011). Scale development. Thousand Oaks, CA: Sage.

Diamantopoulos, A. (2006). The error term in formative measurement models: Interpretation and modeling implications. Journal of Modelling in Management, 1, 7~17.

Diamantopoulos, A. (2011). Incorporating formative measures into covariance-based structural equation models. MIS Quarterly, 35, 335~358.

Diamantopoulos, A., & Riefler, P. (2011). Using formative measures in international marketing models: A cautionary tale using consumer animosity as an example. Advances in International Marketing, 10, 11~30.

Diamantopoulos, A., Riefler, P., & Roth, K. P. (2008). Advancing formative measurement models. Journal of Business Research, 61, 1203~1218.

Diamantopoulos, A., Sarstedt, M., Fuchs, C., Kaiser, S., & Wilczynski, P. (2012). Guidelines for choosing between multi-item and single-item scales for construct measurement: A predictive validity perspective. Journal of the Academy of Marketing Science, 40, 434~449.

Diamantopoulos, A., & Siguaw, J. A. (2006). Formative vs. reflective indicators in measure development: Does the choice of indicators matter? British Journal of Management, 13, 263~282.

Diamantopoulos, A., & Winklhofer, H. M. (2001). Index construction with formative indicators: An alternative to scale development. Journal of Marketing Research, 38, 269~277.

Drolet, A. L., & Morrison, D. G. (2001). Do we really need multiple-item measures in service research? Journal of Service Research, 3, 196~204.

Eberl, M. (2010). An application of PLS in multi-group analysis: The need for differentiated corporate-level marketing in the mobile communications industry. In V. Esposito Vinzi, W. W. Chin, J. Henseler, & H. Wang (Eds.), Handbook of partial least squares: Concepts, methods and applications in marketing and related fields (pp. 487~514). Berlin: Springer. 284 A Primer on Partial Least Squares

Eberl, M., & Schwaiger, M. (2005). Corporate reputation: Disentangling the effects on financial performance. European Journal of Marketing, 39, 838~854.

Edwards, J. R., & Bagozzi, R. P. (2000). On the nature and direction of relationships between constructs and measures. Psychological Methods, 5, 155~174.

Efron, B., & Tibshirani, R. (1986). Bootstrap methods for standard errors, confidence intervals, and other measures of statistical accuracy. Statistical Science, 1, 54~75.

Falk, R. F., & Miller, N. B. (1992). A primer for soft modeling. Akron, OH: University of Akron Press.

Fornell, C. G. (1982). A second generation of multivariate analysis: An overview. In C. Fornell (Ed.), A second generation of multivariate analysis (pp. 1~21). New York: Praeger.

Fornell, C. G. (1987). A second generation of multivariate analysis: Classification of methods and implications for marketing research. In M. J. Houston (Ed.), Review of marketing (pp. 407~450). Chicago: American Marketing Association.

Fornell, C. G., & Bookstein, F. L. (1982). Two structural equation models: LISREL and PLS applied to consumer exit-voice theory. Journal of Marketing Research, 19, 440~452.

Fornell, C. G., Johnson, M. D., Anderson, E. W., Cha, J., & Bryant, B. E. (1996). The American Customer Satisfaction Index: Nature, purpose, and findings. Journal of Marketing, 60, 7~18.

Fuchs, C., & Diamantopoulos, A. (2009). Using single-item measures for construct measurement in management research: Conceptual issues and application guidelines. Die Betriebswirtschaft, 69, 197~212.

Geisser, S. (1974). A predictive approach to the random effects model. Biometrika, 61, 101~107.

Goodhue, D. L., Lewis, W., & Thompson, R. (2012). Does PLS have advantages for small sample size or non-normal data? MIS Quarterly, 36, 891~1001.

Götz, O., Liehr-Gobbers, K., & Krafft, M. (2010). Evaluation of structural equation models using the partial least squares (PLS) approach. In V. Esposito Vinzi, W. W. Chin, J. Henseler, & H. Wang (Eds.), Handbook of partial least squares: Concepts, methods and applications in marketing and related fields (pp. 691~711). Berlin: Springer.

Gudergan, S. P., Ringle, C. M., Wende, S., & Will, A. (2008). Confirmatory tetrad analysis in PLS path modeling. Journal of Business Research, 61, 1238~1249.

Haenlein, M., & Kaplan, A. M. (2004). A beginner's guide to partial least squares analysis. Understanding Statistics, 3, 283~297.

Haenlein, M., & Kaplan, A. M. (2011). The influence of observed heterogeneity on path coefficient significance: Technology acceptance within the marketing discipline. Journal of Marketing Theory and Practice, 19, 153~168.

Hahn, C., Johnson, M. D., Herrmann, A., & Huber, F. (2002). Capturing customer heterogeneity using a finite mixture PLS approach. Schmalenbach Business Review, 54, 243~269. References 285

Hair, J. F., Black, W. C., Babin, B. J., & Anderson, R. E. (2010). Multivariate data analysis. Englewood Cliffs, NJ: Prentice Hall.

Hair, J. F., Ringle, C. M., & Sarstedt, M. (2011). PLS-SEM: Indeed a silver bullet. Journal of Marketing Theory and Practice, 19, 139~151.

Hair, J. F., Sarstedt, M., Pieper, T., & Ringle, C. M. (2012a). The use of partial least squares structural equation modeling in strategic management research: A review of past practices and recommendations for future applications. Long Range Planning 45, 320~340.

Hair, J. F., Sarstedt, M., Ringle, C. M., & Mena, J. A. (2012). An assessment of the use of partial least squares structural equation modeling in marketing research. Journal of the Academy of Marketing Science, 40, 414~433.

Hair, J. F., Wolfinbarger Celsi, M., Money, A. H., Samouel, P., & Page, M. J. (2011). Essentials of business research methods. Armonk, NY: Sharpe.

Hayduk, L.A. & Littvay, L. (2012). Should researchers use single indicators, best indicators, or multiple indicators in structural equation models? BMC Medical Research Methodology, 12(159), 12~159.

Helm, S., Eggert, A., & Garnefeld, I. (2010). Modelling the impact of corporate reputation on customer satisfaction and loyalty using PLS. In V. Esposito Vinzi, W. W. Chin, J. Henseler, & H. Wang (Eds.), Handbook of partial least squares: Concepts, methods and applications in marketing and related fields (pp. 515~534). Berlin: Springer.

Henseler, J. (2007, September 5~7). A new and simple approach to multigroup analysis in partial least squares path modeling. Paper presented at the 5th International Symposium on PLS and Related Methods (PLS'07), Oslo, Norway.

Henseler, J. (2010). On the convergence of the partial least squares path modeling algorithm. Computational Statistics, 25, 107~120.

Henseler, J., & Chin, W. W. (2010). A comparison of approaches for the analysis of interaction effects between latent variables using partial least squares path modeling. Structural Equation Modeling, 17, 82~109.

Henseler, J., & Fassott, G. (2010). Testing moderating effects in PLS path models: An illustration of available procedures. In V. Esposito Vinzi, W. W. Chin, J. Henseler, & H. Wang (Eds.), Handbook of partial least squares: Concepts, methods and applications in marketing and related fields (pp. 713~735). Berlin: Springer.

Henseler, J., Ringle, C. M., & Sarstedt, M. (2012). Using partial least squares path modeling in international advertising research: Basic concepts and recent issues. In S. Okazaki (Ed.), Handbook of research in international advertising (pp. 252~276). Cheltenham, UK: Edward Elgar.

Henseler, J., Ringle, C. M., & Sinkovics, R. R. (2009). The use of partial least squares path modeling in international marketing. Advances in International Marketing, 20, 277~320.

Henseler, J., & Sarstedt, M. (in press). Goodness-of-fit indices for partial least squares path modeling Computational Statistics.

Höck, C., Ringle, C. M., & Sarstedt, M. (2010). Management of multipurpose stadiums: Importance and performance measurement of service interfaces. International Journal of Services Technology and Management, 14, 188~207. 286 A Primer on Partial Least Squares

Homburg, C., & Giering, A. (2001). Personal characteristics as moderators of the relationship between customer satisfaction and loyalty—an empirical analysis. Psychology and Marketing, 18, 43~66.

Hui, B. S., & Wold, H. (1982). Consistency and consistency at large of partial least squares estimates. In K. G. Jöreskog & H. Wold (Eds.), Systems under indirect observation, Part II (pp. 119~130). Amsterdam: North-Holland.

Hulland, J. (1999). Use of partial least squares (PLS) in strategic management research: A review of four recent studies. Strategic Management Journal, 20, 195~204.

Jarvis, C. B., MacKenzie, S. B., & Podsakoff, P. M. (2003). A critical review of construct indicators and measurement model misspecification in marketing and consumer research. Journal of Consumer Research, 30, 199~218.

Jones, M. A., Mothersbaugh, D. L., & Beatty, S. E. (2000). Switching barriers and repurchase intentions in services. Journal of Retailing, 76, 259~274.

Keil, M., Saarinen, T., Tan, B. C. Y., Tuunainen, V., Wassenaar, A., & Wei, K.-K. (2000). A cross-cultural study on escalation of commitment behavior in software projects. MIS Quarterly, 24, 299~325.

Kim, G., Shin, B., & Grover, V. (2010). Investigating two contradictory views of formative measurement in information systems research. MIS Quarterly, 34, 345~365.

Kristensen, K., Martensen, A., & Grønholdt, L. (2000). Customer satisfaction measurement at Post Denmark: Results of application of the European Customer Satisfaction Index Methodology. Total Quality Management, 11, 1007~1015.

Little, R. J. A., & Rubin, D. B. (2002). Statistical analysis with missing data. New York: John Wiley.

Lohmöller, J.-B. (1987). LVPLS 1.8. Cologne, Germany: Zentralarchiv für Empirische

Sozialforschung.

Lohmöller, J.-B. (1989). Latent variable path modeling with partial least squares. Heidelberg, Germany: Physica.

Loo, R. (2002). A caveat on using single-item versus multiple-item scales. Journal of Managerial Psychology, 17, 68~75.

MacKenzie, S. B., Podsakoff, P. M., & Podsakoff, N. P. (2011). Construct measurement and validation procedures in MIS and behavioral research: Integrating new and existing techniques. MIS Quarterly, 35, 293~295.

Marcoulides, G. A., & Saunders, C. (2006). PLS: A silver bullet? MIS Quarterly, 30, iii~ix.

Mateos-Aparicio, G. (2011). Partial least squares (PLS) methods: Origins, evolution, and application to social sciences. Communications in Statistics~Theory and Methods, 40(13), 2305~2317.

Money, K. G., Hillenbrand, C., Henseler, J., & Da Camara, N. (2012). Exploring unanticipated consequences of strategy amongst stakeholder segments: The case of a European revenue service. Long Range Planning, 45(5/6), 395~423.

Mooi, E. A., & Sarstedt, M. (2011). A concise guide to market research: The process, data, and methods using IBM SPSS Statistics. Berlin: Springer.

Navarro, A., Acedo, F. J., Losada, F., & Ruzo, E. (2011). Integrated model of export activity: Analysis of heterogeneity in managers' orientations References 287 and perceptions on strategic marketing management in foreign markets. Journal of Marketing Theory and Practice, 19(2), 187~204.

Nunally, J. C., & Bernstein, I. (1994). Psychometric theory. New York: McGraw-Hill.

Preacher, K. J., & Hayes, A. F. (2004). SPSS and SAS procedures for estimating indirect effects in simple mediation models. Behavior Research Methods, Instruments, and Computers, 36, 717~731.

Preacher, K. J., & Hayes, A. F. (2008). Asymptotic and resampling strategies for assessing and comparing indirect effects in simple and multiple mediator models. Behavior Research Methods, 40, 879~891.

Raithel, S., Wilczynski, P., Schloderer, M. P., & Schwaiger, M. (2010). The value-relevance of corporate reputation during the financial crisis. Journal of Product and Brand Management, 19, 389~400.

Ramirez, E., David, M. E., & Brusco, M. J. (in press). Marketing's SEM based nomological network: Constructs and research streams in 1987~1997 and in

1998~2008. Journal of Business Research.

Reinartz, W., Haenlein, M., & Henseler, J. (2009). An empirical comparison of the efficacy of covariance-based and variance-based SEM. International Journal of Research in Marketing, 26, 332~344.

Rigdon, E. E. (2012). Rethinking partial least squares path modeling: In praise of simple methods. Long Range Planning, 45, 341~358.

Rigdon, E. E., Ringle, C. M., & Sarstedt, M. (2010). Structural modeling of heterogeneous data with partial least squares. In N. K. Malhotra (Ed.), Review of marketing research (pp. 255~296). Armonk, NY: Sharpe.

Rigdon, E. E., Ringle, C. M., Sarstedt, M., & Gudergan, S. P. (2011). Assessing heterogeneity in customer satisfaction studies: Across industry similarities and within industry differences. Advances in International Marketing, 22, 169~194.

Ringle, C. M., Götz, O., Wetzels, M., & Wilson, B. (2009). On the use of formative measurement specifications in structural equation modeling: A Monte Carlo simulation study to compare covariance-based and partial least squares model estimation methodologies (METEOR Research Memoranda RM/09/014). Maastricht, the Netherlands: Maastricht University.

Ringle, C. M., Sarstedt, M., & Mooi, E. A. (2010). Response-based segmentation using finite mixture partial least squares: Theoretical foundations and an application to American customer satisfaction index data. Annals of Information Systems, 8, 19~49.

Ringle, C. M., Sarstedt, M., Schlittgen, R., & Taylor, C. R. (in press). PLS path modeling and evolutionary segmentation. Journal of Business Research.

Ringle, C. M., Sarstedt, M., & Straub, D. W. (2012). A critical look at the use of PLS-SEM in MIS Quarterly. MIS Quarterly, 36, iii~xiv.

Ringle, C., Sarstedt, M., & Zimmermann, L. (2011). Customer satisfaction with commercial airlines: The role of perceived safety and purpose of travel. Journal of Marketing Theory and Practice, 19, 459~472.

Ringle, C. M., Wende, S., & Will, A. (2005). SmartPLS 2.0 [Computer software]. Retrieved from www.smartpls.de

Ringle, C. M., Wende, S., & Will, A. (2010). Finite mixture partial least squares analysis: Methodology and numerical examples. In V. Esposito 288 A Primer on Partial Least Squares Vinzi, W. W. Chin, J. Henseler, & H. Wang (Eds.), Handbook of partial least squares: Concepts, methods and applications in marketing and related fields (pp. 195~218). Berlin: Springer.

Roldán, J. L. & Sánchez-Franco, M. J. (2012). Variance-based structural equation modeling: Guidelines for using partial least squares in information systems research. In Research methodologies, innovations and philosophies in software systems engineering and information systems (pp. 192~221). Hershey, PA: IGI Global.

Rossiter, J. R. (2002). The C-OAR-SE procedure for scale development in marketing. International Journal of Research in Marketing, 19, 305~335.

Sarstedt, M. (2008). A review of recent approaches for capturing heterogeneity in partial least squares path modelling. Journal of Modelling in Management, 3, 140~161.

Sarstedt, M., Becker, J.-M., Ringle, C. M., & Schwaiger, M. (2011). Uncovering and treating unobserved heterogeneity with FIMIX-PLS: Which model selection criterion provides an appropriate number of segments? Schmalenbach Business Review, 63, 34~62.

Sarstedt, M., Henseler, J., & Ringle, C. M. (2011). Multi-group analysis in partial least squares (PLS) path modeling: Alternative methods and empirical results. Advances in International Marketing, 22, 195~218.

Sarstedt, M., & Ringle, C. M. (2010). Treating unobserved heterogeneity in PLS path modelling: A comparison of FIMIX-PLS with different data analysis strategies. Journal of Applied Statistics, 37, 1299~1318.

Sarstedt, M., & Schloderer, M. P. (2010). Developing a measurement approach for reputation of non-profit organizations. International Journal of Nonprofit & Voluntary Sector Marketing, 15, 276~299.

Sarstedt, M., Schwaiger, M., & Ringle, C. M. (2009). Do we fully understand the critical success factors of customer satisfaction with industrial goods? Extending Festge and Schwaiger's model to account for unobserved heterogeneity. Journal of Business Market Management, 3, 185~206.

Sarstedt, M., & Wilczynski, P. (2009). More for less? A comparison of singleitem and multi-item measures. Die Betriebswirtschaft, 69, 211~227.

Sarstedt, M., Wilczynski, P., & Melewar, T. (in press). Measuring reputation in global markets: A comparison of reputation measures' convergent and criterion validities. Journal of World Business.

Sattler, H., Völckner, F., Riediger, C., & Ringle, C. (2010). The impact of brand extension success factors on brand extension price premium. International Journal of Research in Marketing, 27, 319~328.

Schafer, J. L., & Graham, J. L. (2002). Missing data: Our view of the state of the art. Psychological Methods, 7, 147~177.

Schwaiger, M. (2004). Components and parameters of corporate reputation: An empirical study. Schmalenbach Business Review, 56, 46~71.

Schwaiger, M., Raithel, S., & Schloderer, M. P. (2009). Recognition or rejection: How a company's reputation influences stakeholder behavior. In J. Klewes & R. Wreschniok (Eds.), Reputation capital: Building and maintaining trust in the 21st century (pp. 39~55). Berlin: Springer.

Schwaiger, M., Sarstedt, M., & Taylor, C. R. (2010). Art for the sake of the corporation: Audi, BMW Group, DaimlerChrysler, Montblanc, Siemens, and Volkswagen help explore the effect of sponsorship on corporate reputations. Journal of Advertising Research, 50, 77~90. References 289

Slack, N. (1994). The importance-performance matrix as a determinant of improvement priority. International Journal of Operations and Production Management, 44, 59~75.

Sobel, M. E. (1982). Asymptotic confident intervals for indirect effects in structural equation models. Sociological Methodology, 13, 290~312.

Steenkamp, J. B. E. M., & Baumgartner, H. (1998). Assessing measurement invariance in cross national consumer research. Journal of Consumer Research, 25, 78~107.

Stone, M. (1974). Cross-validatory choice and assessment of statistical predictions. Journal of the Royal Statistical Society, 36, 111~147.

Tenenhaus, M., Amato, S., & Esposito Vinzi, V. (2004). A global goodnessof- fit index for PLS structural equation modeling. In Proceedings of the XLII SIS Scientific Meeting (pp. 739~742). Padova, Italy: CLEUP.

Tenenhaus, M., Esposito Vinzi, V., Chatelin, Y.-M., & Lauro, C. (2005). PLS path modeling. Computational Statistics & Data Analysis, 48, 159~205.

Völckner, F., Sattler, H., Hennig-Thurau, T., & Ringle, C. M. (2010). The role of parent brand quality for service brand extension success. Journal of Service Research, 13, 359~361.

Walsh, G., Mitchell, V.-W., Jackson, P. R., & Beatty, E. (2009). Examining the antecedents and consequences of corporate reputation: A customer perspective.

British Journal of Management, 20, 187~203.

Wanous, J. P., Reichers, A., & Hudy, M. J. (1997). Overall job satisfaction: How good are single-item measures? Journal of Applied Psychology, 82, 247~252.

Wetzels, M., Odekerken-Schroder, G., & van Oppen, C. (2009). Using PLS path modeling for assessing hierarchical construct models: Guidelines and empirical illustration. MIS Quarterly, 33, 177~195.

Wilson, B., Callaghan, W., Ringle, C. M., & Henseler, J. (2007). Exploring causal path directionality for a marketing model using Cohen's path method. In H. Martens, T. Næs, & M. Martens (Eds.), Causalities explored by indirect observation: Proceedings of the 5th International Symposium on PLS and Related Methods (PLS'07) (pp. 57~61). Åas, Norway: MATFORSK.

Wold, H. (1975). Path models with latent variables: The NIPALS approach. In H. M. Blalock, A. Aganbegian, F. M. Borodkin, R. Boudon, & V. Capecchi (Eds.), Quantitative sociology: International perspectives on mathematical and statistical modeling (pp. 307~357). New York: Academic Press.

Wold, H. (1982). Soft modeling: The basic design and some extensions. In K. G. Jöreskog & H. Wold (Eds.), Systems under indirect observations: Part II (pp. 1~54). Amsterdam: North-Holland.

Wold, H. (1985). Partial least squares. In S. Kotz & N. L. Johnson (Eds.), Encyclopedia of statistical sciences (pp. 581~591). New York: John Wiley.

Zhang, Y., & Schwaiger, M. (2009). An empirical research of corporate reputation in China. Communicative Business, 1, 80~104.

Zhao, X., Lynch, J. G., & Chen, Q. (2010). Reconsidering Baron and Kenny: Myths and truths about mediation analysis. Journal of Consumer Research, 37, 197~206.

국문색인

ㅌ

ㅍ

ㅎ

기타

영문색인

D

E

F

S

T

【저자 약력】

Joseph F. Hair, Jr.

Kennesaw State University

G. Tomas M. Hult

Michigan State University, East Lansing

Christian M. Ringle

Technical University of Hamburg-Harburg, Germany

Marko Sarstedt

Otto-von-Guericke University, Magdeburg

【역자 약력】

김장현(aidy79@hanmail.net)

現, 그리스도대학교 경영학부 교수
홍익대학교 경영학과 및 동 대학원 졸업(경영학사, 경영학석사, 경영학박사)
前, 성덕대학 국제관광경영계열 교수
한국마케팅학회, 마케팅연구 최우수논문상 수상(2010)
한국문화산업학회, 문화산업연구 최우수논문상 수상(2013)

심경환(scw0920@naver.com)

現, (주)웹스 마케팅기획팀 팀장
명지대학교 토목공학과 졸업(공학사)
홍익대학교 경영학과 대학원 졸업(경영학석사, 경영학박사)
前, 나이스알앤씨(주) 책임컨설턴트

이철성(starlcs@nate.com)

現, AD-click 대표
인하대학교 기계공학 졸업(공학사)
홍익대학교 경영학과 대학원 졸업(경영학석사, 경영학박사)
한국경영학회, 경영학연구 우수논문상 수상(2013)

PLS 구조모델의 이해 -Basic-

초판인쇄 2014년 7월 25일
초판발행 2014년 7월 30일

지은이 Joseph F. Hair, Jr., G. Tomas M. Hult, Christian M. Ringle, Marko Sarstedt
옮긴이 김장현 · 심경환 · 이철성
펴낸이 박노일

총괄기획 김중용
편 집 심성보

펴낸곳 pnc publishing and culture 피앤씨미디어
경기도 고양시 일산동구 강송로 153 310-1501
등록 제396-2012-000203호
전 화 070)7550-3758 팩 스 02)718-8554
홈페이지 www.pncmedia.co.kr 이메일 pnc@pncmedia.co.kr
ISBN 979-11-5730-003-7 93320

정 가 20,000원